五月五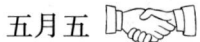

代序：以方法论自觉建构中国马克思学[①]

近年来，马克思文本解读研究在国内学界越来越受重视，在传统马克思主义哲学原理研究日渐式微的情况下，它大有成为马克思主义哲学学科新的生长点之势。为了推动这一研究的深化，本书结合我们在做马克思文本解读研究过程中的一些体会，谈一下研究的方法论问题，以期引起同行专家和研究者的重视。

"马克思文本解读研究"尽管是一个新提法，但马克思文本解读研究本身并不是什么新事物，因为一直以来人们所做的马克思研究就是文本解读研究。"文本"是一个解释学的概念。就马克思的"文本"来说，除了马克思本人，其他人在面对这些文本时，也就是在进行"解读"。"读书"，已经成为人们的日常生存状态。马克思的研究者也是在"读书"，是"读者"。但马克思研究者不同于一般的"读者"，因为研究者的"读"是带有研究性质的。这就是说，一方面，研究者的"读"要比一般"读者"读得深，能读出更多的东西；另一方面，研究者的"读"是有学术积累的，后来的研究者是在前人研究成果的基础上做进一步"解读"。而如何深化马克思文本解读研究，也是每个研究者都会自觉思考的问题。

在我们看来，要进一步深化马克思文本解读研究，研究者至少应有以下四个方面的方法论自觉。

[①] 首次发表于《光明日报》2007年4月10日"理论周刊"，原标题是"方法论自觉与学派建构"，是笔谈"建立中国马克思主义研究的文本学派"的其中一篇。在由《光明日报》理论部和《学术月刊》编辑部评选的2007年十大学术热点中，"马克思主义经典文献研究与'中国马克思学'问题"位列第五个热点，该热点的第一个"相关链接"就是这组学术笔谈。

第一，马克思文本解读研究要基于 $MEGA^2$。研究者不同于一般的"读者"，他并不是孤立地面对文本进行解读，而是要尽可能地利用相关的有价值的材料。研究者依据已有材料做出的解读结论，在新材料出现后，其可信度就要经受检验。在这个过程中，必然会有一些既有解读结论被新材料所"证伪"，或者其可信度大打折扣。而这也是一个学术积累和进步的过程。就中国的马克思研究者来说，从中华人民共和国前只有少数马克思著作被译成中文，到20世纪80年代《马克思恩格斯全集》中文第一版50卷全部出齐，研究者可资利用的材料极大地丰富了，马克思文本解读研究的深度也大大提高了。不少老一辈马克思研究者熟读《马克思恩格斯全集》50卷，对马克思文本所做的解读研究达到了特定历史条件下所能达到的极致。新一代马克思研究者要想超越前辈，就必须利用新材料，特别是 $MEGA^2$。

尽可能利用已有的材料，是对研究者的基本要求。利用新材料，才能做出新结论。一些西方马克思研究者甚至专程到阿姆斯特丹"国际社会史研究所"查阅马克思手稿，从而做出了新的发现。比较著名的例子就是美国人类学家克拉德在"国际社会史研究所"整理出并最终出版了《马克思民族学笔记》。中国学者一般没有条件这么做，但利用好 $MEGA^2$ 却是新一代马克思文本解读研究者的当务之急。在 $MEGA^2$ 新材料不断发表的情况下，我们如果仍然局限于《马克思恩格斯全集》50卷，就会在马克思文本解读研究中落伍。特别应该引以重视的问题是，不去有意识地利用新材料，就会给思辨留下发挥的空间，就容易出现"过度解读"的情况。阿尔都塞的"断裂说"可以说是"过度解读"的典型。尽管阿尔都塞在解读中运用了著名的"症候阅读"法，但他提出"断裂说"所依据的马克思文本材料是很有限的。阿尔都塞晚年精神病发作后曾坦白说，自己并没有读多少马克思的著作。阿尔都塞无疑是天才的思想家，其"断裂说"不乏真知灼见，但"断裂说"毕竟是缺乏充分文本依据的"过度解读"。现在已经越来越多的西方马克思学者指出它与马克思文本证据的矛盾之处。就中国学者来说，如果不在充分占有和利用新材料上下工夫，而是期望靠丰富的想象力和强有力的思辨做出阿尔都塞式的"新发现"，就很容易陷入过度解读的泥潭。

第二，马克思文本解读研究要建立在充分了解国外马克思学相关研究成果的基础上。连国内理工科研究生都知道，阅读国外相关文献是做研究的前提。但对做马克思文本解读研究的国内学者（更不用说研究生了）来说，不了解国外学者的相关研究成果而径直做"解读"，是司空见惯的事情。做研究首先要阅读已有文献，这是每个研究者都知道的道理。但由于历史的原因，国内马克思研究者更多只是阅读中文文献（或者译成中文的国外著作和论文），而没有直接阅读外文文献的习惯和动力。正因为如此，到目前为止中国的马克思研究基本上仍处于与国外研究相隔绝的状态，国内学者既缺少与国外学者的对话，也感受不到与国外研究的差距。

就国内马克思文本解读研究所探讨的"问题"来看，有三类问题比较常见。第一类问题是没有意义的假问题。这些问题类似于中世纪经院哲学家关于一个针尖上能站五个天使或六个天使的讨论，讨论尽管热烈，甚至引经据典，但没有多少学术价值。第二类问题是拿来国外学者曾经或正在讨论的热点问题，如人道主义、异化、实践、马克思恩格斯对立论、亚细亚生产方式、马克思人类学笔记等。国内学者对国外学者的这些研究虽有所了解，但常常是略知一二，或知之不详。于是在围绕这些问题做研究时，常常是花了很大气力并自认为得出了新结论，但其实只是重复（甚至低于）国外学者的研究成果，从某种意义上是做了低水平的重复性劳动。第三类问题是貌似新问题，实际上仍然是国外学者已经探讨过的问题。能够提出新问题，应该说是学术进步的标志。但在没有阅读外文文献的情况下，常常会出现自认为提出了新问题，实际上早已有国外学者做过深入探讨了。

毫无疑问，国内的马克思文本解读研究不能总是跟在国外学者后面，新一代学者有责任为建立中国马克思主义研究的文本学派（即"中国马克思学"）而努力。但"创新"首先要建立在前人研究成果的基础之上。无视已有的研究成果而奢谈"创新"，是不可能成功的。

第三，马克思文本解读研究要以马克思文献学研究的新成果为基础。在马克思文本解读研究的历史上，新材料的出现（特别是马克思生前没有发表的著作手稿在20世纪相继发表）极大地深化了人们对马克思的认识；另一方面，马克思版本专家在版本考证方面所取得的新成果也影响到既有的解读结论。比如，一些曾经被认为是马克思著作的文本后来被判定为别人（如费尔巴哈、赫斯、恩格斯等）的作品，这势必会改变以往的某些定论。尤其是伴随着MEGA^{2}的编辑出版，马克思一些著作的版本问题（如马克思和恩格斯对文本的修改情况、文本各部分的编排问题、文本写作时间的确定、文本的作者身份、文本与其他相关文本的关系等）进一步得到澄清，将极大地深化人们对马克思唯物史观和经济学等基本思想以及马克思思想发展史的把握和认识。MEGA^{2}各卷的编辑者关于相关文本所做的版本考证在各卷的资料卷中有详尽的说明，因此利用好MEGA^{2}资料卷是深化马克思文本解读研究的重要一环。在研究过程中，如果研究者的解读结论与文献学研究的新成果相矛盾，研究者就应该正视这种矛盾，要么调整自己的解读结论，要么做进一步的文献学研究，从而否证MEGA^{2}编辑者的研究结论。这才是真正严肃的中国学者对待国际马克思文献学研究成果应有的科学态度。在没有做任何进一步文献学研究的基础上（在这方面，日本学者体现了真正科学的理性态度，值得我们学习），单凭自以为是的所谓"思想"（实则是过度解读）就宣布前苏联文献学家及MEGA^{2}编辑者文献学研究成果是"标新立异"，恰似挑战爱因斯坦"相对论"的"民间科学家"心态。如果进一步把MEGA^{2}编辑者的文献学研究成果归入"西方马克思学"范畴，更是缺乏基本学术常识的体现。总之，无视马克思文献学研究的新成果都不利于马克思文本解读研究的深化，也很容易导致对文本的过度解读。

　　第四，马克思文本解读研究要善于参照主要语种的马克思著作版本。对中国的马克思研究者来说，利用马克思著作的既有中文译本是一个便捷的途径。但为了解读的准确性，研究者有时需要对照马克思的原文，必要时还需对照各主要语种的马克思著作版本。马克思有些话也许参看原文也无法准确理解，但参照其他语种的版本可能就迎刃而解了。各主要语种的翻译者大都是马克思研究的专家，翻译本身就渗透了他们对马克思文本的理解，因此参照主要语种的马克思著作版本，实际上也是借鉴前人的智慧，这与主动了解国外马克思学研究的新成果是同样的道理。

总之，马克思文本解读研究应该少些思辨，多些实证。康德在讨论科学时曾说，要给思想的翅膀挂上重物，使它不能任意翱翔。我们以为这一警告很适合当前的马克思文本解读研究。如果说康德所说的重物指的是"经验"的话，那么我们所说的重物就是"实证材料"。只有这样，马克思文本解读研究才会有学术积累和进步，与国外学者的对话才有可能真正展开。

有人可能会认为"解读"是自由的，不应该有什么规则或方法论。为了避免不必要的误解，这里有必要做进一步的澄清。

"解读"当然可以有不同的进路，从某种意义上说，"六经注我"式的解读与"我注六经"式的解读具有同样的合法性。"我注六经"式的解读是学术性的解读，用卡弗的话说就是"解释也是翻译"。既然是翻译，首先要忠实于原文，译者不能随意发挥。尽管不同译者的翻译不会完全相同，但其出发点却是准确地翻译原文。从解释学的角度看，解读者必然带有"合法的先见"，解读的过程也是读者与著作"视界融合"的过程。因而就会出现读者与作者的"对话"。但这种"对话"是作为解读的结果而出现的，而不应该是读者有意而为之。明确带着"对话"的动机去解读，应该属于"六经注我"式的解读。

"六经注我"式的解读是以读者为中心，或者用后结构主义的话说就是"作者死了"，读者可以自由解读。这种解读方式不求对作者的思想有完整准确的把握，而求从作者那里寻找能给自己以启发的思想材料，并经过自己的加工改造而形成新的思想。比如马克思读斯密的著作，并非想成为研究斯密的专家，而是想吸收和改造其有价值的思想成分。我们在读马克思的著作时，也面临两种角色的选择：是想成为马克思研究专家，或是只想从马克思那里寻求构建自己理论的思想资源？我们本书中所说的马克思文本解读，后面有"研究"两个字，是指以研究作者（即马克思）为指向的学术性解读；所说的方法论，也是文本解读"研究"的方法论。非研究性的解读不属本书讨论的范围，当然也不必受本书所提出的方法论的约束。

目 录
CONTENTS

上 篇
国外马克思学研究

第一章　国外马克思学概况及对中国马克思学研究的启示 ………… 3
第二章　国外马克思学译介与中国马克思学研究的深化 …………… 21
第三章　从马克思研究到马克思学 …………………………………… 28
第四章　"西方马克思学"在中国 …………………………………… 34
第五章　近年来国外学者对马克思主义史学理论的思想史梳理 …… 55
第六章　马克思思想的德国古典哲学来源 …………………………… 72

中 篇
马克思文献学研究

第七章　新出版的 MEGA²/Ⅳ/5 概况及其学术价值 ………………… 91
第八章　关于《德意志意识形态》"费尔巴哈"章的排序问题 …… 113
第九章　再论《德意志意识形态》的作者身份问题 ………………… 121

下 篇
马克思思想和文本解读研究

第十章　马克思《博士论文》与恩格斯《谢林和启示》之比较 ……… 137

第十一章　试论马克思对黑格尔逻辑学的创造性转化
　　　　——以马克思《博士论文》为例 ……………………… 155

第十二章　唯物史观"历史性"观念的引入
　　　　——马克思《1844年经济学哲学手稿》中"异化"概念新解 … 167

第十三章　基于 MEGA^2 的《关于费尔巴哈的提纲》文本研究：
　　　　一个路线图 …………………………………………… 188

第十四章　《关于费尔巴哈的提纲》与历史目的论 ………………… 205

第十五章　超越传统主客二分
　　　　——对马克思实践概念的一种解读 …………………… 225

第十六章　马克思与恩格斯对唯物史观理解之差异 ………………… 247

第十七章　《大纲》与《序言》在唯物史观方面有矛盾吗？ ……… 262

第十八章　再论马克思《序言》中的溯因解释 ……………………… 269

第十九章　"古典古代"等于"奴隶社会"吗？
　　　　——重新解读马克思的"古代生产方式" ……………… 282

第二十章　重新审视"发展命题" …………………………………… 293

索　引 ……………………………………………………………… 301
后　记 ……………………………………………………………… 327

上 篇
国外马克思学研究

第一章 国外马克思学概况及对中国马克思学研究的启示①

一、马克思学的含义

在介绍国外马克思学研究状况之前，首先需要对"马克思学"这个词的含义作一番考察。根据曾枝盛教授的说法，梁赞诺夫早在20世纪20年代就已经使用了"马克思学"这个词（应该是俄语）。② "Marxologie" 这个法语词（它对应的英语词是 Marxology）是由吕贝尔最先造出来的。"Marxologie" 从构词法来看就是 "Marx（马克思）+ ologie（学）"，即研究马克思的学问，就像我们中国人所说"红学"是研究《红楼梦》的学问、"鲁学"是研究鲁迅的学问一样。"马克思学"这个词广为人知应该归功于吕贝尔创办的学术刊物《马克思学研究》（1959 年）。吕贝尔认为"马克思学"是对德国学术期刊《社会主义和工人运动史文库》（1910—1930 年）③ 和

---

① 首次发表于《马克思主义与现实》2007 年第 1 期"马克思学研究"栏目。
② 参见中国人民大学马列主义发展史研究所编：《马克思主义史》第 3 卷，人民出版社 1996 年版，第 329 页。
③ 其出版人是法兰克福大学的卡尔·格律恩贝尔格教授（他还是 1923 年成立的法兰克福研究所的首任所长）。《社会主义和工人运动史文库》上发表过格律恩贝尔格论马克思中学毕业论文的文章，恩斯特·科佐贝尔论述共产主义者同盟历史的文章，梁赞诺夫纪念《政治经济学批判》的文章，霍克海默同曼海姆的论战（围绕曼海姆的《意识形态与乌托邦》）以及其对马克思意识形态观的反思（参见鲁路：《〈马克思恩格斯全集〉历史考证版第 1 版的编辑史》，载《马克思恩格斯列宁斯大林研究》2006 年第 3 期）。

MEGA 奠基人梁赞诺夫马克思研究传统的继承，因此在《马克思学研究》上发表的论文大多以马克思文献学研究为基础，特别强调马克思文本的编辑与考证。① 但吕贝尔并非只为考证而考证，而是注重在严谨考证基础上得出新结论。

从《马克思学研究》1959 年创刊到 1970 年，应该说吕贝尔与苏联马克思学家相安无事，而且在国际学术研讨会上吕贝尔与苏联学者还有直接的学术交流。苏联学者也接受"马克思学"的概念，如苏共中央马列主义研究院 1969 年编写的《伟大的遗产》一书就多次使用了"马克思学"、"马克思学研究中心"、"苏联马克思学"等概念。② 但后来发生了一个学术事件，导致苏联开始对以吕贝尔为代表的"西方马克思学"的批判。1970 年 5 月联邦德国（简称"西德"）的乌培塔尔市组织召开纪念恩格斯诞辰 150 周年国际研讨会，吕贝尔应邀参加会议并提交论文《关于"恩格斯是马克思主义奠基人"论题的几点看法》③。当吕贝尔到达乌培塔尔后，会议组织者告诉他说，来自苏联和民主德国（简称"东德"）的与会学者在读了他的论文后觉得受到了冒犯，威胁说如果吕贝尔不撤回自己的论文他们就退出会议。后来经过艰苦谈判达成了妥协，吕贝尔的论文不在讲台上宣读，而只供评论和讨论。这篇论文也没有被收入研讨会的论文集，于是吕贝尔就以《"马克思传奇"，或恩格斯是马克思主义的奠基人》为题把它发表在《马克思学研究》第 15 辑（1972 年）。

自这起事件之后，在苏联学术界就出现了对"西方马克思学"的系统批判，并把"西方马克思学"进一步细分为"资产阶级的马克思学"和"小资产阶级的马克思学"。实际上，苏联学者这时所批判的"西方马克思学"已经不再仅仅局限于以深入的版本考证和文献学研究为特征的"马克思学"，而是涵盖了所有"居心叵测的"西方资产阶级学者的马克思研究。按照这一标准，保尔·巴尔特早在 1890 年出版的《黑格尔和包括马

---

① 此外还发表对马克思文本进行解读研究以及历史方面的论文。
② 参见王东：《马克思学新奠基：马克思哲学新解读的方法论导言》，北京大学出版社 2006 年版，第 201 页。
③ 国内通常把这篇论文的题目译为《反恩格斯宣言》。

克思及哈特曼在内的黑格尔派的历史哲学史》试图制造恩格斯与马克思的对立，就应该被列入西方马克思学著作的行列；而美国的悉尼·胡克则以其《对卡尔·马克思的理解》（1933年）、《从黑格尔到马克思：马克思思想发展研究》（1936年）和《理性、社会神话和民主》（1940年）成为20世纪上半叶西方马克思学家的代表。

西方学术界对"马克思学"的理解也逐渐宽泛起来。从1981年英国麦克米兰出版公司出版的《马克思主义、社会主义和共产主义百科全书辞典》对"马克思学"的定义"马克思学是对卡尔·马克思著作中的理论、概念、策略和主张的系统研究"来看，西方学者也没有把"马克思学"局限在吕贝尔对"马克思学"的狭义规定上（即马克思学是对《社会主义和工人运动史文库》和梁赞诺夫马克思研究传统的继承）。这样，马克思学研究就不仅仅是20世纪60年代以后出现的现象，而是可以回溯到20世纪初甚至19世纪末。从这个角度来看，西方学者对"马克思学"含义的界定与苏联学者对"西方马克思学"的理解基本上是一致的，当然除了一点：西方学者是在中性上使用"马克思学"一词，而苏联学者则从贬义上界定"西方马克思学"的含义。

那么这是否意味着苏联学者就把"马克思学"看作贬义词呢？实际情况并非如此。苏联学者并没有放弃在中性意义上使用"马克思学"，比如：80年代[①]苏共中央马列主义研究院仍然有《马克思学学术通报和文献》的出版物；博尔迪烈夫在发表于苏联《经济科学》杂志1982年第5期的文章中把《马克思恩格斯全集》俄文第二版的出版说成是"最近时期苏联马克思学的重大成就"[②]；1986年韦利昌斯卡娅在"恩格斯在中学时代对古希腊历史和文学的研究"一文中考察了MEGA^{2}第4部分第1卷新收的恩格斯两本关于古代历史和文学的中学笔记，并指出："对马克思学者来说，首次用原文全文发表这些文献，无疑是一件很有意义的事，因为这些文献

---

① 指20世纪80年代。
② 参见博尔迪烈夫著、沈渊译："马克思学的新成就"，载《马列主义研究资料》1983年第3辑。

包含了恩格斯世界观形成的初期阶段的材料。"① 但苏联学者显然是在偏重版本考证和文献学研究的意义上来使用"马克思学"一词的,这倒与吕贝尔倡导"马克思学"的初衷相吻合。其实这也不奇怪,因为吕贝尔本来就把"马克思学"看作是对梁赞诺夫马克思研究传统的继承,只不过在吕贝尔看来,梁赞诺夫的"精神"(即以真正科学的态度来研究马克思)在苏联已经失传了;苏联学者当然否认这一点,并反过来批判吕贝尔的马克思学研究貌似客观,实则带有很强的阶级性和意识形态偏见。尽管如此,双方对"马克思学"这个词本身的理解应该说是一致的。

因此,在苏联学者那里,"西方马克思学"是一个贬义词,而"马克思学"是中性词,两者是有明显区分的。把"西方马克思学"与"马克思学"画等号,并把"马克思学"看作是贬义词,实际上是中国学者自己的误解。由于这种误解并以讹传讹,长期以来中国学者甚至到了对"马克思学"谈虎色变的程度。现在到了还其本来面目的时候了。

二、国外马克思学与国外马克思主义的关系

长期以来国内学者没有明确把国外马克思学与国外马克思主义区分开来,而是笼而统之地称之为国外马克思主义研究。叶卫平教授在《西方"马克思学"研究》中对"西方马克思主义"与"马克思学"做了四点区分②:第一,"西方马克思主义"者没有抛弃"马克思主义者"这个称谓,而"西方马克思学者"一般不自称马克思主义者。第二,"西方马克思主义"基本上属于小资产阶级思潮,而"西方马克思学"既包括小资产阶级马克思学,也包括资产阶级马克思学。第三,"西方马克思主义"的研究范围包括了列宁主义的内容,而马克思学是与列宁学有区别的。第四,"西方马克思主义"属于社会政治思潮,它的主要注意力不在于研究马克

---

① 参见韦利昌斯卡娅著、李锁贵译、明尹校:《恩格斯在中学时代对古希腊历史和文学的研究》,载《马克思恩格斯研究》1989年第1期。
② 参见叶卫平:《西方"马克思学"研究》,北京出版社1995年版,第33页。

思恩格斯而在于研究资本主义;而"西方马克思学"则属于社会学术思潮,马克思恩格斯的生平与学说是它的唯一研究对象。我们现在来看一下这四条标准能否把"国外马克思主义"与"国外马克思学"区别开来。

首先,我们这里说的是"国外马克思主义"而非"西方马克思主义","国外马克思学"而非"西方马克思学"。"西方马克思主义"实际上有狭义和广义两种用法。狭义的"西方马克思主义"用法来自佩里·安德森的《西方马克思主义探讨》(1976年),改革开放以后中国学界引进的"西方马克思主义"一词就来自安德森。安德森把西方马克思主义首先看作是"马克思主义"(即坚持马克思主义的基本理念),因此他把诸如弗洛伊德主义马克思主义、存在主义马克思主义、后现代(后结构主义)马克思主义、分析马克思主义、拉克劳和墨菲的后马克思主义等都排除在"西方马克思主义"之外,而强调布伦纳①、杰姆逊②等代表了20世纪70年代以后西方马克思主义发展的新成果。③ 如果按照安德森对"西方马克思主义"的狭义用法,那么当然可以说"西方马克思主义"与"西方马克思学"的区别在于前者属于"马克思主义",而后者则不受这个约束。问题是自"西方马克思主义"这个词引入中国之后,中国学者就没有局限于安德森的狭义用法,而是扩展到包括葛兰西、布洛赫、赖希、法兰克福学派代表人物、列斐伏尔、萨特、梅劳-庞蒂、德拉-沃尔佩、科莱蒂、阿尔都塞等人的理论。这实际上是"西方马克思主义"的广义用法,相当于我们现在常说的"国外马克思主义"④。另一方面,正如第一部分已经阐述过的,"马克思学"不等于"西方马克思学","国外马克思学"不但包括"西方马克思学",还包括苏联和前东德⑤的"马克思学"。因此,"国

---

① 即布伦纳关于从封建主义到资本主义过渡的理论,以及对当代资本主义现实的分析。参见鲁克俭、郑吉伟:《布伦纳的政治马克思主义评析》,载《当代世界与社会主义》2006年第2期。
② 即杰姆逊的文化理论。
③ 这是安德森2006年9月在中央编译局做关于"西方马克思主义的历史演变、新成果及目前存在的几个问题"的报告时明确提出的。
④ 在下文中,为了行文的发表,我们不加区别地使用"广义上的西方马克思主义"和"国外马克思主义"。
⑤ 指德意志民主共和国,简称"东德",后与德意志联邦共和国(简称"西德")合并为统一的德国。——作者注

外马克思学"也并不是非马克思主义的代名词；相应地，第一条标准并不能把"国外马克思主义"与"国外马克思学"真正区别开来。

第二条标准不能成立。不论是国外马克思主义或是西方马克思学，都有左派和右派之分，非要给它们贴上小资产阶级或资产阶级的标签，是没有意义的。第三条标准没有必要，因为它是非实质性的。第四条标准则比较切中要害，下面我们做些进一步的引申。

自马克思的理论学说19世纪末被国际工人运动接受为指导思想之后，各国工人阶级政党都存在着把马克思理论学说与本国实际相结合的问题，于是在马克思恩格斯逝世以后就出现了"一源多流"①的新局面。第二国际的伯恩施坦、卢森堡等人试图把马克思的理论学说与欧洲资本主义发展的新情况结合起来，但伯恩施坦最终滑向修正主义。第一次世界大战的爆发标志着第二国际修正主义的破产，把马克思理论学说与本国实际相结合的首次尝试也以失败而告终。以列宁为首的布尔什维克创造性把马克思理论学说与俄国具体实际相结合，取得了十月革命的胜利，开创了东方国家的马克思主义传统，并成为马克思主义发展大河的主流。今天，邓小平理论、"三个代表"重要思想以及"和谐社会"理论就是马克思主义中国化的最新理论成果，代表了马克思主义发展的主流和方向。

此外，马克思主义的发展还有两个支流。"一战"之后，第二国际也恢复了活动（称伯尔尼国际），在第三国际（共产国际）1919年成立之后，1921年原第二国际的中派成立维也纳国际（称第二半国际），1923年伯尔尼国际与第二半国际合并成为社会主义工人国际。第二次世界大战爆发后，社会主义工人国际和大多数社会党陷于瓦解而停止活动。1951年成立社会党国际，社会党国际自称是第二国际和社会主义工人国际的继承者。作为社会党国际理论旗帜的社会民主主义，也可以说是将马克思的理论学说与"二战"以后资本主义新的现实相结合的产物，尽管其理论观点及政治主张与东方马克思主义发展的主流不同，但从它与发展了的资本主义现实相结合（与时俱进）这一点而言，其精神实质是与马克思主义中

---

① 我的这一提法受到了段忠桥教授的启发。

国化一致的。更为重要的是,社会主义不仅仅是一种理论主张,而且已经从理论转化为实践。当然,就其与资本主义的关系而言,毫无疑问社会民主主义是一种改良主义。

马克思主义发展的另一个支流是西方马克思主义。正如安德森所指出的那样,西方马克思主义是第一次世界大战后欧洲资本主义先进地区无产阶级革命失败的产物,是社会主义理论和工人阶级实践之间愈益分离的情况下发展起来的。从思想倾向上来看,"二战"以后的西方马克思主义与托洛茨基主义①关系比较密切(1938年由托洛茨基派成立第四国际,它至今仍然存在)。如果说狭义上的西方马克思主义仍然主张阶级斗争甚至社会革命,那么普遍对资本主义持批判态度则是广义上的西方马克思主义(尤其是1968年"五月风暴"之后)的基本诉求。尽管其政治主张具有乌托邦色彩②,但从积极意义上说它实际上代表了西方资本主义社会的"良心",并与作为西方社会主流的(新)自由主义形成必要的张力。

从宽泛的意义上来说,马克思的理论学说与具体实际相结合而产生的"一源多流"都可划入马克思主义的发展史,其共同点是都不固守马克思的理论学说,而是利用马克思的思想资源解决现实问题。具体到西方马克思主义来说,其解决资本主义现实问题的种种政治主张难免落入空想(甚至以标榜乌托邦而自喜),但其理论色彩却非常浓厚,"西方马克思主义研究"有时甚至与"西方马克思学研究"难以区分。但如果从西方马克思主义"研究"马克思的初衷来看,其与马克思学的区分应该说非常明显:西

---

① 我们党对托洛茨基的评价已经发生了重大改变,从以前完全否定到现在正面评价。如1999年出版的《毛泽东文集》第六、七卷中对托洛茨基的注释是:"托洛茨基(1879—1940),十月革命时,任俄国社会民主工党(布尔什维克)中央政治局委员、彼得格勒苏维埃主席。十月革命后,曾任外交人民委员、陆海军人民委员、革命军事委员会主席、共产国际执行委员会委员等职。1926年10月联共(布)中央全会决定,撤销他的中央政治局委员职务。1927年1月共产国际执行委员会决定,撤销他的执行委员职务,同年11月被开除出党。1929年1月被逐出苏联。1940年8月在墨西哥遭暗杀。"参见马长虹:《中共对托洛茨基评价的转变》,载《炎黄春秋》2006年第7期。
② 如形形色色的市场社会主义、生态马克思主义、女性主义马克思主义、拉克劳和墨菲的后马克思主义(激进民主)。

方马克思主义（国外马克思主义）研究强调对马克思理论学说的运用，其套路是挖掘马克思有价值的思想资源来对当代资本主义现实进行分析和批判，因此它对马克思思想的解读必然是"六经注我"式的；而国外（西方）马克思学则主要面对马克思文本本身，是对马克思的著作版本、思想发展以及理论观点所做的学术性研究，其对马克思思想的解读是"我注六经"式的。"国外马克思主义"与"国外马克思学"的区别，也就是人们常说的"思想"与"学术"的分野。国外马克思主义者常以思想家的形象出场，而国外马克思学家通常以专家的身份出现。

三、国外马克思学的生命力

随着时代的变化，国外马克思主义大潮时起时落，但无论如何，国外马克思主义往日的辉煌却很难在21世纪再现。但不能以此来判定国外马克思学已经终结。如果我们全面把握了国外马克思学的含义，那么可以说国外马克思学不但不会走向终结，而且会日益显示出其生命力。

马克思学之所以具有生命力，首先是因为马克思越来越被看作是大思想家。1982年英国著名马克思学家特雷尔·卡弗教授在《马克思的社会理论》一书的开头这样评论马克思的影响："卡尔·马克思对我们学术生活的影响是极其深刻的。在人文学科及自然科学中，马克思的著作影响到从美学到意识形态的几乎所有学科，包括：人类学、地理学、历史学、法学、语言学、文学批评、哲学的几乎所有分支、政治科学以及心理学。物理学也未能免于马克思的影响：尽管马克思没有对物理学有实质性贡献，但他有关于科学在我们生活中作用的观点。在物理学家反思他们工作的社会意义时，马克思的观点就成为这些物理学家严肃争论的对象。"[①]只要承认马克思是大思想家，那么他理所当然会被东西方的学者就像对待柏拉图、亚里士多德、卢梭、康德、黑格尔、尼采、弗洛伊德等大思想家一样

---

① Terrell Carver, *Marx's Social Theory*, Oxford University Press, 1982, p. 1.

被深入地研究，其思想宝库会被不断地整理发掘。尤其是在西方学术界，每个学科都非常重视对思想史和概念史的梳理，而马克思常常总是绕不过去的一个人物。"冷战"结束之后，随着东西方意识形态斗争的相对缓和，马克思作为思想家的地位在西方世界越来越凸显，研究马克思的思想越来越成为大学里的一门学问，以马克思为研究领域的专家也可以像研究黑格尔或尼采的专家一样成为大学教授。马克思学专家既没有受到歧视，也不会受到特别照顾。①

其次，马克思学研究并不仅限于哲学领域，还涉及历史学、经济学、政治学、社会学等诸多学科。国外（西方）马克思学者在诸如异化、剥削、正义、道德、意识形态、乌托邦、人性、人的需要、宗教、阶级、国家、资本主义起源、亚细亚生产方式、唯物史观、社会革命、共产主义、市民社会、共同体、人的自我实现、人的全面发展、资本主义危机、利润率下降规律、（价值向价格的）转形问题、全球化、现代性、女性问题、生态、辩证法、马克思—黑格尔关系、马克思—恩格斯关系、马克思的思想来源、马克思思想发展的内在逻辑等问题上都有大量深入的研究，有真正的学术积累和学术进步。马克思学已经成为具有很长研究历史（至少一个世纪）、具有广泛研究领域和众多研究问题、具有内在发展动力的一门学科。

第三，马克思学研究具有广泛的国际影响。在西方世界，马克思学研究应该说最先是从德国开始的，因为当时马克思的著作大多数首先在德国以德文发表。最初主流的德国学者对马克思的著作（包括《资本论》第1卷）采取沉默的态度。但马克思去世以后，随着欧洲（特别是德国）工人运动的高涨以及马克思主义被普遍接受为各国工人阶级政党的指导思想，德国学者对马克思著作和思想的研究也就开始了。德国马克思学研究逐渐影响到其他国家，19世纪末20世纪初英语世界（以英国和美国为主，包括加拿大、澳大利亚等英联邦国家）就不断有马克思学著作（包括译成英

---

① 就我在英国做访问研究期间所留意观察到的情况来看，所谓的"阴谋"理论，即认为西方马克思学研究得到了西方国家政府或基金的特别资助，是没有什么根据的。

文的马克思学著作）出现。① "二战"以后，随着英语日益成为"世界语"，以英语展现的马克思学著作更是大量出现，许多德语和法语的经典马克思学著作被译成英语，有些母语非英语的学者甚至直接用英语写作②，从而形成了数量庞大的马克思学著作英语文本世界。80年代以后中国较早对西方马克思学进行评介的杜章智先生就主要是通过英语来进行的，而关于西方马克思学的三本专题性研究专著③也主要依据的是英语材料。英语文本尽管不能涵盖西方马克思学研究的全貌，但从中还是可以管窥西方马克思学研究的大致面貌。

就英国来说，1968年"五月风暴"之前并不存在西方马克思主义，"西方马克思主义"是来自欧洲大陆的舶来品。但英国有悠久的经验主义传统，英国学者更注重对马克思思想进行学术性研究。因此整个20世纪英国都不断有马克思学研究成果出版。美国的马克思学研究也非常活跃，"二战"以前就出现了胡克这样的著名马克思学家。1984年尤班克斯编的《马克思恩格斯书目志》④ 就收入了马克思学英文著作997部，研究马克思恩格斯的英文期刊论文和博士论文2058篇。⑤

---

① 如 Edward Aveling, TheSstudents' Marx: *An Introduction to the Study of Karl Marx' Capital*. Glasgow: Socialist Labour Press, 1891; Eugen von Boehm'Bawerk, *Karl Marx and the Close of His System*. [S. l.]:[s. n.], 1898; E. C. Harvey, *Socialism and Positive Science. Darwin-Spencer-Marx*. Lond.: I. L. P., 1905; L. C. Fry, *Catechism of Karl Marx's "Capital"*. St. Louis, Mo.: Economic Publishing Co., 1905; Louis B. Boudin, *The Theoretical System of Karl Marx in the Llight of Recent Criticism*. Chicago: Charles H. Kerr, 1907; Ernest Untermann, *Marxian Economics*. Chicago: Charles H. Kerr, 1907; Daniel De Leon, *Marx on Mallock*, New York: New York Labor News Co., 1908; John Spargo, *The Marx He Knew*. Chicago: Charles H. Kerr, 1909; John Spargo, *Karl Marx His Life and Work*. New York: B. W. Huebsch, 1910 等。

② 如著名马克思学家兹维·罗森的《布鲁诺·鲍威尔和卡尔·马克思》(Zvi Rosen, *Bruno Bauer and Karl Marx: the influence of Bruno Bauer on Marx's Thought*. The Hague: Nijhoff, 1977) 就是用英文出版的。

③ 余文烈：《分析学派的马克思主义》，重庆出版社1993年版；叶卫平：《西方"马克思学"研究》，北京出版社1995年版；鲁克俭：《国外马克思学研究的热点问题》，中央编译出版社2006年版。

④ Ceil L. Eubanks: *Karl Marx and Friedrich Engels, An Analytical Bibliography*. New York: Garland, 1984.

⑤ 英国萨塞克斯大学（University of Sussex）哲学系讲师安德鲁·奇蒂博士（他目前还是英国"马克思与哲学学会"的组织者之一）新做了一个马克思书目志，放在他的个人网页（http://www.sussex.ac.uk/Users/sefd0/bib/marx.htm）上并不断更新内容。

西方世界有"西方马克思学";在前东欧社会主义国家,有苏联及东德的马克思学。前苏联和东德的马克思学研究成果,在 MEGA² 的编辑(尤其是其资料卷)中得到了最好体现,限于篇幅这里就不再赘述。而我们以往比较忽视的是日本马克思学研究。实际上,日本学术界一直有版本编辑、考证和研究的传统,有人甚至断言日本的中国古代史研究水平超过中国。具体到马克思学研究来说,日本是世界上最早出齐《马克思恩格斯全集》的国家(1935 年),而且迄今只有苏联和日本出版过两版《马克思恩格斯全集》。① 日本马克思学家对马克思文本的文献学研究水平也非常高,这从日本有一批学者参与 MEGA² 编辑工作(主要是 MEGA² 第 2 部分),以及广松涉(1974 年)和涩谷正(1998 年)所编辑的《德意志意识形态》版本可以看出。为了更能说明问题,我再举大野节夫为例。

大野节夫是日本同志社大学教授。他在阿姆斯特丹留学时写过一篇论文,1983 年 1 月 6 日至 7 日在奥地利林茨举行的纪念马克思逝世一百周年国际工人运动史学家会议上,他将该文以"马克思对人类前史时期的三个阶段的把握"为题发表。大野节夫在该文中提出,马克思是由地壳历史来类推社会历史,从而引申出有关社会形态的范畴的。尽管马克思在《德意志意识形态》中已经使用了"社会形式"② 这个词,但马克思是在 1851 年《路易·波拿巴的雾月十八日》中才第一次使用"社会形态"概念。而经过大野节夫在阿姆斯特丹社会史研究所查阅马克思笔记,发现马克思在 1851 年夏即写《路易·波拿巴的雾月十八日》的前几个月摘录了英国农业化学家约翰斯顿的《农业化学和地质学讲义》(马克思 24 册《伦敦笔记》中的第 XIII 册)。根据马克思摘录约翰斯顿的说法:"沉积岩的分类。地壳最下面的岩层是最古老的。关于相对应的年代,沉积岩划分为第一纪、第二纪、第三纪(这是最新的岩层,而且,它位于第一纪和第二纪之上)。岩层的这三个层系下面再划分为系;然后,系的下面再划分称为

---

① 参见王东:《马克思学新奠基:马克思哲学新解读的方法论导言》,北京大学出版社 2006 年版,第 415—416 页。
② 在英语里"形式"即 form。

'formation'的小单位……"这就是说,在地壳的历史中,岩层是用"formation"来相互区别的。大野节夫得出结论说:只要我们没有发现马克思从其他地方获得地质学知识,那么他的这个摘录就表明马克思是1851年夏从英国发达的地质学中获得对"formation"的认识的;也就是说,可以认为马克思为了表述每一个地质层构成人类历史中相互区别的社会,为了表述一定的社会处于人类历史中的一定发展阶段的一个层(它明确区别于构成其他层的社会),才创造出"社会形态"这一范畴。① 大野节夫还指出,他将formation与地质学联系起来是受了井尻正二的启发②,这充分说明日本的马克思文献学研究是建立在学术积累和学术进步基础之上的。③

就在不久前,前东德马克思学家汉·雅克在《形态理论和历史》(1978年版)一书第一章"对社会形态过程的唯物主义解释。马克思和恩格斯辩证唯物主义历史观的范畴体系的形成"中,明确否定把马克思的社会形态概念与历史地质学联系起来的做法:"有人曾想把现存状态与历史地质学的发展联系起来的地质学的形成(formation),看成'社会形态'这一新范畴术语上的起源。然而,鉴于马克思在人类自身创造的历史世界中对以扬弃历史的'基本的自然必然性'为顶点的自觉的人类活动所赋予的意义,可以认为,在马克思那里,地质学上的形成概念几乎没有任何明确的相似职能。"雅克转而把马克思的术语"形态"(formation)追溯到黑格尔的"形成"(formierung)概念,即人类的成形的(formierend)、定形的(gestaltgebend)活动。④ 但是,MEGA² 第4部分第9卷(1991年)《伦敦笔记》的编辑则采信了大野节夫的考证结论:"约翰斯顿的《关于

---

① 参见李成鼎摘译:《马克思的社会形态和生产方式的概念》,见中国历史唯物主义研究会编:《历史唯物主义论丛》第5辑,清华大学出版社1984年版。
② 井尻正二的论文"马克思使用'formation'这一术语的意义"发表在日本《经济》杂志1976年3月号上。
③ 大野节夫还有其他有深度的马克思文献学研究成果,如1984年日本经济理论学会编辑出版的《资本论的现代意义》中就收入了他和佐武弘章合写的"马克思《引文笔记》的理论性质"一文,对马克思撰写《政治经济学批判》第2分册第3章时所写的《引文笔记》(1859年2月至1861年7月)做了深入研究(参见《马克思恩格斯研究》1991年第6期)。
④ 参见汉斯·彼得·雅克著、裴挹红译、马彬校:《社会制度、社会组织、社会形态。世界史过程和社会形态各时代》,载《马克思恩格斯研究》1994年第19期。

农业化学和地质学的演讲》收入了他有关农业化学的 24 个题目的演讲……马克思也许从中获得了启发,几个月之后便使用'社会形态'这一概念了。在摘录《关于农业化学和地质学的演讲》时,马克思特别注意农业化学的地质基础。他摘录的地质层的概念既作为地层的基本概念,也把它应用于说明各个社会形态的结构。显然,在地层的发展中和社会的发展中的相似情况引起了马克思的注意,因为他在 40 年代就已经从文献中得知了它们的这种联系。"[①] 这说明,大野节夫的考证水平堪与德国马克思学家相媲美。[②]

西方马克思学通常以专家的身份出现,其影响局限在专业领域,不如国外马克思主义者作为思想家具有广泛的社会、跨学科影响,因此长期以来中国学界对国外马克思主义研究比较重视,引介比较多,而对国外马克思学的关注相对薄弱。迄今为止,大多数马克思学经典著作(甚至包括吕贝尔的著作)都没有被翻译过来,这就影响到人们对国外马克思学研究整体状况及走势的判断,甚至会做出西方马克思学已经终结的结论。但这种局面很快会有改观。由杨金海主编,鲁路、鲁克俭副主编的《国外马克思主义经典著作研究译丛》(中央编译出版社)将系统地翻译国外马克思学、列宁学的经典著作,该"译丛"计划出 20—30 本,涵盖英美、德国、法国、(前)苏联东德的马克思学著作和论文集,第一辑 4 本于 2007 年春面世。与该译丛相呼应的是,韩立新主编的《日本马克思主义译丛》(暂定名)第一期 4 本也于 2007 年下半年由北京师范大学出版社出版。相信通过这些国外马克思学著作的翻译出版,中国学界对国外马克思学研究状况的把握会更为全面和客观。

---

① 参见佐海娴译、张钟朴校:《〈马克思恩格斯全集〉历史考证版第 4 部分第 9 卷前言》,载《马克思恩格斯研究》1994 年第 18 期。
② 雅克的考证并非没有意义。雅克考证出了重要的一点:舒耳茨在《生产的运动》中指出,"统计学"即"对社会状态的现状进一步的考察",在某种意义上可以同"地质学"相比,后者"通过对地壳的现状的进一步考察……提供了许多关于地球早期的自然史的提示和启发"。舒耳茨写道:"经过多次的、持续不断的分级后,就可以看到低级的和高级的社会构成(gestaltung)了。"马克思在 40 年代(《巴黎笔记》时期)读了舒耳茨的这部著作。由此可见,MEGA^2/IV/9 的编辑也吸收了雅克的考证成果。

四、国外马克思学对中国马克思学研究的启示

2006年10月北京大学哲学系王东教授的大部头专著《马克思学新奠基》出版;2007年1月12日,北京地区致力于马克思文本解读研究的中青年学者在清华大学哲学系举办首届"马克思学论坛"。这标志着新时期马克思学研究正式亮相中国学术舞台。在我看来,国外马克思学对中国马克思学研究有至少以下三方面的启示。

第一,国外(主要是西方)马克思学研究成果促使中国马克思学与其开展对话。西方马克思学家对马克思思想发展中的许多问题有非常深入的研究,并有良性的学术积累和进步。他们提出的一些新问题,得出的一些新结论,是我们以往在马克思研究中很少涉及或绝不会想到的。如西尔伯纳尔、麦克莱伦、罗森等关于赫斯《论金钱的本质》与马克思《论犹太人问题》关系的新看法[1];胡克、吕贝尔、塔克等关于马克思《黑格尔〈法哲学〉批判导言》中的无产阶级形象不是来自到达巴黎后的经验观察,而是来自阅读施泰因《今日法国的社会主义和共产主义》一书的新说法[2];阿维内里、卡弗等对《德意志意识形态》中那段著名的话[3]是否代表马克思对未来共产主义社会图景的严肃看法的争论[4];广松涉关于恩格斯是

---

[1] 参见侯才:《青年黑格尔派与马克思早期思想的发展》,中国社会科学出版社1994年版,第三章第二节。
[2] 参见鲁克俭:《国外学者关于马克思共产主义思想的新观点》,载《科学社会主义》2006年第4期。
[3] 即"原来,当分工一出现之后,任何人都有自己一定的特殊的活动范围,这个范围是强加于他的,他不能超出这个范围:他是一个猎人、渔夫或牧人,或者是一个批判的批判者,只要他不想失去生产资料,他就始终应该是这样的人。而在共产主义社会里,任何人都没有特殊的活动范围,而是都可以在任何部门内发展,社会调节着整个生产,因而使我有可能随自己的兴趣今天干这事,明天干那事,上午打猎,下午捕鱼,傍晚从事畜牧,晚饭后从事批判,这样就不会使我老是一个猎人、渔夫、牧人或批判者了。"
[4] 参见鲁克俭:《国外学者关于马克思共产主义思想的新观点》,载《科学社会主义》2006年第4期。

《德意志意识形态》创作"第一提琴手"的观点①；布伦纳关于马克思《德意志意识形态》和《共产党宣言》时期信奉新斯密主义的生产力决定论，而《大纲》②和《资本论》的成熟时期则相信财产关系决定历史发展的观点③等，都是建立在深入的版本考证或思想考察的基础之上的，尽管我们根本无法认同这些新奇的说法，但如果一口咬定这些西方马克思学家完全在胡说八道，也难以令人信服。另一方面，即使这些结论确实是错误的，片面的真理颗粒也总比陈词滥调的全面真理更有学术价值。总之，对这些问题，不是我们掉过头去对其置之不理或简单地加以批判就能解决的。中国学者必须做出自己的深入研究，并在此基础上积极开展与西方马克思学家的对话，从而达到更深刻的全面真理。这是社会主义中国的马克思学研究者义不容辞的历史责任。

第二，国外（特别是西方）马克思学研究对中国马克思学有启迪作用。西方马克思学著作大都遵循西方学术界的一般学术规范，一部著作通常有几十甚至上百种参考文献，作者对前人的研究成果非常熟悉并对参考文献有明确注释。有的学者可能是打一枪换一个地方，研究马克思也许只是他某一时期的兴趣，但如果他出版了马克思学著作，其学术质量绝对是有保证的。正是这种良好的学术环境促进了西方世界的马克思学研究有不断的学术积累和进步。西方马克思学家内部也经常会有激烈的争论，因此他们对许多问题的研究深度和广度常常令我们望尘莫及。比如，西方学者不但最先提出了马克思恩格斯"对立论"，而且西方学者后来又率先对这种"对立论"进行了深入批驳，提出了马克思恩格斯"一致论"。不但如此，西方学者又开启新的研究领域，对青年马克思与青年恩格斯关系进行了深入探讨。④

---

① 参见鲁克俭：《国外学者论青年马克思与青年恩格斯的学术关系》，载《教学与研究》2006年第8期。
② 即马克思《1857—1858经济学手稿》。
③ 参见鲁克俭、郑吉伟：《布伦纳的政治马克思主义评析》，载《当代世界与社会主义》2006年第2期。
④ 参见鲁克俭：《国外马克思学研究的热点问题》，中央编译出版社2006年版，第三章。

再比如，帕斯卡尔、米克①等人研究指出，苏格兰启蒙思想家（特别是斯密）就已经有社会发展的"四阶段理论"，这对马克思创立历史唯物主义有直接影响。换句话说，苏格兰启蒙思想家的"四阶段理论"被看作是马克思唯物史观的直接思想来源。里格比在《马克思主义与历史》一书中赞同米克的说法，并指出任何研究马克思历史唯物主义的学者都不能无视米克的研究成果。但是，诺曼·莱文（1987年）却对米克的结论提出质疑。他在"德国法的历史学派与历史唯物主义的起源"一文中通过细致的版本考证，提出马克思历史唯物主义的思想（尤其是《德意志意识形态》中关于历史上三种所有制形式的论述）来源不是苏格兰启蒙思想家，而是德国法的历史学派的胡果、萨维尼，以及历史学家蒲菲斯特、尼布尔等人。② 莱文的考证具有文献学上的依据，因为从 MEGA² 第四部分新发表的材料来看，马克思确实是读了蒲菲斯特、尼布尔等人的著作。问题是"历史上三种所有制形式"的提出并不标志着唯物史观的创立，历史唯物主义更具标志性的理论突破在于"生产力与生产关系矛盾运动规律"的确立。这就要进一步联系马克思"生产力"概念的确立（通过斯密和李斯特）以及"交往形式"（及其与生产力关系）思想的形成（通过赫斯）。从米克到莱文，实际上向我们提出了一个严肃的问题：唯物史观是马克思的一个伟大发现吗？80年代初期，中国学者也围绕这个问题发生过讨论③，但研究的深度特别是版本考证工夫明显薄弱，而且讨论也没有引起其他学者的共鸣，最后就没了下文。从米克到莱文，分别都提出了片面的真理，但这却是我们通向科学认识的必要环节。从米克到莱文，对中国马克思学研究不是很有启迪意义吗？

第三，国外马克思学研究对中国马克思学研究有借鉴意义。西方马克思学的许多研究进路和研究成果值得我们学习和借鉴。比如，一些西方学者反弹琵琶，通过对黑格尔早期思想的整理和挖掘来重新解读黑格尔与马

---

① 帕斯卡尔和米克分别于20世纪30年代和70年代提出了这一观点。
② 参见鲁克俭：《国外马克思学研究的热点问题》，中央编译出版社2006年版，第一章第二节。
③ 参见徐殿久：《马克思主义以前没有唯物史观吗？》，载《学习与探索》1981年第1期；王锐生、段忠桥：《唯物史观是马克思的一大发现——同徐殿久同志商榷》，载《学习与探索》1981年第4期。

克思的关系①，通过对斯密早期思想的整理和挖掘来重新解读斯密与马克思的关系，极大地开阔了我们的思路；一些西方学者对马克思的唯物史观、意识形态理论、异化理论、亚细亚生产方式理论等进行系统重建②，就可以使我们少走许多弯路；一些西方学者围绕生产力"首要性命题"和"发展命题"所展开的讨论③，更会使研究历史唯物主义的中国学者有遇到知音的感叹。总之，对于西方马克思学中有价值的研究成果，我们完全可以采取拿来主义的办法。不去主动了解和借鉴西方马克思学研究成果，就难免做低水平的重复性劳动。

前苏联和东德的马克思学研究成果主要表现在文献学方面，已经体现在 MEGA² 各部分的资料卷中，对我们更是一笔极大的财富。了解和吸取这些研究成果，将使新时期的中国马克思学研究一开始就处于很高的平台之上。以扎实的文献学研究成果为基础的马克思文本解读研究，正是中国马克思学有别于并有可能超越传统马克思主义经典著作研究的重要方面。比如，巴加图利亚以及陶伯特关于《德意志意识形态》的文献学研究成果已经极大地改变了中国学者对这部经典著作的解读方式、研究结论乃至话语方式。

谈到国外马克思学对中国马克思学的借鉴意义，我认为更应该借鉴吕贝尔的马克思学研究"方法"。长期以来，吕贝尔已经被我们脸谱化、妖魔化了，但实际上并没有多少人认真读过吕贝尔的著作。与其他西方马克思学家相比，吕贝尔的许多观点与我们有更多的交集。比如，吕贝尔关于贯穿马克思一生的逻辑线索是"伦理学与科学的统一"的观点④；吕贝尔

---

① 参见鲁克俭：《国外马克思学研究的热点问题》，中央编译出版社 2006 年版，第二章，特别是第三节。
② 科亨的《马克思的历史理论》基本上是运用分析哲学方法对苏联哲学教科书的精致化。关于西方学者对马克思意识形态理论的重建，参见鲁克俭：《国外马克思学研究的热点问题》，中央编译出版社 2006 年版，第六章。
③ "首要性命题"用我们熟悉的话说就是"生产力是社会发展的最终决定力量"；"发展命题"用我们熟悉的话说就是"生产力是最革命最活跃的因素"。西方学者的讨论可参见鲁克俭：《国外马克思学研究的热点问题》，中央编译出版社 2006 年版，第七章。
④ 参见鲁克俭：《国外马克思学研究的热点问题》，中央编译出版社 2006 年版，第四章第三节。

关于马克思从来没有放弃经济学"六册计划"的观点①，都是中国学者以前不赞同但现在已成为主流的观点。更为重要的是，吕贝尔的马克思学研究"方法"更值得中国马克思学研究者借鉴。

如果比较一下东西方马克思学研究的特点，那么大致可以说西方马克思学者思想比较活跃，善于提出新问题，做出新结论；而前苏联和东德的马克思学家则以版本考证和文献学研究见长，但由于受僵化教科书体系的束缚，版本考证和文献学研究却难免成为对教科书已有"定论"进行辩护和论证的工具。西方马克思学的特点是有"思想"，而东方马克思学的特点是有"材料"。能够把两者结合起来，是马克思学研究的最高境界。但大多数马克思学家没有做到这一点。吕贝尔则是一个例外。实际上，吕贝尔造"马克思学"这个新词的目的，就是倡导把"文献学研究"与"文本解读"相结合的马克思研究新理念。吕贝尔也确实做到了这一点。吕贝尔的马克思学研究既有堪与苏联马克思学家相媲美的版本考证和文献学研究工夫，又有西方马克思学家所具有的"思想性"。这种方法论的自觉，应是中国马克思学者最该向吕贝尔学习的地方，尽管要真正做到这一点并非易事。

---

① 参见 Maximilien Rubel, *Rubel on Karl Marx*, Cambridge University Press, 1981, 第三、第四章。

第二章 国外马克思学译介与中国马克思学研究的深化[①]

"马克思学"是关于马克思生平事业、著作版本和思想理论的研究。关于马克思生平事业的研究成果通常是生平传记。比较有代表性且已译成中文出版的传记有弗·梅林的《马克思传》[②](1918)、前东德学者海因里希·格姆科夫等著的《马克思传》(1968),前苏联学者彼·费多谢耶夫等著的《马克思传》(1973),英国马克思学家戴维·麦克莱伦的《马克思传》[③]等。关于著作版本的研究成果有几种形式:一是马克思著作年表,比较有代表性的有前苏共马列主义研究院院长阿多拉茨基主编的《卡尔·马克思年表》(1934)[④]、吕贝尔的《没有神话的马克思》(1975)[⑤]等;二是《马克思恩格斯全集》中的"题注"以及 MEGA^2 资料卷对马克思各篇著作(含手稿)和书信的写作时间、版本情况、文本写作过程和手稿修改等情况的介绍;三是马克思文献学专家发表的有关马克思著作版本考证的研究论文。关于马克思思想理论的研究成果主要体现为专著,包括:(1)马克思思想传记,如吕贝尔的《马克思思想传记》(1957)[⑥]、

[①] 2009年由鲁克俭主编的"国外马克思学译丛"(北京师范大学出版社)首批6本出版,本文是"译丛"总序的第一部分,先期发表于《马克思主义与现实》2009年第5期。
[②] Franz Mehring, *Karl Marx. Geschichte seines Lebens*, Leipzig, 1918.
[③] 原书名是《卡尔·马克思:他的生活与思想》,1973年出第1版,2006年出第4版。
[④] 1982年人民出版社出了中译本。
[⑤] Maximilien Rubel and Margaret Manale, *Marx Without Myth*, Blackwell Publishers, 1975.
[⑥] Maximilien Rubel, *Karl Marx:Essai de Biographie Intellectuelle*, Librairie Marcel Riviere et Cie, 1957.

法国学者科尔纽的《马克思恩格斯传》（1954、1958、1970）①、麦克莱伦的《马克思思想导论》（1971、1980、1995）② 等；（2）对马克思思想的分期研究，如日本学者城冢登的《青年马克思的思想》（1968）、前苏联学者拉宾的《马克思的青年时代》（1976）；（3）对马克思理论的整体研究，如艾伦·伍德的《卡尔·马克思》（1981、2004）③、埃尔斯特的《卡尔·马克思导论》（1990）④；（4）对马克思某一方面思想或具体著作的专题研究，如阿维内里的《卡尔·马克思的社会和政治思想》（1970）⑤、德雷珀的四卷本《马克思的革命理论》（1977、1978、1981、1989）⑥、奥尔曼的《异化：马克思关于资本主义社会中的人的理论》（1971、1976）⑦、科亨的《马克思的历史理论：一个辩护》⑧（1978、2000）、奈格里的《超越马克思的马克思》（1979）⑨、卡弗的《马克思与恩格斯：学术思想关系》⑩（1983）、拉雷恩的《马克思主义与意识形态》（1983）⑪、拉比卡的《马克思的〈关于费尔巴哈的提纲〉》（1987）⑫、克拉克《马克思的危机理论》（1994）⑬、莱文的《不同的道路：马克思主义和恩格斯主义中的黑格尔》（2006）⑭ 等。

马克思学研究主要分考据研究和文本解读研究两种类型。"考据"包括对马克思生平事业中历史细节的考据，对马克思思想观点的来源、形成

---

① Auguste Cornu, *Karl Marx et Friedrich Engels: Leur vie et leur oeuvre*, Presses Universitaires de France, 1955，1958，1970.

② David McClellan, *The Thought of Karl Marx: An Introduction*, Harper and Row, 1971。中国人民大学出版社 2008 年根据该书 1995 年第 3 版出版了中文版。

③ Allen W. Wood, *Karl Marx*, Routledge & Kegan Paul, 1981.

④ Jon Elster, *An Introduction to Karl Marx*, Cambridge University Press, 1990.

⑤ Shlomo Avineri, *The Social and Political Thought of Karl Marx*, Cambridge University Press, 1970.

⑥ Hal Draper, *Karl Marx's Theory of Revolution*, Monthly Review Press, 1977.

⑦ Bertell Ollman, *Alienation: Marx's Conception of Man in Capitalist Society*, Cambridge University, 1971.

⑧ G. A. Cohen, *Karl Marx's Theory of History: A Defence*, Princeton U Press, 1978.

⑨ Antonio Negri, *Marx oltre Marx: Quaderno di lavoro sui Grundrisse*, Milan: Feltrinelli, 1979.

⑩ Terrell Carver, *Marx & Engels: The Intellectual Relationship*, Indiana University Press, 1983.

⑪ Jorge Larrain, *Marxism and Ideology*, The Macmillan Press Ltd., 1983.

⑫ Georges Labica, *Karl Marx. les Thèses sur Feuerbach*, Presses Universitaires de France, 1987.

⑬ Simon Clarke, *Marx's Theory of Crisis*, Palgrave Macmillan, 1994.

⑭ Norman Levine, *Divergent Paths: Hegel in Marxism and Engelsism*, Lexington Books, 2006.

和发展过程的考据,对马克思著作版本的文献学考据等。"文本解读"是对马克思思想发展的内在逻辑、马克思思想的要旨和理论体系的整体把握和阐释。人们对马克思思想发展的内在逻辑、马克思思想的要旨和理论体系的言说,实际上都不是在描述一个客观事实,而是在进行"文本解读"。

"马克思学"这个词尽管出现于20世纪,但马克思学研究却是在马克思去世之后即已出现的学术现象。早在1914年,列宁在《卡尔·马克思(传略和马克思主义概述)》中就说,"论述马克思和马克思主义的著作数量甚多,不胜枚举"。他还列举了威·桑巴特的《马克思主义书目》(开列了300本书)、1883—1907年及往后几年的《新时代》杂志上的索引、约瑟夫·施塔姆哈默尔的《社会主义和共产主义书目》(1893—1909年)耶拿版第1—3卷等供读者参阅。列宁还提到了庞巴维克的《马克思体系的终结》(1896)、里克斯的《价值和交换价值》(1899)、冯·博尔特克维奇的《马克思主义体系中的价值核算和价格核算》(1906—1907)以及《马克思研究》①等。

恩格斯和列宁为后来正统马克思主义的马克思学研究奠定了基本解读框架。恩格斯把唯物史观和剩余价值学说看作是马克思的"两大发现",认为马克思既是革命家又是理论家。列宁认为经济学说是马克思理论的核心内容,而哲学唯物主义、辩证法、唯物主义历史观和阶级斗争学说构成了马克思的"整个世界观";认为唯物主义历史观是19世纪40年代马克思把唯物主义贯彻和推广运用于社会现象领域的结果,而《资本论》使唯物历史观由假设而变为被科学地证明了的原理;认为马克思思想有三个来源,即德国古典哲学、英国古典政治经济学以及法国社会主义,虽然马克思没有留下大写的逻辑,但留下了《资本论》的逻辑。

正统马克思主义的马克思学研究在梁赞诺夫那里得到发扬光大。梁赞诺夫②早年投身革命,多次被捕和流放,两次流亡国外(德国和奥地利)。

---

① *Marx-Studien. Blaïtter zur Theorie und Politik des wissenschaftlichen Sozialismus*, herausgegeben von Dr. M. Adler und Dr. R. Hilferding, 1904 – 1923. 这是奥地利马克思主义者阿德勒与希法亭一起创办的杂志。
② 1870—1938年,原名达维德·波里索维奇·戈尔登达赫。

梁赞诺夫从青年时代就开始进行马克思学和马克思主义基本理论的研究，积极寻找和搜集马克思恩格斯的遗稿，早在1905年前就被列宁评价为"视野广泛、有丰富学识、极好地掌握科学社会主义创始人文献遗产"。十月革命胜利后，梁赞诺夫筹建马克思恩格斯研究院①，并任第一任院长（1921—1931）。马恩研究院在梁赞诺夫领导下，特别是在列宁支持下，系统收集马克思恩格斯文献，对马克思恩格斯大量原始手稿和书信进行照相复制，培养了一批马克思字迹辨认专家，启动了历史考证版②。除马克思恩格斯文献的收集、编辑和出版，梁赞诺夫还出版了许多关于马克思革命活动及思想理论的研究著作。梁赞诺夫出版了关于马克思恩格斯传记《卡尔·马克思和弗里德里希·恩格斯》（1927）③ 和大部头的著作《马克思主义史概论》（1928），主编了《卡尔·马克思：伟人、思想家和革命家》（1927）④ 等著作。1930年梁赞诺夫60寿辰时，他的学生索拜尔⑤评价说："梁赞诺夫不仅是当代俄国，而且是当代世界最杰出的马克思研究者，马克思研究之所以成为一门特殊的科学，首先是因为有了梁赞诺夫的科学工作、编辑工作和组织各种……是他为马克思研究打开了真正无限广阔的历史和国际的视野……梁赞诺夫在进行马克思学研究的初期就已作为特殊标志表现出来的第二个特征，是在理解和再现马克思和恩格斯的著作时力求有条理和尽可能地完整。"

梁赞诺夫使马克思研究成为一本学科，促成了苏联马克思学的研究传统。俄文"马克思学"（марксоведение）一词出现于20世纪20年代初。《马克思恩格斯的文学遗产在苏联的出版和研究史》⑥ 一书第109页写道："在这些年间，这家杂志和其他一些杂志上越来越多地出现了'马克思

---

① 1924年起，马克思恩格斯研究院成为直接隶属于苏共中央的机构，1931年11月它与1924年成立的列宁研究院合并为马克思恩格斯列宁研究院，1956年改称马克思列宁主义研究院（即我们通常所说的苏共马列主义研究院）。
② 即 MEGA¹（1927—1935）。
③ 该书1927年在伦敦出版了英文版，1929年以《马克思恩格斯合传》出了中文版（李一氓译，上海江南书店），1933年又出了刘侃元译本（上海春秋书店）。
④ D. B Riazanov ed., *Karl Marx-Man, Thinker, and Revolutionist*, Martin Lawrence, 1927.
⑤ 1919年任匈牙利苏维埃驻维也纳大使。
⑥ 莫斯科：政治文献出版社，1969年。

学'这一术语，并试图给它下一个定义。""这些年间"是指 1922—1923 年，"这家杂志"是指《哲学问题》的前身《在马克思主义旗帜下》。苏联马克思学有别于一般意义上的苏联马克思主义研究（包括马克思主义哲学史研究），它与《马克思恩格斯全集》俄文版和历史考证版（MEGA）的编辑和出版关系密切。1982 年苏联学者博尔迪烈夫就将《马克思恩格斯全集》俄文第二版（50 卷）的出齐说成是"最近时期苏联马克思学的重大成就"，而从 1975 年开始出版的 $MEGA^2$ 各卷次的资料卷，更是代表了当今国际马克思学文献学研究的最新成果，也是"苏联马克思学"的最高成就。

非正统马克思主义的马克思学研究包括西方马克思主义的马克思学研究、学院派的马克思学研究以及反马克思主义的马克思学研究。卢卡奇、马尔库塞、阿尔都塞等是西方马克思主义的马克思学家的代表，他们身兼西方马克思主义者（思想家）和马克思学家（学术专家）的双重身份，对马克思的研究属于六经注我式的，旨在通过挖掘马克思丰厚的思想资源以构建自己的思想体系，从而为批判或改良资本主义提供理论支点。

学院派的马克思学研究是非正统马克思主义的马克思学研究的主流，而吕贝尔是学院派马克思学研究的代表。19 世纪 40 年代，吕贝尔从收集有关马克思生平传记和著作目录的资料入手投身于马克思学事业，并因造了"马克思学"（marxologie）这个法文词和主编的刊物《马克思学研究》[①] 而在 20 世纪下半叶几乎成为西方马克思学家的代名词。按照吕贝尔自己的说法，他自觉地继承格律恩贝尔格[②]和梁赞诺夫的马克思研究传统，注重考据和思想研究相结合。具体来说，吕贝尔规定了马克思学研究的三项任务：一是了解马克思的著作；二是批判的分析的评论；三是文献和图

[①] Etudes de marxologie, 1959 – 1994.
[②] 格律恩贝尔格（Karl Grünberg）是法兰克福社会研究所第一任所长，梁赞诺夫的老师和亲密朋友。他主编的《社会主义与工人运动史文库》（1910—1930 年）发表了大量马克思研究的成果，后以《格律恩贝尔格文库》而闻名。柯尔施的《马克思主义与哲学》最早就发表在《格律恩贝尔格文库》（1923）。1924 年苏共马克思恩格斯研究院与法兰克福社会研究所达成协议在出版 MEGA 方面进行合作，《社会主义与工人运动史文库》也就成为 $MEGA^1$ 的配套研究刊物。

书。学院派的马克思学研究强调价值中立和学术研究的客观性，强调超越意识形态偏见。当然，研究者事实上很难真正做到价值中立，因为任何解读研究都会存在"合法的先见"。

反马克思主义的马克思学研究充满意识形态偏见，是冷战时期东西方意识形态对抗的产物。当然，我们应该注意避免将学院派的马克思学研究随意贴上反马克思主义的标签，从而犯下将洗澡水和孩子一同泼掉的错误。

20世纪初，随着马克思主义传入中国，中国共产党人除了对马克思主义基本理论进行宣传和普及，也开始对马克思进行学术研究。比如早期上海共产主义小组成员李季（1892—1967年）著的三卷本《马克思传：其生平其著作及其学说》1930—1932由上海神州国光社出版，书中有蔡元培先生写的序言。中华人民共和国建立特别是中共中央编译局1953年成立后，随着《马克思恩格斯全集》中文第一版50卷（1956—1985年）陆续出版，学院派的中国马克思学研究在中国高等学校和科研机构渐成气候。首先是国外特别是前苏联东德大量关于马克思生平事业、著作版本和思想理论研究成果（专著以及论文）被翻译出版，其次是越来越多中国学者（特别是1978年之后）关于马克思生平事业、著作版本和思想理论的研究成果相继出版。但一个不能回避的事实是，与国外马克思学成果相比，中国马克思学研究仍然有很大的距离。一方面，缺乏原创性的版本考证和文献学研究成果；另一方面，所探讨的问题没有真正超出西方马克思学一直以来的研究热点问题。苏联马克思学以考证研究见长，西方马克思学以文本解读研究见长。中国不像苏共马列主义研究院那样拥有马克思著作全部手稿的复制件，也没有实质性参与 $MEGA^2$ 的编辑工作，因此中国学者要在版本考证和文献学研究方面要超过苏联马克思学，是相当困难的。但中国学者完全有可能超越西方马克思学。伴随着改革开放30年来思想解放的深入，中国马克思研究者现在已经有了相当宽松的学术环境，因此完全有可能像西方马克思学者那样产生有分量的学术成果。

当然，了解国外马克思学研究的新成果，避免做低水平重复性研究，是深化中国马克思学研究的基础性工作。但是，到目前为止，国外马克思学关于马克思文本研究的代表性成果(甚至包括吕贝尔的著作)大都没有翻译成中文,我们策划"国外马克思学译丛"① 就是为了把这项工作做起来,以期推动中国马克思学研究的深化。

---

① 北京师范大学出版社 2009 年版。

第三章　从马克思研究到马克思学[1]

不论是正统马克思主义的马克思学研究或是非正统马克思主义的马克思学研究[2]，都经历了从笼统的马克思研究到作为学科的马克思学的演变，而历史已经表明，作为一门学科的马克思学的确立，极大地促进了马克思研究的发展。

马克思研究是在马克思生前即已存在的学术现象。恩格斯在马克思生前就写了多篇关于马克思的传记和书评，如恩格斯1859年8月写的《卡尔·马克思〈政治经济学批判。第一分册〉》书评，1877年6月写的《卡尔·马克思》传记等。马克思逝世之后，恩格斯又为马克思著作写了大量的再版序言或导言，力图使读者能够全面正确地理解和把握马克思思想及其理论体系。可以说，恩格斯是第一个马克思研究者和当时最权威的马克思文本解读者。恩格斯还将马克思《资本论》第4卷即《剩余价值理论》的编辑任务交给考茨基，并亲自教考茨基辨认马克思的笔迹。

恩格斯的这种努力影响到第一代马克思主义者，如梅林致力于写作《马克思传》，他从准备到写作整整用了30年，去世后才正式出版。有一个历史细节很值得注意。在梅林写作过程中，考茨基妄图独揽整理、研究、校印马克思遗著的大权，唆使他的同伙在《新时代》上发表文章，对梅林进行攻击诬陷，说梅林"反马克思主义"，等等。这就说明，研究和

---

[1] 首次发表于《晋阳学刊》2010年第5期，后收于《中国哲学年鉴2010》。
[2] 关于正统马克思主义的马克思学研究与非正统马克思主义的马克思学研究的划分，参见鲁克俭：《国外马克思学译介与中国马克思学研究的深化》，载《马克思主义与现实》2009年第5期。

整理马克思著作的重要意义在第二国际理论家那里已经非常明显，乃至成为利益争夺的目标。普列汉诺夫1896年用德文出版《唯物主义史论丛》，专门探讨马克思唯物主义（包括辩证唯物主义和历史唯物主义）的思想来源，其中谈到黑格尔的历史哲学以及法国复辟时期历史学家的著作对马克思唯物史观形成的影响，具有很强的学理色彩。列宁关于马克思主义三个来源的说法，无疑是受了普列汉诺夫《唯物主义史论丛》一书思路的启发。

第二代马克思主义者更是非常重视马克思研究。比如奥地利马克思主义者阿德勒与希法亭就于1904年一起创办了不定期出版的《马克思研究》(*Marx-Studien*)。《马克思研究》从1904年至1923年出了5卷共6册：第1卷（1904年）发表了希法亭的《庞巴维克对马克思的批判》、卡尔·伦纳的《法律制度的社会功能》和阿德勒的《科学争论中的因果关系和目的论》；第2卷（1907年）发表了奥托·鲍威尔的《民族问题与社会民主党》；第3卷（1910年）发表了希法亭的《金融资本》和塔蒂亚娜·格里戈罗维奇的《马克思与拉萨尔的价值学说》；第4卷第Ⅰ册（1918年）发表了阿德勒的《卡尔·马克思关于解放的社会主义观》、古斯达夫·埃克施坦的《实践的马克思主义》和考茨基的《战争马克思主义》；第4卷第Ⅱ册（1922年）发表了阿德勒的《马克思主义的国家观——论社会学方法和法学方法的区别》；第5卷第Ⅰ册（1923年）发表了奥托·赖契特的《社会主义社会的经济核算》。列宁广泛搜集并深入研究了马克思全部已出版的著作，并对马克思思想发展的过程及其内在逻辑进行了开创性研究，在恩格斯的基础之上进一步奠定了正统马克思主义的马克思学的基本解读框架。此外，十月革命胜利后，列宁还支持梁赞诺夫筹建马克思恩格斯研究院，支持梁赞诺夫系统收集马克思恩格斯文献、启动MEGA[1]编辑工作。

梁赞诺夫使马克思研究成为一门相对独立的学科，使之成为包括马克思生平事业、著作版本和思想理论等诸方面的全面而系统的学术研究，极大地推动了20世纪二三十年代马克思研究在苏联的发展，使马克思文献整理和理论研究的重心从德国社会民主党转移到年轻的苏联，从而为社主义国家的马克思研究事业带来了巨大的国际学术声誉。正是在这种形势下,俄文"马克思学"(марксоведение)一词于20年代初①得以创制。但是,随着梁赞诺夫1931年遭到清洗,苏联马克思学也陷入低谷。梁赞诺夫的命运及苏联马克思学的遭遇主要源自意识形态方面的原因。梁赞诺夫在遭到清洗前,就有人指责他热衷于马克思研究的学术化,而忽视马克思主义的宣传,具体来说就是指责梁赞诺夫重视作为学术版的 MEGA¹ 的编辑工作,而忽视或延误作为宣传版的《马克思恩格斯全集》俄文第一版的编辑工作。此外,梁赞诺夫还被指责没有与德国社会民主党的错误思潮进行坚决斗争。梁赞诺夫遭到清洗后,他的许多参加 MEGA¹ 编辑工作的同事也遭到清洗。此后,"马克思学"尽管在苏联仍然存在,但其重要性已经远远让位于苏联马克思主义哲学体系的构建。特别值得一提的是,作为苏联马克思主义哲学体系雏形的30年代初由米丁等主编的《辩证唯物主义》和《历史唯物主义》教科书,就产生于30年代苏联政治斗争和斯大林主义意识形态背景之下。

在西方世界,马克思学研究应该说最先是从德国开始的,因为当时马克思的著作大多数首先在德国以德文发表。最初主流的德国学者对马克思的著作(包括《资本论》第1卷)采取沉默的态度。但马克思去世以后,随着欧洲(特别是德国)工人运动的高涨以及马克思主义被普遍接受为各国工人阶级政党的指导思想,德国学者对马克思著作和思想的研究也就开始了。德国马克思研究逐渐影响到其他国家,19世纪末20世纪初英语世界(以英国和美国为主,包括加拿大、澳大利亚等英联邦国家)就不断有马克思研究的著作出现。早在1914年,列宁在《卡尔·马克思(传略和马克思主义概述)》中列举了一些书目供读者参阅,还提到了庞巴维克的《马克思体系的终结》(1896)、里克斯的《价值和交换价值》(1899)、冯·博尔特克维奇的《马克思主义体系中的价值核算和价格核算》(1906—1907)。上文我们提到的《马克思研究》第1卷(1904)发表的希法亭《庞巴维克对马克思的批判》,就是针对庞巴维克的《马克思体系

---

① 指20世纪20年代初。

的终结》而写的,可以说是捍卫马克思经济理论的马克思研究与批判马克思经济理论的马克思研究的正面交锋,时年 27 岁的希法亭也因此而一举成名。

在非正统马克思主义的马克思研究中,值得一提的是格律恩贝尔格(Karl Grünberg)1923 年在法兰克福大学内部建立的一个以研究马克思主义为宗旨的社会研究所。格律恩贝尔格任法兰克福社会研究所第一任所长,他主编的《社会主义与工人运动史文库》(1910—1930)发表了大量马克思研究的成果,后以《格律恩贝尔格文库》而闻名。柯尔施的《马克思主义与哲学》最早就发表在《格律恩贝尔格文库》(1923),卢卡奇也在上面发表文章。格律恩贝尔格是梁赞诺夫的老师和亲密朋友。1924 年苏共马克思恩格斯研究院与法兰克福社会研究所达成协议,在出版 MEGA 方面进行合作,《社会主义与工人运动史文库》也就成为 MEGA[1] 的配套研究刊物。

20 世纪上半期,非正统马克思主义的马克思研究以高度关注马克思的《1844 年手稿》而闻名。《1844 年手稿》最初发表于 MEGA/Ⅰ/3(1932 年),此时苏联马克思学研究已进入低谷,因而《1844 年手稿》的发表在苏联并没有引起重视,反倒是在西方世界产生重大反响。法兰克福学派的早期代表人物马尔库塞、弗洛姆都曾投入《1844 年手稿》研究,如马尔库塞著有《论历史唯物主义基础》,弗洛姆著有《马克思关于人的概念》,都是以人本主义来解读《1844 年手稿》。美国马克思学家胡克甚至把《1844 年手稿》的发表看作是"马克思的第二次降世"。但是,这种对《1844 年手稿》所做的"六经注我"式的过度解读研究并不能持久,它最终会让位于更严肃的学术研究。吕贝尔就是在这样的背景下于 20 世纪 50 年代末创制了"马克思学"(Marxologie)这个法文词,并主编刊物《马克思学研究》(1959—1994)。吕贝尔自称继承了格律恩贝尔格和梁赞诺夫的马克思研究传统,注重考据和思想研究相结合。实际上,马克思学概念的提出以及《马克思学研究》的出版确实极大地推动了西方世界的马克思研究,吕贝尔在 20 世纪下半叶几乎成为西方马克思学家的代名词。20 世纪 90 年代,随着冷战的结束,不论是苏联马克思主义或是与之抗衡的西方马克思主义,都因其强烈的意识形态色彩而为人所诟病,于是"回到马克思"就成为国际马克思主义学界的大趋势。历经时代风雨,马克思愈显其伟大思想家的本色,因此"马克思学"正如"康德学"那样,已成为国际学术研究中恒久的课题。

目前,中国的马克思研究也正经历着从宽泛的马克思研究到马克思学的转变。20世纪初,马克思主义在中国的传播与研究是与李大钊的努力分不开的。1919年,李大钊不仅在《新青年》上发表《我的马克思主义观》,而且还办了"马克思研究号",帮助《晨报》副刊开辟了一个"马克思研究"专栏。从1919年5月5日到11月11日,在六个多月的时间里,这个专栏共发表了五种论著,其中包括:马克思的《劳动与资本》,考茨基的《马氏〈资本论〉释义》、河上肇的《马克思唯物史观》等。除专栏外,《晨报》副刊还用一定篇幅发表了一些革命领袖(马克思、列宁、李卜克内西等)的传记和介绍国际共产主义运动情况的文章。1920年,李大钊又在北京大学成立马克思学说研究会。此后,马克思著作的翻译和研究渐成气候,如第一个《共产党宣言》完整的中文版本于1920年出版,1929年梁赞诺夫的《马克思恩格斯合传》出中文版,1926—1932年中国人自己写的《马克思传》出版(李季著《马克思:其生平其著作及其学说》三卷本,上海神州国光社)。中华人民共和国建立特别是1953年中共中央编译局成立后,随着《马克思恩格斯全集》中文第一版50卷(1956—1985)陆续出版,关于马克思和马克思主义的学术研究在中国高等学校和科研机构中也逐步开展起来,改革开放以后更是取得了令人瞩目的成绩。

但是毋庸讳言,由于与各个历史时期的意识形态关系过于密切,中国的马克思研究无论在考据性研究或是在文本解读研究方面,都没有产生真正值得国人在国际马克思主义学界自豪的成果,在这方面中国甚至落后于同为亚洲国家的邻国日本。究其原因,很大程度上与中国马克思研究意识形态色彩过浓而学术性不足有关。进入21世纪,"回到马克思"开始在中国中青年马克思主义学者中产生共鸣,其标志就是马克思文本研究异军突起、方兴未艾。正是在这种背景之下,中央编译局杨金海研究员[①]、中国人民大学马克思主义学院梁树发教授[②]、北京大学哲学系王东教授[③]于2006年前后不约而同地提出建立中国科学的"马克思学"的口号,在这一口号的激励下,2007年年初,在黄楠森等众多前辈学者的支持下,北京大学、清华大学、中国人民大学、中央编译局、中国社会科学院等北京高校和科研机构的一批中青年学者,共同发起成立了"马克思学论坛",迄今已经举办了18届,产生了一大批研究成果。而《国外马克思学译丛》[④]和《日本马克思主义译丛》[⑤]的出版,更是为促进中国马克思学研究的深化提供了基础性的研究资料。

为了促进中国马克思学的健康发展,我们认为应该将"马克思学"作为一门学科来建设。具体来说,可以将其作为马克思主义一级学科下"马克思主义发展史"这一二级学科下的一个研究方向来招收和培养研究生,其中应特别加强马克思文献学、国外马克思学等方向的研究生培养,从而为中国未来马克思研究走向世界培养和储备人才。

[①] 参见杨金海:《马克思主义经典著作研究的现状和未来》,载《马克思主义与现实》2005年第3期。
[②] 参见2006年6月28日梁树发在"走近马克思"专题研讨会上的发言。(http://culture.people.com.cn/GB/40472/67842/67844/4580501.html)
[③] 参见王东:《马克思学新奠基》,北京大学出版社2006年版。
[④] 由鲁克俭主编,杨学功、张秀琴任副主编,北京师范大学出版社2009年版。
[⑤] 由韩立新主编,北京师范大学出版社2009年版。

第四章 "西方马克思学"在中国[①]

一、1978—1995年中国学者对"西方马克思学"的引介及其历史背景

1978—1995年中国学者对"西方马克思学"的引介,一方面受到马克思主义史研究的促动,另一方面与关于人道主义和异化问题的讨论相关。

正统马克思主义的"马克思学"与马克思主义史研究关系密切,其中梅林[②]、普列汉诺夫[③]、列宁[④]作出了开创性研究。就中国而言,1964年成立的中国人民大学"马克思主义发展史研究所"是一个里程碑。在马克思主义三个组成部分中,马克思主义哲学史的研究最受重视。此前,国内学界就开始引介苏东社会主义国家的马克思主义哲学史和马克思学的研究成果,如敦尼克等主编的《哲学史》第3卷(三联书店1963年)、《国际研究》杂志1960年的"论青年马克思"专刊《马克思早期思想研究》(三联书店1963年)、科尔纽的《马克思恩格斯传》(三联书店1963年)、弗兰尼茨斯基的《马克思主义史》(三联书店1964年)、奥伊则尔曼的《马

[①] 首次发表于《中共天津市委党校学报》2014年第5期。
[②] 代表作是《马克思传》。
[③] 代表性观点是马克思早期思想发展的"三阶段"论。
[④] 关于马克思主义三个来源和三个组成部分的论断以及马克思早期思想发展的"两个转变"论。

克思主义哲学的形成》（三联书店 1964 年）等。其中，奥伊则尔曼的《马克思主义哲学的形成》（1962 年第一版）影响最大，其基础是作者 1947—1955 年为莫斯科大学哲学系的学生们讲授同题课程的讲稿。后来又出版了俄文第二版（1970 年）和第三版（1986 年）。这部著作被列为大学教程，被评为罗蒙诺索夫奖（莫斯科大学，1965 年）和国家奖（1983 年），还被翻译到中国、日本、波兰、民主德国、捷克斯洛伐克、匈牙利、韩国。可以说，奥伊则尔曼的《马克思主义哲学的形成》建构了苏联马克思主义哲学史的教科书体系，当然其理论框架来自于列宁。

在奥伊则尔曼的《马克思主义哲学的形成》1962 年出版之前，1957—1961 年出版的《哲学史》第二至五卷就涉及了马克思主义哲学的形成及研究中的重大问题，而 1956 年在北京大学哲学系任教的苏联专家萨坡什尼可夫依照苏联当时正在编撰、出版的多卷本《哲学史》讲授了世界哲学史，使中国学者首次接触马哲史。此外，1969 年东德狄茨出版社出版了《马克思主义哲学史（从马克思主义哲学的产生到巴黎公社之前）》（中译本出版于 1983 年），莫斯科大学哲学系马克思列宁主义哲学史教研室还集体编写了《马克思列宁主义哲学史教学大纲》（1987 年中译本出版）。

北京大学哲学系 1973 年"马克思列宁主义哲学简史（讨论稿）"是一份重要文献，由此我们可以窥见中国马哲史教科书框架与苏联中国马哲史教科书体系的密切关系。通过与敦尼克等主编的《哲学史》第 3 卷作内容比对可以发现，它就是苏联马哲史教科书框架在中国的移植。20 世纪 80 年代出版的中国马克思主义哲学史教材，如 1983 年出版的由中山大学哲学系主编的《马克思主义哲学史稿》，1987 年出版的由黄楠森、施德福、宋一秀主编的《马克思主义哲学史》，也是在苏联马哲史教科书框架之下对细节问题的深化。

在中国，"马克思学"这个词最早出现于《国外社会科学》1978 年第 1 期（1 月 31 日出版）金鹿的"罗马尼亚讨论资本主义危机新阶段问题"一文中。文章介绍了 1977 年 7 月罗马尼亚一次官方学术会议到研讨情况，其中提到了"所谓'马克思学家'"，说明 1977 年罗马尼亚学者已经了解

"西方马克思学"的情况。随后,《哲学译丛》1978 年第 2 期（3 月 2 日出版）发表的苏联学者格尔曼和东德学者斯培尔合写的"评马克思恩格斯全集新版的出版"一文①，在介绍马克思恩格斯全集新版（即 MEGA²）时，提到了"资产阶级'马克思学家'"。《哲学译丛》1978 年第 3 期（4 月 1 日出版）发表的南斯拉夫学者彼特洛维奇的"现代马克思主义哲学的状况和发展前景"再次提到"马克思学"。《国外社会科学》发表了两篇涉及马克思学的译文：埃及左翼学者阿明的"述评一篇书评"提到了"马克思学"，而捷克学者甘泽尔的"现代资产阶级哲学的一些共同倾向和现代修正主义"②则是对包括"资产阶级职业马克思学家"在内的资产阶级哲学家"对马克思理论遗产的最新歪曲"的猛烈批判。甘泽尔还有一篇文章专门批判"西方马克思学"的文章"现代资产阶级马克思的哈哈镜中的马克思主义哲学"，中译文后来发表在《马列主义研究资料》1984 年第 2 期。1979 年 4 月 18 日至 26 日在济南召开了全国哲学学科规划会议，1979 年 5 月 31 日出版的《国内哲学动态》（1979 年第 5 期）和 1979 年 6 月 30 日出版的《哲学研究》（1979 年第 6 期）都对会议进行了报道。《国内哲学动态》的报道提到："目前国外哲学的潮流，也出现了一些新特点，这主要是，哲学和自然科学、哲学和社会学的结合日趋紧密，以及所谓'马克思学'热，用推崇马克思的早期著作，来否定马克思的后期著作。"《哲学研究》在报道中提到："研究马克思成为一种时髦，形成了所谓'马克思学'。许多资产阶级和修正主义哲学家根据他们自己的需要任意解释马克思的著作。他们在反对马克思主义时采取的一种重要手法，就是用推崇马克思的早期著作来否定马克思的后期著作。把马克思主义篡改成为资产阶级和修正主义者能够接受的东西，这就是名目繁多的西方现代'马克思学'的一个根本特点。"周国平发表在《国内哲学动态》1980 年第 1 期的"现代西方哲学的现状和评价"，介绍了 1979 年 11 月在太原召开的第一次全国外国哲学研讨会"现代外国哲学研究和批判方法论问题讨论会"的情况，其中提到参会的同志列举了"以考证和研究马克思原著为主

---

① 原载《德国哲学杂志》1976 年第 1 期。
② 原载苏联《哲学科学》杂志 1978 年第 1 期。

要任务的'马克思学'正在西方兴起,一些专门的'马克思学'研究所、研究中心、教研室的庞大系统已经开始活动"等情况。这说明,1979 年国内学者对"西方马克思学"的情况和动态已经有所了解。不仅如此,高齐云发表在《学术研究》1980 年第 5 期(出版于 5 月 30 日)的文章"《马克思主义哲学发展史》绪论"有这样一段话:"在西方,'马克思学'和'西方马克思主义'的队伍中的一些人,把马克思或恩格斯或列宁的某些著作、某些思想,从历史联系和完整体系中割裂出来,加以孤立和曲解,制造'青年马克思'和'老年马克思'的对立、马克思和恩格斯的对立、马克思和列宁的对立。"[①] 由此可以看出,中国学者在撰写第一本马哲史教材时,心里是明确装着"西方马克思学"这个理论对手的。

中国学者与"西方马克思学"的最初相遇,是通过苏东学者这一中介。1981 年,《马列著作编译资料》第 14 辑发表了由杜章智组织编译的五篇有关"西方马克思学"的文章,其中三篇来自苏联学者:康捷尔的"批判资产阶级和修正主义关于恩格斯的理论活动和革命实践活动的观点"[②]、萨维契的"修正主义和恩格斯的哲学遗产"[③]、奥伊则尔曼的"恩格斯和辩证唯物主义的新批判者们"[④]。此外,1981 年,有三本苏联学者的著作中译本出版:拉宾在《论西方对青年马克思思想的研究》(1962 年俄文版,1965 年德文版),奥伊则尔曼《马克思的〈1844 年经济学哲学手稿〉及其解释》(1976 年日文版),列·尼·巴日特诺夫《哲学中革命变革的起源:马克思的〈1844 年经济学哲学手稿〉》(1960 年俄文版)。奥伊则尔曼和巴日特诺夫的著作是对《1844 年经济学哲学手稿》的专题研究,其中有专章对西方资产阶级学者的手稿研究进行批判。1982 年,根据拉宾《青年马克思》1976 年第二版(第一版出版于 1968 年)翻译的中译本由三联书店出版。拉宾在书中指出,"一些改良主义的马克思学家,后来还有资产阶级马克思学家……竟然宣称 1844 年手稿是马克思成熟的顶峰,

---

① 也可参见中山大学哲学系:《马克思主义哲学史稿》,人民出版社 1981 年版,第 12 页。
② 原载《苏共历史问题》杂志 1970 年第 11 期。
③ 原载《恩格斯对哲学问题的发展和现代》一书,1975 年出版。
④ 原载《反杜林论一百周年》1975 年柏林版。

反而把《资本论》这个马克思科学功绩的真正顶峰变成了'他的创作可能削弱'的证明。"此外,1982年出版的沈真编译《马克思恩格斯早期哲学思想研究》(马克思主义史研究资料译丛)中,包含两篇苏联学者评论"西方马克思学"的重要论文:一篇是别尔金娜的"马克思主义哲学的起源和资产阶级'马克思学'"①,另一篇是哥尔曼的"'马克思学'和马克思主义(关于无产阶级历史使命的学说的起源问题是意识形态斗争的一个目标)"②。

在中国学者与"西方马克思学"初次相遇时,"西方马克思学"的脸谱已经被苏东学者勾画好了。而苏东学者对"西方马克思学"的定调,最终归结到苏联马哲史教科书体系。正是有苏联马哲史教科书体系的存在,一切与其观点不同的马克思思想及马克思主义史研究(包括西方马克思主义的马克思研究),都被当作异端而加以批判。当然,苏联学界内部对马克思思想及马克思主义史研究的研究也在深化,比如拉宾在《论西方对青年马克思思想的研究》一书的最后一章,就介绍20世纪50—60年代苏联学者的相关研究成果,但这些研究更多表现在细节的深化,没有提出新的研究话题,更无法突破既定马哲史框架。

不管是苏联学者或是东欧社会主义国家的学者,都没有用过"西方马克思学"的说法。他们常常用"марксология",或在"马克思学"前面加上"资产阶级"或"修正主义"的限定语,以示与中性意义上的"马克思学"的区别。汉语中关于"—学"的后缀没有俄语中那么丰富,为了区别中性意义上的"马克思学",用"西方马克思学"这一约定俗成的术语是可以的。但我们应该记住,为了与苏东学者相一致,"西方马克思学"首先是指资产阶级(包括小资产阶级)马克思学,其次是指所谓的"修正主义"马克思学。因此,在汉语语境中,可以把"西方马克思学"与"非正统马克思主义的马克思学"画等号。国内学者长期以来在对"马克思学"和"西方马克思学"国内的理解和使用上,存在着严重分歧和混乱,甚至常常把"马克思学"与"西方马克思学"画等号。其根本原因

---

① 原载苏联《哲学问题》1972年第2期。
② 原载苏联《工人阶级与当代世界》杂志1975年第1期。

是人们在使用这两个概念之前，没有首先对这两个概念进行科学界定。

"西方马克思学"完全是中国学者独创的术语。先是王树人在"从本刊编译的《南斯拉夫哲学论文集》谈起"（《哲学译丛》1980年第1期，1980年1月31日出版）一文中使用了"西方的马克思学"的说法，随后，《江西省委党校学报》1980年第2期（出版于1980年3月21日）发表的"西方'马克思热'述评——中国社会科学院哲学研究所马泽民同志十一月三日下午在福建省委党校的报告"和《电影艺术译丛》1980年第3期（出版于1980年3月31日）发表的"结构主义与电影美学"（作者李幼蒸）一文中正式使用了"西方马克思学"的概念。

中国学者20世纪80—90年代的"西方马克思学"研究，经历了从翻译到综述、评论的转变。从周、孟宁"西方的'马克思学'——苏联、东德评论综述"（《国外社会科学》1979年第4期），是对苏联、东德学者评论"西方马克思学"情况的综述。该文所依据的材料来源包括东德的沃尔夫·鲍尔曼等《"马克思学"的贫困》（1975年出版），苏联学者别尔金娜"马克思主义哲学和资产阶级的'马克思学'"[1]，苏联学者季塔连科的"论对马克思主义发展中的列宁阶段的某些歪曲"[2]，格列茨基、德里亚赫洛夫等著《反对马克思列宁主义哲学的伪造者》（论文集）。易克信的"西方马克思学家若干言论剖析——他们是怎样看待无产阶级革命学说的"（《国外社会科学》1981年第3期）是一篇高质量的述评文章，体现了中国学者对"西方马克思学"的述评水平。该文首先归纳了"西方马克思学"的七个核心论点：一是认为马克思主义关于无产阶级历史使命的学说起源于伦理学；二是认为马克思主义的这一学说源于空想社会主义，"基本上是幻想"；三是歪曲恩格斯的思想，贬低恩格斯在马克思主义关于无产阶级历史作用的学说形成中的作用；四是把马克思主义的无产阶级革命学说比作宗教上的末世论，生拉硬扯地贴上"起源于宗教"的标签；五是认为马克思的观点具有二元论的性质，马克思的无产阶级革命学说与他的

---

[1] 沈真编译的论文集《马克思恩格斯早期哲学思想研究》（中国社会科学出版社1982年版）就收了该文。
[2] 原载《苏共党史问题》杂志1979年第4期。

社会观点和哲学观点毫无联系；六是认为马克思关于无产阶级解放作用的思想具有黑格尔学说的本性，似乎马克思因袭了黑格尔法哲学关于官吏阶层是公共利益的代表的论点，转而用之于工人阶级身上；七是曲解马克思关于无产阶级革命历史使命的学说的发展。然后对这7个论点一一批驳。尽管论文没有列举参考文献，但可以看出作者依据的是第一手文献。该文另一个值得一提的贡献在于，文章反复提及的"西方马克思学家"如吕贝尔、费彻尔、阿维内里、塔克、德雷珀等，都是被后来的中国学者认可的"西方马克思学家"。此外，鲁兰沁、张宝瑞、朱毅合写的"试论马克思学说的实质——兼评美国学者哈尔·德雷珀和查理·N. 亨特的'新观点'"[《齐齐哈尔师范学院学报（哲学社会科学版）》1985年第4期]，以第一手资料对德雷珀和亨特关于"无产阶级专政"并非"马克思学说的实质"的观点进行述评，很有见地。晓晨的"'西方马克思学'批判"（《南京政治学院学报》1991年第6期）从"乌托邦说"、"目的论说"、"道德论说"、"宗教说"四个方面对"西方马克思学"进行批判，很有新意。

国内学者对"西方马克思学"的评价，最初是追随苏东学者进行全盘否定，后来开始出现不同声音（尽管很微弱）。1979年11月3日社科院哲学所马泽民在福建省委党校作关于"西方马克思学"的报告，报告的文字纪录稿发表在《中共山西省委党校学报》1980年第2期。马泽民指出，"需要研究社会主义国家马克思主义者的有关论著，也要研究西方马克思学家的大量论著。不能对西方马克思学家的论著采取一概抹杀一概排除的态度，那样做是反马克思主义的。""在这点上，苏修就不是这样，他们对西方马克思学家是一概骂倒，扣上资产阶级帽子、反马克思主义的帽子。"这是中国学者首次对苏联学者关于"西方马克思学"定调的批评，即使在今天看来，也是非常有见地的。1986年李忠尚发表在《教学与研究》（1986年第6期）的文章"'马克思学'、'西方马克思主义'、'新马克思主义'的异同"中提出，"虽然'马克思学'是西方学者在书斋里从事的'纯学术性'的马克思研究，但从某种意义上讲，它在客观上还是起了一定程度的宣传马克思主义的作用，毕竟使更多的人通过这种特殊的方式或多或少了解了马克思和马克思主义。因此,如果对'马克思学'采取简单否定的做法,把它统统说成是纯粹反马克思主义的,那将是失之简单化了。"

20世纪80年代初,中国学术领域思想活跃,类似马泽民这样对"西方马克思学"不是一味批判,而是予以同情性理解的情况,在中国学者中应该很有市场(尽管很少公开发表)。这突出表现在关于人道主义和异化问题的学术性讨论中。关于人道主义和异化问题的讨论,三中全会以后不久便开始了。据统计,到1983年,有关的讨论文章至少已有四五百篇,而且苏东以及西方关于《1844年经济学哲学手稿》的研究论文和论著被大量翻译出版,如《西方学者论〈1844年经济学哲学手稿〉》(复旦大学出版社1983年版)、《〈1844年经济学哲学手稿〉研究》(文集)(湖南人民出版社1983年版)。在此之前,中国学者在介绍、批判"西方马克思学"时,只有极少数学者接触过西方马克思学家所写的东西(即第一手资料),而大多数学者是被苏联学者关于"西方马克思学"定性的先入之见所束缚。随着西方学者相关论著的翻译出版,中国学者就会逐渐对"青年马克思问题"形成自己的判断。尽管关于人道主义和异化问题的讨论于1984年戛然而止,但西方学者相关论著的翻译出版可以说是"西方马克思学"在中国扎根的开端。

实际上,在中国学者知道"马克思学"这个词之前,20世纪60年代一些西方马克思学家的论著已被零星译介过来,只不过是被当作反马克思主义的参考材料引入的,如商务印书馆出版的卢卡奇著《青年黑格尔》(1963年)、《存在主义还是马克思主义》(1964年),萨特著《辩证理性批判》第一分册(1963年),曼德尔著《论马克思主义经济学》(1964年);三联书店1963年出版的沙夫著《人的哲学》;上海人民出版社出版的胡克著《历史中的英雄》(1964年)、《理性、社会神话和民主》(1965年)、《马克思和马克思主义者》(1965年)。正因如此,胡克在中国学界可谓"臭名昭著",不但他的这些著作的中译本于20世纪80年代被重印,而且他的《对卡尔·马克思的理解》也被列入"国外马克思主义和社会主义研究丛书"于1989年在重庆出版社出版。此外,在20世纪50—60年代,《现代外国哲学社会科学文摘》摘译了一些西方学者的"反马克思主义"文章,如1959年第10期日本学者林健太郎的"现代历史学的根本问题——向马克思主义历史学家进一言"①,1960年第9期美国学者苏威尔的"马克思的'愈益贫困化'学说"②,1960年第11期美国学者门罗的"马克思主义者的艺术历史学说"③,1961年第3期美国学者丹尼尔斯的"马克思历史哲学中的命运与意志"④,1962年第2期英国学者特克的"李嘉图和马克思"⑤,1964年第1期美国学者苏威尔的"马克思价值理论再考察"⑥,1964年第7期美国学者李希特海姆的"萨特,马克思主义与历史"⑦,1965年第4期美国学者奥尼尔的"马克思早期和晚期著作中的疏远概念"⑧,1965年第4期美国学者马蒂克的"马克思主义和新物理学"⑨。

1978—1995年,更多西方马克思学家的论著被翻译出版,如麦克莱伦的《青年黑格尔派与马克思》(商务印书馆1982年版)、《马克思以后的马克思主义》(中国社会科学出版社、东方出版社1986年版),罗森的《布鲁诺·鲍威尔和卡尔·马克思:鲍威尔对马克思思想的影响》(中国人民大学出版社1984年版),弗洛姆的《马克思关于人的概念》(南方出版社1987年版),施密特的《马克思的自然概念》(商务印书馆1988年版),列菲伏尔的《论国家:从黑格尔到斯大林和毛泽东》(重庆出版社1988年版),柯亨的《卡尔·马克思的历史理论:一个辩护》(重庆出版社1989年版),威廉姆·肖的《马克思的历史理论》(重庆出版社1989年版),科西克的《具体的辩证法》(社会科学文献出版社1989年版),博托莫尔的《现代资本主义理论:对马克思、韦伯、熊彼特、哈耶克的比较研究》(北京经济学院出版社1989年出版),施密特的《历史和结构:

---

① 原载日本《思想》1957年第5号。
② 原载《美国经济评论》1960年3月号。
③ 原载美国《美学与艺术批评杂志》1960年6月号。
④ 原载美国《思想史杂志》1960年10—12月号。
⑤ 原载英国《经济学季刊》1961年8月号。
⑥ 原载英国《经济学报》1963年8月号。
⑦ 原载英国《历史与理论》1963年第2期。
⑧ 原载《哲学和现象学研究》1964年9月号。
⑨ 原载《科学哲学》杂志1962年10月号

马克思主义历史学问题》（重庆出版社 1993 年版）、德拉—沃尔佩的《卢梭和马克思》（重庆出版社 1993 年版）、卢卡奇的《关于社会存在的本体论》（重庆出版社 1993 年版）。此外，一些西方马克思学家的论文或著作的译文（或摘译）在杂志上刊发，如，萨特的"科学与辩证法"（《外国哲学资料》第 4 辑，商务印书馆，1978 年），"莱文的《可悲的骗局：马克思反对恩格斯》一书的主要观点摘编"（《马列著作编译资料》1981 年第 14 辑，篇幅长达 33 页），西德马克思学家巴列斯特雷姆的"关于恩格斯的讨论"，古尔德纳的"两种马克思主义（摘译）"（《马列主义研究资料》1982 年第 3 期），福伊尔利希特的"异化的历史"（《现代外国哲学社会科学文摘》1983 年第 7 期，摘译自美国《异化：从过去到将来》一书 1978 年版），吕贝尔的"卡尔·马克思（摘译）"（《马列主义研究资料》1984 年第 4 期），费切尔的"马克思主义和黑格尔的关系"（《马列主义研究资料》1984 年第 4 期），费切尔的"马克思主义与黑格尔的关系（续一）"（《马列主义研究资料》1984 年第 6 期），古尔德的"《马克思的社会本体论》（摘译）"（《马列主义研究资料》1984 年第 6 期），麦克莱伦的"恩格斯的重要贡献"（《马列主义研究资料》1985 年第 2 期），费切尔的"马克思主义和黑格尔的关系（续二）"（《马列主义研究资料》1985 年第 3 期），吕贝尔的"恩格斯是马克思主义的创始人"（《马列主义研究资料》1986 年第 1、2 合期），古尔德纳的"两种马克思主义的社会起源"（《马列主义研究资料》1988 年第 2 期），莱文的"马克思对黑格尔辩证法的运用和改造"（节译自《辩证法内部对话》第 3 章，《马列主义研究资料》1989 年第 2 期），吕贝尔的"法国大革命对青年马克思思想形成的影响"（《第欧根尼》1991 年第 1 期），丹·戈德斯蒂克、弗兰克·坎宁安的"马克思《关于费尔巴哈的提纲》第一命题与第三命题中的能动主义和科学主义"（《湖州师专学报》1995 年第 2 期）。

正是有以上的积累，20 世纪 90 年代前半期有三本关于"西方马克思学"的专著出版：陈先达等著《被肢解的马克思》（1990 年）、1992 年孙伯鍨、曹幼华等著《西方"马克思学"》、1995 年叶卫平著《西方"马克思学"研究》。这三本专著的出版，标志着中国学者对"西方马克思学"

的评介研究达到了一个高潮。

二、近10年来中国学者对"西方马克思学"研究的复兴及其学术背景

1995—2002年，国内的"西方马克思学"研究陷入沉寂，突出表现在国内学术期刊发表的有关"西方马克思学"的译文、述评的文章数量迅速减少，西方马克思学译著出版很少。沉寂的根本原因在于，受市场经济大潮的影响，中国基础研究由热变冷。在这种大气候下，整个马克思主义史研究被冷落，西方马克思学研究也就乏人问津。

2003年以后，"西方马克思学"研究在中国马哲界又突然复兴。2002年12月，吴家华在《中国人民大学学报》（2002年第6期）发表"马克思—恩格斯问题论析"，随后又在《高校理论战线》2003年第1期发表"西方'马克思学'解构马克思主义的新动向"、《高校理论战线》2004年第10期发表"国外学者关于马克思恩格斯比较研究诸范式简评"，以第一手资料对"西方马克思学"关于马克思恩格斯关系研究的新进展进行述评。2003年，鲁克俭在《教学与研究》（2003年第8期）发表"当代西方剥削理论评析"。2005年，张亮接着吴家华的话题，在《教学与研究》2005年第8期发表"西方'马克思学'的恩格斯研究：一个批判的评价"，随后《福建论坛》2006年第4期发表了一组评论"西方马克思学"的文章：胡大平的"穿越西方'马克思学'神话，走向马克思主义哲学的深处"、张亮的"西方'马克思学'的兴起、演化与终结"、周嘉昕的"激荡的50年：西方'马克思学'探源"、杨兴林的"西方'马克思学'视域中的'青年马克思'——理论的反拨、'神话'的消融与新视域的开启"、孙登峰的"西方'马克思学'之'两个马克思'论的历史逻辑"、夏娟的"西方'马克思学'视域中的'马克思—恩格斯问题'"。《浙江学刊》2006年第6期又发表一组关于"西方马克思学"的文章：张亮的"什么是马克思主义理解史上的'模式'？——兼析作为'模式'的西方

'马克思学'"、杨兴林的"学派无意识:西方'马克思学'研究模式的内在逻辑悖论"、夏娟的"方法论幻象:西方'马克思学'模式的内在意识形态陷阱"。此外,《南京大学学报(哲学·人文科学·社会科学版)》2006年第6期还发表了张亮的"从'西方马克思主义'到西方'马克思学'——诺曼·莱文教授访谈录"。

在这次"西方马克思学"研究的复兴运动中,鲁克俭和王东起到了重要的作用。2006年10月,王东的大部头著作《马克思学新奠基》出版。该书在论述"三大解读模式"时涉及了西方马克思主义的马克思学、学院派的马克思学以及苏联马克思学,并明确提出了建构"中国特色马克思学"的具体方案。虽然王东的这本书更多是谈如何建构"中国特色马克思学",但他将"马克思学"概念中性化,从而对中国"西方马克思学"研究具有极大的解放思想作用。随后,王东又先后发表了"为什么要创建'中国马克思学'?——迎接21世纪马克思学的第三次来潮"(《马克思主义与现实》2007年第1期),"苏联马克思学、西方马克思学的历史贡献与历史局限"(《北京行政学院学报》2007年第4、5期),"'马克思学'一词源流的新发现"(《吉林大学学报》2007年第6期),"吕贝尔的马克思学:反思与创新"(《马克思主义与现实》2009年第5期),"恩格斯的伟大贡献与历史地位——兼论必须回答'马恩对立论'的思想挑战"(《毛泽东邓小平理论研究》2010年第12期),"从麦克莱伦的《马克思传》谈马克思传记理论"(《马克思主义与现实》2011年第4期)等论文,极大地推动了中国"西方马克思学"研究的发展,而且还培养了一批从事"西方马克思学"研究的博士生,如赵玉兰("'马克思学'一词源流的新发现",载《吉林大学学报》2007年第6期;"'马克思学问题'与创建中国马克思学——与周嘉昕同志商榷",载《哲学研究》2008年第6期;"梁赞诺夫与《马克思恩格斯全集》历史考证版的渊源",载《中国社会科学》2010年第6期;"MEGA^{1}编辑出版工程的重要铺垫——梁赞诺夫的前MEGA^{1}时期",载《马克思主义与现实》2011年第2期)、吴敏燕、贾向云等。

2003年1月,鲁克俭以"国外马克思学研究跟踪"为研究课题申报英国一年访问学者，获国家留学基金委留学资助。同年7月，鲁克俭在"当代西方剥削理论评析"一文基础上，以"国外马克思学研究跟踪"为题申报中央编译局社科基金重点项目获准立项，其最终成果《国外马克思学研究的热点问题》2006年7月获得中央编译局社科著作出版资助，2006年9月由中央编译出版社出版。在此之前，《国外马克思学研究的热点问题》的部分章节已在相关刊物发表："布伦纳的政治马克思主义评析"（与郑吉伟合著，《当代世界与社会主义》2006年第2期）、"国外学者关于马克思共产主义思想的新观点"（《科学社会主义》2006年第4期）、"国外学者论青年马克思与青年恩格斯的学术关系"（《教学与研究》2006年第8期）。2007—2012年，鲁克俭还在其他刊物发表多篇关于马克思学的论文："'陶伯特说'与'罗扬说'：我们该采信哪个？"（《现代哲学》2008年第3期）、"近年来国外学者对马克思主义史学理论的思想史梳理"（《教学与研究》2008年第7期）、"马克思与恩格斯：共同冒险的伙伴？"（《中国图书评论》2008年第8期）、"国外马克思学者关于马克思与黑格尔关系的新观点"（《天津市委党校学报》2009年第1期）、"再论马克思与德国古典哲学的关系——就《马克思主义之后的马克思》的学术对谈"（《哲学动态》2009年第11期）、"马克思学研究与'以人为本'的提出"（《中国社会科学报》2010年1月19日）、"国外学者对马克思意识形态理论的系统化"（《天津市委党校学报》2010年第1期）、"从马克思研究到马克思学"（《晋阳学刊》2010年第5期）、"近年来的中国马克思学研究：回顾与前瞻"（《中国哲学年鉴2010》）"国外学者关于马克思《评李斯特》写作时间的文献学考证"（《天津市委党校学报》2012年第7期）。

特别需要指出的是，曾枝盛的论文"重建马克思学——《吕贝尔马克思学文集》导言"（《马克思主义与现实》2007年第1期），梁树发的论文"西方马克思学与国外马克思主义研究学科建设"（《马克思主义与现实》2008年第1期）、"科学'马克思学'的意义"[《北京联合大学学报》（人文社会科学版）2012年第3期]在这次"西方马克思学"研究的复兴运动中起到了"推波助澜"的关键作用。

除了相关论著的密集发表和出版，"西方马克思学"研究复兴的第二个标志，是王东、安启念、梁树发、曾枝盛、魏小萍、鲁克俭、聂锦芳、韩立新、杨学功、袁吉富等共同发起成立"马克思学论坛"。"马克思学论坛"自2006年初成立之后，先后办了30多次学术活动，其中包括邀请西方马克思学家作学术报告，举办小型国际研讨会。特别值得一提的是，《光明日报》理论部与《学术月刊》编辑部联合评出的"2007年度中国十大学术热点"中，"马克思主义经典文献研究与'中国马克思学'问题"位列热点第五位。

"西方马克思学"研究复兴的第三个标志，是"西方马克思学"资料建设得到重视。自"西方马克思学"20世纪70年代末进入中国学界，至2003年前后"西方马克思学"研究再次复兴的25年时间里，由于各种原因，大部分西方马克思学的代表性著作（甚至包括吕贝尔、费彻尔的代表作）都没有中译本。其直接后果是，除少数学者能够运用第一手资料对"西方马克思学"进行评述外，大多数学者只能根据有限的第二手中文资料来对"西方马克思学"进行研究，因此难免会出现评论的偏差或不到位。正是基于这种情况，鲁克俭联合杨学功、张秀琴，在北京师范大学出版社的支持下，策划并主编了一套大型译丛"国外马克思学译丛"，首批六本吕贝尔《吕贝尔马克思学文集（上）》、费彻尔《马克思与马克思主义：从经济学批判到世界观》、古尔德《马克思的社会本体论：马克思社会实在理论中的个性和共同体》、莱文《不同的路径：马克思主义与恩格斯主义中的黑格尔》、卡弗《政治性写作：后现代视野中的马克思形象》、洛克莫尔《历史唯物主义：哈贝马斯的重建》于2009年12月出版，《中华读书报》2010年1月27日以"西马之后看马克思学"为主题对"国外马克思学译丛"的出版进行报道，其中包括杨耕的"重现马克思哲学'令人震惊的空间感'：《国外马克思学译丛》的出版缘起"，王东的"七大疑问拷问中国'马克思学'"，安启念的"'马克思学'在中国：从冷落到热捧"，以及梁树发、杨金海的相关评论。2011—2013年，又有七本新书（奈格里《〈大纲〉：马克思的自我超越》、克拉克《经济危机理论：马克思的视角》、奥尔曼《异化：马克思关于资本主义社会中的人的理论》、费彻尔《马克思:思想传记》、列菲伏尔《马克思的社会学》、拉雷恩《马克思主义与意识形态:马克思主义意识形态论研究》、布莱克曼《废黜自我:马克思、青年黑格尔派及激进社会理论的起源》)相继出版。此外阿瑟《马克思的〈资本论〉:新辩证法解读》、奥布雷登《政治经济学中的辩证法和解构》、洛克莫尔的《费希特、马克思与德国哲学传统》三本新书于2018年3月出版。

近十年来,除了"国外马克思学译丛"外,不少"西方马克思学"的著作也以其他译丛的名义被翻译出版,如中国人民大学出版社郑一明、杨金海先后任主编的"马克思主义研究译丛"(鲁克俭为副主编)中,麦克莱伦《马克思思想导论》(2008年出版)、埃尔斯特《理解马克思》(2008年出版)、卡弗《马克思与恩格斯:学术思想关系》(2008年出版)、默斯特编《马克思的〈大纲〉——〈政治经济学批判大纲〉150年》(2011年出版);高等教育出版社段忠桥主编的"当代英美马克思主义研究译丛"中,奥尔曼的《辩证法的舞蹈:马克思方法的步骤》(2006年出版)、赖特的《阶级》(2006年出版)、福斯特的《马克思的生态学》(2006年出版)、卢克斯《马克思主义与道德》(2009年出版)、米勒《分析马克思》(2009年出版)、卢克斯《马克思主义与道德》(2009年出版)、佩弗《马克思主义、道德与社会主义》(2010年出版);东方出版社魏小萍主编的"马克思与当代世界"译丛中,洛克莫尔《马克思主义之后的马克思:卡尔·马克思的哲学》(2008年出版)、塞耶斯《马克思主义与人性》(2008年出版)、豪格《十三个尝试》(2008年出版)、贝洛菲尔《重读马克思》(2010年出版)、比岱《总体理论》(2010年出版);华东师范大学出版刘森林主编的"马克思与传统"译丛中,莱姆克《马克思与福柯》(2007年出版)、伯尔基《马克思主义的起源》(2007年出版)、维塞尔《马克思与浪漫派的反讽》(2008年出版)、麦卡锡《马克思与古人》(2011年出版);北京师范大学出版社韩立新主编的"日本马克思主义译丛"中,望月清司《马克思历史理论的研究》(2009年出版)、内田弘《新版政治经济学批判大纲的研究》(2011年出版)、山之内靖《受苦者的目光:早期马克思的复兴》(2011年出版)。此外,还有一些西方马克思学的译著零星出版,如阿尔都塞《读〈资本论〉》(中央编译出版社 2008 年出版)、广松涉《唯物史观的原像》(南京大学出版社 2009 年出版)、里格比《马克思主义与历史学》(凤凰出版传媒集团、译林出版社 2012 年出版)。这些西方马克思学译著的出版,也从一个侧面体现了近 10 年来国内"西方马克思学"研究复兴的景象。

此外,《马克思主义与现实》杂志还在多期开辟了"马克思学研究"栏目,先后发表的重要马克思学研究论文(译文)包括:2007 年第 1 期王东的"为什么要创建'中国马克思学'?——迎接 21 世纪马克思学的第三次来潮"、曾枝盛的"重建马克思学——《吕贝尔马克思学文集》导言"、鲁克俭的"国外马克思学概况及对中国马克思学研究的启示";2008 年第 1 期梁树发的"西方马克思学与国外马克思主义研究学科建设";2008 年第 5 期莱文的"马克思与黑格尔思想的连续性"(赵玉兰译);2009 年第 2 期阿瑟的"黑格尔的主奴辩证法与马克思学的神话"(臧峰宇译);2009 年第 5 期鲁克俭的"国外马克思学译介与中国马克思学研究的深化"等。

与 20 世纪 80—90 年代初国内的"西方马克思学"研究热潮一样,2002 年之后的"西方马克思学"研究的复兴与马克思主义史(主要是马克思主义哲学史)研究有直接关系。20 世纪 80—90 年代初是中国马克思主义哲学史学科的初创和奠基时期(其标志性事件是 1989—1996 年出版的《马克思主义哲学史》8 卷本,其中第 1—3 卷出版于 1991 年),马哲史研究直接带动了"西方马克思学"研究。经过 1992 年之后市场经济大潮冲击下的沉寂期后,中国马哲史研究在 21 世纪初迎来新局面,即基于 MEGA^2 的中国马克思文本研究热潮。中国马克思文本研究既是马哲史研究的深化,也是与国际学术接轨的体现。包括魏小萍、聂锦芳、韩立新、鲁克俭在内的国内马克思文本研究者,不约而同地将目光投向国外马克思学(特别是西方马克思学),并与国外马克思学者建立了直接的学术联系。中国学者不再把西方马克思学者当作批判的对象,而是进行平等学术对话的伙伴。在马克思文本研究背景下对"西方马克思学"进行跟踪和梳理研究，这是近 10 年来"西方马克思学"研究复兴的基调。马哲史教科书体系尽管没有像马哲原理教科书体系那样被颠覆和解构，但马克思文本研究不再服务于对马哲史教科书的捍卫，而是服务于"回到马克思"的学术研究本身。

三、近年来国内学者关于"西方马克思学"学术性与意识形态性关系的争论

随着"西方马克思学"研究的复兴，一些国内学者对"西方马克思学"的意识形态性非常敏感，撰文批评包括本人在内的"西方马克思学"研究过分强调"马克思学"的学术性，忽视了其意识形态性。

我们认为，首先必须区别"马克思学"与"西方马克思学"。对二者不加区别，以批判"西方马克思学"的语调来批判"马克思学"，是缺乏学理依据的。既然存在"苏联马克思学"，"中国马克思学"的提法就不存在问题，毕竟在苏东演变之后，研究和发展马克思主义的历史使命就已经落到了中国马克思主义者的肩上。就"西方马克思学"而言，它无疑是具有意识形态性的，但其意识形态性要少于"西方马克思主义"、"东欧新马克思主义"，更不用说苏联教科书的正统马克思主义了。面对马克思的文本（特别是像《1844 年经济学哲学手稿》这样新发现的文本），"西方马克思主义"、"东欧新马克思主义"采取的是"六经注我"的解读方式，"西方马克思学"采取的是"我注六经"的解读方式。两种路径无所谓优劣之分，但"我注六经"的意识形态性小于"六经注我"这一点是毋庸置疑的。至少"我注六经"式解读（如中国传统文化中的"汉学"）的意识形态性是被有意压抑的，不像"六经注我"式解读（如中国传统文化中的"宋学"）有意张扬这种意识形态性。"西方马克思学"的"去意识形态性"是其特点，如果失去这一特点，它就与"西方马克思主义"、东欧"新马克思主义"没有什么区别了。

另一方面，"去意识形态"并非"无意识形态"，正如"回到马克思"

的进路并非意味着马克思文本研究者可以真的回到马克思一样。我们知道，韦伯提出了社会科学研究的"价值中立"原则，但韦伯并非实证主义者，他特别强调研究者的价值追求对社会科学研究的意义。这就是说，研究者必定是有价值立场、价值追求的，但在具体研究过程中，研究者要尽量保持价值中立即客观性。在韦伯那里，价值性与客观性并不矛盾。同样的，对于"西方马克思学"来说，学术性与意识形态性并不矛盾。

因此，决不能忽视"西方马克思学"的意识形态性。但"西方马克思学"的意识形态性首先并不在于它是反马克思主义的，因为"反马克思主义的马克思学"只是"西方马克思学"左、中、右三种进路和倾向中的一种。总体来看，"西方马克思学"并不比所谓的"修正主义"更凶恶。因此，我们要避免以偏概全，更要避免以"解构马克思主义"的"伪装论"、"阴谋论"人为地制造马克思主义的敌人。换句话说，对待"西方马克思学"的意识形态性，我们要习惯于以学术话语而非意识形态话语来进行述评。

"西方马克思学"的意识形态性首要表现在其偏执于"学术性"。打着"学术性"的旗号，声称"去意识形态"，这本身就是一种对"过度意识形态"的抗议，因此"去意识形态"口号本身就具有意识形态性。"西方马克思学"偏执于"学术性"，这既是其特点，也是其相对于"西方马克思主义"、"东欧新马克思主义"的缺点。它把马克思主义变成了死的东西，缺乏对现实问题的关注，缺乏在新的时代发展马克思主义的理论勇气和实践精神，注定不能成为马克思主义史的主流。实际上，列宁、毛泽东等马克思主义革命家经常批评知识分子身上存在的这些弱点，这也确实是知识分子（特别是马克思主义研究者）需要不断自省并力争加以克服的。

在新的历史条件下开展"西方马克思学"研究，是服务于马克思文本研究，而非对苏联马哲史教科书体系正统性的捍卫。因此，对"西方马克思学"意识形态的批判，不能偏离这一主旨，否则就会形成对马克思文本研究不必要的外部干扰。我们认为，"西方马克思学"研究的重心，应该适时转向加强学科建设，以及对"西方马克思学"最新动态和研究成果的跟踪和梳理研究这两个方面，而不能无休止地纠缠于其意识形态性。

从学科建设的角度来说，必须首先讲清"西方马克思学"的意识形态本质。但强调"西方马克思学"的意识形态本质，并非"西方马克思学"研究的全部内容，甚至不是其主要内容。对"西方马克思学"意识形态本质的评论，陈先达等著《被肢解的马克思》（1990年）、1992年孙伯鍨等著《西方"马克思学"》、1995年叶卫平著《西方"马克思学"研究》已经讲得非常完满，我们不可能再讲出更多的道理来了，否则就容易讲过头话。

四、中国马克思主义文本研究者的学术自信与中国声音

中国学者从意识形态高度批判"西方马克思学"的历史使命，已在20世纪90年代初完成。学术上的争论最终只能通过学术方式来解决。意识形态正确并不意味着学术上令对手信服，不意味着能赢得对手的尊重。在《1844年经济学哲学手稿》问题上，苏联马克思主义学界有过这方面的深刻教训。

十月革命一声炮响，为中国送来了马克思主义。20世纪20—40年代，马克思恩格斯的一些重要著作如《共产党宣言》、《资本论》、《反杜林论》等在中国得以翻译出版。中华人民共和国建立之前，中国的马克思主义研究更多是服务于革命需要，或者说马克思主义宣传是当时中国马克思主义研究的核心内容。马克思主义在中国的传播，首先是通过日本这一中介，然后是学习和引进苏联的马克思主义研究成果（包括米丁等人的马克思主义哲学教科书）。在此期间，日本和苏联的许多马克思主义宣传和研究著作被译成中文出版。毫无疑问，在马克思主义研究方面，中国是日本和苏联的学生。

中华人民共和国以后，在苏联专家的帮助下，中国开始翻译出版《马克思恩格斯全集》，其母本是《马克思恩格斯全集》俄文第二版，甚至连

出版前言也是译自俄文版。苏联专家还在中国人民大学、北京大学等单位帮助建立起中国的马克思主义学科体系。中华人民共和国后的马克思主义研究，中国仍然是苏联的学生。

改革开放之后，随着西方哲学、经济学、政治学、社会学等人文社会科学学术思潮的大量涌入，中国学者突然发现，我们不但是苏联的学生，也必须先屈尊当西方的学生。不过，面对西方学术思潮，中国学者不像面对苏联学者那样甘当学生、虚心学习，而是有着学习（学术方面）与批判（意识形态方面）的纠结。但无论经历什么曲折，30多年后的今天，中国人文社会科学的学术水准有了很大提升，也越来越与国际学术接轨。具体到马克思主义研究方面，我们当了近一个世纪的学生，现在到了我们与国外学者开展平等对话的时候了。如果我们现在仍然纠缠于"西方马克思学"的意识形态性，很大程度上是学术不自信的表现。

当然，学术自信的基础是实力，而马克思文本研究就是夯实学术实力的重要途径。在马克思文本研究方面，伴随 MEGA^2 的出版，中国马克思主义学者与国外学者处于同一起跑线上，这就为中外学者开展平等学术对话、为中国马克思主义学者在国际学界发出自己的声音，提供了难得的契机。因此，我们现在开展"西方马克思学"研究，不是仅仅为了驳倒西方学者，而是为了提升我们自己的学术水平；不是满足于在西方马克思学制造的话题中打转，而是为了最终超越西方马克思学，提出引领国际马克思研究走向的学术话题和研究成果。

关于马克思主义文本研究的中国声音，在《中国社会科学报》2012年6月19日发表的"文本学研究与对马克思思想的新理解"学术研讨会会议报道中，鲁克俭提出了如下看法："国外学者的马克思研究主要有两种路向，一种是苏联东欧学者作为 MEGA 的编辑者偏重文献学版本考证，另一种是西方学者主要侧重于马克思思想研究。两者各有利弊。前者擅长于版本考证，但因受教条主义影响，在马克思思想研究方面较为僵化；后者思想活跃，常常能够提出新的问题，得出新结论，但在利用 MEGA 及其文献学最新成果方面存在欠缺，一些结论大胆新颖但却有过度诠释之嫌。""中国的马克思研究者应当结合苏联东欧学者和西方学者的特长，在充分了解国际文献学最新研究成果的基础上，以中国学者的视角对马克思思想进行全新解读，逐步形成马克思文本研究的中国学派，并积极开展与西方学者的学术对话。""中国学者才刚刚开始加入到马克思主义文本研究中，应借鉴国际学者的优长，发挥自身独特优势，在国际学界发出自己的声音。"相信经过中国老中青三代学者的不懈努力，特别是随着中国70、80后马克思文本研究者的崛起，中国声音在国际马克思学界会变得越来越响亮。

第五章 近年来国外学者对马克思主义史学理论的思想史梳理[①]

近年来,对马克思主义史学理论进行思想史梳理成为国外马克思学研究的一个新动向。先是英国曼彻斯特大学教授史蒂夫·里格比在1987年出版的《马克思主义与历史学:一个批评性导论》[②](1998年第二版)中对马克思主义史学理论发展史中的一些关键人物作了点评;2002年,英国桑德兰大学讲师马太·佩里(Matt Perry)博士出版了《马克思主义与历史学》[③],对马克思主义史学理论做了初步梳理;2006年,英国利兹城市大学高级讲师保罗·布莱克利奇(Paul Blackledge)博士出版了《反思马克思主义史学理论》[④],进一步梳理了马克思主义史学理论思想史。本文主要介绍佩里和布莱克利奇的研究成果,相信会对中国学界了解国外马克思学最新动态,把握西方马克思主义史学理论的发展轨迹有所助益。

一

佩里在《马克思主义与历史学》第一章对马克思主义史学理论有一个全景式概览。佩里指出,他考察马克思主义史学写作的目的是为了表明马

[①] 首次发表于《教学与研究》2008年第7期。
[②] Steve Rigby, *Marxism and History: A Critical Introduction*, Manchester University Press, 1987; 2nd edition, Manchester University Press, 1998.
[③] Matt Perry, *Marxism and History*, Palgrave Macmillan, 2002.
[④] Paul Blackledge, *Reflections on the Marxist Theory of History*, Manchester University Press, 2006.

克思仍然存在于 20 世纪的历史学研究中。尽管马克思主义史学通常被指责为还原论和决定论，但实际上它比任何其他学派（大概年鉴学派可以与它相提并论）都体现出更宽广的研究方法和问题。"二战"后的英国马克思主义史学家通常与"新史学"联系起来，于是人们倾向于认为马克思主义拒绝传统的史学形式如传记体的、政治的、思想的和叙事史学等。实际上，马克思主义史学家不但胜过惯常的史学形式，也胜过创新的史学形式。比如伊萨克·多伊彻（Isaac Deutscher）的《斯大林》（1949 年第 1 版）及其关于托洛茨基的多卷本著作就是传记体的。类似的传记体史学著作还有：保罗·弗罗利克（Paul Frölich）的罗莎·卢森堡、托尼·克利夫（Tony Cliff）的列宁、克里斯托夫·希尔（Christopher Hill）的克伦威尔或米尔顿等。马克思主义根本不拒绝传记。但马克思主义传记有别于其他历史学派传记的特征在于其对个人在历史上作用更理论化的澄清，而对个人在历史上作用之迷的解答是每个传记作者都需面对的难题。实际上，非马克思主义者伊恩·克肖在其所著的《希特勒》中就借用了马克思关于个人在历史上作用的观点即《雾月十八》开头的那句名言："人们自己创造自己的历史，但是他们并不是随心所欲地创造，并不是在他们自己选定的条件下创造，而是在直接碰到的、既定的、从过去承继下来的条件下创造。"

至于传统史学所关心的叙事风格，不管是讲故事的艺术或是意味深长的文学展开，都在许多马克思主义史学著作中得到体现。如 C. L. R. 詹姆士的《黑色雅各宾》和托洛茨基的《俄国革命史》就不能被指责为因为术语而牺牲了文学性。除了叙事艺术和传记外，马克思主义史学也包含研究高度政治和自上而下历史的杰出著作，如梅森（Mason）的《第三帝国的社会政策》、萨维尔（Saville）的《1848》。对马克思主义的一个最常见指责是说它夸大了经济史。马克思主义经济史方面的著作确实很多，比如在关于封建主义到资本主义的过渡以及生活标准的辩论中都可以看到马克思主义历史学家的身影。除了不拒绝传统史学方法外，马克思主义史学在 20 世纪也提供了许多方法论创新，如"自下而上的史学"，其代表性著作是鲁德（George Rude）的《法国大革命中的群众》（1959 年）、汤普森的《英国工人阶级的形成》（1963 年）、希尔的《颠倒的世界》（1972 年）、罗德尼·希尔顿（Rodney Hilton）的《农奴争得自由》（1973年）等。这种研究对社会史学的发展方向产生了深刻的影响。

尽管女性主义者和黑人民族主义历史学家激烈批评马克思主义，马克思主义历史学家实际上是妇女史和黑人史研究的先驱。希拉·罗博瑟姆（Sheila Rowbotham）的《被隐匿的历史》（1973年）开辟了激进妇女史学的领域，而詹姆士、威廉姆斯、尤金·吉诺维斯（Eugene Genovese）关于黑人奴隶制度的著作以及弗赖尔（Peter Fryer）的《保持权力》关于英国黑人体验的著作也在黑人史上起到了类似的作用。马克思主义史学家也在口述史的发展中起到了作用（其实口述史本身就是从"自下而上的史学"中产生出来的），如马克思主义史学家罗纳德·弗雷泽（Ronald Fraser）和卢萨·帕瑟琳妮（Luisa Passerini）就运用口述史给西班牙内战和意大利法西斯主义的传统认识注入了新气象和新见解。历史学中的文化维度（包括从艺术到日常生活的各个方面）自20世纪60年代以来日益在历史学中占据中心位置，而其中也打上了马克思主义者的印记，其中包括汤普森和希尔。而法国马克思主义史学家米歇尔·伏维尔（Michel Vovelle）则致力于心态史学研究。总之，马克思主义史学已经证明能够创新并且可以与新史学方法开展创造性的对话。

如果说一些马克思主义者转向了文化史和微观研究，那么其他一些马克思主义者仍在继续关注长时间框架和长时段过程，两者的区别体现在人道主义马克思主义史学与结构主义马克思主义史学的分野。在后一种研究中马克思的生产方式概念起了极具建设性的作用。杰夫里·克罗伊克斯1981年出版的《古代希腊世界的阶级斗争》是这方面的代表作，而克里斯·威克姆（Chris Wickham）、安德森和居伊·布瓦（Guy Bois）在欧洲封建主义的起源方面也产生了重要著作。威克姆在20世纪90年代的"封建危机辩论"中发挥了重要作用。多布与斯威齐之间的论战，以及后来的"布伦纳辩论"都涉及的是从封建主义向资本主义过渡的问题。马克思主义者彼得·克里特（Peter Kriedte）和汉斯·梅狄克（Hans Medick）对"原初工业化"理论有贡献，而沃勒斯坦则提出了世界体系理论。上述学者的影响都超出了马克思主义历史学的范围。在科学史方面，贝尔纳

(J. D. Bernal)的《历史上的科学》和李约瑟的《中国的科学与文明》是用马克思主义观点写成的。

"革命"在马克思主义史学中占有重要地位,尤其是关于法国革命的社会解释主导了20世纪大半期的历史学文献。关于法国革命的社会解释的主要实践者是马克思主义者。乔治·勒费弗尔（Georges Lefebvre）和艾伯特·索布尔（Albert Soboul）都是法共党员,自20世纪20年代之后他们发展出了关于法国革命权威的"社会"解释,即强调统治者难以应付的危机、事件的阶级特征以及革命的深刻影响。这样,革命史就不再是简单地由大人物（罗伯斯庇尔、丹东、拿破仑）的行动决定的,而是由社会力量演化的平衡决定的。城市穷人、农民和群众就不再是"猪一样的群众"（柏克语）,而是革命事件背后的真正力量。勒费弗尔的《法国革命》对法国革命所做的社会解释甚至几乎没有在历史学家中引起争议,霍布斯鲍姆的《原始的叛乱》（1959年）是英语世界最先运用这种观点的历史学著作。霍布斯鲍姆还说勒费弗尔是"自下而上的史学"的先驱。不过自20世纪70年代以后,法国历史学弗朗索瓦·孚雷（Franois Furet）引发了"修正主义史学"潮流以对抗对法国革命的社会解释,这种"修正主义史学"把革命解释为一系列偶然政治事件的结果。在英国,关于英国内战的社会解释也遭到了修正主义史学的批评。1990年霍布斯鲍姆出版《马赛曲的回响》,评价了法国革命在世界历史中的地位,并回应了修正主义史学家对这些事件的马克思主义社会解释所做的批评。

马克思主义史学充满着社会生产关系、阶级斗争、生产方式和霸权等概念。但随着学术马克思主义在"二战"后的发展,马克思主义史学与非马克思主义史学的界线已经变得非常模糊了。到了60年代[①],甚至一些保守的历史学家也把马克思主义作为有用的工具来使用,特别是表现在他们对马克思概念的折中借用上。许多历史学家有选择地采用马克思主义的一些范畴以作为他们提出假设或用于解释历史的富有成效的工具。布瓦就指出,"生产方式"是马克思主义史学的核心概念,这一概念对年鉴学派中

---

① 指20世纪60年代。——作者注

世纪史专家乔治·杜比（George Duby）、雅克·勒高夫（Jacques Le Goff）产生了深刻影响。汤普森和布伦纳则强调阶级斗争概念的首要性，汤普森甚至说阶级斗争比阶级事实本身更重要。一些马克思主义史学家还试图澄清马克思主义对20世纪历史编纂学的贡献，如霍布斯鲍姆在1997年出版的《史学论》中就考察了从后现代主义到俄国革命这样宽泛的历史编纂学问题。对霍布斯鲍姆来说，马克思为史学研究提供了"根本基础"，因为马克思极其独特地试图"为历史整体提供方法论上的进路，并理解和解释人类社会演化的全过程"。

当然，马克思主义史学也遭到了非马克思主义史学的激烈批评。从经验主义者到后现代主义者阵营，马克思主义被指责为经济还原论、决定论、图式论，甚至经验主义（后现代主义者的指责）。特别20世纪70年代中期以后，随着1968年激情（即五月风暴）消退后左翼学术气候的改变，马克思主义史学也遭到攻击。后现代主义、历史社会学以及经验主义都对马克思主义历史编纂学提出了严肃挑战。当一些史学杂志推出诸如"社会史的危机"、"劳工史的终结"的专辑时，所挑战的正是马克思主义的影响。佩里指出，这些批评实际上是对马克思主义史学的歪曲，因为他们不是通过评价最棒的马克思主义史学家对马克思主义理论的精巧运用和完善来批评马克思主义，而只是根据自己所理解的马克思主义理论来批评马克思主义，实际上他们对马克思主义理论的理解只是基于一些庸俗化的假定。正如伏维尔所简练评论的那样：这些批评不过是"对庸俗马克思主义的庸俗批评"。

佩里特别强调最好的马克思主义史学著作与受斯大林主义严重影响的历史学之间的对立。佩里指出，马克思主义史学在苏联的衰落是与30年代斯大林的上台相吻合的，而20世纪最好的马克思主义史学写作——从托洛茨基的《俄国革命史》（1930年）到汤普森的《英国工人阶级的形成》，都采取了拒绝斯大林主义的方法论起点。当然对英国共产党"历史学家小组"以及乔治·勒费弗尔和霍布斯鲍姆这样的史学家个体来说，有时斯大林主义者/马克思主义者的区分也难以完全厘清。佩里还指出，尽管马克思主义史学的影响现在有些消散，但马克思主义史学著作的数量仍然很大，而且仍对各类史学家产生着影响。

佩里把马克思主义史学划分为三代，然后对这三代代表人物的史学思想进行深入考察。佩里所谓马克思主义史学的第一代是指历史唯物主义的创立者马克思和恩格斯，第二代指亲历两次世界大战、俄国革命以及30年代大萧条的卢卡奇、托洛茨基、葛兰西等人，第三代指在冷战东西方对立、西方经济长期繁荣、60年代的思想激进和80年代的反动，以及苏东演变和所声称的新自由全球资本主义胜利这一历史背景下出现的马克思主义史学理论思想家。目前在后现代背景下很可能会出现马克思主义史学第四代（能否真正出现还不能肯定）。对第二代的介绍佩里特别强调葛兰西，尤其是葛兰西史学思想对后来马克思主义史学写作的重大影响。对第三代的介绍佩里特别强调汤普森。限于篇幅，这里就不再重复佩里对第二代和第三代马克思主义史学代表人物所做的考察。

二

布莱克利奇对马克思主义史学理论思想史的梳理主要以英国马克思主义史学为背景，但他首先用一章梳理历史唯物主义从第二国际到第三国际的演变和发展。① 布莱克利奇指出，第二国际自其1889年成立至第一次世界大战爆发它事实上的破产这段时间里，一直是马克思主义"正统"无可置疑的守护者，而考茨基对马克思主义的解释被许多评论者看作是第二国际马克思主义的代名词。因此对马克思主义史学理论的历史考察理应从考茨基开始。但是，今天已经很少有人（指西方学者）再为考茨基的历史唯物主义解释作辩护了②。里格比是批评考茨基主义的典型，他认为考茨基

---

① 参见 Reflections on the Marxist Theory of History 第三章。
② 这里面不包括分析马克思主义的代表人物柯亨，柯亨1978年出版的《卡尔·马克思的历史理论：一个辩护》实际上是对考茨基《唯物史观》一书的历史唯物主义解释的理论精致化。不过柯亨现在的立场也已经有所后退，可参见［英］柯亨：《卡尔·马克思的历史理论：一个辩护》2000年第二版（中译本，段忠桥译，北京师范大学出版社2008年版）。

思想的根本缺陷在于它所包含的"生产力决定论"。① 佩里也认为，随着马克思和恩格斯对第二国际影响的消退，进化论或技术决定论版本的历史唯物主义开始在欧洲社会主义政党中蔓延。而更早的科莱蒂在《从卢梭到列宁》中就提出，第二国际政治上的缺陷在于它对经济演化的自动过程持有"宿命论"的信念，这种信念强化了第二国际关于它最终会以自发的、不变的、无可抵挡的平静方式（正像自然的过程一样）获取政权的确信。科莱蒂还指出，这种对马克思主义的进化论解释源于恩格斯对马克思思想粗鲁的系统化，并在考茨基的历史理论中达到顶点。西方学者对于恩格斯在使马克思主义僵化过程中所起的作用还存在争论，但考茨基的思想早就被他们认为应该扔进历史学的垃圾桶里去了。最近萨松②和卡利尼克斯③都把考茨基的思想评价为"庸俗进化论"的一种形式。但布莱克利奇并不赞同对第二国际马克思主义的这种评价。他指出，20世纪初第二国际的马克思主义者确实产生了一些值得今天重读的重要历史学著作，如让·若雷斯（Jean Jaures）的法国革命史写作就极大地影响了后来的争论。布莱克利奇认同拉斐尔·塞缪尔（Raphael Samuel）关于马克思主义的发展远非同质性的说法，并指出：第二国际是充满争执的舞台，在这个舞台上激烈的政治争论伴随着相互竞争的历史解释。布莱克利奇通过具体考察第二国际三个代表性思想家考茨基、普列汉诺夫和拉布里奥拉对历史唯物主义的解释来具体阐明这一点。

布莱克利奇指出，尽管从第二国际马克思主义到第三国际马克思主义的转变被科莱蒂和安德森解释为是"唯意志论"同"宿命论"的决裂，但里格比却认为政治实践方面的改变并没有伴随着历史理论方面的任何创新，因为托洛茨基、列宁、斯大林以及布哈林与考茨基和普列汉诺夫具有同样的生产力决定论形式的历史唯物主义观。这两种对立的观点布莱克利奇都不同意，尽管布莱克利奇确实认为里格比强调第三国际马克思主义与

---

① 关于里格比围绕"生产力决定论"所作的理论考察，可参见鲁克俭：《国外马克思学研究的热点问题》，中央编译出版社2006年版，第七章第四节。
② Donald Sassoon, *One Hundred Years of Socialism*, New Press, 1998.
③ Alex Callinicos, *Social Theory: A Historical Introduction*, New York University Press, 1999.

第二国际马克思主义具有重要连续性方面是正确的，而且里格比的观点表面看来似乎很有说服力，因为列宁在与普列汉诺夫决裂之后很久仍然奉劝青年布尔什维克学习普列汉诺夫的哲学，而且列宁自己也一直在学习和研究考茨基和普列汉诺夫的著作。在布莱克利奇看来，托洛茨基的历史唯物主义解释并不能像里格比所认为的那样与考茨基及普列汉诺夫同样的生产力决定论一起被打发掉，因为托洛茨基的《俄国革命史》直接影响了C. L. R. 詹姆士的经典历史学著作《黑色雅各宾》，而且詹姆士也称托洛茨基的《俄国革命史》是最伟大的历史学著作；另一方面，由20世纪30年代斯大林化的共产国际时期开创的"人民史学"和"自下而上的历史学"的马克思主义史学传统，影响了来自英国共产党"历史学家小组"的伟大历史学家们，但"历史学家小组"的著述是不能被归结为生产力决定论的，因此这些伟大历史学家富有创见性的研究可以说是从第二国际马克思主义的精华因素中演化而来的，而不是与第二国际马克思主义的简单决裂。

布莱克利奇具体考察了考茨基的思想演变，认为所谓的"考茨基主义"只是一个神化，因为它把考茨基的思想发展看作是直线的，而没有考虑到考茨基1906年所发表文章的思想与他1927年《唯物史观》一书中所体现的进化论和机械论马克思主义有很大的不同。布莱克利奇还以一些具体事例表明考茨基1906年前后的思想更为复杂和精细。普列汉诺夫也存在类似的情况，实际上托洛茨基的历史唯物主义解释并非是与普列汉诺夫解释的简单决裂，而是源自普列汉诺夫历史唯物主义解释的精华因素。托洛茨基自己也承认他对俄国历史演变的解释建立在借用于考茨基、普列汉诺夫和拉布里奥拉的方法论基础之上。拉布里奥拉批评但并不完全排斥"因素方法"，主张仍然保留"基础"和"上层建筑"概念的"有机历史观"，特别强调马克思的社会演化理论与达尔文的自然演化模型的区别，并批评了当时达尔文主义在许多思想家中流行的现象。拉布里奥拉的方法试图辩证地理解自由与必然的关系，从而避免把历史归结为一些铁的规律在起作用的"宿命论"过程。当然，拉布里奥拉也和第二国际的其他思想家一样相信社会主义的胜利是"不可避免的"。因此，在布莱克利奇看来，第二国际马克思主义中无疑包含机械论和宿命论因素，但第二国际的一些思想家也为托洛茨基等人更开放地解释历史唯物主义奠定了基础。

布莱克利奇把托洛茨基对历史唯物主义的主要贡献概括为两点：一是托洛茨基提出了作为其"不断革命论"的"综合发展规律"，二是托洛茨基创造性地重申了被第二国际理论家歪曲了的真理即马克思主义的行动主义内核。就"综合发展规律"而言，托洛茨基认为历史发展进程的不平衡是一般规律，此外他还认为由"不平衡规律"可以进一步推出"综合发展规律"，即落后国家可以将不同的历史发展阶段综合在一起来完成。因此，托洛茨基不但认为俄国的资产阶级革命应该转变为社会主义革命，而且认为俄国的资产阶级革命的动力是城市工人，因而资产阶级革命要由无产阶级来领导，从而由资产阶级革命向社会主义革命的转变就成为工人的内在要求。这样，托洛茨基就与第二国际马克思主义的机械论特征区别开来。但托洛茨基并不拒绝马克思的唯物主义洞见即生产力发展水平为历史可能性设定了参数，不过托洛茨基是在国际层面而非国家层面来考虑生产力发展水平的。托洛茨基的《俄国革命史》彰显了伟大人物（列宁）在重大历史事件（十月革命）中的作用，从而重申了马克思主义的行动主义内核；但布莱克利奇并不认为托洛茨基的《俄国革命史》体现了唯意志论，因为托洛茨基实际上是把列宁作为客观历史事变的最后出场的环节来看待的。

另一位受到布莱克利奇重视的苏联史学家是鲍里斯·赫森（Boris Hessen）。赫森1931年在伦敦举行的第二次国际科学史大会上宣读的论文"牛顿《原理》的社会和经济根源"，对西方科学史界产生了很大触动。科学史领域的巨人如贝尔纳（J. D. Bernal）、霍尔丹（J. B. S. Haldane）、海曼·利维（Hyman Levy）、李约瑟、兰斯洛特·霍格本（Lancelot Hogben）都受到赫森的影响。另一方面，在布莱克利奇看来，尽管20世纪30年代斯大林对马克思主义的粗鲁歪曲（其实这种粗鲁歪曲也不过是对布哈林1921年出版的《历史唯物主义》论述的剽窃）被当作"正统"，但这种"正统"并非铁板一块。共产国际内的马克思主义仍然激发出有创见的作品，这其中包括英国共产党"历史学家小组"的著作。共产党"历史学家小组"是从 1946 年开始正式集会以帮助莱斯利·莫顿（Leslie Morton）出《英国人民史》第二版。莫顿的《英国人民史》第一版出版于 1938 年，是共产国际 1935 年第七次代表大会上决定建立广泛的反法西斯人民阵线的产物。自 20 世纪 30 年代中期至 50 年代中期的 20 年时间里，英国共产党"历史学家小组"的历史编纂学占据着一个非常奇特的位置。总之，第三国际时期不但产生了托洛茨基和赫森的优秀史学著作，而且一些受到过斯大林主义不好影响的历史学家，如英国共产党"历史学家小组"的多布、希尔、莫顿和托尔等人也创作出了值得人们不断阅读的历史学著作，这些著作还激发了 20 世纪下半叶最重要的激进历史编纂学。

历史时代的"分期"问题是历史编纂学的根本问题之一，因而与"分期"问题相关的"生产方式"以及"社会过渡"问题就成为西方马克思主义史学理论研究中长期存在的热点问题。布莱克利奇就这两个问题专章进行讨论。首先考察的是著名英国马克思主义考古学家戈登·蔡尔德（Gordon Childe）。恩格斯晚年根据人类学家摩尔根的新发现写成了《家庭、私有制和国家的起源》，而蔡尔德 20 世纪初进一步把马克思主义的范畴置于考古学思想的核心位置。蔡尔德提出的"新石器革命"和"城市革命"的概念已经经受住了时间的考验。蔡尔德把马克思的方法等同于一种"文化史"，从而隐含了与资产阶级的政治史以及斯大林主义的经济还原论的决裂（尽管蔡尔德肯定过斯大林《辩证唯物主义与历史唯物主义》对马克思主义的贡献）。在《考古学与人类学》（1946 年）中蔡尔德明确批评了对马克思"基础/上层建筑"比喻的技术决定论解释。蔡尔德坚持认为，不能把马克思主义的决定论概念等同于因果性概念，因为尽管生产力可能为各种可能出现的生产关系确定了参数，而经济基础又可能为各种可能出现的政治和意识形态上层建筑确定了参数，但上层建筑并不能机械地直接从基础来解释。布莱克利奇指出，蔡尔德关于"意识形态上层建筑与生产关系之间的调整决非自动的"的说法，以及关于马克思恩格斯可能相信在社会矛盾需要克服的时候革命是"受期许的或根本性的"，但这并不意味着马克思恩格斯相信革命必然会到来的说法，就是直接针对斯大林的历史唯物主义解释的。在蔡尔德看来,社会生产关系可能会作用于生产力并"无限地"阻碍社会进步;蔡尔德还认为,"新石器革命"和"城市革命"都不是必然会出现的。蔡尔德另一个与斯大林历史唯物主义解释相对立的历史解释是运用马克思的亚细亚生产方式概念来解释在各种历史关头都存在的暴力阻滞现象,而斯大林自 1931 年之后就禁止亚细亚生产方式的概念,也否认暴力阻滞现象的存在。

布莱克利奇接着考察了从古代到封建主义过渡的问题。杰夫里·克罗伊克斯(Geoffrey De Ste. Croix)1981 年出版的《古代希腊世界的阶级斗争》被列为 20 世纪最伟大的马克思主义历史编纂学著作之一。克罗伊克斯根据两个反常的经验证据来精练马克思主义的奴隶生产方式概念:一个证据是自由劳动在古代农业中被广泛使用,另一个证据是非奴隶的非自由劳动方式在古代的广泛使用。他认为,马克思所谓的"生产方式"不应该主要按照"生产劳动的主体如何",而应该按照"占有财产的阶级如何控制生产条件、榨取剩余从而使他们的有闲生活成为可能"来描述。这样,尽管在古代雅典广大自由农民生产了农业产品的绝大部分,但仍然可以把古代雅典算作是奴隶经济,因为雅典贵族是从奴隶或更一般地说是从非自由劳动那里获取促进其社会和历史再生产的绝大部分剩余。另一方面,克罗伊克斯认为把雅典和罗马国家归为"奴隶经济"不是根据统治阶级消费的绝大部分剩余是由狭义上的奴隶生产的,而是根据非自由劳动是统治阶级剥削剩余的主导劳动形式这个意义上来讲的。而克罗伊克斯所定义的非自由劳动除严格意义上的奴隶外,还包括债务奴隶以及农奴。于是克罗伊克斯巧妙地说,尽管把希腊(和罗马)世界称作奴隶经济从技术上说是不正确的,但"如果有人想那么表述",那么他不会表示强烈反对。立论的关键就在于马克思在《大纲》① 中说过"强制劳动是古代世界的基础"。克罗伊克斯指出,说奴隶制是古代"非自由劳动"的主导形式,这不是在数量意义上说的,而是在奴隶制是整个古代希腊罗马"非自由劳动的原型形式"这个意义上说的。即使在大约公元 300 之后农奴制已经成为整个罗

---

① 即马克思《1857—1858 年经济学手稿》。

马世界数量上占主导形式的非自由劳动的情况下,罗马人仍然没有介于自由人与奴隶之间的过渡性概念,这说明奴隶制观念在各阶级的心理中仍然无处不在。

克罗伊克斯对古代世界是奴隶经济所作的新颖辩护引起了很大争议。加拿大马克思主义女学者 E. M. 伍德(Ellen Meiksins Wood)[①] 尽管承认希腊是"奴隶社会",但却批评克罗伊克斯关于希腊农业生产是由奴隶进行的这一论点的经验基础,认为克罗伊克斯并没有为自己的论点提供什么强有力的证据,克罗伊克斯所依据的不过是一些文学作品。伍德还指出,奴隶生产方式的概念是根植于"游手好闲的一帮人(idle mob)集体剥削广大奴隶"的神话。但伍德对克罗伊克斯的批评受到了另一些马克思主义者的挑战。在经验层次上,卡利尼克斯指出:伍德尽管诉诸古代史专家芬利研究成果的权威性,但芬利的观点却是与克罗伊克斯相容的;在概念层次上,安德森指出:伍德关于古代雅典大多数奴隶从事的是家内工作的观点"无法解释"如果奴隶不同时做农业劳动,庞大的非生产性场合该如何维持下去这样一个问题。布莱克利奇指出,克罗伊克斯反对把后期罗马帝国描绘成"封建",这一点得到了普遍承认,但他基于非自由劳动的广泛使用以及奴隶制是非自由劳动的原型形态这两点而主张把后期罗马帝国理解为"奴隶经济",已被证明是极具争议性的观点。比如伯明翰大学早期中世纪史教授克里斯·威克姆(Chris Wickham)就提出,需要对后期罗马生产方式作有别于奴隶生产方式的更为细微的分析。威克姆同意克罗伊克斯所引用的证据,即封建主义是从奴隶和佃农融合为新农奴阶级中演变而来的,但却反对用"奴隶经济"的概念来描述这种过渡形态。威克姆回归到马克思古代生产方式的概念,即城市首先控制然后通过税收剥削周边的乡村。威克姆指出,在罗马帝国后期尽管封建主义因素和奴隶制因素并存,但主导性的生产方式却是向更早的古代生产方式的返祖。这种晚期罗马的生产方式是阿明在《不平等发展》中所描述的"朝贡方式"的变体。

阿明所谓的朝贡制度与西方马克思主义史学理论研究中关于"封建主

[①] Ellen Meiksins Wood, *Peasant-Citizen and Slave*, Verso, 1988.

义"的讨论有关。安德森在《绝对主义国家的系谱》中批评了那种把封建主义定义为"地主主义"的做法，认为这样"西欧发展的独特性就消失不见了"。安德森按照他相信是马克思《大纲》中的方法来理解欧洲的独特特征：除非通过其政治的、法律的和意识形态的上层建筑，否则前资本主义生产方式就不可能被定义，因为这些上层建筑决定了使这些前资本主义生产方式得以具体化的超经济强制的类型。这样安德森在分析前资本主义生产方式时就倾向于把各种生产方式化简成各种特殊的社会形态。这就意味着，有多少非欧洲国家就有多少非欧洲生产方式。由于安德森没有讨论这些非欧洲国家的社会动力问题，于是就产生了这样的问题：这些国家的生产方式能够独立地走向资本主义吗？另一方面，安德森关于欧洲封建主义独特性的讨论也受到了质疑，关于为何唯独欧洲走向资本主义的问题安德森并没有给出令人满意的答案。

阿明在《不平等发展》中试图澄清马克思的"亚细亚生产方式"概念，以解释马克思称之为"亚细亚"的国家何以处于静态而资本主义为何在欧洲出现。阿明把"亚细亚生产方式"称作"朝贡方式"，它有五个基本特征：一是亚细亚国家是真正的"中央"，因为其人口相对于周边文明来说数量庞大；二是随着国家权威的日益增强，农村共同体迅速衰弱乃至消失；三是这些社会形态的国家统治阶级并不特别专制；四是朝贡（以税收形式）是这些国家内部占有剩余的主导形式；五是这些国家的社会结构可以与区间非常大的生产力发展水平相适应，这使得生产力与生产关系的冲突只有在资本主义方式从外面引入的情况下才会变得突出，因此充分发展的"朝贡方式"存在的历史时间就特别长久。而在阿明看来，封建主义是"朝贡方式"的不完整形式，其中央国家虚弱而地方领主阶级相对强大，结果统治阶级的主要剩余来源不是靠国家征税，而是作为地主的地租取得的。

威克姆不同意"亚细亚生产方式"是静态而封建主义是动态的说法，但赞同阿明的"朝贡方式"模型（以国家通过税收征取剩余为特征），并指出：在大多数传统国家社会中，"朝贡方式"都伴随并主导着以地租为基础的封建方式。不论是"朝贡方式"还是封建方式，由于剩余都是从农民那里抽取的，因此这两种对农民的剥削方式在农民的生存感觉上基本是一样的。哈利尔·伯克泰（Halil Berktay）认为威克姆区分"朝贡方式"与封建方式是不能令人信服的，并指出威克姆实际上是像安德森一样是按照不同的上层建筑特别是国家形式来区别不同的生产方式的。而在伯克泰看来，威克姆像安德森一样都是为了解释资本主义为何独特地在欧洲封建主义中产生而做理论分析的。伯克泰则认为，没有必要把欧洲独特的历史轨迹归结为其独特的生产方式，而应该由其相对于非欧洲国家更弱的国家形式来解释；而普遍的封建方式足以产生多线的历史样式。约翰·霍尔顿（John Haldon）的论述更为复杂。他认为，如果按照伯克泰和克罗伊克斯的做法把生产方式规定为统治阶级从直接生产者那里抽取剩余的主导机制，那么封建方式和"朝贡方式"不过是同一种生产方式的不同变体。在霍尔顿看来，"生产方式"是"理想型"的概念，因此生产方式不发展，发生改变的是社会形态。① 而封建主义生产方式是与新石器革命之后的生产力水平相适应的生产方式，是阶级社会最基本和普遍的前资本主义生产方式。

布莱克利奇指出，许多马克思主义者拒绝生产力首要性的概念，而代之以生产关系对历史解释首要性的观点。海因兹和赫斯特的《前资本主义生产方式》是这方面的代表性著作，而布伦纳对封建主义到资本主义过渡的分析及随后引发的"布伦纳辩论"，则是另一个代表。关于海因兹和赫斯特特别是布伦纳的生产关系首要性观点，可参见鲁克俭《国外马克思学研究的热点问题》第七章第一、二节，这里就不再赘述。

关于历史主体与结构的问题，是西方马克思主义史学理论中另一个热点问题，布莱克利奇也列专章进行讨论。布莱克利奇指出，尽管马克思在《雾月十八》的开头那句名言已经为他的历史理论提供了解决历史主体与结构合题问题的正式答案，但这并没有为马克思主义者提供关于历史主体与结构在具体历史环节到底起多大作用的明确指导。"二战"以后的马克

---

① 在霍尔顿之前，阿尔都塞就已经区分了"生产方式"与"社会形态"，这种区分还被一些学者如安德森看作是阿尔都塞对历史唯物主义的最大贡献。

思主义者关于历史主体与结构的辩论倾向于走向极端：要么把结构还原为历史主体，要么把历史主体还原为结构。萨特是这场辩论的最早参加者之一，萨特把自由个体置于他所重建的历史唯物主义的核心位置。到60年代，巴黎的学术潮流从存在主义转向结构主义，阿尔都塞反对萨特强调人作为历史主体的历史唯物主义解释，并试图代之以马克思主义结构主义的形式，这样历史就被理解为没有主体的过程。与此并行，类似的学术潮流转向也在英国发生。"二战"之后，英国共产党历史学家小组内中出现了伴随"自下而上的历史学"研究的马克思主义自由意志论思潮。汤普森是其中的代表人物。他的《英国工人阶级的形成》最明显地体现了他把"人"这一历史主体在马克思主义史学中核心地位的学术立场。而以安德森为代表的更年轻一代的英国马克思主义史学家则欢迎阿尔都塞的结构主义。出于对阿尔都塞对英国左翼尤其是英语世界历史编纂学影响的愤怒，汤普森于1978年出版了《理论的贫困》，而安德森1980年出版的《英国马克思主义内部的争论》则是对汤普森的回应。在该书中，安德森试图综合阿尔都塞的结构主义马克思主义与汤普森的唯意志论，因为此时安德森自己对马克思主义的理解，已经从较早时期和阿尔都塞主义的调情转到受科亨《卡尔·马克思的历史理论》对历史唯物主义更正统解释极大影响的立场上去了。在安德森看来，马克思主义面临的问题在于如何综合唯意志论的元素与结构的因素以便形成更可行的历史唯物主义解释。但在布莱克利奇看来，安德森的努力并没有成功。

布莱克利奇进一步考察了其他马克思主义理论家试图结合结构与历史主体的尝试。麦金太尔早期（五六十年代）曾经是马克思主义者，并卷入了与汤普森的争论。在麦金太尔看来，马克思在使用"基础/上层建筑"比喻时所指的既非机械关系，也非因果关系，而是在用黑格尔的概念来表示社会的经济基础为上层建筑的产生提供框架的过程，表示经济基础提供了人类核心关系的过程；人们在创造基础的同时，也就创造了上层建筑，这不是两个活动而是一个活动；斯大林主义的历史进步模型即政治发展会自动地紧随经济原因是一种目的论，它与马克思的模型有天壤之别，因为根据马克思的观点，实现社会主义过渡的根本特征不是经济基础发生了改变,而是经济基础与上层建筑之间的关系发生了革命性改变。麦金太尔还批评了波普的方法论个人主义,认为个体与阶级、历史、社会是不能分离的,但麦金太尔也不同意方法论整体主义。卡利尼克斯在《创造历史》(1987年)一书中也致力于勾画一个既避免普列汉诺夫宿命论又不屈从于方法论个人主义的历史唯物主义模型。在卡利尼克斯看来,"人"这一历史主体确实并非在他们自己选定的条件下中创造历史的,但这些条件却能帮助或阻碍历史主体实现其目标的努力。这样,生产力发展水平就为某种可能性设定了参数。赖特(Wright)等人在《重建马克思主义》一书中批评了科亨的历史唯物主义解释(包括"发展命题"),并为他们所谓的"弱限制的历史唯物主义辩护"。赖特等人指出,尽管达尔文主义和马克思主义都是进化理论,但却是完全不同的历史理论,因为马克思主义是拉马克主义意义上的发展理论;从长期的历史来看,存在着生产力发展的"弱冲动"(竞争的结果)而非科亨所谓的"强冲动"(超历史"人性"的产物)。卡利尼克斯很欣赏赖特等人的这种生产力发展"弱冲动"观点,他进一步在巴斯卡(Bhaskar)关于结构的观点基础上,试图结合结构与历史主体而避免把其中一个归为另一个。巴斯卡把结构定义为"既是当下的条件(物质原因),又是'人'这一历史主体不断再生产的结果"。于是卡利尼克斯认为,结构不能像赖特等人那样被还原为个体主体,即使它是由主体再生产出来的;尽管历史的主体总是个体(因为个体可以进出不同的结构位置,如经理的位置),但这些位置最好被理解为"空的空间",其性质决定了这些位置上的人的作用。

  布莱克利奇得出结论说,不论是阿尔都塞的结构主义还是萨特的个人主义,这两个极端都未能为历史唯物主义提供一个可辩护的重新解释。汤普森尽管击中了结构史学图式论的要害,但他提出的替代方法却最终不能令人信服。而由安德森和早期麦金太尔所做的综合结构与历史主体的尝试以及卡利尼克斯对这种尝试的进一步发展,是迄今为止对历史唯物主义最强有力的重新解释。尽管存在这样那样的缺点,汤普森、阿尔都塞和萨特的理论都给后来的马克思主义历史学家提供了许多灵感。

小　结

　　佩里和布莱克利奇对西方马克思主义史学理论的思想史梳理有一个共同结论，即斯大林哲学教科书的历史唯物主义解释的根子在第二国际马克思主义，特别是考茨基和普列汉诺夫（尽管布莱克利奇对考茨基和普列汉诺夫思想中的合理因素也有所肯定）。另一方面，由于西方马克思主义史学理论的思想家对历史唯物主义所做的有别于（甚至直接针对和批评）斯大林教科书的解释大都是基于史学实践（即亲身进行历史学研究），而且他们多数还是职业历史学家，因此他们对历史唯物主义的新颖解释就不仅仅是哲学的思辨，而是建立在坚实的实证材料基础之上，因此特别值得我们从事历史唯物主义研究的哲学工作者高度重视。

第六章 马克思思想的
德国古典哲学来源[①]

20世纪70、80年代,英语世界涌起了分析马克思主义的潮流,在这一大潮的挟裹下,一些并非分析马克思主义的马克思学者也难以置身事外。比如英国布里斯托大学政治学系的特雷尔·卡弗教授20世纪80年代相继出版了《马克思的社会理论》、《马克思与恩格斯:学术思想关系》、《恩格斯传》等代表作,但在20世纪90年代却也主编了一本论文集《理性选择的马克思主义》[②]。与卡弗同属一代人的英国肯特大学哲学系肖恩·塞耶斯教授[③]所写的论文"分析马克思主义与道德"被收入由罗伯特·韦尔和开·尼尔森主编的《对马克思的分析:分析马克思主义新论》[④]。但是,分析马克思主义的发烧并没有持续多久,正如卡弗在《英语世界的马克思主义现状》[⑤]一文中所说的那样,分析马克思主义20世纪90年代以后就逐渐衰落了。分析马克思主义退潮之后英语世界马克思研究的走向,用塞耶斯在"英国马克思主义哲学概况"一文中的话说,就是出现了"对马克思早期著作,对异化、人道主义问题,以及对马克思思想的

[①] 首次发表于《马克思主义与现实》2010年第4期。
[②] Terrell Carver and Paul Thomas (eds), *Rational Choice Marxism*, Pennsylvania State University Press, 1995.
[③] 麦克莱伦在肯特大学哲学系退休后,塞耶斯接替他的教授职位,教授德国哲学和马克思理论。
[④] 参见[加]罗伯特·韦尔(Robert Ware),凯·尼尔森(Kai Nielsen)编:《分析马克思主义新论》,鲁克俭等译,中国人民大学出版社2002年版。
[⑤] 参见《国外马克思主义研究报告2008》,人民出版社2008年版。

黑格尔和德国唯心主义哲学根源问题的兴趣的复兴"①。

目前英国的三家马克思主义类杂志和一个"马克思与哲学学会"值得关注。这三家杂志分别是：（1）《马克思主义研究》（*Studies in Marxism*），是英国政治学学会下属马克思主义专业小组召集人马克·考林主编的年刊②，创刊于1983年，刊载的文章既包括对马克思理论进行纯学术研究（属马克思学范畴），也包括运用马克思主义思想资源对资本主义现实进行分析和批判（属西方马克思主义范畴）；（2）《历史唯物主义》（*Historical Materialism*），是在苏东演变后的国际大背景下于1995年创办的季刊，倡导批判性的马克思主义研究（包括对马克思主义本身的批判）和跨学科的整体研究；（3）《印记》（*Imprints*），是一本"分析社会主义"杂志，倡导平等社会主义理念，该刊创办于1996年，明确打出了继承分析马克思主义传统的旗号。"马克思与哲学学会"是由克里斯托弗·阿瑟、肖恩·塞耶斯和安德鲁·奇蒂于2004年发起成立的。"马克思与哲学学会"目前在英国非常活跃，它通常每年召开一次年会和两次小型报告会（seminar）。在三名发起人中，阿塞和塞耶斯是已近退休之年的老年马克思学者，而奇蒂则是英国马克思研究专家中的少壮派。与卡弗的政治学学科背景不同，他们三人都在哲学系任教，教授德国哲学和马克思理论，近年来致力于探讨马克思思想与黑格尔的关系，代表着近年来英语世界马克思学研究的新走向。本文主要介绍他们三人近年来的研究成果，以期国内同仁对近年来英语世界马克思学研究的走势有一个整体把握。

一、塞耶斯论黑格尔思想对马克思的影响

塞耶斯发表在《历史唯物主义》第11卷（2003年）第1期的论文《黑格尔和马克思思想中的创造性活动和异化》主要考察了黑格尔《美

---

① 参见《英国马克思主义哲学概况》，中译文见《现代哲学》2008年第2期。中译文在这里有一个误译，笔者按原文译出。
② 参见《国外马克思主义研究报告2008》的相关介绍。

学》对马克思"工作"①思想的影响。塞耶斯指出,马克思有一个隐含地贯穿于其全部著作的思想:"工作"是人类生活最根本、最核心的活动,是(至少潜在地是)自我实现和解放的活动。而"工作"也是黑格尔哲学的主要论题。人们通常把黑格尔对马克思"工作"思想的影响归结为《精神现象学》的"主人—奴隶"那一节,这一"神话"已受到阿瑟的批驳②。塞耶斯指出,从黑格尔耶拿早期关于精神哲学的演讲一直到晚年关于宗教哲学和美学的系列演讲的主要著述中,都可以看到黑格尔"工作"思想的踪迹。特别是关于美学的演讲,最能体现黑格尔对"工作"的理解及其对马克思的影响,而这一点尚未引起人们的关注。黑格尔的《美学》出版于1835年,有证据表明马克思确实研究了这一著作(大概是1837年夏在柏林),并且受到该书的强烈影响(至少起初是这样)。

塞耶斯从三个方面考察了黑格尔《美学》对马克思"工作"思想的影响。首先,马克思和黑格尔一样,都把工作看作是最根本的人类活动。黑格尔认为工作在使人类与其他动物区分开来的过程中起着关键的作用。在黑格尔看来,动物对自然(包括在自然环境中它周围的客体以及它本身的自然、它的口味和本能)只有纯粹的直接的关系,即"欲望",而人类则不是纯粹的自然存在,而是具有意识和自我意识的存在、自为的存在:"人是一种能思考的意识……自然界事物只是直接的,一次的,而人作为精神却复现他自己,因为他首先作为自然物而存在,其次他还为自己而存在,观照自己,认识自己,思考自己。"③ 塞耶斯指出,黑格尔所谓人"复现他自己"和"认识自己"最明显地表现在思想和意识中,但也以实践的形式表现,工作就是"自为的存在"的实践形式。工作包含着与动物对自然的直接和纯粹关系的断裂。在工作中,客体不是被直接消费和消灭了。满足被延期了。客体得到了保存,被施以工作,被构型和改造。而以这种方式,一种独特的人与自然的关系被建立起来。这些思想也被马克思所采用。在《1844年经济学哲学手稿》中也把工作描绘成"人最根本的

---

① 也可译为劳动,为了与朱光潜的译文保持一致,这里统一用"工作"来表示。
② 参见阿瑟:《黑格尔的主奴辩证法与马克思学的神话》,载《马克思主义与现实》2009年第2期。
③ 参见[德]黑格尔:《美学》第1卷,朱光潜译,商务印书馆1996年版,第38—39页。

活动"、"人的类活动"、"人的本质":"动物和它的生命活动是直接同一的。动物不把自己同自己的生命活动区别开来。它就是这种生命活动。人则使自己的生命活动本身变成自己的意志和意识的对象。他的生命活动是有意识的。这不是人与之直接融为一体的那种规定性。有意识的生命活动把人同动物的生命活动直接区别开来。正是由于这一点,人才是类存在物。"① 在《德意志意识形态》中马克思把人开始"生产自己的生活资料"作为区分人与动物的标志。

塞耶斯指出,在黑格尔那里,工作也是"自为的存在"得以发展的手段:"人还通过实践的活动来达到为自己(认识自己),因为人有一种冲动,要在直接呈现于他面前的外在事物之中实现他自己,而且就在实践过程中认识他自己。人通过改变外在事物来达到这个目的,在这些外在事物上面刻下他自己内心生活的烙印,而且发现他自己的性格在这些外在事物中复现了。人这样做,目的在于要以自由人的身分,去消除外在世界的那种顽强的疏远性,在事物的形状中他欣赏的只是他自己的外在现实。"② 黑格尔的这一思想也在马克思那里得到体现:"正是在改造对象世界中,人才真正地证明自己是类存在物。这种生产是人的能动的类生活。通过这种生产,自然界才表现为他的作品和他的现实。因此,劳动的对象是人的类生活的对象化:人不仅象在意识中那样理智地复现自己,而且能动地、现实地复现自己,从而在他所创造的世界中直观自身。"③ 塞耶斯特别指出,这里马克思甚至使用了黑格尔独特的语言,即人作为精神"复现自己(Sich verdoppelt)"。

第二,马克思和黑格尔一样,都不仅把工作看作是满足物质需要的手段,还把它看作是人最根本的驱向自我发展和自我实现的表达方式。塞耶斯指出,有一种很流行的误解,认为马克思把"必然王国"中的工作看作是不自由的。其实,马克思明确地解释了必然王国包含着哪些自由。和黑格尔一样,马克思只是把由直接欲望所主导的直接消费看作是不自由的。

---

① 参见《马克思恩格斯全集》中文第一版第42卷,第96页。
② 参见[德]黑格尔《美学》第1卷,朱光潜译,商务印书馆1996年版,第39页。
③ 参见《马克思恩格斯全集》中文第一版第42卷,第97页。

相对于由直接欲望所主导的直接消费而言,经济活动也具有一定程度的自由,尽管它并非完全的自由。塞耶斯特别批评了汉娜·阿伦特对"劳动"与"工作"的区分,以及阿伦特基于这一区分对马克思所做的责难和对现代社会作为大众"消费社会"的批判,认为阿伦特的论点是不能成立的,是一种精英主义态度。这种精英主义态度在古典古代是能够站得住脚的,因为当时的统治阶级鄙视奴隶的劳动。但黑格尔和马克思早已批判了这种观点,认为人类生活中的劳动更能与现代状况相适应。

第三,马克思和黑格尔一样,都对异化持一种历史的态度,都认为异化只有经过历史的发展过程才能得到克服。塞耶斯特别澄清了由卢卡奇所引发的一种非常流行的误解,即一方面认为马克思明确区分了异化与对象化,异化只是资本主义社会的现象;另一方面认为黑格尔没有对异化采取批判的态度。塞耶斯指出,马克思对异化概念的使用并不局限于资本主义社会,《德意志意识形态》中就有这样的例证。另一方面,黑格尔对资本主义的异化现象也有批判:"需要与工作以及兴趣与满足之间的宽广的关系已完全发展了,每个人都失去了他的独立自足性而对其他人物发生无数的依存关系。他自己所需要的东西或是完全不是他自己工作的产品,或是只有极小一部分是他自己工作的产品;还不仅此,他的每种活动并不是活的,不是个人有各人的方式,而是日渐采取按照一般常规的机械方式。在这种工业文化里,人与人互相利用,互相排挤,这就一方面产生最酷毒状态的贫穷,另一方面就产生一批富人,不受贫困的威胁,无须为自己的需要而工作,可以致力于比较高尚的旨趣。在这种富裕境况中,当然就不再有无穷尽的对其他人物的依存性时常反映出来,人也就日渐免于经营中的一切偶然事故,用不着沾染谋利的肮脏。但是他也就因此在他的最近的环境里也不能觉得自由自在,因为身旁事物并不是他自己工作的产品。凡是他拿来摆在自己周围的东西都不是自己创造的,而是从原已存在的事物的大仓库里取来的。这些事物是由旁人生产的,而且大半是用机械的形式的方式生产的。它们经过一长串的旁人的努力和需要才到达他的手里。"[①] 马克思在《1844年

---

① 参见[德]黑格尔:《美学》第1卷,朱光潜译,商务印书馆1996年版,第331页。

经济学哲学手稿》中发挥了类似的思想。塞耶斯还特别指出，马克思认为"非工人"也存在异化，尽管我们没有看到马克思对此进一步展开的论述（因为手稿到此中断）。

当然，与黑格尔将克服市民社会的异化寄希望于理性国家不同，马克思提出了共产主义的解决方案。特别是马克思对现代社会的批判对准的是资本主义，而非工业本身。对马克思来说，资本主义最伟大的成就是它导致了现代工业的发展，这就为共产主义社会的到来奠定了物质基础。

塞耶斯发表在《科学与社会》第71卷（2007年）第1期的《马克思与黑格尔思想中的个体与社会：超越共同体主义对自由主义的批判》一文中，以当前共同体主义与自由主义围绕个体与社会的论战为语境，考察了马克思关于个体与社会关系的理论及其黑格尔根源。塞耶斯同情共同体主义，但认为共同体主义者如麦金泰尔、泰勒等对自由主义的批判存在理论上的不足和片面性，认为马克思更好地解决了个体与社会的关系问题。塞耶斯指出，马克思的解决方案有其黑格尔根源，但这一点常为人们所忽略。

首先，自由主义通常从"个体是原子实体"这一假定为出发点，但黑格尔和马克思都对此加以反对。比如黑格尔在《法哲学原理》中就这样说："在考察伦理时永远只有两种观点的可能：或者从实体性出发，或者原子式地进行探讨，即以单个的人为基础而逐渐提高。后一种观点是没有精神的，因为它只能作到集合并列，但精神不是单一的东西，而是单一物和普遍物的统一。"① 而众所周知，马克思的社会和经济理论是从社会总体出发的："说到生产，总是指……社会个人的生产。"② 马克思还明确将自己的出发点与斯密在《国富论》中所采用的原子主义方法进行了对照。

第二，黑格尔和马克思都认为在现代自由社会（市民社会或资产阶级社会）"原子化的个体"是与"客观化的社会关系"共存的。这是当代共同体主义对自由主义进行批判中所缺乏的维度，因为共同体主义片面地把

---

① 参见［德］黑格尔：《法哲学原理》，范扬、张企泰译，商务印书馆1961年版，第173页。
② 参见《马克思恩格斯全集》第一版第46卷（上），第22页（《马克思恩格斯选集》中文第一版第2卷，第3页）。

个体与社会对立起来。但是，黑格尔相信自由社会可以为个体的实现及其自由提供条件，而马克思则把"原子化的个体"与"客观化的社会关系"都看作是异化现象。实际上，黑格尔关于特殊和普遍可以协调一致的思想主要来自于斯密、萨伊和李嘉图的著作，特别是斯密关于"看不见的手"的思想。在这个意义上，黑格尔是一个信奉自由主义政治和经济观点的人，尽管在本体论和方法论上黑格尔是反对自由主义的。而马克思则强调："活动的社会性，正如产品的社会形式以及个人对生产的参与，在这里表现为对于个人是异己的东西，表现为物的东西；不是表现为个人互相间的关系，而是表现为他们从属于这样一些关系，这些关系是不以个人为转移而存在的，并且是从毫不相干的个人互相冲突中产生出来的。活动和产品的普遍交换已成为每一单个人的生存条件，这种普遍交换，他们的互相联系，表现为对他们本身来说是异己的、无关的东西，表现为一种物。"①，因此倡导一种克服了异化的真正共同体（前提是消灭市场交换制度）。

第三，马克思关于社会异化及其克服的思想具有黑格尔的来源。按照黑格尔的图式，在最早的社会形式中，个体与共同体是直接统一的。这种统一最初是通过自然的家庭和血缘纽带。社会采取了部落或氏族的形式，个体被淹没在共同体中。这种状况在古典希腊城邦达到最高点。但个体开始在共同体内部发展起来，个体与共同体的紧张与冲突最终导致两者关系的破裂。于是开始了新的历史阶段，并经历了一系列不同的历史形式。在这个历史阶段，自由和自主的个体发展起来。随着新教改革和法国革命，出现了第三个历史阶段，它为现代自由国家的最终建立创造了条件，并包含着发展了的市民社会领域。市民社会允许个体在整个国家法律和政治框架下追求自己的利益。这样，自由社会就在更大的国家整体中与市民社会的个人主义结合起来。对黑格尔来说，社会从最初的简单而直接的统一体，经过个体之间以及个体与共同体之间相异化这一特殊和分裂的时期，个体与共同体最终实现了统一。于是这第三个历史阶段就是历史发展的合题，是历史发展的最终阶段，是"历史的终结"。

---

① 参见《马克思恩格斯全集》中文第一版第46卷（上），第117页。

塞耶斯指出，马克思对历史的叙述利用了与黑格尔类似的框架。一方面，马克思也把历史看作是发展的过程，在这一发展过程中，异化尽管最终会被克服，但它却是历史发展的必经阶段；另一方面，历史被划分为三个基本阶段：最初是直接的统一，随之是分裂和异化，最终是前两个阶段的合题，是具体的个体在共同体中得以发展的更高阶段的统一体。马克思在《大纲》中有一段著名的话："人的依赖关系（起初完全是自然发生的），是最初的社会形式，在这种形式下，人的生产能力只是在狭小的范围内和孤立的地点上发展着。以物的依赖性为基础的人的独立性，是第二大形式，在这种形式下，才形成普遍的社会物质变换、全面的关系、多方面的需要以及全面的能力的体系。建立在个人全面发展和他们共同的、社会的生产能力成为从属于他们的社会财富这一基础上的自由个性，是第三个阶段。"① 当然，马克思所说的第二阶段不同于黑格尔，是指资产阶级社会。

塞耶斯在参加 2008 年英国政治学年会"马克思主义专业小组分会"时提交的论文《作为批判概念的异化》，详细考察了马克思异化概念的黑格尔来源。其实，在前述的两篇文章中，塞耶斯已经涉及这一问题，不过本文又提出了一些新的线索。比如塞耶斯强调，在黑格尔那里，并不存在一般的不变的人性：人在改变他周围的环境及其与环境的关系的同时，也改变着自身；在历史过程中，个体的人和社会的人的人性都在发展和变化，而在这一过程中工作和异化起着关键的作用；通过工作，人使世界"人化"，并改变了自身。因此，马克思《关于费尔巴哈的提纲》第 3 条关于"环境的改变和人的活动或自我改变的一致，只能被看作是并合理地理解为革命的实践"的说法以及马克思关于"人化的自然"的思想。

二、阿瑟论马克思《资本论》与
黑格尔《逻辑学》的关系

在英语世界（特别是在英国），20 世纪 70 年代以后流行的是阿尔都

---

① 《马克思恩格斯全集》中文第二版第 30 卷，第 107—108 页。

塞的结构主义马克思主义，80 年代以后流行的是分析马克思主义。不管是结构主义马克思主义或是分析马克思主义，对黑格尔（特别是其辩证法）都持拒斥态度。正如加拿大学者韦尔所指出的那样，"分析马克思主义者几乎没有给辩证法以任何重要地位"①。但随着 90 年代以后分析马克思主义的退潮，英语世界也出现了黑格尔的复兴，其中以阿瑟为代表的"新辩证法"学派独树一帜，格外引人注目。

阿瑟是"新辩证法"一词的首创者。他 20 世纪 90 年代初就开始发表有关"新辩证法"的论文，如 1993 年的"黑格尔的辩证法与马克思的《资本论》"②、1998 年的"体系辩证法"③。2004 年阿瑟出版了专著《新辩证法与马克思的〈资本论〉》④，《历史唯物主义》杂志 2005 年（第 13 号）第 2 期专门为此发表了一组研讨论文。"新辩证法"又被称为"体系辩证法"或"新黑格尔派马克思主义"⑤。除阿瑟外，"新辩证法"学派还包括美国爱荷华州立大学哲学教授托尼·史密斯（Tony Smith）⑥、美国克瑞顿大学哲学教授默里（Patrick Murray）、荷兰阿姆斯特丹大学经济学副教授鲁特（Geert Reuten），在更宽泛的意义上也可将加拿大约克大学的斯凯恩（Tom Sekine）和罗伯特·阿尔布里坦（Robert Albritton）、英国德蒙特福特大学的威廉姆斯（Michael Williams）、美

---

① 参见［加］罗伯特·韦尔（Robert Ware），凯·尼尔森（Kai Nielsen）编：《分析马克思主义新论》，鲁克俭等译，中国人民大学出版社 2002 年版，第 6 页。
② In Fred Moseley（ed.）*Marx's Method in Capital*: *A Reexamination*. Humanities Press, Atlantic Highlands N. J., 1993.
③ In *Science & Society*. Special Issue Vol. 62 No. 3 Fall, 1998.
④ Christopher J. Arthur, *The New Dialectic and Marx's 'Capital'*, Brill, 2004.
⑤ 美国学者约翰·罗森塔尔（John Rosenthal）对"新辩证法"学派进行了激烈批评，引起"新辩证法"学派的激烈反驳（参见发表在《科学与社会》1999 年秋季号上罗森塔尔的论文"逃离黑格尔"，以及发表在《科学与社会》2000 年秋季号和 2000—2001 冬季号上一组题为"黑格尔、马克思与辩证法"的研讨论文，其中包括 5 篇批评罗森塔尔的论文和罗森塔尔的回应）。罗森塔尔还给"新辩证法"学派贴上"新黑格尔派马克思主义"标签，以让人联想起卢卡奇的"黑格尔派马克思主义"。在《辩证法的神话：重新诠释马克思—黑格尔关系》（*The Myth of Dialectics*: *Reinterpreting the Marx-Hegel Relation*, Palgrave Macmillan, 1998）一书中，罗森塔尔提出了诠释马克思—黑格尔关系的"第三条道路"（介于分析马克思主义与黑格尔马克思主义之间）。
⑥ 代表作是 1990 年出版的《马克思〈资本论〉的逻辑》（*The Logic of Marx's Capital*: *Replies to Hegelian Criticisms*, State University of New York Press, 1990）。

国芝加哥大学的波斯顿（Moishe Postone）等人算进来。① 按照阿瑟自己的说法，"新辩证法"之"新"一方面体现在它不再对黑格尔关于历史哲学的宏大叙事及与此相关的历史唯物主义感兴趣，而是对黑格尔的《逻辑学》及其与马克思《资本论》的关联感兴趣，另一方面是相对于苏联教科书体系的辩证唯物主义（即Diamat）这一"旧辩证法"而言的。限于篇幅，下面只对阿瑟在《新辩证法与马克思的〈资本论〉》一书中对马克思《资本论》与黑格尔《逻辑学》关系的论述作一简要介绍。

"体系辩证法"是指马克思在《资本论》第1卷中理解资本主义经济的叙述方法，这种方法借用了黑格尔的概念逻辑。在阿瑟看来，马克思之所以能够借用黑格尔的《逻辑学》来叙述他对资本主义的理解，是因为马克思发现资本主义的商品交换关系与黑格尔《逻辑学》中关于思想自我运动的逻辑具有相关性。具体来说，交换关系本身就是一种"物质抽象"：各种各样的商品（使用价值）在交换中被"抽象"为同质的"价值"，而商品只是这种价值形式的物质承担者。但这种"抽象"不是黑格尔所谓的"精神"抽象，而是"物质"抽象。用阿瑟自己的话说，经过这样"物质抽象"的"纯形式"辩证法②与黑格尔《逻辑学》的"纯思想"辩证法本质上是相通的，可以用"交换的运动"来代替"思想的运动"。

阿瑟具体对照了《资本论》体系与《逻辑学》体系的相关性，把《资本论》中对"商品"的阐述与《逻辑学》的"存在论"相对应，对"货币"的阐述与"本质论"相对应，对"资本"的阐述与"概念论"相对应。列图表如下：

---

① 伯特尔·奥尔曼（Bertell Ollman）也是近十年来英语世界黑格尔辩证法复兴大潮中的活跃分子，尽管奥尔曼对"体系辩证法"持批评态度。奥尔曼2003年出版了《辩证法的舞蹈：马克思方法的步骤》（Bertell Ollman, *Dance of the Dialectic: Steps in Marx's Method*, Univ. of Illinois Press, 2003），2008年又与托尼·史密斯联合主编了《新世纪的辩证法》（*Dialectics for the New Century*, Palgrave Macmillan, 2008）。
② "价值形式的辩证法"是阿瑟自己的语言，是阿瑟对马克思《资本论》叙述方法的重构。

Ⅰ.存在论	Ⅰ.商品
A. 质	A. 商品的可交换性
B. 量	B. 交换商品的数量
C. 测度	C. 商品的交换价值
Ⅱ.本质论	Ⅱ.货币
A. 根据	A. 价值本身
B. 现象	B. 价值形式
C. 现实	C. 货币
Ⅲ.概念论	Ⅲ 资本总公式
A. 主观概念	A. 价格表
B. 客观概念	B. 货币和商品的转形
C. 理念	C. 自我增殖

  以"商品"与"存在论"的对应为例，商品的"可交换性"、"数量"和"交换价值"就分别对应于黑格尔《逻辑学》的"质"、"量"和"尺度"。于是商品交易就可以用黑格尔《逻辑学》开端的"存在"与"虚无"这对范畴的对立来叙述：商品在交换的循环中有其"存在"，但仍然显现为"虚无"，仍会从交换关系领域消失掉；于是"存在"就变成交换领域的"定在"，即特定的可交换商品。"商品"与"物品"有"可交换性"这一"质"的区别，当然商品的"可交换性"仍根植于其"有用性"。商品的"可交换性"要求有进一步的规定，即一定"数量"的商品，这样就从"质"过渡到"量"。可交换的商品只有在交易中，即在一定的数量形式中才得到实现；反过来，在交易中将商品联系起来的"数量比率"使商品的可交换性这一共同特点得以实现，从而使商品潜在地能与其他商品相交换。于是，交换的"比率"就成为这种潜在性和交换价值的"尺度"。概括来说就是：进入交换循环的物品变成特定的商品；要实现交易，商品质的特性（即可交换性）就要求附之以数量的维度；交换中的数量比率要求我们有对可交换性的尺度。

  早在 20 世纪 80 年代，日本马克思主义经济学家宇野弘藏的学生斯凯恩（Thomas T. Sekine）就提出了黑格尔《逻辑学》与马克思《资本论》

有以下对应关系①：

Ⅰ. 存在论	Ⅰ. 流通论
A. 质	A. 商品形式
B. 量	B. 货币形式
C. 测度	C. 资本形式
Ⅱ. 本质论	Ⅱ. 生产论
A. 根据	A. 资本的生产过程
B. 现象	B. 资本的流通过程
C. 现实	C. 资本的再生产过程
Ⅲ 概念论	Ⅲ 分配论
A. 主观概念	A. 利润理论
B. 客观概念	B. 地租理论
C. 理念	C. 利息理论

  显然，阿瑟认为黑格尔《逻辑学》只适用于《资本论》第1卷，而斯凯恩则将黑格尔《逻辑学》的适用范围扩展到《资本论》全部三卷。有意思的是，加拿大辛尼加学院的贝尔（John R. Bell）在"从黑格尔到马克思再到资本的辩证法"一文②中明确支持斯凯恩而反对阿瑟。不过在笔者看来，两者完全可以并行不悖。马克思不仅在《资本论》第1卷使用了从抽象到具体的"叙述"方法，而且在《资本论》全部三卷甚至在"六册计划"中都是遵循从抽象到具体的"叙述"方法。

  阿瑟还认为"体系辩证法"是"逻辑"方法而非"历史"方法。他特别反对恩格斯关于《资本论》采取了"逻辑—历史方法"的说法。"体系辩证法"是"价值形式"的逻辑，即阐述"价值形式"自我运动过程的辩证方法。它像黑格尔《逻辑学》中所阐述的"绝对"自我维持的运动一样，以抽象的范畴为开端，抽象范畴由于其不完满性，更具体的范畴就产生出来。这不是线性的逻辑过程，也不是自然科学中常用的假设演绎

---

① Thomas T Sekine, *Outline of the Dialectic of Capital*, Macmillan Press Ltd., 1997.
② In Robert Albritton ed., *New Dialectics and Political Economy*, Palgrave Macmillan, 2003.

方法，而是辩证的逻辑方法。因此，"体系辩证法"很类似于马克思常说的"人体解剖是猴体解剖的钥匙"的"从后思索法"。

在"新辩证法学派"中，一部分学者的专业是经济，一部分学者的专业是哲学。阿瑟退休前在英国苏塞克斯大学哲学系任教，出版过两本专著，一本是1986年出版的《劳动辩证法：马克思及其与黑格尔的关系》，另一本是2004年出版的《新辩证法与马克思的〈资本论〉》。阿瑟自20世纪90年代以来从哲学角度对《资本论》的研究颇有成效，他提出并大力倡导"新辩证法"（体系辩证法）理念，并在研究中积极利用《资本论》的 MEGA² 新版本。比如在刚刚出版的论文集《重读马克思：考证版出版后的新视角》① 一书中，阿瑟就撰写了其中的第9章"资本的所有格精神"。在 MEGA² 第二部分"《资本论》及其手稿"即将全部出齐，国际学界已经迎来《资本论》研究热潮的形势下，阿瑟的研究轨迹对中国以哲学为专业的学者如何切入《资本论》研究不无启示之处。

三、奇蒂论费希特和黑格尔的"承认"思想与马克思生产关系概念的关联

安德鲁·奇蒂（Andrew Chitty）目前在英国苏塞克斯大学哲学系任教。奇蒂继承了阿瑟的治学传统，主要研究兴趣是德国哲学和马克思。奇蒂还在线维护两个书目志，其一是关于黑格尔（http://www.sussex.ac.uk/Users/sefd0/bib/hegel.htm），其二是关于马克思（http://www.sussex.ac.uk/Users/sefd0/bib/hegel.htm）。1998年奇蒂在《历史唯物主义》第2卷发表"承认与社会生产关系"一文，该文的压缩版后被收在论文集《黑格尔—马克思关系》②。奇蒂在这篇论文中考察了费希特和黑格尔的"承认"思想对马克思生产关系概念的影响，尽管让人感觉有些牵强，但

---

① Riccardo Bellofiore and Roberto Fineschi（eds），*Re-reading Marx: New Perspectives after the Critical Edition*, Palgrave Macmillan, 2009.
② Tony Burn and Ian Fraser（eds.），*The Hegel-Marx Connection*, MaCmillan Press Ltd, 2000.

在目前"承认理论"流行的语境下，了解一下奇蒂的论证思路，也不无启示意义。

奇蒂指出，社会生产关系是马克思历史理论的关键术语，也是区分不同社会形态的根本特征。但马克思对"生产关系"的涵义言之不详，这导致马克思研究者在对生产关系的理解上歧义很大。最有代表性的是科亨在《卡尔·马克思的历史理论：一个辩护》中将社会生产关系与法的财产关系作出区分，从而将法的财产关系归入上层建筑。奇蒂则另辟蹊径，通过考察马克思生产关系概念的思想来源，提出自己对马克思生产关系涵义的新理解。

首先是费希特把"法权关系"看作是自我意识的主体之间相互承认的思想。在《自然法权基础》中，费希特把"认为别人是自由的"以及"将别人作为自由人对待"描述为"承认"，也是说承认意味着尊重别人的自由。其中第一种承认是"认知上的承认"，第二种承认是"实践上的承认"。费希特也把这种相互承认的关系叫作"法权关系"。这种法权关系首先是"相互的"，其次"人"是作为复数存在的。在奇蒂看来，费希特关于人作为复数存在的思想预示着费尔巴哈和早期马克思关于人是类存在的思想。

其次是黑格尔对费希特"承认"思想的进一步发展。首先，黑格尔明确区分了"意识"与"自我意识"。其次，黑格尔的论述是从"意识"到"自我意识"，到"欲望"（对应于费希特的"自由的实践活动"），到"特殊的或相关的自我意识"（对应于费希特的"个体性"），到"主人和奴隶"，到"普遍的自我意识"（对应于费希特的"法权关系"），到"智力"，到"意志"，最后到"法权"的递进。其中从"特殊的自我意识"到"普遍的自我意识"的过渡与黑格尔对"法权"的论述密切相关：在"特殊的自我意识"阶段，两个主体中的每一个都把自身及对方看作是自我意识和自由的客体，都把对方看作是"另一个我"。于是"另一个我"就与"我"相对立。要克服这一矛盾，就必须"承认"对方是"自由的"。在黑格尔这里，"承认"对方是自由的有别于把对方"看作"是自由的：对方"承认"我是自由的就意味着对方把我等同于作决定者，也就是认为我的决定对他的行为有部分权威性,正如我的决定对我自己的行为有权威性一样。"承认"既是"认知上的承认",也是"实践上的承认",而且"实践上的承认"是以"认知上的承认"为根据的。但是,在"特殊的自我意识"阶段,"承认"具有"绝对的"或"自我放弃"的特征:我要求得到对方的"绝对承认",这意味着对方什么都不是,而只是我的决定的"执行者";反之亦然。于是就出现"为承认而斗争",而结果就是"主奴关系"。但这种"主奴关系"并没有真正解决"特殊的自我意识"的矛盾,因为主奴关系具有不对称性:奴隶对主人的"承认"并不能使主人把奴隶看作是和自己同样的自我意识的主体。为解决这一矛盾,"特殊的自我意识"必须过渡到"普遍的自我意识"。而要做到这一点,就必须放弃自由的个体主义概念,而代之以"和别人一起行动"的自由概念。于是单个的决定不再是武断任意的,而是体现"公意"的:集体成员的每个人都享有共同的自由,它构成个体共同的"实质",每个人都是单个自由的做决定行动的代表,而这一"实质"就是"精神"。换句话说,"自由"是"精神"的实质。而"精神"需要客观化为实质的自由,以克服它自身的矛盾,于是就从"精神"过渡到"法权"。

奇蒂指出,黑格尔的"承认"思想与费希特的"承认"思想有一个共同点,即都强调主体之间的相互构成,而这一点得到了马克思的继承:马克思的"社会"概念就是这种主体之间的相互构成。对马克思来说,在资本主义社会,除非个体首先被承认是各自产品的所有者,否则个体是不会相互进行商品交易的。比如马克思在《评阿·瓦格纳的"政治经济学教科书"》就这样讨论商品交换关系:"在这里这个蠢汉完全本末倒置。在他看来,先有法,后有交易;而实际情况却相反:先有交易,后来才由交易发展为法制。我在分析商品流通时就指出,还在不发达的物物交换情况下,参加交换的个人就已经默认彼此是平等的个人,是他们用来交换的财物的所有者;他们还在彼此提供自己的财物,相互进行交易的时候,就已经做到这一点了。这种通过交换和在交换中才产生的实际关系,后来获得了契约这样的法的形式,等等,但是这一形式既不构成自己的内容,即交换,也不构成存在于这一形式中的人们的相互关系,而是相反。"① 这里马克思用了"承认"(anerkennen)这个动词②,而且马克思所说的"实际关系"蕴涵了"事实上的承认"这层意思。因此在马克思那里,"财产"首先是事实上的财产,然后才是法律上的财产。这是马克思自《德意志意识形态》以后一直坚持的观点。这样,财产关系就是由生产关系建构起来的,而非生产关系是以财产关系为前提的。具有优势财产地位的阶级成为统治阶级,于是事实上的财产关系就会被统治阶级固定化为法律上的财产关系,成为法律制度。③

对德国古典哲学④兴趣的复兴确实是自20世纪90年代以来英语世界马克思学研究的重要现象,许多已为中国读者所熟悉的著名马克思学者如汤姆·洛克莫尔、诺曼·莱文近年来也不断有这方面的著作问世。洛克莫尔在2002年出版的《马克思主义之后的马克思》⑤ 就强调费希特"主体"思想对马克思关于"人类活动理论"的影响⑥,甚至还提出了"马克思是费希特主义者吗?"这样的话题⑦。莱文曾以极端的马克思恩格斯"对立论"者的姿态出现,近年来也致力于探讨马克思恩格斯与黑格尔之间的思想联系。2006年莱文出版了《不同的道路:马克思主义和恩格斯主义中的黑格尔》⑧ 三卷本的第1卷"马克思方法的黑格尔主义基础"⑨。限于篇幅,本文就不再详细介绍洛克莫尔和莱文的相关论述。

---

① 参见《马克思恩格斯全集》中文第一版第19卷,第422—423页。
② 中译文是默认(stillschweigend anerkennen)。
③ 即法制(legal system)。
④ 英语世界的学者通常称其为德国唯心主义哲学。
⑤ Tom Rockmor, *Marx After Marxism: An Introduction to the Philosophy of Karl Marx*, Oxford: Blackwells, 2002.
⑥ 参见[法]汤姆·洛克曼等:《马克思主义之后的马克思》,杨学功、徐素华译,东方出版社2008年版,第105页。
⑦ 这是洛克莫尔2008年在阿姆斯特丹国际研究与教育研究所做报告的题目。
⑧ Norman Levine, *Divergent Paths: Hegel in Marxism and Engelsism*, Lexington Books, 2006
⑨ 该书已被收入由鲁克俭主编的"国外马克思学译丛"。

中 篇

马克思文献学研究

第七章　新出版的 MEGA²/Ⅳ/5 概况及其学术价值[①]

在 MEGA 第四部分即"摘录和笔记"[②]部分，早期（即《伦敦笔记》之前）的卷次已先后出版：1976 年出版 MEGA²/Ⅳ/1[③]，1981 年出版 MEGA²/Ⅳ/2[④]，1983 年出版 MEGA²/Ⅳ/6[⑤]，1988 年出版 MEGA²/Ⅳ/4[⑥]，1998 年出版 MEGA²/Ⅳ/3[⑦]，2015 年出版 MEGA²/Ⅳ/5。最后出版的 MEGA2/Ⅳ/3 和 MEGA²/Ⅳ/5 都是由巴加图利亚负责编辑的，有很高的编辑质量。比如 MEGA²/Ⅳ/3 纠正了先期出版的 MEGA²/Ⅳ/4 将 B26[⑧]

[①] 首次发表于《北京行政学院学报》2017 年第 3 期。
[②] 有必要说明一下，摘录是"Exzerpt"，笔记是"Notiz"，前者是马克思对别人著述的摘录，后者是马克思写下的自己的话。因此"Exzerpt"不同于"Notiz"，比如《1844—1847 年记事本》就是"Notizbuch"。当然，在马克思的 Exzerpt 中，也会包含 Notiz，因此更狭义的"摘录"专门用"Auszug"。另外，中国学者习惯于把"Heft"（笔记本）也说成是"笔记"，如《伊壁鸠鲁研究笔记》实际上是《伊壁鸠鲁研究笔记本》。当我们习惯于说《伊壁鸠鲁研究笔记》时，实际上包括了马克思在做伊壁鸠鲁哲学研究时所作的摘录和笔记这两个方面的内容。
[③] 涉及马克思恩格斯 1842 年之前的摘录和笔记，包括《伊壁鸠鲁研究笔记》、《柏林笔记》、《波恩笔记》。
[④] 涉及马克思和恩格斯 1843 至 1845 年 1 月的摘录和笔记，包括《克罗茨纳赫笔记》（即《克罗茨纳赫笔记本》）和《巴黎笔记》（即《巴黎笔记本》）。
[⑤] 涉及马克思恩格斯 1846 年 9 月至 1847 年 12 月的摘录和笔记，即《居里希摘录》。
[⑥] 涉及马克思恩格斯 1845 年 7—8 月的摘录和笔记，包括马克思《曼彻斯特笔记》（即《曼彻斯特笔记本》）的前五个笔记本。
[⑦] 涉及马克思 1844 年夏至 1847 年初的摘录和笔记，包括著名的《关于费尔巴哈的提纲》。
[⑧] 包含对布阿吉尔贝尔著作《法国详情，它的财富减少的原因以及救济的难易程度》的摘录、对布阿吉尔贝尔著作《论财富、货币和赋税的性质》的摘录、对布阿吉尔贝尔著作《论谷物的性质、耕种、贸易和利益》的摘录和对罗的著作《论货币和贸易》的摘录，以及一个关于罗马史的简要编年摘录。

和 B22① 这两个笔记本排除出《巴黎笔记》的结论,重新将其算作《巴黎笔记》。而 MEGA²/Ⅳ/5 的出版,标志着马克思早期的摘录和笔记已经出齐,这就为我们研究马克思早期文本提供了可靠、翔实的资料。

一、MEGA²/Ⅳ/5 概况

MEGA²/Ⅳ/5 涉及马克思和恩格斯 1845 年 7 月至 1850 年 12 月的摘录和笔记。② 在马克思的摘录和笔记中,主体是《曼彻斯特笔记本》的后四册笔记本,即笔记本 6—9。然后是对重农主义者魁奈著作的摘录、对一本意大利文语法书的摘录、对戈特弗里德·金克尔(Gottfried Kinkel)诗作《在崇敬的舞台上》的摘抄、对《自由公民:意大利人》的摘录,以及丹尼尔斯做的马克思藏书目录。

相较以往的 MEGA² 卷次,MEGA²/Ⅳ/5 有两点特别之处。其一,尽管之前出版的 MEGA² 卷次的资料卷的页码是接续正文卷的,但都分两卷出版的。

MEGA²/Ⅳ/5 是 MEGA² 迄今为止唯一将正文卷与资料卷合在一卷出版的。其二,MEGA²/Ⅳ/5 没有在正文部分呈现马克思对意大利文语法书的摘录,而是在柏林—勃兰登堡科学院(BBAW)的官网上,以网络版的予以形式呈现(见 http://mega.bbaw.de/struktur/abteilung_iv/dateien/iv-5_exzerpte_kannegiesser),这也是前所未有的。

(一)《曼彻斯特笔记本》

《曼彻斯特笔记本》写于 1845 年 7—8 月份马克思英国之行的曼彻斯特。为了完整呈现《曼彻斯特笔记本》,这里一并介绍 MEGA²/Ⅳ/4 所收录的前五个笔记本的大致情况。

笔记本 1

(1)笔记本的原始手稿现保存在阿姆斯特丹国际社会史研究所,《马

---
① 包含对罗德戴尔著作《论公共财富的性质和起源》的摘录。
② 主体是马克思所作的摘录和笔记,本文只考察马克思的摘录和笔记。

克思恩格斯遗稿》编号 B27。

（2）笔记本包括第 1—7 页面对配第著作《政治算术论文集》（伦敦 1699 年版）的摘录、第 7 页面对戴韦南特著作《关于国内和平与海外战争的论文集》（伦敦 1704 年版）的摘录、第 7—12 页面对戴韦南特著作《论使一国人民在贸易差额中成为得利者的可能的方法》（伦敦 1699 年版）的摘录、第 13—19 页面对戴韦南特著作《论公共收入和英国贸易》（伦敦 1698 年版）的摘录、第 19 页面对戴韦南特著作《论战争供给的方式和手段》（伦敦 1695 年版）的摘录、第 19—21 页面对安德森著作《关于导致不列颠目前粮荒的思考》（伦敦 1801 年版）的摘录、第 21—23 页面对布朗宁著作《大不列颠国内状况和财政状况》（伦敦 1834 年版）的摘录、第 24—26 页面对米塞尔登著作《自由贸易或贸易繁荣之道》的摘录、第 26 页面对匿名出版的小册子《女王陛下的礼节和对英国海上的统治》（伦敦 1665 年版）的简短摘录。

笔记本 2

（1）笔记本的原始手稿现保存在阿姆斯特丹国际社会史研究所，《马克思恩格斯遗稿》编号 B29。

（2）笔记本包含第 1—14 页面对库伯著作《政治经济学原理讲义》（伦敦 1831 年版）的摘录、第 15—23 页面对萨德勒著作《人口的规律》（伦敦 1830 年版）的摘录、第 23—31 页面及第 41/42 页面对托·图克著作《1793—1837 年的价格和流通状况的历史》（伦敦 1838 年版）的摘录、第 31—41 页面对吉尔巴特著作《银行业的历史和原理》（伦敦 1834 年版）的摘录、第 37 页面上方对麦克库洛赫著作《政治经济学文献》（伦敦 1845 年版）书名的记载、第 44 页面对埃德门兹著作《实践道德与政治经济学》（伦敦 1828 年版）的摘录。

笔记本 3

（1）笔记本的原始手稿现保存在阿姆斯特丹国际社会史研究所，《马克思恩格斯遗稿》编号 B90。其第一个单页的上半页现存放在俄罗斯国家社会政治史档案馆①（前身是苏共中央马列主义研究院中央党务档案馆②，后归入"俄罗斯现代文献收藏研究中心"档案馆③），编号是全宗第 1 号，目录第 1 号，卷宗第 159 号。

（2）笔记本是对麦克库洛赫著作《政治经济学文献》（伦敦 1845 年版）的摘录。

笔记本 4

（1）笔记本的原始手稿现保存在阿姆斯特丹国际社会史研究所，《马克思恩格斯遗稿》编号 B28。

（2）笔记本包括第 1—17 页对科贝特著作《纸币取代黄金》（伦敦 1828 年版）的摘录、在页面"a）"和"b）"对西尼尔文章《政治经济学大纲》（伦敦 1836 年版）④的摘录、第 1—9 页汤普逊著作《最能促进人类幸福的财富分配原理的研究》（伦敦 1824 年版）的摘录。

笔记本 5

（1）笔记本的原始手稿现保存在阿姆斯特丹国际社会史研究所，《马克思恩格斯遗稿》编号 B35。

（2）笔记本包括第 1—6 页面对阿特金森著作《政治经济学原理》（伦敦 1840 年版）的摘录、在第 7/8 页面对阿莱尔著作《宪章运动》（伦敦 1840 年版）的摘录、第 9—19 页面对麦克库洛赫著作《政治经济学原理，产生与发展的概述》（爱丁堡、伦敦，1825 年版）的摘录、在第 19—24 页面和第 24—28 页面对威德著作《中等阶级和工人阶级的历史》（第三版，伦敦 1835 年版）的摘录、第 24—30 页面对艾登著作《穷人的状况》（3 卷本，伦敦 1797 年版）的摘录、第 31—33 页面马克思依据恩格斯对匿名小册子⑤所做摘录笔记的评注、第 33/34 页面对穆勒⑥著作《略论政治经济学的某些有待解决的问题》（伦敦 1844 年版）的摘录。

---

① 即 RGASPI。
② 即 IML/ZPA。
③ 即 RC（Российский центр хранения и изучения документов новейшей истории）。
④ 该书收在《都会百科全书》第 6 卷（伦敦 1845 年版）。
⑤ 即《论工会》（伦敦 1834 年版）。
⑥ 即约翰·斯图亚特·穆勒，詹姆斯·穆勒的长子。

笔记本 6

（1）笔记本的原始手稿现保存在阿姆斯特丹国际社会史研究所，《马克思恩格斯遗稿》编号 B37。

（2）笔记本包括第 1—25 页对约·弗·布雷《劳动方面的不公正现象及其消除办法，或强权时代和公理时代》（利兹、伯明翰、曼彻斯特，1939 年版）的摘录、第 25—32 页对欧文《论人类性格的形成》（伦敦 1840 年版）的摘录、第 33—42 页对欧文《在 1845 年新婚姻法通过前所作的关于旧的不道德世界中教士婚姻的演讲》（利兹 1840 年第 4 版）的摘录、第 42—52 页对欧文《曼彻斯特六篇演讲和一篇致辞》（曼彻斯特 1837 年版）的摘录、第 53/54 页对理查·帕金逊《论曼彻斯特劳动穷人的现状，附改进办法》（伦敦、曼彻斯特 1841 年版）的摘录、第 54/55 页是对乔治·霍普《农业和谷物法（三篇获奖论文之第一篇）》（曼彻斯特、伦敦 1842 年版）的摘录、第 56 页对阿瑟·摩尔斯《农业和谷物法（三篇获奖论文之第二篇）》（曼彻斯特、伦敦 1842 年版）的摘录。

笔记本 7

（1）笔记本的原始手稿现保存在阿姆斯特丹国际社会史研究所，《马克思恩格斯遗稿》编号 B34。

（2）笔记本的封面页没有编号，写的是笔记本所作摘录的目录。笔记本 7 的页码编号续笔记本 6，其第 59—63 页是对威廉·莱斯本·格莱格《农业和谷物法（三篇获奖论文之第三篇）》（曼彻斯特、伦敦 1842 年版）的摘录，第 63—68 页是对理查·希尔迪奇《贵族税：其现状、起源及进展，及对其进行改革的建议》（伦敦、曼彻斯特 1842 年第 2 版）的摘录，第 68—75 页是对欧文《新道德世界书（第一部分）》（格拉斯哥、爱丁堡、曼彻斯特 1840 年版）的摘录，第 75—80 页是对欧文《新道德世界书（第二部分）》（伦敦 1842 年版）的摘录，第 80—87 页是对欧文《新道德世界书（第三部分）》（伦敦 1842 年版）的摘录，第 87—90 页是对欧文《新道德世界书（第四部分）》（伦敦 1844 年版）的摘录。在封面页的摘录目录第 7 项，记的是对斯密《国富论》。但笔记本 7 并没有对斯密《国富论》的摘录。对斯密《国富论》的摘录应该是在笔记本 7 的第 91—99

页，但没有流传下来。马克思此处对斯密《国富论》的摘录，是接着《巴黎笔记》对《国富论》的摘录继续做的。封四也没有页码编号，左栏书写，是关于"保护关税派"问题的提纲，这一提纲显然是马克思1847年9月17或18日参加关于自由贸易的布鲁塞尔国际会议期间写的，它构成了马克思准备在9月18日发言的草稿。马克思在会议上没有得到发言的机会，会议闭幕以后，他就把演说整理了一下，发表在1847年9月29日的比利时报纸《民主工场报》上①。恩格斯在《关于自由贸易的布鲁塞尔会议》一文中也附了马克思的发言要点②。

笔记本 8

（1）笔记本的原始手稿现保存在阿姆斯特丹国际社会史研究所，《马克思恩格斯遗稿》编号 B39。

（2）笔记本包含对 J. 萨瓦里的《十全十美的商人……》（里昂1712年版）和大卫·麦克菲尔逊的《商业年鉴……》四卷本（伦敦、爱丁堡1805年版）的摘录。其中对萨瓦里著作的短摘录在笔记本中位于对麦克菲尔逊著作第3卷和第2卷的摘录中间。该摘录可能做于1845年初的布鲁塞尔，因为在对萨瓦里著作的摘录上面，记有马里赛《指南针——》（巴黎1803年版）的书名，但马克思没有对该书做摘录。马里赛的这本书在马克思《1844—1847年记事本》中有记载，马克思1845年4月中旬至7月中旬对那里所记载的一批书做了摘录。在笔记本的第1页，在标题"1）麦克菲尔逊"的左边和下面的空白位置，马克思后来（可能是1846年初）做了如下笔记（内容与《德意志意识形态》关于费尔巴哈的手稿有关）：

    联盟   阶级的集中
    世界交往   同业公会阶级
            参见以及——阶级
            资本及世界交往的集中

---

① 参见《马克思恩格斯全集》中文第一版第4卷，第282—284页。
② 参见《马克思恩格斯全集》中文第一版第4卷，第292—296页。

笔记本 9

（1）笔记本的原始手稿现保存在阿姆斯特丹国际社会史研究所，《马克思恩格斯遗稿》编号 B41。

（2）笔记本包含对阿·艾利生《人口原理及其与人类幸福的关系》两卷本之第 1 卷（爱丁堡、伦敦 1840 年版）的摘录（可能作于 1845 年 8 月），以及与马克思对居里希《关于现时代重要商业国家的商业、手工业和农业历史阐述》的摘录密切相关的三个草拟稿：统计笔记、德国的危机统治、论地产价格（这三个草拟稿是 1847 年马克思在布鲁塞尔期间做的，可能写于 1847 年夏季或秋季）。

（二）马克思对《重农主义者文选·魁奈》的摘录

1. 笔记本的原始手稿现保存在阿姆斯特丹国际社会史研究所，《马克思恩格斯遗稿》编号 B36。

2. 摘录作于 1846 年底至 1847 年初，是对《重农主义者文选》①魁奈两部著作《自然权利》（笔记本第 3、4 页②）和《经济表分析》（笔记本第 5 页和第 6 页③的开头）的摘录。马克思在魁奈前面标了数字"1）"，有可能马克思还想做其他重农主义者的著作摘录，但最后并没有做。

（三）马克思对意大利文语法书的摘录

摘录可能写于 1844 年 6 月至 1849 年 5 月之间，很可能是写于 1844 年 6 月至 1845 年 1 月的巴黎期间。该摘录写在马克思 1840—1841 年的《波恩笔记本》对"斯宾诺莎的书信 2"的摘录笔记本（B7）的第 7—22 页面上。

（四）马克思对金克尔诗作《在崇敬的舞台上》的摘抄

1. 原始手稿已不知去向，其照相复制件现保存在俄罗斯国家社会政

---

① 《重农主义者文选》是《主要经济学家文集》中的第 2 卷。马克思多次利用《主要经济学家文集》，其第 1 卷是 18 世纪的财政经济学家，第 2 卷是重农主义者，第 3、4 卷是杜尔哥著作，第 5、6 卷是斯密，第 7、8 卷是马尔萨斯，第 9—12 卷是萨伊，第 13 卷是李嘉图著作，第 14、15 卷是政治经济学合集。

② 如果不算封面页，就是第 1、2 页。

③ 如果不算封面页，就是第 3、4 页。

治史档案馆，编号是全宗第 1 号，目录第 1 号，卷宗第 282 号。

2. 无法确定马克思作该诗摘抄的日期，可能是 1848/1849 年间，即《新莱茵报》时期（1848 年 6 月至 1949 年 5 月）。

（五）马克思对《自由公民：意大利人》的摘录

1. 原始手稿现保存在阿姆斯特丹国际社会史研究所，《马克思恩格斯遗稿》编号 A26。

2. 手稿是马克思对纽伦堡日报《自由公民。人民党的器官》第 25 号（1850 年 1 月 25 日）的摘录。手稿写作时间可能是 1850 年 1 月。

（六）丹尼尔斯做的马克思藏书目

1. 原始手稿现保存在俄罗斯国家社会政治史档案馆，编号是全宗第 1 号，目录第 1 号，卷宗第 385 号。

2. 该藏书目录做于 1850 年 12 月初（12 月 7 日之前），也可能做于 1850 年 11 月底。

二、MEGA^2/Ⅳ/5 的学术价值

（一）MEGA^2/Ⅳ/5 体现了最新的马克思文献学信息

在 MEGA^2/Ⅳ/5 出版之前，国内学者对《曼彻斯特笔记本》后四个笔记本的了解非常有限，其主要信息来自《马克思手稿和读书笔记目录》[①]。根据 MEGA^2/Ⅳ/5，有必要纠正《马克思手稿和读书笔记目录》中关于《曼彻斯特笔记本》后四个笔记本的一些不准确或过时的信息。

首先，关于笔记本的编号。阿姆斯特丹国际社会史研究所曾经对马克思恩格斯遗稿重新做了存档编号。《曼彻斯特笔记本》的第 1—9 个笔记本，在《马克思手稿和读书笔记目录》中的编号是 B32、B37、B97、B33、B35、B38、B34、B39、B31，MEGA^2 呈现的新编号是 B27、B29、B90、B28、B35、B37、B34、B39、B41。

---

① 载《马克思主义研究参考资料》1981 年第 30 期。

其次，关于笔记本的内容。MEGA² 呈现的《曼彻斯特笔记本》九个笔记本的内容更为准确完整。以 MEGA²/Ⅳ/5 收录第 6—9 笔记本为例。根据《马克思手稿和读书笔记目录》，笔记本 6（原编号 B38）是对布雷、欧文、霍普、摩尔斯著作的摘录；而根据 MEGA²/Ⅳ/5，笔记本 6 还包括对理查·帕金逊《论曼彻斯特劳动穷人的现状，附改进办法》（伦敦、曼彻斯特 1841 年版）的摘录。根据《马克思手稿和读书笔记目录》，笔记本 7（原编号和新编号都是 B34）是对格莱格①、希尔迪奇、欧文、保护关税派著作的摘录；而根据 MEGA²/Ⅳ/5，"保护关税派"是马克思在笔记本 7 的封四上面做的关于"保护关税派"问题的提纲，这一提纲是马克思 1847 年 9 月 17 或 18 日参加关于自由贸易的布鲁塞尔国际会议期间写的，并非写于 1845 年 7—8 月的曼彻斯特时期。根据《马克思手稿和读书笔记目录》，笔记本 8（原编号和新编号都是 B39）是对麦克菲尔逊、萨瓦里著作的摘录；而根据 MEGA²/Ⅳ/5，马克思还在笔记本 8 的第 1 页，在标题"1）麦克菲尔逊"的左边和下面的空白位置，做了一个与《德意志意识形态》手稿有关的笔记（可能写于 1846 年初）。根据《马克思手稿和读书笔记目录》，笔记本 9（原编号是 B31）是对艾利生著作的摘录，以及关于不列颠的统计摘记和关于德国经济史的统计摘记和附注；而根据 MEGA²/Ⅳ/5，"关于不列颠的统计摘记和关于德国经济史的统计摘记和附注"实际上是马克思对居里希著作的摘录密切相关的三个草拟稿：统计笔记、德国的危机统治、论地产价格。

第三，MEGA²/Ⅳ/5 纠正了之前出版的一些 MEGA²/Ⅳ 卷次中的个别错误。比如，1976 年出版的 MEGA²/Ⅳ/1 认为，马克思对意大利文语法书的摘录时间不可能早于 1845 年②，而 MEGA²/Ⅳ/5 的考证结论是该摘录写于 1844 年 6 月至 1849 年 5 月之间，而且很可能是在 1844 年 6 月至 1845 年 1 月的巴黎时期③。再如，1983 年出版的 MEGA²/Ⅳ/6 的编辑者认为，

---

① 实际上，霍普、摩尔斯、格莱格的著作分别是《农业和谷物法（三篇获奖论文之第一篇）》、《农业和谷物法（三篇获奖论文之第二篇）》、《农业和谷物法（三篇获奖论文之第三篇）》。
② MEGA²/Ⅳ/1，S. 775.
③ MEGA²/Ⅳ/5，S. 492.

马克思对艾利生著作的摘录显然属于前面的布鲁塞尔笔记，而 MEGA²/Ⅳ/5 则在笔记本 9 的"形成和流传"中，专门考证了马克思对艾利生著作的摘录时间是 1845 年 8 月的曼彻斯特时期①。

（二）MEGA²/Ⅳ/5 进一步证明了马克思是《德意志意识形态》的主要作者

在"再论《德意志意识形态》的作者身份问题"②一文中，笔者明确提出："第三章多处提到'参看'某某作家的著作，这些作家的著作马克思之前都做过读书笔记或该著作的藏书，而除个别例外（艾金和伊登），恩格斯并没有做这些著作的读书笔记，也没有证据表明恩格斯读过或藏有这些著作。"以此作为断定马克思是《德意志意识形态》主要作者的第二条理由，并提供了 18 处例证。MEGA²/Ⅳ/5 收录的《曼彻斯特笔记本》后四个笔记本以及丹尼尔斯做的马克思藏书目录，可以进一步证明这一点。

例 1.《德意志意识形态》提到孔多塞③。在丹尼尔斯做的马克思藏书目录中，记载有斯宾塞的著作《人类精神进步史表纲要》④。

例 2.《德意志意识形态》多处提到巴扎尔⑤。在丹尼尔斯做的马克思藏书目录中，记载有巴扎尔的著作《圣西门学说释义》第 1 卷⑥。

例 3.《德意志意识形态》多处提到卡贝⑦。在丹尼尔斯做的马克思藏书目录中，记载有卡贝的著作《社会问题状况》第 1 卷⑧、《向联盟致敬》⑨、《揭露》⑩。

---

① MEGA²/Ⅳ/5，S. 478 – 478.
② 载《北京行政学院学报》2008 年第 5 期。
③ 参见《马克思恩格斯全集》中文第一版第 3 卷，第 623 页。
④ MEGA²/Ⅳ/5，S. 296. 24.
⑤ 参见《马克思恩格斯全集》中文第一版第 3 卷，第 596、599—602 页。
⑥ MEGA²/Ⅳ/5，S. 297. 38.
⑦ 参见《马克思恩格斯全集》中文第一版第 3 卷，第 249—251、543、544、579、580、615—626、627、656 页。
⑧ MEGA²/Ⅳ/5，S. 299. 1.
⑨ MEGA²/Ⅳ/5，S. 300. 4.
⑩ MEGA²/Ⅳ/5，S. 300. 10.

例4.《德意志意识形态》提到路德维希·布尔①。在丹尼尔斯做的马克思藏书目录中，记载有布尔的著作《普鲁士的写作问题》②。

例5.《德意志意识形态》提到皮特曼③。在丹尼尔斯做的马克思藏书目录中，记载有皮特曼编的《普罗米修斯》④。

例6.《德意志意识形态》两次提到约翰·瓦茨⑤。在丹尼尔斯做的马克思藏书目录中，记载有瓦茨的著作《政治经济学家的事实与臆想》⑥。马克思在《布鲁塞尔笔记本（1845年）》的笔记本6中做了瓦茨该书的摘录。

例7.《德意志意识形态》多次提到边沁⑦。在丹尼尔斯做的马克思藏书目录中，记载有边沁的两部著作《为利息辩护》和《赏罚原理》⑧。

例8.《德意志意识形态》多次提到圣西门⑨。在丹尼尔斯做的马克思藏书目录中，记载有《圣西门全集》⑩、《实业，或为献身于有益和独立的劳动的一切人的利益所作的政治、道德和哲学讨论》⑪。

例9.《德意志意识形态》提到米拉波⑫。在丹尼尔斯做的马克思藏书目录中，记载有米拉波的著作《腓特烈大帝时期的普鲁士君主制度》⑬。

例10.《德意志意识形态》多次提到安凡丹⑭。在丹尼尔斯做的马克思藏书目录中，记载有安凡丹的著作《政治经济学和政治》、《圣西门学说

---

① 参见《马克思恩格斯全集》中文第一版第3卷，第215页。
② MEGA²/IV/5, S. 303.10.
③ 参见《马克思恩格斯全集》中文第一版第3卷，第540页。
④ MEGA²/IV/5, S. 306.5.
⑤ 参见《马克思恩格斯全集》中文第一版第3卷，第231、542页。
⑥ MEGA²/IV/5, S. 299.13.
⑦ 参见《马克思恩格斯全集》中文第一版第3卷，第233、271、291、478、482—484页。
⑧ MEGA²/IV/5, S. 297.28、S. 297.29.
⑨ 参见《马克思恩格斯全集》中文第一版第3卷，第547、559、561、563、580、582—602页。
⑩ MEGA²/IV/5, S. 297.31.
⑪ MEGA²/IV/5, S. 297.36.
⑫ 参见《马克思恩格斯全集》中文第一版第3卷，第623页。
⑬ MEGA²/IV/5, S. 304.9 – 10.
⑭ 参见《马克思恩格斯全集》中文第一版第3卷，第175、592、600、602页。

释义》①。

例 11.《德意志意识形态》提到贝尔蒂埃②。在丹尼尔斯做的马克思藏书目录中，记载有贝尔蒂埃的著作《1792 年 8 月 10 日的革命史》③。

例 12.《德意志意识形态》提到杜诺瓦耶④。在丹尼尔斯做的马克思藏书目录中，记载有杜诺瓦耶的著作《论劳动自由，或关于人的力量能够得到最大发挥的条件的简述》⑤。

例 13.《德意志意识形态》提到杜尔哥⑥。在丹尼尔斯做的马克思藏书目录中，记载有《杜尔哥全集》⑦。

例 14.《德意志意识形态》提到努加雷⑧。在丹尼尔斯做的马克思藏书目录中，记载有努加雷的著作《监狱史》。

例 15.《德意志意识形态》提到罗兰⑨。在丹尼尔斯做的马克思藏书目录中，记载有罗兰的《告后辈书》⑩。

例 16.《德意志意识形态》多次提到舍伐利埃⑪。在丹尼尔斯做的马克思藏书目录中，记载有舍伐利埃的多部著作⑫。

例 17.《德意志意识形态》多次提到孟德斯鸠⑬。在丹尼尔斯做的马克思藏书目录中，记载有《孟德斯鸠全集》⑭。

例 18.《德意志意识形态》多次提到欧文⑮。在《曼彻斯特笔记本》的笔记本 6 中，有对欧文著作《论人类性格的形成》、《在 1845 年新婚姻

---

① MEGA²/Ⅳ/5，S.297.37.
② 参见《马克思恩格斯全集》中文第一版第 3 卷，第 193 页。
③ MEGA²/Ⅳ/5，S.295.9.
④ 参见《马克思恩格斯全集》中文第一版第 3 卷，524 页。
⑤ MEGA²/Ⅳ/5，S.297.7.
⑥ 参见《马克思恩格斯全集》中文第一版第 3 卷，第 609、620—622 页。
⑦ MEGA²/Ⅳ/5，S.297.18.
⑧ 参见《马克思恩格斯全集》中文第一版第 3 卷，第 193 页。
⑨ 参见《马克思恩格斯全集》中文第一版第 3 卷，第 193 页。
⑩ MEGA²/Ⅳ/5，S.296.2.
⑪ 参见《马克思恩格斯全集》中文第一版第 3 卷，第 344、452、594、602 页。
⑫ MEGA²/Ⅳ/5，S.297.1，S.297.16-17，S.297.37，S.296.2.
⑬ 参见《马克思恩格斯全集》中文第一版第 3 卷，第 322、616、620 页。
⑭ MEGA²/Ⅳ/5，S.295.26.
⑮ 参见《马克思恩格斯全集》中文第一版第 3 卷，第 4、236、458、542、543 页。

法通过前所作的关于旧的不道德世界中教士婚姻的演讲》、《曼彻斯特六篇演讲和一篇致辞》的摘录,笔记本 7 有对欧文《新道德世界书》的摘录。特别值得一提的是,《德意志意识形态》第 1 卷第 3 章中有这样一句话"(用欧文的话来说,this poor localized being〔这个孤陋寡闻的生物〕)"①。在笔记本 6 中,马克思在对欧文第 6 篇演讲的摘录中有这样一句话"——who will——commence the conflict to destroy the localized animal of prejudice, give victory to rational man——"②。

例 19.《德意志意识形态》多次提到施泰因③。在丹尼尔斯做的马克思藏书目录中,记载有施泰因的《第三次法国革命以来的社会主义和共产主义运动》④。

例 20.《德意志意识形态》多次提到勃朗⑤。在丹尼尔斯做的马克思藏书目录中,记载有勃朗的《社会主义。劳动权》⑥。

例 21.《德意志意识形态》提到马基雅维利⑦。在丹尼尔斯做的马克思藏书目录中,记载有马基雅维利的《君主论》⑧。

例 22.《德意志意识形态》多次提到席勒⑨。在丹尼尔斯做的马克思藏书目录中,记载有《席勒全集》⑩。

例 23.《德意志意识形态》多次提到库尔曼⑪。在丹尼尔斯做的马克思藏书目录中,记载有库尔曼的著作《新世界》⑫。

---

① 参见《马克思恩格斯全集》中文第一版第 3 卷,第 458 页。
② MEGA²/Ⅳ/5、S.432、S.127.16 - 17。
③ 参见《马克思恩格斯全集》中文第一版第 3 卷,第 230、536、581—597、599—605、627 页。
④ MEGA²/Ⅳ/5, S.298.26.《第三次法国革命以来的社会主义和共产主义运动》是施泰因著作《今日法国的社会主义和共产主义》的附录。
⑤ 参见《马克思恩格斯全集》中文第一版第 3 卷,第 215、387、579、582、601 页。
⑥ MEGA²/Ⅳ/5, S300.5、S.303.38。
⑦ 参见《马克思恩格斯全集》中文第一版第 3 卷,第 368 页。
⑧ MEGA²/Ⅳ/5, S298.35。
⑨ 参见《马克思恩格斯全集》中文第一版第 3 卷,第 620、621、684 页。
⑩ MEGA²/Ⅳ/5, S.320.31。
⑪ 参见《马克思恩格斯全集》中文第一版第 3 卷,第 438、458、629—640 页。
⑫ MEGA²/Ⅳ/5, S.298.32。

例24.《德意志意识形态》多次提到基佐①。在丹尼尔斯做的马克思藏书目录中，记载有基佐的著作《法国文明史》②。

例25.《德意志意识形态》多次提到基佐③。在丹尼尔斯做的马克思藏书目录中，记载有蒙泰的著作《法兰西各等级近五百年的历史》④。

例26.《德意志意识形态》多次提到勒鲁⑤。在丹尼尔斯做的马克思藏书目录中，记载有勒鲁的著作《驳折中主义》⑥。

例27.《德意志意识形态》多次提到第欧根尼·拉尔修⑦。在丹尼尔斯做的马克思藏书目录中，记载有第欧根尼·拉尔修的著作《名哲言行录》⑧。

例28.《德意志意识形态》提到博利约⑨。在丹尼尔斯做的马克思藏书目录中，记载有博利约的著作《历史论丛》⑩。

例29.《德意志意识形态》提到费奈迭⑪。在丹尼尔斯做的马克思藏书目录中，记载有费奈迭主编的《流亡者》杂志⑫。

例30.《德意志意识形态》提到普卢塔克⑬。在丹尼尔斯做的马克思藏书目录中，记载有普卢塔克的《著作集》⑭。

例31.《德意志意识形态》提到贺雷西⑮。在丹尼尔斯做的马克思藏书目录中，记载有贺雷西的《颂歌》⑯。

---

① 参见《马克思恩格斯全集》中文第一版第3卷，第153、241、354、469、616、647、648页。
② MEGA²/Ⅳ/5，S. 296. 34.
③ 参见《马克思恩格斯全集》中文第一版第3卷，第241、396页。
④ MEGA²/Ⅳ/5，S. 295. 1.
⑤ 参见《马克思恩格斯全集》中文第一版第3卷，第256页。
⑥ MEGA²/Ⅳ/5，S. 298. 12.
⑦ 参见《马克思恩格斯全集》中文第一版第3卷，第143—146页。
⑧ MEGA²/Ⅳ/5，S. 301. 17.
⑨ 参见《马克思恩格斯全集》中文第一版第3卷，第193页。
⑩ MEGA²/Ⅳ/5，S. 301. 17.
⑪ 参见《马克思恩格斯全集》中文第一版第3卷，第47页。
⑫ MEGA²/Ⅳ/5，S. 303. 16.
⑬ 参见《马克思恩格斯全集》中文第一版第3卷，第147页。
⑭ MEGA²/Ⅳ/5，S. 301. 41.
⑮ 参见《马克思恩格斯全集》中文第一版第3卷，第154页。
⑯ MEGA²/Ⅳ/5，S. 301. 20.

例32.《德意志意识形态》提到让·巴·路韦①。在丹尼尔斯做的马克思藏书目录中，记载有让·巴·路韦的著作《回忆录》②。

例33.《德意志意识形态》多次提到雷博③。在丹尼尔斯做的马克思藏书目录中，记载有雷博的著作《略论最新的改革家或社会主义者》④。

例34.《德意志意识形态》提到雷尼埃⑤。在丹尼尔斯做的马克思藏书目录中，记载有雷尼埃的著作《革命时期法国僧侣史》⑥。

例35.《德意志意识形态》提到葛德文⑦。在丹尼尔斯做的马克思藏书目录中，记载有葛德文的著作《论政治上的公正及其对一般美德和幸福的影响》⑧。

例36.《德意志意识形态》提到瑙威尔克⑨。在丹尼尔斯做的马克思藏书目录中，记载有卢格主编的《德国现代哲学和政论界轶文集》第2卷⑩，其中载有瑙威尔克的文章。

例37.《德意志意识形态》提到维尔加尔德尔⑪。在丹尼尔斯做的马克思藏书目录中，在摩莱里《自然法典》的后面，记载有维尔加尔德尔的名字⑫。正如马克思在《德意志意识形态》所说的那样："维尔加尔德尔使摩莱里在巴黎 envogue〔成了时髦人物〕"。

例38.《德意志意识形态》提到蒙茹阿⑬。在丹尼尔斯做的马克思藏书目录中，记载有蒙茹阿的著作《罗伯斯比尔的阴谋》⑭。

---

① 参见《马克思恩格斯全集》中文第一版第3卷，第193页。
② MEGA²/Ⅳ/5，S. 296. 10.
③ 参见《马克思恩格斯全集》中文第一版第3卷，第582—586、588、591、595—603、615、627页。
④ MEGA²/Ⅳ/5，S. 297. 23.
⑤ 参见《马克思恩格斯全集》中文第一版第3卷，第193页。
⑥ MEGA²/Ⅳ/5，S. 303. 37.
⑦ 参见《马克思恩格斯全集》中文第一版第3卷，第469、482页。
⑧ MEGA²/Ⅳ/5，S. 298. 7.
⑨ 参见《马克思恩格斯全集》中文第一版第3卷，第107、387页。
⑩ MEGA²/Ⅳ/5，S. 306. 6.
⑪ 参见《马克思恩格斯全集》中文第一版第3卷，第624、625页。
⑫ MEGA²/Ⅳ/5，S. 298. 7.
⑬ 参见《马克思恩格斯全集》中文第一版第3卷，第193页。
⑭ MEGA²/Ⅳ/5，S. 295. 21.

例39.《德意志意识形态》提到蒙格亚尔①。在丹尼尔斯做的马克思藏书目录中,记载有蒙格亚尔的著作《法国史》②。

例40.《德意志意识形态》多次提到霍尔巴赫③。在丹尼尔斯做的马克思藏书目录中,记载有霍尔巴赫的著作《社会体系》④。

例41.《德意志意识形态》提到萨朗⑤。在丹尼尔斯做的马克思藏书目录中,记载有萨朗的著作《反抗及其合法性（de l'insurrection et de la legitimite）》⑥。

例42.《德意志意识形态》提到魏特林⑦。在丹尼尔斯做的马克思藏书目录中,记载有魏特林的著作《反抗及其合法性（de l'insurrection et de la legitimite）》⑧。凯特的大起义。

例43.《德意志意识形态》提到1549年的凯特大起义⑨。马克思在《曼彻斯特笔记本》笔记本8对麦克菲尔逊著作《商业年鉴……》的摘录⑩中,涉及凯特领导的1549年英国农民起义。

（三）MEGA²/Ⅳ/5进一步证明了《评李斯特》写于马克思1845年夏英国之行之后

笔者在"国外学者关于马克思《评李斯特》写作时间的文献学考证"⑪一文中,已经介绍了国际学界关于马克思《评李斯特》写作时间的文献学考证。MEGA²/Ⅳ/5的出版,为"《评李斯特》写于马克思恩格斯1845年夏英国之行之后"的结论提供了更多的证据。

根据MEGA²/Ⅳ/5关于《曼彻斯特笔记本》笔记本6—9的注释,马

---

① 参见《马克思恩格斯全集》中文第一版第3卷,第193页。
② MEGA²/Ⅳ/5,S.295.4.
③ 参见《马克思恩格斯全集》中文第一版第3卷,第479—482页。
④ MEGA²/Ⅳ/5,S.296.22.
⑤ 参见《马克思恩格斯全集》中文第一版第3卷,第400页。
⑥ MEGA²/Ⅳ/5,S.296.27.
⑦ 参见《马克思恩格斯全集》中文第一版第3卷,第225、542、543页。
⑧ MEGA²/Ⅳ/5,S.298.31.
⑨ 参见《马克思恩格斯全集》中文第一版第3卷,第222页。
⑩ MEGA²/Ⅳ/5,S.267.37–268.4.
⑪ 载《哲学动态》2012年第7期。

克思在这四个笔记本中所做的摘录和笔记,在《评李斯特》、《德意志意识形态》、《哲学的贫困》、《关于自由贸易的演说》、《雇佣劳动与资本》、《金银条块。完成的货币体系》、《大纲》、《1861—1863 年经济学手稿》、《1863—1865 年经济学手稿》、《资本论》第 1 卷等著作或手稿中得到广泛利用(或引用)。

1. 在笔记本 6 中,对布雷著作《劳动方面的不公正现象及其消除办法,或强权时代和公理时代》的摘录有三处①在《评李斯特》中得到概述性利用:"产生了整整一代的'生产的持续性和不间断性'——,因此,这种'生产的持续性和不间断性'不是留给工业家先生们的而是留给一代人的遗产(例如见布雷)"②。

2. 在笔记本 7 中,对格莱格《农业和谷物法(三篇获奖论文之第三篇)》的摘录中有一处③在《评李斯特》中得到概述性利用:"从 1815 年以来,曾经通过了三种不同的谷物法,以便提高租地农场主的地位和鼓励他们。在这个时期内,曾经设置了五个议会委员会,以便证实存在着农业的贫困状态并查明它的原因。"④

(四) MEGA²/Ⅳ/5 为我们提供了解读《德意志意识形态》的新材料

首先看马克思《曼彻斯特笔记本》笔记本 6 和笔记本 7 对欧文著作的摘录。

1. 关于"环境与人"的关系。在《曼彻斯特笔记本》的摘录中,马克思对欧文的"环境决定人的性格"这一唯物主义观点很感兴趣。笔记本 6 特别摘录了欧文《论人类性格的形成》中"起作用的是每一个人的性格是由他自己形成的这一无比严重的谬误"这句话。⑤

实际上,马克思在《神圣家族》中,曾经赞赏包括欧文在内的英法唯物主义者关于"环境决定人的本质"的观点,并由此得出推翻导致人的异

---

① MEGA²/Ⅳ/5,S. 17. 21 – 40、S. 21. 6 – 24、S. 21. 25 – 22. 10。
② 《马克思恩格斯全集》中文第一版第 42 卷,第 265 页。
③ MEGA²/Ⅳ/5,S. 146. 14 – 147. 4。
④ 《马克思恩格斯全集》中文第一版第 42 卷,第 265 页。
⑤ 马克思对欧文著作《论人类性格的形成》的摘录,可参照[英]欧文:《欧文选集》第一卷,柯象峰等译,商务印书馆 1984 年版,第 11—100 页。

化的环境的共产主义结论。① 但在不久之后写作的《关于费尔巴哈的提纲》中（特别是其第三条），马克思批判了旧唯物主义片面强调环境对人的决定作用，强调环境的改变与人的自我改变统一于实践。在《关于费尔巴哈的提纲》之后对欧文著作（特别是《论人类性格的形成》）的阅读和摘录中，欧文的"环境决定人的本质"的旧唯物主义观点成了《关于费尔巴哈的提纲》第三条的新注脚②。马克思在《德意志意识形态》中，进一步强调生产活动中"人改造自然"和"人的自我改造"③。这种历史唯物主义观点，是与欧文彻底否定"人的性格可以自我形成"④ 相对立的。

（2）关于共产主义。马克思最早在《莱茵报》时期开始接触共产主义思潮，最初是通过赫斯的相关介绍以及施泰因的著作《今日法国的社会主义和共产主义》。1843年10月马克思到达巴黎后，不但接触工人运动，而且研读法国、英国的共产主义和社会主义者的著作，其中包括圣西门、傅立叶、欧文及其信徒的著作。1845年年初马克思到达布鲁塞尔之后，与恩格斯还有一个出版《外国杰出的社会主义者文丛》的计划。先是恩格斯在1845年3月7日给马克思的信中有此提议，然后马克思在《1844—1847年记事本》中列了一个草案，其中涉及了圣西门、傅立叶、欧文以及摩莱里、马布利、巴贝夫、孔西得朗、卡贝、勒鲁、德萨米、蒲鲁东等，并在给恩格斯的回信中谈了自己对《文丛》的设想。从恩格斯1845年3月17日给马克思的回信可以看出，马克思的设想是"编纂一套社会主义史的原始资料汇编"或"用史料编成的社会主义史"。

在《曼彻斯特笔记本》中，马克思先是做了对欧文信徒汤普逊、艾德

---

① 马克思在《1844—1847年记事本》中，在标着"购买或用其他办法获得"的图书目录（这个书目产生于1844年8月底至11月初之间）中，记载有欧文1830年出版的《理性社会制度论纲》一书的法文译本 propositions fondamentales du systéme social（欧文《论人类性格的形成》一书的核心观点也以提要的形式在《理性社会制度论纲》中得以呈现。该法文译本1837年在巴黎出版）。马克思可能是1844年秋在巴黎购买了此书。在写作《神圣家族》之前，马克思已经阅读了《理性社会制度论纲》的法文译本。
② 恩格斯在对《关于费尔巴哈的提纲》第三条的修改稿中专门提到欧文。
③ 类似的说法还有"完全改变了的环境"和"完全改变了的活动"。
④ 在晚于《论人类性格的形成》出版的《理性社会制度论纲》中，欧文的说法是"一种错误的假定，认为人可以按照其意志形成自己的感情和信念"。不过马克思是先在1844年秋读了《理性社会制度论纲》，后在1845年夏读了《论人类性格的形成》。

门兹、伊登、布雷著作的摘录（其中汤普逊、艾德门兹、布雷是从李嘉图的理论中得出社会主义结论的英国经济学家）。然后，马克思对欧文的《论人类性格的形成》、《在1845年新婚姻法通过前所作的关于旧的不道德世界中教士婚姻的演讲》、《曼彻斯特六篇演讲和一篇致辞》、《新道德世界书》作了较为详尽的摘录①。

马克思无疑读过而且非常熟悉圣西门、傅立叶及其门徒的著作，这一点在《德意志意识形态》中有很好的体现。但马克思只对欧文的著作做了摘录，说明马克思非常重视欧文的思想。欧文并非仅仅马克思批判旧唯物主义、倡导实践的唯物主义时的注脚。马克思在《德意志意识形态》中对共产主义思想的阐发，是与圣西门、傅立叶、欧文等对人的潜能的发展的强调相吻合的。共产主义不仅仅是强调消灭私有财产，而且强调人的天资和潜能的自由而全面的发展，强调"新人"的形成。

马克思在《神圣家族》中，曾经误会欧文"从边沁的体系出发去论证英国的共产主义"②，因为欧文在《理性社会制度论纲》中确实有"以最小的不利获得最大的长远利益和享受"的说法。马克思在作《新道德世界书》摘录时，特别注意到欧文的幸福观并不同于边沁功利主义幸福（快乐）观。马克思比较详细地摘录了欧文《新道德世界书》第三部第4章的内容。在这一章欧文论述了新道德世界的幸福原则。欧文强调，真正的幸福在于，适当地培养每个个体的能力、潜能、天资、偏好、品性，使其在体力、智力、道德、实践方面得到自由、全面、协调的发展，并将其看作是"神之法（law of God）"，以对应于现有的"人为法（laws of Man）"。显然，这是亚里士多德完善论意义上而非边沁功利主义意义上的幸福观，引起了马克思的共鸣。

（3）关于马克思唯物史观的重要概念和原理。在《新道德世界书》中，欧文使用了"生产方式（mode of producing）"③、"基础（base）"与

---

① 都是从英文原著而非法文译本摘录的，但马克思作了德文翻译，偶尔夹杂着英文原文。
② 参见《马克思恩格斯全集》中文第一版第2卷，第167页。
③ 马克思的摘录见 MEGA²/Ⅳ/5, S. 193. 13, 马克思用的是 "productionsweise"，而且对 "productions" 作了强调。实际上，欧文在《理性社会制度论纲》中就用了 "mode of producing"，马克思想必对此概念印象深刻。

"上层建筑（superstructure）"① 等概念。此外，欧文还强调，随着知识即各门类科学和艺术的进步，"生产力（powers of production）"要继续得到极大发展，从前"体力劳动分工（division of manual labor）"的必然性就消失了；除非对分工做重大改变，否则所有这些分工就变得远比无用更糟糕。② 如果说《德意志意识形态》中引入"生产力与交往形式（生产关系）"矛盾运动这一唯物史观的新视角是受了赫斯的直接启发③，那么可以说，欧文的相关思想也是促成马克思形成这一新视角的重要因素。

其次看马克思《曼彻斯特笔记本》的笔记本 8 对大卫·麦克菲尔逊的《商业年鉴》的摘录。

马克思摘录了《商业年鉴》第 2 卷从 1492 年到 1567 年和第 3 卷从 1708 年到 1715 年的商业编年史。其中涉及哥伦布发现美洲、美洲殖民、南美金银矿的发现与开采、海外商人冒险、英国的圈地运动和议会立法（包括济贫法）、欧洲各国（特别是英国）工场手工业的发展、欧洲各国之间的商业斗争等内容。

马克思早在《克罗茨纳赫笔记本》中就集中研究过历史，但主要是政治史著作。对麦克菲尔逊的《商业年鉴》的摘录，是马克思研究经济史（而非经济学说史）的开端。正如恩格斯在《路德维希·费尔巴哈和德国古典哲学的终结》的 1888 年单行本序言中所说的那样，《德意志意识形态》中对唯物主义历史观的阐述，"表明当时我们在经济史方面的知识还多么不够"④。完成《德意志意识形态》手稿之后，马克思于 1846 年秋至 1847 年底做了大量的经济史研究，包括做大部头的《居里希摘录笔记》。

---

① 欧文将他倡导的"神之法"看作是"社会的基础（the base of society）"，认为社会"上层建筑"的各个部分要与这一"基础""始终保持一致（in undeviating unison with）"。马克思虽然没有摘录包含"基础"与"上层建筑"内容的段落，但摘录了前后段落的内容，见 MEGA²/Ⅳ/5, S. 195. 26 - 34。
② 马克思的相关摘录见 MEGA²/Ⅳ/5, S. 213. 22 - 26。马克思将欧文用的"powers of production"译成"productionsmächte"，"division of manual labor"用的是欧文的英文原文。
③ 赫斯在《货币的本质》中已经有生产力与交往形式相互作用的思想，参见侯才：《青年黑格尔派与马克思早期思想的发展》，中国社会科学出版社 1994 年版，第 165 页。
④ 《马克思恩格斯选集》中文第二版第 4 卷，第 212 页。恩格斯早于马克思，作了英国工业革命史的研究。《英国工人阶级状况》本来是恩格斯计划写作的《英国社会史》的一章。

于是,《共产党宣言》第一章关于资本主义的历史叙述就更为凝练准确:"美洲和环绕非洲的航路的发现,给新兴的资产阶级开辟了新的活动场所。东印度和中国的市场,美洲的殖民化,对殖民地的贸易,交换资料和一般商品的增加,给予了商业、航海业和工业空前未有的刺激,因而也就促进了崩溃着的封建社会内部所产生的革命因素的迅速发展。以前封建的或者行会的工业组织已经不能再满足随着新市场的扩大而增加的需求了。于是,就有工场手工业取而代之。行会师傅被工业的中层等级排挤掉了;各个同业公会间的分工也就从此消失,由各个作坊内部的分工所代替了。但是,市场总是在扩大,需求总是在增加。工场手工业也不能再满足这种需求了。于是,蒸气和机器就引起了工业中的革命。现代的大工业代替了工场手工业;工业中的百万富翁,一批批产业军的统领,即现代的资产者,代替了工业的中层等级。大工业建立了由美洲的发现所准备好的世界市场。世界市场引起了商业、航海业和陆路交通工具的大规模的发展。这种发展又反转过来促进了工业范围的扩大,同时,随着工业、商业、航海业和铁路的发展,资产阶级也越发发展了,它越发增加自己的资本,越发把中世纪遗留下来的一切阶级都排挤到后面去了。"

最后看马克思 1846 年底或 1847 年初对魁奈著作所做的摘录。

马克思在《德意志意识形态》中大量使用"交往形式"、"社会关系"、"经济关系"、"生产关系"、"生产关系与交往关系"、"生产方式"等概念。在 1846 年 12 月 28 日给安年柯夫的信和 1847 年初写作的《哲学的贫困》中,马克思仍然大量使用这些概念。在《德意志意识形态》中,马克思使用了"生产力"与"交往形式"矛盾运动的说法;在给安年柯夫的信和《哲学的贫困》中马克思使用的是"生产力"与"社会关系"矛盾运动的说法;在 1848 年初写作的《共产党宣言》中,马克思使用的是"现代生产力反抗现代生产关系"的说法;在 1859 年《〈政治经济学批判〉序言》中,马克思才明确使用了"社会的物质生产力发展到一定阶段,便同它们一直在其中运动的现存生产关系或财产关系(这只是生产关系的法律用语)发生矛盾。于是,这些关系便由生产力的发展形式变成生产力的桎梏"的说法。

马克思 1846 年底或 1847 年初对魁奈著作作摘录时，用"生产关系与交往关系（Productions-und Verkehrverhältnisse）"来概括魁奈的相关思想①。联系到此一时期马克思给安年柯夫写信或写作《哲学的贫困》，可以推测马克思所使用的"生产关系与交往关系"概念相当于给安年柯夫的信或《哲学的贫困》中的"社会关系"，而马克思在《德意志意识形态》中的"交往形式"也可以与"生产关系与交往关系"画等号。

---

① MEGA²/Ⅳ/5，S. 284. 13 – 14.

第八章 关于《德意志意识形态》"费尔巴哈"章的排序问题[①]

《德意志意识形态》第一章《一、费尔巴哈》到目前为止已经有至少九种不同的编排方法：梁赞诺夫版（1926年）、郎茨胡特/迈耶尔版（1932年）、MEGA^1（1932年）、巴加图利亚新俄文版（1965年）、新德文版（1966年）、MEGA^2《试编本》（1972年）、广松涉版（1974年）、英文版（1976年）、涩谷版（1998年）和（小林补译）文库版。按照陶伯特的说法，所有这些编排方式都试图给《一、费尔巴哈》这一章建立一种逻辑体系结构，或者试图对留传下来的手稿按逻辑体系进行编排。陶伯特等人不赞同这种做法，并决定在编辑 MEGA^2 第一部分第5卷《德意志意识形态》时不再试图提出一种新的逻辑体系结构和新的编排，而是把各篇手稿当作独立成篇的文稿，按照时间顺序进行编排[②]。从基于 MEGA^2《编辑准则》的角度出发，陶伯特等人的做法无疑是科学的，相信 MEGA^2 新版面世后（已于2018年出版），将为研究者提供一个最少受到编辑者主观看法干扰的《德意志意识形态》历史考证版。但是，这并不意味着《德意志意识形态》《费尔巴哈》章的研究者必须放弃对该章逻辑体系结构进行探讨的尝试。搞清《费尔巴哈》章的逻辑体系结构对该章的研究者来说是必要的，特别是对考察马克思唯物史观的形成史具有前提性意义。

[①] 首次发表于《哲学动态》2002年第2期。
[②] 参见英·陶伯特著、柴方国译：《〈德意志意识形态〉手稿和刊印稿的问题和结果》，载《马克思恩格斯列宁斯大林研究》2001年第2期，第35—37页。

一、几个出发点

探讨《费尔巴哈》章的逻辑体系结构，必须以新的版本考证成果为基础。笔者认为以下几点可以作为出发点：

1. 大束手稿 {6}—{11}、{20}—{21} 和 {84}—{92} 的排序以马克思的页编号为依据，也就是按 [8]—[35]、[40]—[72] 的顺序来排列。

2. 把附录 I 看作是 [1] 和 [2]。附录 I 上有马克思标记的数字 "1" 和 "2"，但它们是否为马克思做的页编号，尚无定论。广松涉是把它作为附录来处理，而巴加图利亚新俄文版、MEGA²《试编本》和涩谷版都把它作为 [1] 和 [2] 放在 [8] 的前面。陶伯特赞同这种做法："迄今把第 1 页和第 2 页当作马克思标注了页码的第 1—72 页草稿的一部分来编辑的做法是有道理的。正如西格弗里德·班内和《试编本》所述，对手稿的研究结果证实这种做法是正确的：纸张规格、纸质、所用墨水等等以及它同《圣布鲁诺》一章的联系。重现底稿第 2—5 张的工作也支持这种做法。"① 笔者认为可以把这一考证结果作为出发点。

3. 《费尔巴哈》章的排序问题实质上是小束手稿的排序问题。解决了小束手稿的排序问题，整个《费尔巴哈》章排序问题也就解决了。各版本的不同主要体现在小束手稿排序问题上，陶伯特也正是在小束手稿这里放弃了按逻辑体系结构排序的尝试，而只把小束手稿各篇按形成的时间顺序排成独立的各篇。陶伯特尽管没有为小束手稿排序，但她对小束手稿各篇形成时间的排序却应成为探讨《费尔巴哈》章逻辑体系结构的出发点。陶伯特的时间排序是：{2}、{1?}、{2?}、{1}、{3}、{4}、{5}。

4. 《序言》写于小束手稿之前，大束手稿之后。

5. 最初为批判鲍威尔发表在《维干德季刊》第 3 卷上的文章《评路

---

① 载《马克思恩格斯列宁斯大林研究》2001 年第 2 期，第 42 页。

德维希·费尔巴哈》而写的文章是马克思一个人写的。关于这一点,越来越多的马克思学专家包括陶伯特私下都这么看,但由于没有明确的证据,到目前为止只是一种推测,还没有人在公开发表的论文中明确这么说。而广松涉则走向另一个极端。他根据笔迹断定这篇文章是恩格斯的作品,而认为只有那些是马克思的笔迹的修改内容才是马克思的思想。广松涉的这种观点以及他所做的考证(1966年)① 被认为是不能成立的②。笔者认为,可以把这篇文章③看作马克思一人的作品。

6. 目前我们所看到的这篇文章的草稿附录Ⅰ(即[1]和[2])④ 和{6}—{11}是恩格斯抄写的,它构成"《费尔巴哈》章草稿"第一部分⑤。

7. "《费尔巴哈》章草稿"由三部分构成:附录Ⅰ(即[1]和[2])和{6}—{11}、{20}—{21}、{84}—{92},号码是恩格斯编的。{20}—{21}和{84}—{92}是从《圣麦克斯》抽出来的,而《圣麦克斯》这一章也是由马克思写⑥,恩格斯誊抄的⑦,因此可以把整个"《费尔巴哈》章草稿"看作是马克思的作品,恩格斯做的是誊抄和修改工作。

---

① 广松涉从马克思和恩格斯对"produktivkraft"和"produktionskraft"的不同使用来做考证。参见[日]广松涉编注:《文献学语境中的〈德意志意识形态〉》,彭曦译,张一兵审订,南京大学出版社2005年版,附录二,第374页。
② 参见[日]广松涉编注:《文献学语境中的〈德意志意识形态〉》,彭曦译,张一兵审订,南京大学出版社2005年版,"译者后记"。
③ 为避免歧异,下文把这篇文章称为"马克思文章底稿"。
④ 它是第1张的c、d面。
⑤ 为区别起见,下文把这篇文章的草稿称为"草稿第一部分"。
⑥ 陶伯特说:"手稿恐怕主要出自马克思之手,其篇幅在写作过程中变得越来越长",参见《马克思恩格斯列宁斯大林研究》2001年第2期,第51页。
⑦ 我们目前所看到的第三章《圣麦克斯》并非恩格斯的誊抄稿,而是魏德迈在恩格斯誊抄稿的修改稿的基础上做的誊清稿。恩格斯誊抄稿的修改稿是魏德迈誊清稿的底稿,其《旧约》部分共有42张,恩格斯做了编号。{20}和{21}被抽出来构成"《费尔巴哈》章草稿"的第二部分,并且流传了下来。第1—5张、第15张、第22—24张、第27张和第28张的第1页可能在魏德迈誊清底稿以后被马克思或恩格斯销毁了,第31张也没有流传下来,也没有在魏德迈誊清稿中体现出来(可能是被马克思放弃了)。参见《马克思恩格斯列宁斯大林研究》2001年第2期,第51页。

二、几点新结论

下面是笔者在上述前提的基础上经过研究得出的几点新结论：

1. 我们现在所看到的第二章《圣布鲁诺》是誊清稿，它的形成过程是这样的：先是批判鲍威尔的"马克思文章底稿"；然后是恩格斯对这篇文章的誊抄稿①，马克思和恩格斯都在誊抄稿上面做了修改，恩格斯还给誊抄稿编了号码，这个稿子实际上是已经准备送给计划中的《季刊》②的样稿；第三步是马克思将"恩格斯誊抄稿"中"费尔巴哈"和"历史"的内容抽出构成"《费尔巴哈》章草稿"第一部分③，而"恩格斯誊抄稿"的剩余部分则构成"《圣布鲁诺》的底稿"；第四步是马克思和恩格斯对"《圣布鲁诺》底稿"又做了修改，恩格斯做了最后的誊清，这就是我们现在所看到的第二章"《圣布鲁诺》誊清稿"。

2. 现在已经无法确定"恩格斯誊抄稿"总共有多少张，因为"《圣布鲁诺》底稿"没有流传下来，我们现在看到的只是"《圣布鲁诺》誊清稿"④。笔者认为"恩格斯誊抄稿"有15张左右⑤，而"《圣布鲁诺》的

---

① 下文将其称为"恩格斯誊抄稿"。
② 即计划由鲁道夫·雷姆佩尔和尤利乌斯·迈尔资助、马克思恩格斯赫斯三人编辑的《季刊》，马克思最初写成的批判鲍威尔的稿子就是为《季刊》准备的。
③ 该部分由附录 I（即 [1] 和 [2]）和 {6}—{11} 构成。
④ 它后来与《圣麦克斯》、"格拉齐安诺博士"的著作：（阿·卢格）（巴黎二载。文稿和回忆录）》以及第二卷的《"真正的社会主义"》、《〈莱茵年鉴〉或"真正的社会主义"的哲学》、《卡尔·倍克（穷人之歌），或"真正的社会主义"的诗歌》、《四、卡尔·格律恩：〈法兰西和比利时的社会运动〉（1845年达姆施特版），或"真正的社会主义"的历史编纂学》、《"荷尔斯泰因的格奥尔格·库尔曼博士"或"真正的社会主义"的预言。〈新世界或人间的精神王国。通告〉》一起被送往威斯特伐利亚出版所。出版计划失败后，《圣布鲁诺》和《圣麦克斯》的誊清稿又被送还马克思。参见《马克思恩格斯列宁斯大林研究》2001年第2期，第32页。
⑤ 根据陶伯特和汉斯·佩尔格在《德意志意识形态》第一、二章先行版（载2004年出版的 *Marx-Engels-Jahrbuch 2003*）中的说法，"《圣布鲁诺》誊清稿"共8张半（马克思编号1—8的8张和马克思编号9的半张）。因此可以假定"《圣布鲁诺》的底稿"大约8张半。再加上抽出来构成"草稿第一部分"的6张半，"恩格斯誊抄稿"应该有大约15张左右。参见《德意志意识形态》第一、二章先行版副卷第338页。

底稿"则由第 1 张的 a、b 面、{2}—{5} 以及 {12}—{15} 等八张半组成。

3. 可以依据"《费尔巴哈》章草稿"第一部分和"《圣布鲁诺》誊清稿"大致重现"恩格斯誊抄稿"的结构如下：第 1 张的 a、b 面①、附录 I（即［1］和［2］）、{2}—{5}②、{6}—{11}③、{12}—{15}。

4. "《圣布鲁诺》誊清稿"还包括其第三节第四段至该节结束，以及第四节《与"莫·赫斯"的诀别》整节。粗略估计，这部分内容大约四张篇幅。所以笔者推测"恩格斯誊抄稿"应该还存在 {12}—{15} 这三张。

三、马克思重写第一章的提纲

"《费尔巴哈》章草稿"形成后，马克思给它编了页码，即从［1］、［2］直到［72］。这意味着马克思此时有一个排序④。但这并不意味着马克思对《费尔巴哈》章有一个排序。

从马克思三次重写开头部分这一情况来看，马克思试图对已做了页编号的稿子予以大幅度修改，甚至准备打乱已编码的顺序，完全重写第一章。陶伯特认为《费尔巴哈》笔记⑤写于马克思给"《费尔巴哈》章草稿"标注页码之后，可能是为老一辈修改"《费尔巴哈》章草稿"而写的⑥。但从这个笔记的内容来看，它并不能涵盖"《费尔巴哈》章草稿"［1］—［72］的内容。马克思此时已经准备彻底重写第一章。{2}、{1?}、

---

① 没有流传下来，但其誊清稿应该是《圣布鲁诺》第一节《"征讨"费尔巴哈》的第一段。
② 没有流传下来，其誊清稿应该是从《圣布鲁诺》第一节第三段至第一节结束。
③ 其中的 {11} b—{11} d 经过修改后再现于《圣布鲁诺》第二节《圣布鲁诺对费尔巴哈和施蒂纳之间的斗争的思考》以及第三节《圣布鲁诺反对"神圣家族"的作者》第一至第三段（《马克思恩格斯全集》中文第一版第 3 卷第 104 页最底端的引文止）。
④ 这就是我们目前所看到的稿子状态。
⑤ 即 {92} a 大部分和 {92} b 的马克思笔记内容。
⑥ 参见英·陶伯特著、柴方国译：《〈德意志意识形态〉手稿和刊印稿的问题和结果》，载《马克思恩格斯列宁斯大林研究》2001 年第 2 期，第 60 页。

{2?}、{1}、{3}、{4}、{5}可以说是马克思彻底重写第一章的初步尝试。相似的开头有三个,说明马克思曾三次彻底重写第一章,但都不能令他满意。

这里让我们留意一下马克思早期创作的特点。《神圣家族》和《德意志意识形态》都是大部头的著作,但其篇幅之所以大,主要是因为论战性内容占了很大比重,直接阐述自己思想的内容很少。实际上,这一时期马克思还不擅长长篇大论地直接阐述自己的思想。《论犹太人问题》被认为大量引用了赫斯《论货币的本质》的论述,《〈黑格尔法哲学批判〉导言》虽然是马克思直接论述自己的思想,但其篇幅并不长。在写作《德意志意识形态》时,在批判费尔巴哈、鲍威尔和施蒂纳的过程中马克思多次正面阐述了自己的思想。当把这三部分抽出来构成第一章的草稿后,尽管做了页码编号,马克思也肯定意识到这三部分内容还不够连贯,还存在内容重复以及意犹未尽的情况。因此,他很可能有进一步重写第一章的打算。

如果马克思真要重写第一章的话,他心中的写作提纲会是什么样的?笔者认为马克思的那个笔记(即附录Ⅱ)可能还不足以作为重写第一章的提纲,因为它并没有涵盖"《费尔巴哈》章草稿"所阐述的唯物史观的主要思想。而马克思1859年《政治经济学批判》序言中那段著名的论述则非常合适。

马克思在1859年《政治经济学批判》序言中说:"为了解决使我苦恼的疑问,我写的第一部著作是对黑格尔法哲学的批判性的分析,这部著作的导言曾发表在1844年巴黎出版的《德法年鉴》上。我的研究得出这样一个结果:法的关系正像国家的形式一样,既不能从它们本身来理解,也不能从所谓人类精神的一般发展来理解,相反,它们根源于物质的生活关系,这种物质的生活关系的总和,黑格尔按照18世纪的英国人和法国人的先例,概括为'市民社会',而对市民社会的解剖应该到政治经济学中去寻求。我在巴黎开始研究政治经济学,后来因基佐先生下令驱逐移居布鲁塞尔,在那里继续进行研究。我所得到的、并且一经得到就用于指导我的研究工作的总的结果,可以简要地表述如下"①。从马克思这段自传性的

---

① 《马克思恩格斯选集》中文第二版第2卷,第32页。

叙述可以看出，马克思所"简要地表述"的那段著名论述，在马克思准备重写《德意志意识形态》第一章时应该已经了然于胸，重写第一章只需要把它展开论述即可。

《序言》中的那段著名论述，实际上有三个逻辑层次：从"人们在自己生活的社会生产中发生一定的、必然的、不以他人的意志为转移的关系"到"相反，是人们的社会存在决定人们的社会意识"，是第一个逻辑层次，讲的是"市民社会决定国家"也就是通常所谓的"经济基础决定上层建筑"① 这层意思；从"社会的物质生产力发展到一定阶段"到"相反，这个意识必须从物质生活的矛盾中，从社会生产力和生产关系之间的现存冲突中去解释"是第二个逻辑层次，讲的是"上层建筑变革的原因要到经济基础内部的冲突中去探寻"这层意思②；从"无论哪一个社会形态"到"因此，人类社会的史前时期就以这种社会形态而告终"是第三个逻辑层次，是"对共产主义的论证"。前两个层次是马克思唯物史观的核心思想，而第三个层次是马克思唯物史观的必然结论。马克思决非为了探询所谓"人类社会的一般发展规律"而致力于创立唯物史观，而是在"论证共产主义"的过程中得出了唯物史观的基本结论③。以唯物史观论证共产主义，这在《共产党宣言》的行文中表现得特别明显。

四、结论

如果笔者的结论能够成立，那么对《费尔巴哈》章进行排序就注定不可能成功。马克思没有完成重写第一章的工作，因此不论怎么摆放 {2}、{1?}、{2?}、{1}、{3}、{4}、{5}，都无法令人满意。广松涉的排序

---

① 马克思并没有"经济基础决定上层建筑"这样的表述。
② 马克思的《雾月十八》这一历史编纂学著作就是运用这一原理的范例。
③ 《1844年经济学哲学手稿》是马克思运用所创立的"劳动异化"理论论证共产主义的一次并不成功的尝试，因为"劳动异化"理论仍然没有彻底摆脱黑格尔唯心主义历史哲学的影响。关于这一点，可参见笔者在《论马克思研究方法从思辨到实证的转向》一文（《中国人民大学学报》1999年第2期）中的论述。

也好，小林昌人的排序也罢，尽管他们对自己的排序都非常自信，但其他人总可以从中发现问题。笔者认为，新的研究思路应该是摆脱排序的思维定式，转而致力于探讨《费尔巴哈》章的逻辑体系结构。本文对逻辑体系结构作了初步探讨，目的就是想起抛砖引玉的作用。

第九章 再论《德意志意识形态》的作者身份问题[①]

马克思与恩格斯在《德意志意识形态》中的写作分担问题（即《德意志意识形态》的作者身份问题）是由日本学者广松涉挑起的。笔者在《国外学者论青年马克思与青年恩格斯学术关系》一文的"结论"部分[②]已从青年马克思和青年恩格斯思想发展内在逻辑的角度批驳了广松的"恩格斯主导说"，并许诺将以MEGA^{2}发表的新材料为基础进一步论证"马克思主导说"。本文就是笔者按此思路，以最新的国际马克思文献学研究成果和MEGA^{2}新发表的材料为基础，通过对《德意志意识形态》文本做实证的分析和考察而得出的三点结论。

结论一：正像《神圣家族》那样，《费尔巴哈》章手稿正文的绝大部分内容是马克思写作的。

首先，"大束手稿"第二、三部分（[30]—[72]）可以肯定是马克思写作的。这是因为，"大束手稿"第二、三部分是从第三章的两处离题部分抽出来的，而第三章基本可以肯定是由马克思写作的。

理由1：由MEGA^1/Ⅰ/5 第553—559页《德意志意识形态》第三章手稿编码表可知，有14张即56页手稿（具体来说是 {1}、{2}、{3}、{4}、{20}、{21}、{22}、{23}、{27}、{28}、{43}、{44}、{45}、{75}）是由马克思编码、魏德迈抄写的；由MEGA^1/Ⅰ/5 第559—560页

[①] 首次发表于《北京行政学院学报》2008年第5期。
[②] 参见《教学与研究》2006年第8期。

《德意志意识形态》第二卷手稿编码表可知，署名马克思公开发表①的第四章《卡尔·格律恩:〈法兰西和比利时的社会运动〉(1845 年达姆施特版)，或"真正的社会主义"的历史编纂学》(共 14 张) 是由恩格斯抄写的，而现在已被判定是赫斯作品的第五章《"荷尔斯泰因的格奥尔格·库尔曼博士"或"真正的社会主义"的预言》(共 3 张即 12 页) 则是由魏德迈抄写的。由此可见，根本不能从笔迹来判断作者身份。

理由 2：第三章多处提到"参看"某某作家的著作，这些作家的著作马克思之前都做过读书笔记或有该著作的藏书，而除个别例外(艾金和伊登)，恩格斯并没有做这些著作的读书笔记，也没有证据表明恩格斯读过或藏有这些著作。

例 1：在《马克思恩格斯全集》中文版第一版第 3 卷第 66 页提到"参看艾金"，并引用了平托的两句话"贸易是本世纪的嗜好"，"从某个时期开始，人们就只谈论经商、航海和船队了"。马克思在《曼彻斯特笔记》第 5 笔记本中简短地摘录了艾金《曼彻斯特市外 30 至 40 英里范围内的郊区记述》②，而引用的平托的两句话直接来自马克思《布鲁塞尔笔记》第 4 笔记本的两处摘录③。

例 2：第 74 页④提到舍尔比里埃，马克思《1844—1847 年记事本》中登记了舍尔比里埃的名字。

例 3：第 193 页提到"参看"勒瓦瑟尔的"回忆录"、巴莱尔的著作。马克思在《巴黎笔记》的 MH 笔记本⑤中对勒瓦瑟尔的"回忆录"有五页

---

① 也是《德意志意识形态》在马克思恩格斯在世时唯一发表的内容。
② 参见 MEGA²/Ⅳ/4 第 323 页。恩格斯在他的《曼彻斯特笔记》第 2 笔记本中对艾金的这一著作有更详尽的摘录（参见 MEGA²/Ⅳ/4 第 437—453 页）。显然，马克思注意到艾金和伊登是受了恩格斯的影响。
③ 参见 MEGA²/Ⅳ/3 第 287 页第 19 行和 288 页第 13—14 行。可以有把握地说，马克思是从他的《布鲁塞尔笔记》中摘引平托的"贸易是本世纪的嗜好"这句话的，因为在《布鲁塞尔笔记》中是对平托原文的节引："贸易……是本世纪的嗜好"，但在《德意志意识形态》中马克思干脆将省略号也省掉了。这就排除了《德意志意识形态》中所引"贸易是本世纪的嗜好"是恩格斯直接从平托著作中摘引的可能性。由于对平托的摘引与"参看艾金"是连在一起说的，也就排除了"参看艾金"是恩格斯所写。
④ 即"大束手稿"第三部分的 [64]。
⑤ 参见前一章第一节。

摘录，马克思《1844—1847年记事本》登记的藏书中有巴莱尔的著作（第78）①。

例4：第193页提到"自由的两个朋友"，这是克伟索和克拉夫廉的笔名，他们在18世纪末19世纪初用这个笔名在巴黎出版了多卷集的著作《1789年的革命史》。②马克思《1844—1847年记事本》登记的藏书中有该书。③

例5：第193页提到博利约、贝尔蒂埃和雷尼埃。马克思《1844—1847年记事本》登记的藏书中有博利约、贝尔蒂埃和雷尼埃的著作。④

例6：第216页提到了配第、布阿吉尔贝尔、柴尔德。马克思在《巴黎笔记》的B26笔记本对布阿吉尔贝尔的三部著作做了摘录，在《布鲁塞尔笔记》第4个笔记本中对柴尔德的著作做了摘录⑤，在《曼彻斯特笔记》第1个笔记本中对配第的著作做了摘录⑥。

例7：第217页提到迈尔西埃、马布利。马克思《1844—1847年记事本》关于《外国杰出的社会主义者文丛》出版计划的草稿中列有马布利的名字，在《1844—1847年记事本》第69页记有迈尔西埃著作的书名（是带有布鲁塞尔图书馆书号的书名，也就是说不是马克思的藏书）。⑦

例8：第217页提到了兰格、布里索。马克思在《布鲁塞尔笔记》第6个笔记本中做了兰格、布里索著作的摘录⑧。

例9：第220页提到"参看：西斯蒙第、威德的著作等等"。马克思在《布鲁塞尔笔记》的第1和第2笔记本中摘录了西斯蒙第的《政治经济学概论》，在《曼彻斯特笔记》的第5笔记本中摘录了威德的《中等阶级和工人阶级的历史》。

例10：第225页提到《平等论者》杂志，第236页提到《博爱》月

---

① 参见 MEGA²/Ⅳ/3 第6页第30行。
② 参见《马克思恩格斯全集》中文第一版第3卷，第705页注释62。
③ 参见 MEGA²/Ⅳ/3 第5页第23行。
④ 参见 MEGA²/Ⅳ/3 第7页第2行、第19行和第8页第5行。
⑤ 参见 MEGA²/Ⅳ/3 第297—314页。
⑥ 参见 MEGA²/Ⅳ/4 第8—22页。
⑦ 参见 MEGA²/Ⅳ/3 第24页第16行。
⑧ 参见 MEGA²/Ⅳ/3 第427—429页。

刊。马克思《1844—1847年记事本》关于《外国杰出的社会主义者文丛》出版计划的草稿中列有这两家杂志。①

例11：第231页提到了约翰·瓦茨。马克思在《布鲁塞尔笔记》第6个笔记本中对瓦茨的著作做了摘录。②

例12：第241页提到伊登的《穷人的历史》第1卷和基佐的《法兰西文明史》。马克思在《曼彻斯特笔记》的第5笔记本中摘录了伊登的《穷人的历史》第1卷③，在《1844—1847年记事本》中登记的藏书中有基佐的《法兰西文明史》。

例13：第251页、第252页引用了特拉西《意识形态的要素》第4册和第5册《论意志及其作用》1826年巴黎版第16、17、18、19和22页的几句话。马克思在《巴黎笔记》的B21笔记本做了《论意志及其作用》第16、18、24等页的摘录。虽然引文与摘录笔记并不吻合，但完全有理由相信，马克思正是因为做过特拉西著作的摘录笔记，因而对摘录笔记内容上下文的内容有较深印象，因而在写到这个地方时，马克思直接从特拉西著作中引用了相关内容。实际上，马克思手边确实有特拉西的这部著作，因为马克思《1844—1847年记事本》登记的藏书中有该书。④

例14：第344、第452页提到米·舍伐利埃。马克思《1844—1847年记事本》登记的藏书中有舍伐利埃的著作⑤。

例15：第351提到"参看沙尔·孔德《论立法》"。马克思《1844—1847年记事本》登记的藏书中有孔德的《论立法》。⑥

例16：第416页提到了杜沙特尔。马克思《1844—1847年记事本》

---

① 参见 MEGA²/Ⅳ/3 第14页第19行。
② 参见 MEGA²/Ⅳ/3 第430—433页。
③ 参见 MEGA²/Ⅳ/4 第302页。这不是马克思直接对伊登著作所做的摘录，而是依据恩格斯《曼彻斯特笔记》第1笔记本对伊登著作的摘录转摘的。
④ 参见 MEGA²/Ⅳ/3 第5页第18行。特拉西的《意识形态的要素》第4册曾以《政治经济学概论》的书名于1823年在巴黎出版，因此尽管马克思在此处登记的书名是《政治经济学概论》，但根据巴加图利亚的注释，马克思拥有的显然是1826年的版本。参见 MEGA²/Ⅳ/3 第507页。
⑤ 参见 MEGA²/Ⅳ/3 第5页第13行。
⑥ 参见 MEGA²/Ⅳ/3 第9页第8行。

登记的藏书中有杜沙特尔的著作。①

例 17：第 417 页提到西尼尔。马克思在《曼彻斯特笔记》的第 4 笔记本中摘录了西尼尔的著作。

例 18：第 469 页和第 482 页提到葛德文的《论政治正义》。马克思在《1844—847 年记事本》中登记的书目中有该书。②

理由 3：马克思和恩格斯 1845 年 11 月决定针对《维干德季刊》第 3 卷发表的鲍威尔文章《评路德维希·费尔巴哈》进行批判，并很快写出了一篇长文，准备交给正在创办中的《季刊》。《季刊》计划由马克思、恩格斯和赫斯共同编辑，但该刊最后并没有办起来。在写完上述文章后，马克思决定继续对施蒂纳进行批判，因为马克思自 1844 年底施蒂纳的《唯一者及其所有物》出版后就一直有对该书进行系统批判的想法。马克思对施蒂纳的《唯一者及其所有物》逐章进行批判，并且越写越长，甚至陷入细节而不能自拔。这种写作风格很像马克思写作《神圣家族》时的情形，而与恩格斯精练的写作习惯有很大差异。

理由 4：正如聂锦芳已经指出的那样③，施蒂纳的书出版前，恩格斯看了校样，写信给马克思，说书中有很多荒谬的东西，要对其进行批判。马克思收信后的回信没有保留下来。但恩格斯又写信给马克思，说："由于我和施蒂纳的私人关系，我低估了他的思想的影响，你的评论是对的。"而马克思去世后，恩格斯 1889 年说过一段关于施蒂纳的话："我和施蒂纳很熟，它是一个善良的人，远不像他在他的书里表现得那么坏，他只不过是稍稍带点学教气，这是他在教书的过程中养成的。"由此可以推断，恩格斯不大可能对施蒂纳写这种苛刻、充满讽刺和挖苦的论战性文字。

---

① 参见 MEGA²/Ⅳ/3 第 9 页第 11—12 行。
② 参见 MEGA²/Ⅳ/3 第 12 页第 18 行。需要指出的是，恩格斯更早地关注到葛德文的这部著作。他在发表于 1844 年 8 月 31 日、9 月 4、7 和 11 日《前进报》上的《英国状况 十八世纪》一文中就提到了葛德文的《论政治正义》，并与边沁相提并论（见《马克思恩格斯全集》中文第二版第 3 卷，第 545 页）。在出版于 1845 年 5 月的《英国工人阶级状况》一书中，恩格斯又指出："当代最大的两个功利主义哲学家边沁和葛德文的著作，特别是后者的著作，也几乎是无产阶级的财富。"（《马克思恩格斯全集》中文第二版第 2 卷，第 528—529 页）马克思对葛德文的关注应该是受恩格斯的影响。
③ 参见《2007 年"马克思学论坛"综述》，载《马克思主义与现实》2008 年第 1 期。

第二,"大束手稿"第一部分（[1]—[29]）也可以肯定是马克思写作的。

理由1：巴加图利亚在《〈关于费尔巴哈的提纲〉和〈德意志意识形态〉》一文中对比了《提纲》和《费尔巴哈》章的文本，发现了许多类似之处：

例1：《提纲》1，"从前的一切唯物主义（包括费尔巴哈的唯物主义）的主要缺点是：对对象、现实、感性，只是从客体的或者直观的形式去理解，而不是把它们当作感性的人的活动，当作实践去理解，不是从主体方面去理解……费尔巴哈想要研究跟思想客体确实不同的感性客体：但是他没有把人的活动本身理解为对象性的活动。"《提纲》5，费尔巴哈"把感性不是看作实践的、人的感性的活动。"对照《费尔巴哈》章"大束手稿"[10]的两段论述：费尔巴哈"从来没有把感性世界理解为构成这一世界的个人的全部活生生的感性活动"，其中"全部活生生的"是马克思补写的；"他把人只看作是'感性对象'，而不是'感性活动'"这句话也是马克思补写的。

例2：《提纲》3，"环境的改变和人的活动或自我改变的一致，只能被看作是并合理地理解为革命的实践。"对照"大束手稿"[25]："由此可见，这种观点表明：人创造环境，同样，环境也创造人。"再对照第三章："只有改变了环境，他们才会不再是'旧人'，因此他们一有机会就坚决地去改变这种环境。在革命活动中，在改造环境的同时也改变着自己。"①

例3：《提纲》6，"费尔巴哈……不得不……假定有一种抽象的——孤立的——人的个体"。对照"大束手稿"[10]："他从来没有看到现实存在着的、活动的人，而是停留于抽象的'人'"。

例4：《提纲》9和10把旧唯物主义即"直观的唯物主义"与市民社会相联系，把新唯物主义即"实践活动的唯物主义"与共产主义相联系。对照"大束手稿"[8]"实践的唯物主义者即共产主义者"② 以及[10]

---

① 《马克思恩格斯全集》中文第一版第3卷，第234页。
② 这里"实践的"和"共产主义者"都为马克思所强调。

"共产主义的唯物主义"的说法。

理由2：除巴加图利亚列举的上述文本外，笔者这里进一步提出一些文本对比，以证明"大束手稿"第一部分为马克思所写。

例1：对照《提纲》3"环境的改变和人的活动或自我改变的一致，只能被看作是并合理地理解为革命的实践。"与"大束手稿"[20]"每一代一方面在完全改变了的环境下继续从事所继承的活动，另一方面又通过完全改变了的活动来变更旧的环境。"

例2："大束手稿"[20]有这样一段论述："然而，事情被思辨地扭曲成这样：好像后期历史是前期历史的目的，例如，好像美洲的发现的根本目的就是要促使法国大革命的爆发。于是历史便具有了自己特殊的目的并成为某个与'其他人物'（像'自我意识'、'批判'、'唯一者'等等）'并列的人物'。其实，前期历史的'使命'、'目的'、'萌芽'、'观念'等词所表示的东西，终究不过是从后期历史中得出的抽象，不过是从前期历史对后期历史发生的积极影响中得出的抽象。"这里对唯心主义目的论进行了嘲讽和批判。对照马克思在《神圣家族》中的相关论述："从前的目的论者认为，植物所以存在，是为了给动物充饥，动物所以存在，是为了给人类充饥，同样，历史所以存在，是为了给理论的充饥（即证明）这种消费行为服务。人为了历史而存在，而历史则为了证明真理而存在。在这种批判的庸俗化的形式中重复了思辨的高见：人和历史所以存在，是为了使真理达到自我意识。"① 再对照马克思在《哲学的贫困》中的相关论述："总之，平等是原始的意向、神秘的趋势、天命的目的……天命，天命的目的，这是当前用以说明历史进程的一个响亮字眼。其实这个字眼不说明任何问题……大家知道，英国工业的发展使苏格兰地产获得了新的价值。而英国工业则为羊毛开辟了新的销售市场。要生产大量的羊毛，必然把耕地变成牧场。要实行这种改变就必须集中地产。要集中地产就必须消灭世袭租佃者的小农庄，使成千上万的租佃者离开家园，让放牧几百万只羊的少数牧羊人来代替他们。这样，由于耕地接连不断地变成牧场，结果

---

① 《马克思恩格斯全集》中文第一版第2卷，第100—101页。

苏格兰的地产使羊群赶走了人。如果现在你们说,羊群赶走人就是苏格兰地产制度的天命的目的,那么,你们就创造出了天命的历史……认为以往各世纪及其完全不同的需求、生产资料等等都是为实现平等而遵照天命行事,这首先就是用我们这个世纪的人和生产资料来代替过去各世纪的人和生产资料,否认后一代人改变前一代人所获得的成果的历史运动。"①

例3:马克思在《神圣家族》中把自己的共产主义称为"现实的人道主义"②以有别于"抽象的人道主义"。对照"大束手稿"{10a}被删去的一段话:"至于谈到革命的这种必要性,所有的共产主义者,不论是法国的、英国的或德国的,早就一致同意了,而圣布鲁诺却继续心安理得地幻想,认为'现实的人道主义'即共产主义所以取代'唯灵论的地位'(唯灵论根本没有什么地位)只是为了赢得崇敬。"把共产主义等同于"现实的人道主义"和"实践的唯物主义",是马克思特有的说法。

例4:"大束手稿"[24]论述了唯物主义历史观的市民社会理论:"从直接生活的物质生产出发阐述现实的生产过程,把同这种生产方式相联系的、它所产生的交往形式即各个不同阶段上的市民社会理解为整个历史的基础,从市民社会作为国家的活动描述市民社会,同时从市民社会出发阐明意识的所有各种不同理论的产物和形式,如宗教、哲学、道德等等,而且追溯它们产生的过程。"对市民社会的重视也是马克思特有的,是马克思自《黑格尔法哲学批判》以后就关注的话题。

例5:"大束手稿"[25]论述了实现共产主义所必需的"物质因素":"如果还没有具备这些实行全面变革的物质因素……那么,正如共产主义的历史所证明的,尽管这种变革的观念已经表述过千百次,但这对于实际发展没有任何意义。"对照马克思在《黑格尔法哲学批判》导言中的说法:"革命需要被动因素,需要物质基础。"③区别只在于,马克思在《黑格尔法哲学批判》导言所说的"物质基础"还只是指"无产阶级",而在"大束手稿"第一部分中,"物质因素"有了更全面的内容,除了"革命

---

① 《马克思恩格斯选集》中文第二版第1卷,第150—151页。
② 参见《马克思恩格斯全集》中文第一版第2卷,第167—168页。
③ 《马克思恩格斯选集》中文第二版第1卷,第11页。

群众"即无产阶级外,还包括"一定的生产力"。

例6:"大束手稿"[26]谈到了德国历史编纂学,并有马克思的边注:"所谓客观的历史编纂学正是脱离活动来考察历史关系。反动的性质。"这里马克思所批判的,正是著名的兰克"客观史学"。而马克思在《克罗茨纳赫笔记》第4册笔记中对兰克的著作进行了摘录。

第三,"小束手稿"也可以肯定是马克思所写。

理由1:从"小束手稿"的形成过程来看。我们已经知道,"大束手稿"的三个部分是马克思分别从批判鲍威尔的文章(即为《季刊》准备的稿子)和批判施蒂纳的手稿中抽出来的,马克思在抽出三部分内容后,还给它们编了从1到72的页码。显然,把涉及"费尔巴哈"和"历史"(即唯物史观)的离题内容抽出来单独形成一章,必然存在上下文衔接以及内容重复等问题,因此在已有内容(即[1]—[72])基础上重写第一章,就是马克思必然的选择。既然我们已经证明"大束手稿"为马克思所写,重写第一章理所当然就是马克思份内的工作了。

理由2:再从"小束手稿"的内容来看。

例1:"小束手稿"{3}论述了历史上的三种所有制(即财产)形式:部落所有制、古代公社所有制(国家所有制)和封建的(或等级的)所有制。根据莱文的考证①,马克思关于三种所有制形式的知识主要来自尼布尔和蒲菲斯特的历史著作。部落所有制和古代所有制的说法来自尼布尔,而关于封建所有制的论述则来自蒲菲斯特的《德国史》和法的历史学派的代表人物胡果的说法。尼布尔受到了法的历史学派另一代表人物萨维尼的影响。萨维尼是马克思的大学老师,马克思在1837年11月给父亲的信中曾经提到萨维尼的《论占有》,马克思甚至可能正是通过萨维尼而知道尼布尔的。马克思在《克罗茨纳赫笔记》第5册笔记中对蒲菲斯特的《德国史》做了摘录,而在《巴黎笔记》的B26笔记本有一个简短的古罗马编年史摘录②,所依据的正是尼布尔的《罗马史》。恩格斯尽管也对历

---

① 参见鲁克俭:《国外马克思学研究的热点问题》,中央编译出版社2006年版,第1章第2节。
② 参见 MEGA^2/IV/3 第69—83页。

史学有浓厚的兴趣和精深的研究，但没有目前还证据表明关于三种所有制形式的论述来自恩格斯的历史学学习和研究。

例2："大束手稿"和"小束手稿"都强调研究要从"经验的事实"和"经验材料"出发，要运用"经验的方法"，但"大束手稿"和"小束手稿"同时也特别强调"实证"方法："德国人认为，凡是在他们缺乏实证材料的地方，凡是在神学、政治和文学的谬论不能立足的地方，就没有任何历史，那里只有'史前时期'……，他们的历史思辨所以特别热衷于这个'史前历史'，是因为他们认为在这里他们不会受到'粗暴事实'的干预，而且还可以让他们的思辨欲望得到充分的自由，创立和推翻成千上万的假说。"[1]"在思辨终止的地方，在现实生活面前，正是描述人们实践活动和实际发展过程的真正的实证科学开始的地方。"[2]然后接着批判"抽象的经验论者"只做"僵死的事实的汇集"。这里所谓的"抽象的经验论者"是指兰克的"客观史学"方法。既强调"经验"，又强调"实证"，并从实证研究的角度批评"抽象的经验论者"只做"僵死的事实的汇集"，这只可能是马克思而非恩格斯。我们知道，恩格斯长期在英国生活，深受英国经验论的影响，他的《英国工人阶级状况》一书就是运用经验论研究英国工人阶级状况的产物。从一定意义上说，马克思强调"经验的方法"，一方面是受费尔巴哈的影响，并与他在巴黎时期研究英法古典政治经济学有关，但很大程度上也直接受到恩格斯成功运用经验论研究英国现实问题的影响。但马克思在接受经验论的同时，也对经验论的不足逐渐有了清醒的认识。特别是受孔德实证哲学的影响，马克思对研究方法的强调逐渐转向"实证"，或者说，即使是强调"经验的方法"，马克思头脑中的"经验的方法"此时已经与实证方法画等号了。马克思《1844—1847年记事本》登记的藏书中有孔德的《实证哲学教程》[3]，马克思1843年底至1845年初待在巴黎期间，孔德的实证哲学刚刚开始流行，马克思购买并阅读《实证哲学教程》就是顺理成章的事了。而恩格斯身在英国，法国

---

[1] 参见《马克思恩格斯选集》中文第二版第1卷，第79—80页。
[2] 参见《马克思恩格斯选集》中文第二版第1卷，第73页。
[3] 参见 MEGA²/IV/3 第17页第4行。

此时流行的实证哲学大概不会很快感染到他。因此，在证明了《大束手稿》为马克思所写之后，从对"实证"方法的强调来看，"小束手稿"也基本上可以肯定是马克思所写。

结论二：虽然《费尔巴哈》章手稿正文的笔迹不能作为判定作者身份的依据，但后来插入、补充或修正的内容则可依据笔迹确定作者身份。

根据汉译广松版《德意志意识形态》第一章，我们很容易确定哪些后来插入、补充或修正的内容是马克思写的，哪些是恩格斯写的。限于篇幅，这里就不再做具体展示。

结论三：不论是"大束手稿"或是"小束手稿"，都是恩格斯在之前的草稿基础上抄录的。这里笔者提出一个大胆推测：马克思和恩格斯在写作《德意志意识形态》时事先讲好了他们之间分工合作的方式，即先由马克思写第一稿，然后由恩格斯在誊写的同时进行补充和修改。

第一，根据陶伯特的说法，第二章即《圣布鲁诺》被删去的第5节"圣布鲁诺乘坐在自己的'凯旋车'上"[①] 很可能是魏德迈的作品，但最后送出版社时被删去了。如此看来，最初批判鲍威尔的文章（即为《季刊》准备的稿子）也应该是马克思和恩格斯分工写成的，但马克思从中抽出的内容（即"大束手稿"第一部分）肯定是马克思所写。由于抽出的内容原位于第一节和第二节之间，因此可以推测前三节是马克思所写，而第4节"与'莫·赫斯'的诀别"很可能是恩格斯写的。我们现在所看到的《圣布鲁诺》章是"大束手稿"第一部分被抽出后恩格斯所做的最后誊清稿，也就是送到出版社去的付印稿。在此之前，恩格斯已经做了一次誊清，也就是说，马克思先写了前三节，然后由恩格斯在誊写的同时进行补充和修改，恩格斯接着写了第4节。

第二，批判施蒂纳的手稿完全是马克思一人所写。在两处离题内容（即"大束手稿"第二、三部分）被抽出后，恩格斯和魏德迈做了誊写，

---

① 参见《马克思恩格斯全集》中文第一版第3卷，第115页。

这就是送到出版社的付印稿，也就是我们现在所看到的内容（即《圣麦克斯》章）。与《圣布鲁诺》章的情况一样，"大束手稿"第二、三部分被马克思抽出前，恩格斯就对马克思的手稿做过一次誊写。恩格斯在誊写时做了相应的修改。有一个例子可以说明这一点：在"大束手稿"的{21d}（即后来马克思标的页码[35]），有一段不短的恩格斯栏外新稿①。可以想象，这是恩格斯在基于马克思的批判施蒂纳的手稿基础上誊写{21d}时随手做的补充。当{21}被马克思抽出来后，{21c}被全部删去，{21d}的绝大部分内容（包括恩格斯的栏外新稿）都被删去，但这些被删去的内容在恩格斯做最后誊清（即送到出版社的付印稿）时又被重新利用。比如被删去的恩格斯栏外新稿，就重现于《马克思恩格斯全集》中文第一版第3卷第191页第3自然段。

第三，虽然马克思写作的《黑格尔法哲学批判》手稿、《神圣家族》和《德意志意识形态》手稿以及不久之后的《哲学的贫困》篇幅都很大，但都是论战性的，写作方式大都是按照论战对象的章节条目逐章逐条进行批判，因而篇幅变得很大、很冗长。马克思直接长篇地阐述自己的思想，1859年的《政治经济学批判》是一个初步的尝试，而到《资本论》第一卷则已经很娴熟。但在马克思早期思想发展中，马克思还不习惯于直接长篇地阐述自己的思想。② 因此，在重写第一章时，马克思进行得并不顺利，曾经三次起草第一章的开头，恩格斯也相应地誊写了三次开头。一个最明显的例子是：恩格斯先誊写了{1?}，马克思又做了修改，如对第一句话"正如我们德意志意识形态家所断言的，德国在最近几年里经历了一次变革。"马克思删去了"我们"，又删去了"断言"而代之以"宣告"，在"变革"前面还加了"空前的"修饰语。类似的情况还可以举出一些。马克思所做的这些修改都完整地再现于恩格斯所做的誊清稿{1}中。这再次印证了恩格斯对马克思的手稿进行了誊清，当然必要时也会做修改和补

---

① 参见［日］广松涉编注：《文献学语境中的〈德意志意识形态〉》，彭曦译，张一兵审订，南京大学出版社2005年版，第79页。
② 恩格斯早期的著作更为简短，尽管《英国工人阶级状况》一书篇幅较大，但主要是书中充满了大量经验材料所致。

充，［28］和［29］恩格斯的长篇栏外补充就是最好的例证。因此，不论是第二章、第三章或第一章的"大束手稿"和"小束手稿"，虽然都主要是马克思写作的，但恩格斯在誊写过程中确实贡献了思想，说《德意志意识形态》是马克思与恩格斯合写的产物是完全符合事实的，当然恩格斯起的是"第二提琴手"的作用，绝非像广松所夸张的那样是"恩格斯引导了马克思"。

下 篇
马克思思想和文本解读研究

第十章　马克思《博士论文》与恩格斯《谢林和启示》之比较①

在恩格斯诞辰190周年②即将来临之际,马克思与恩格斯的学术思想关系日益成为国内马哲中青年学者共同关注的话题。强调马克思与恩格斯学术思想本质上的一致,与强调两者本质上存在着差异(即对立),这两种针锋相对的观点在中青年学者中都有相当多的支持者。另一方面,随着《德意志意识形态》广松涉版中文版③、英国马克思学家特雷尔·卡弗《马克思与恩格斯:学术思想关系》中文版④和诺曼·莱文《不同的路径:马克思主义与恩格斯主义中的黑格尔》中文版⑤的相继出版,青年马克思与青年恩格斯的学术思想关系已成为马恩关系研究中的另一热点问题。本文在此基础上,通过一个案例即对青年马克思的代表性哲学文本《博士论文》和青年恩格斯的代表性哲学文本《谢林和启示》的对比研究,试图在青年马克思与青年恩格斯的思想发展及其关系问题上得出新的结论。

---

① 首次发表于《北京行政学院学报》2010年第5期。
② 指2010年。——作者注
③ [日]广松涉编:《文献学语境中的〈德意志意识形态〉》,彭曦译,张一兵审订,南京大学出版社2005年版。
④ [美]特雷尔·卡弗:《马克思与恩格斯:学术思想关系》,姜海波、王贵贤等译,中国人民大学出版社2008年版。
⑤ [美]诺曼·莱文:《不同的路径:马克思主义与恩格斯主义中的黑格尔》,臧峰宇译,北京师范大学出版社2009年版。

一、马克思《博士论文》与恩格斯《谢林和启示》之大同

马克思的《博士论文》和恩格斯的《谢林和启示》都是纯哲学文本。但相对于前者而言,后者没有受到学者应有的重视。比如科尔纽的《马克思恩格斯传》①和奥伊泽尔曼的《马克思主义哲学的形成》②都只是对《谢林和启示》作了简略的介绍和评述。一个例外是,诺曼·莱文2006年出版的《不同的路径:马克思主义与恩格斯注意中的黑格尔》深入考察了该文本,但却给予了极为负面的评价。莱文把恩格斯《谢林和启示》中的哲学观点看作是幼稚和不成熟的,并认为它是恩格斯主义③的发源地。本文在考察《谢林和启示》时,很大程度上是针对莱文这本书的。

马克思《博士论文》主要写于1840年下半年,1841年3月底完稿,此时马克思已满22岁;恩格斯的《谢林和启示》写于1842年1月至3月底之间,此时恩格斯21岁。虽然马克思与恩格斯尚未谋面,但青年黑格尔派博士俱乐部成为将二人联系起来的重要纽带。因此在考察马克思《博士论文》和恩格斯《谢林和启示》的关系时,青年黑格尔派就是不能忽视的历史语境,而布鲁诺·鲍威尔的"自我意识哲学"就成为青年马克思与青年恩格斯思想的重要交集。

关于《博士论文》时期马克思与黑格尔以及鲍威尔的关系,学界的认识有一个逐步深化的过程。传统上认为此时马克思更接近黑格尔,如梅林就说马克思的博士论文"完全保留了黑格尔哲学的唯心主义基础",麦克莱伦在《青年黑格尔派与马克思》中说,《博士论文》中马克思从未超出

---

① 参见[法]科尔纽:《马克思恩格斯传》第1卷,刘丕坤等译,生活·读书·新知三联书店1963年版,第354—359页。
② 参见[苏]奥伊则尔曼,Т.И.:《马克思主义哲学的形成》,潘培新等译,生活·读书·新知三联书店1964年版,第93—95页。
③ 莱文所谓的"恩格斯主义",与吕贝尔关于"恩格斯是马克思主义的创始人"是同样的说法。参见曾枝盛选编:《吕贝尔马克思学文集》(上),郑吉伟等译,北京师范大学出版社2009年版。

黑格尔的观点,"并没有任何马克思特有的思想"。科尔纽和奥伊泽尔曼则持一种比较平衡的观点,他们一方面承认马克思此时受青年黑格尔派的强烈影响,另一方面又强调马克思对青年黑格尔派的主观唯心主义有重要批评,坚持了黑格尔的客观唯心主义立场中的积极(合理)因素,但同时也批判和超越了黑格尔哲学。而罗森①则明确提出马克思写作《博士论文》时正与鲍威尔一起创立自我意识哲学,已经完全离开了黑格尔的客观唯心主义。

我们知道,黑格尔的思辨唯心主义是客观唯心主义,而鲍威尔的思辨唯心主义是主观唯心主义,是从黑格尔向费希特的倒退。梅林和麦克莱伦把马克思往黑格尔那边拉,而罗森把马克思往鲍威尔这边拉,这就形成了对马克思思想定位的两个极端。科尔纽和奥伊泽尔曼的观点平衡了黑格尔和鲍威尔两个方面对马克思思想的影响,貌似有理,但实质上却是一种折中主义②。青年马克思因不满于康德和费希特的主观唯心主义而走向黑格尔的客观唯心主义,而与此同时以鲍威尔为代表的青年黑格尔派因其无神论的宗教立场而退回到费希特的主观唯心主义③。正是在这种历史背景下,马克思参与博士俱乐部的活动,接受或"参与制定"(用罗森的话说)自我意识哲学④。像其他黑格尔派成员如施特劳斯、鲍威尔、费尔巴哈一样,马克思明确意识到"宗教的本质是人类学",也就是说,他们把黑格尔的绝对精神或者还原为"实体"即人的集体无意识(施特劳斯),或者还原为个人的自我意识(鲍威尔),或者还原为类本质(费尔巴哈)。因此马克思不可能在《博士论文》中再回到黑格尔的客观唯心主义。马克思在《博士论文》中所坚持的类似黑格尔主体与客体相统一的立场,实则建立在唯物主义基础之上。

这里的要害在于,马克思《博士论文》的思想基础是唯心主义抑或唯

---

① 参见[波]罗森:《布鲁诺·鲍威尔和卡尔·马克思:鲍威尔对马克思思想的影响》,王瑾译,中国人民大学出版社1984年版。
② 尽管罗森的著作出版于科尔纽和奥伊泽尔曼之后。
③ 老年黑格尔派正确地看到,黑格尔的客观唯心主义必然导致泛神论的结论。
④ 青年黑格尔派的自我意识哲学是与鲍威尔的名字联系在一起的,又称青年黑格尔派的批判哲学。

物主义？一般的看法（包括列宁）认为是唯心主义。奥伊泽尔曼说，马克思选择古希腊伟大的唯物主义者德谟克利特和伊壁鸠鲁的学说作为自己博士论文的选题，决不证明马克思这时已经接近了唯物主义思想，因为马克思在论文中的任何地方都没有把德谟克利特和伊壁鸠鲁称为唯物主义者，而且在1839—1841年马克思"还不了解哲学上存在两个对立的阵营——唯物主义阵营和唯心主义阵营"①。福斯特②则明确提出，马克思《博士论文》的基础是唯物主义，他的根据是马克思1837年就研读过培根《论学术的尊严和进步》，深知伊壁鸠鲁对培根和启蒙运动特别是英法唯物主义之间的关系；马克思还研究和阅读了费尔巴哈的《近代哲学史——培根到斯宾诺莎》（出版于1833年）等，因而对英法唯物主义很了解。笔者这里再补充两点。首先，对马克思写作《博士论文》有直接影响的科本的小册子《弗里德里希大帝和他的敌人》，就把伊壁鸠鲁主义与近代法国唯物主义直接联系起来；其次，海涅的《论德国宗教和哲学的历史》（1834年）明确提出了唯物主义阵营和唯心主义阵营的对垒，马克思一定读过海涅的这本小册子，因为马克思在《博士论文》中提到的青年黑格尔派关于公开的黑格尔和秘密的黑格尔的说法，最早就来自海涅的这本小册子。不管是费尔巴哈、海涅或是科本，都是在法国1830年革命这一大的背景下来谈论法国唯物主义的，马克思也必定会受这种学术潮流的影响。不仅如此，朴素的唯物主义其实一直是青年思想的底色基调，如他在1837年的一首讽刺短诗中就这样写道："康德和费希特喜欢在太空遨游，寻找一个遥远的未知国度；而我只求能真正领悟在街头巷尾遇到的日常事物！"③。

因此，马克思《博士论文》并没有从鲍威尔的唯心主义自我意识哲学退回到黑格尔的客观唯心主义，而是前进到唯物主义自我意识哲学。总体来看，马克思此时信奉的是鲍威尔的自我意识哲学，但他却对自我意识哲学做了一些修正，将其与唯物主义相结合。在《博士论文》中，马克思通

---

① [苏]奥伊则尔曼，Т. И.：《马克思主义哲学的形成》，潘培新等译，生活·读书·新知三联书店1964年版，第48页。
② 参见[美]约翰·贝拉米·福斯特：《马克思的生态学》，刘仁胜等译，高等教育出版社2006年版。
③ 《马克思恩格斯全集》中文第二版第1卷，第736页。

过对伊壁鸠鲁哲学的文本解读和思想重建，以及对德谟克利特的自然哲学和伊壁鸠鲁的自然哲学差别的细微辨析，在一定程度上正面阐发了自己的唯物主义自我意识哲学。

马克思的唯物主义自我意识哲学是他对伊壁鸠鲁哲学进行唯物主义自我意识哲学重建的必然结论。在马克思看来，伊壁鸠鲁哲学毫无疑问属于古希腊唯物主义传统，而黑格尔却有意抹杀伊壁鸠鲁哲学的唯物主义特征。在坚持原子的物质性这一点上，伊壁鸠鲁与德谟克利特是一致的。但马克思也像其他青年黑格尔派成员那样，接受了黑格尔在《哲学史讲演录》中关于伊壁鸠鲁哲学属于抽象的、个别的自我意识哲学阶段的说法。于是马克思在《博士论文》中对伊壁鸠鲁哲学的解读就是将伊壁鸠鲁哲学的唯物主义特征和其抽象个别的自我意识哲学的特点结合起来，把伊壁鸠鲁哲学重建为唯物主义自我意识哲学。

马克思所谓"德谟克利特的自然哲学和伊壁鸠鲁的自然哲学的差别"，突出的主要是德谟克利特的机械唯物主义与伊壁鸠鲁以抽象个别的自我意识（自由）为绝对原则的唯物主义的差别。在德谟克利特那里，原子之间没有质的差别，原子的运动受必然性（决定论）支配，原子只有物质性，缺乏独立性和意识。德谟克利特关于现象自然界与本质自然界的划分，实际上分别对应于"感性世界"与"知性世界"。伊壁鸠鲁不同意德谟克利特关于原子的物质一元论，在他那里，原子之间有质的差别，原子的运动受偶然性支配，具有独立性和意识，是质料与形式、存在和本质的统一。其中质料（或存在）对应于"感性"、"相对的定在"、"元素"、"欲望的力量和纯粹的自然力量"，而形式（或本质）对应于"非感性"、"观念"、"本原"、"抽象个别的自我意识"。总之，两者分别对应于"感性世界"与"理性世界"。但伊壁鸠鲁毕竟不同于后来的黑格尔，他没有以"理性世界"来统摄"感性世界"，坚决反对抽象个别的自我意识的实体化（天象），认为这将导致迷信和盲从（在黑格尔这里就是导致泛神论）。伊壁鸠鲁的原子是质料与形式、存在和本质之间矛盾的对象化，而非矛盾的解决，因此伊壁鸠鲁哲学本质上是原子的物质性和观念性的二元论。在作为观念性的抽象个别的自我意识那里，它不像物质性的原子那样具有更进一步的原因,也就是说物质并非观念的原因;反过来,原子的观念性也不是其物质性的原因,两者的存在是同时发生的。因此,伊壁鸠鲁哲学的实质是二元论的唯物主义自我意识哲学,它既区别于德谟克利特的唯物主义一元论,也区别于黑格尔的客观唯心主义一元论或鲍威尔的主观唯心主义一元论。

当然,马克思并非完全赞同伊壁鸠鲁的唯物主义自我意识哲学,最主要的就是伊壁鸠鲁强调"心灵的宁静",对现实的苦难世界采取了逃避的态度。这显然不合青年黑格尔派批判和干预现实(先是宗教,后是政治)的胃口。于是马克思说了这样一段话:"抽象的个别性是脱离定在的自由,而不是在定在中的自由。它不能在定在之光中发亮。"① 当然,由于一直坚持黑格尔关于主客体统一的合理思想,马克思并没有因为强调理论的实践功能而像鲍威尔那样把现实看作是个体(特别是精英人物)自我意识的"创造物",仍然坚持主客体统一的二元论(黑格尔的主客体统一实际上是主体统摄客体的普遍意识一元论)。因此,马克思的唯物主义自我意识哲学又不同于伊壁鸠鲁,是一种积极的、能动的、革命的唯物主义自我意识哲学。

令人惊异的是,尽管当时恩格斯与马克思并不相识,而且并不像鲍威尔那样知道马克思写作《博士论文》时的思想倾向,但他却在《谢林和启示》中不约而同地形成了自己的唯物主义自我意识哲学,体现了青年恩格斯与青年马克思在哲学立场上的最大共同之处。

恩格斯写作《谢林和启示》时,正处于鲍威尔自我意识哲学的影响之下,对于此点科尔纽有明确的认识:"从这个小册子,可以看出布鲁诺·鲍威尔和费尔巴哈的影响。"② 实际情况也确实如此。在《谢林和启示》的结尾处,恩格斯以华美的文笔对自我意识进行了充满激情的赞颂。但莱文在《不同的路径:马克思主义与恩格斯注意中的黑格尔》中却断言:"在哲学方面,青年恩格斯采纳了黑格尔本人思想的右翼的观点……在诉诸老年黑格尔派哲学时,青年恩格斯也主张客观实在,即黑格尔本人

---

① 《马克思恩格斯全集》中文第二版第1卷,第50页。
② [法] 科尔纽:《马克思恩格斯传》第1卷,刘丕坤等译,生活·读书·新知三联书店1963年版,第359页。

思想抽象方面的存在。青年恩格斯否认主观意识的重要。"①"青年恩格斯未能成功地领会主观意识的重要作用，因为他继续相信'世界灵魂'的思辨概念，或者说他继续相信'概念的发展'。"② 这显然是对恩格斯《谢林和启示》的极大误读。

另一方面，恩格斯写作《谢林和启示》时，费尔巴哈的《基督教的本质》已经出版，恩格斯在《谢林和启示》中多次提到费尔巴哈，显然是受到费尔巴哈《基督教的本质》一书的影响。如果我们将恩格斯在《谢林和启示》中的说法与恩格斯在《费尔巴哈论》中的说法做一对照，就很容易看出这一点。在《谢林和启示》中恩格斯这样说："宛若光辉的、自由的古希腊意识从东方的晨曦中喷薄而出，一个新的黎明、一个世界历史的黎明正在出现。太阳升起了。祭祀的火焰从群山之巅向它微笑致意，从四面八方的瞭望塔传来的欢乐的号角声宣告了太阳的升起。人类焦急地期待着它的光辉。我们从沉睡中醒来，压在我们胸口的梦魇消失了，我们揉揉眼睛，惊奇地环顾四周。一切都改变了。在此以前一直同我们格格不入的世界，像幽灵一样以其隐蔽的力量使我们惊恐不已的自然界，——现在同我们多么亲密、多么接近啊！"③ 在《费尔巴哈论》中恩格斯说："这时，费尔巴哈的《基督教的本质》出版了。它直截了当地使唯物主义重新登上王座，这就一下子消除了这个矛盾。自然界是不依赖任何哲学而存在的；它是我们人类（本身就是自然界的产物）赖以生长的基础；在自然界和人以外不存在任何东西，我们的宗教幻想所创造出来的那些最高存在物只是我们自己的本质的虚幻反映。魔法被破除了；'体系'被炸开并被抛在一旁了，矛盾既然仅仅是存在于想象之中，也就解决了。——这部书的解放作用，只有亲身体验过的人才能想象得到。那时大家都很兴奋：我们一时都成为费尔巴哈派了。"④ 显然，费尔巴哈对恩格斯的影响也包括其唯物主义

---

① ［美］诺曼·莱文：《不同的路径：马克思主义与恩格斯主义中的黑格尔》，臧峰宇译，北京师范大学出版社2009年版第149页。
② ［美］诺曼·莱文：《不同的路径：马克思主义与恩格斯主义中的黑格尔》，臧峰宇译，北京师范大学出版社2009年版第150页。
③ 《马克思恩格斯全集》中文第二版第2卷，第391页。
④ 《马克思恩格斯选集》中文1995年版第4卷，第222页。

的方面。像科尔纽那样说"恩格斯这时也和青年黑格尔一样,仍然是个虔信黑格尔学说的唯心主义者"①,或者像奥伊泽尔曼那样说"恩格斯是从青年黑格尔派所阐释的黑格尔唯心主义立场来批判谢林的"②,是无法令人信服的。

出于斗争(宗教斗争和哲学斗争)和为黑格尔辩护③的需要而对黑格尔思想作"六经注我"式的解读,是当时青年黑格尔派的普遍倾向。比如海涅提出"两个黑格尔"④的说法,施特劳斯引发青年黑格尔派对黑格尔宗教哲学的人类学和无神论解读,鲍威尔把黑格尔说成是法国大革命式的革命家。在青年黑格尔派中间还有一个很流行的说法,认为黑格尔哲学存在着作为前提的"原则"与"结论"之间的矛盾。恩格斯在《谢林和启示》中也具有这种倾向⑤。他试图对黑格尔的客观唯心主义(绝对观念)作费尔巴哈式的解读,也就是说试图将黑格尔的思想"费尔巴哈化"。恩格斯明确地说:"无论是黑格尔还是别的什么人,都没有想过要证实某物的实存而无须有经验的前提;他证实的只是实存的东西的必然性……现代哲学的结论在谢林的早期哲学中至少作为前提就已经有了,只有费尔巴哈才使我们对它有了透彻的认识;这种结论就是:理性只有作为精神才能存在,精神则只能在自然界内部并且和自然界一起存在,而不是比如脱离整个自然界,天知道在什么地方与世隔绝地生存着……如果理性是存在的,那么,理性本身的实存就证明了自然界的实存。"⑥"黑格尔无疑能证明自然界的实存,即从理性的定在中得出自然界的实存的必然结果……如果说,黑格尔的范畴不仅被称为据以创造这个世界的事物的模本,而且也被

---

① [法]科尔纽:《马克思恩格斯传》第1卷,刘丕坤等译,生活·读书·新知三联书店1963年版,第355页。
② [苏]奥伊则尔曼,Т.И.:《马克思主义哲学的形成》,潘培新等译,生活·读书·新知三联书店1964年版,第48页。
③ 为黑格尔辩护也是出于斗争的需要,因为当时黑格尔是青年黑格尔的旗帜。为了斗争的需要,黑格尔这个旗帜也可以被丢掉,就像费尔巴哈、赫斯、马克思和恩格斯后来所做的那样。
④ 即公开的黑格尔和秘密的黑格尔。
⑤ "六经注我"式的解读到底是有意的策略或是无意的误读,并不能一概而论。马克思在《黑格尔法哲学批判》中也存在着对黑格尔无意的误读。但如果像莱文那样因恩格斯是哲学自学者而断言恩格斯无法准确把握黑格尔"博大精深"的思想,这就是对恩格斯先入之见的贬低。
⑥ 《马克思恩格斯全集》中文第二版第2卷,第355页。

称为产生这些事物的创造力，那么，这只不过意味着这些范畴表达了世界的思想内容和它们的从理性的定在中得出的必然结论。"①

恩格斯的论证思路是这样的：理性是实存，因为这可以从"我思故我在"推出来；于是从理性的实存可以推出自然界的实存，因为理性并非"脱离整个自然界"而存在的。如果说从"我思故我在"推出"理性的实存"是"任何哲学的基础"②，是哲学的共识，那么从理性的实存推出自然界的实存，以及"黑格尔无疑能证明自然界的实存"的说法，则完全是恩格斯强加给黑格尔的。马克思曾把黑格尔从《逻辑学》到《自然哲学》的过渡看作是黑格尔思辨哲学最薄弱的环节，而恩格斯这里却把它看作是不证自明的。原因无他，只不过是因为恩格斯此时刚受到费尔巴哈《基督教的本质》一书的思想冲击，认为费尔巴哈是对黑格尔哲学的"必要补充"③而非"推翻"，这样恩格斯就"漂白"了黑格尔哲学。于是，恩格斯在批判谢林启示哲学的过程中，从对黑格尔哲学的"费尔巴哈化"入手，在《谢林和启示》这本小册子的最后，得出了唯物主义自我意识哲学的结论。

需要指出的是，马克思与恩格斯的唯物主义自我意识哲学有一个共同之点，那就是唯物主义与自我意识的二元论。不论是马克思或是恩格斯，此时都没有物质决定意识或意识决定物质这样的一元论唯物主义思想，他们都把二者看作是矛盾统一体的两个方面，就像笛卡儿的身心二元论。与此相关的是，不论是马克思还是恩格斯，都明确表达了人与自然达到重新和解以及人与自然和谐的思想。

尽管马克思和恩格斯得出了唯物主义自我意识哲学的结论，但他们当时并不认为自己已经离开了黑格尔特别是鲍威尔自我意识哲学的"地基"。

---

① 《马克思恩格斯全集》中文第二版第2卷，第356页。
② 笛卡儿的"我思故我在"可以是"演绎推理"，即：若命题"如果没有'我在'，则必然不会有'我思'"为真，那么其逆否命题"如果有'我思'，则必然有'我在'"也为真；但它也可能是一种"溯因推理"，即从已经发生的结果（"我思"）推断产生这一结果的可能原因（"我在"），也就是说，在笛卡儿那里，"我思"是"我在"的结果，而非"我在"的原因。恩格斯显然是以"溯因推理"的思路来论证"理性的实存"。
③ 《马克思恩格斯全集》中文第二版第2卷，第391页。

要做到这一点，还需要假以时日，需要他们对自己哲学观点的唯物主义基础以及这一基础与黑格尔和鲍威尔唯心主义之间的对立有更明确的认识。在这方面，费尔巴哈的自我澄清起了重要作用。① 恩格斯说"正是黑格尔使谢林意识到他已经不知不觉地超出费希特有多远"②，这种情况也适用于马克思恩格斯与黑格尔的关系。正是在明确意识到这种对立之后，马克思和恩格斯不再为黑格尔辩护，而是激烈批判黑格尔的泛神论和逻辑神秘主义。③ 但作为研究者，我们不能因为马克思和恩格斯没有意识到他们自己超出黑格尔和鲍威尔"已经有多远"，而对他们与黑格尔和鲍威尔之间的关系作出错误结论，对他们曾经为黑格尔辩护与他们后来对黑格尔进行激烈批判这一立场的转变作出错误的解读，正如科尔纽和奥伊泽尔曼所做的那样（尽管他们都是一流的马克思主义哲学史家）。实际上，与其说马克思与恩格斯后来放弃了唯物主义主义自我意识哲学，不如说他们对黑格尔的评价发生了变化，而这才是问题的实质。仅仅强调《博士论文》时期的马克思和《谢林和启示》时期的恩格斯是唯心主义者，并重复列宁关于马克思早年存在着"从唯心主义到唯物主义转变"的论断，是不能令人信服的。

二、马克思《博士论文》与恩格斯《谢林和启示》之小异

毫无疑问，《博士论文》时期的马克思和《谢林和启示》时期的恩格

---

① 费尔巴哈的《基督教的本质》出版之后，青年黑格尔派对该书存在着普遍的误解，认为它是对黑格尔哲学的补充。费尔巴哈1842年1月发表的《论对〈基督教的本质〉一文的评判》，进一步澄清了自己的新哲学与黑格尔哲学的对立。参见侯才：《青年黑格尔派与马克思早期思想的发展》，中国社会科学出版社1984年版，第48页。
② 《马克思恩格斯全集》中文第二版第2卷，第341页。
③ 类似的例子还有：马克思1845年春夏之交在写作《关于费尔巴哈的提纲》之前，甚至在《1844年经济学哲学手稿》和《神圣家族》中，其思想已经与费尔巴哈的人本主义有了很大区别，但却是赫斯的《论德国的社会主义运动》和《晚近的哲学家》才使马克思明确意识到他已经超出费尔巴哈"有多远"。

斯也存在诸多差异,这主要体现在以下几个方面。

首先,马克思在《博士论文》中所强调的自我意识,是个体的自我意识,在这一点上马克思更接近鲍威尔;而恩格斯在《谢林和启示》中所强调的自我意识则是普遍的自我意识。笔者认为,之所以存在这种差异,是因为恩格斯写作《谢林和启示》时已受到费尔巴哈《基督教的本质》的强烈影响,费尔巴哈关于"类意识"的思想对恩格斯的影响已经超越了鲍威尔个体的自我意识。

这里补充一个细节。马克思曾多次考虑出版他的博士论文。马克思原本打算先出版他的博士论文①,并将论文提交给柏林大学。但1841年3月马克思决定向耶拿大学哲学系提交由无名氏帮他抄写的博士论文,并于4月15日在缺席情况下获得耶拿大学哲学博士学位。寄给耶拿大学哲学系的《博士论文》稿本没有流传下来,但根据 MEGA²/Ⅰ/1 编者的考证,这一稿本与由无名氏抄写的流传下来的稿本内容应该基本一致。MEGA²/Ⅰ/1 编者推测,寄给耶拿大学哲学系的《博士论文》并不包括附录,因为马克思4月6日给巴赫曼的信以及巴赫曼4月13日对马克思博士论文的推荐书②中都没有提到《博士论文》有附录。因此,附录没有誊抄或佚失。相应的,我们现在所看到的《博士论文》序言(标注的写作日期是1841年3月,序言中提到了附录)并非寄给耶拿大学哲学系的《博士论文》稿本的序言,很可能是马克思特别重写了一篇序言。马克思获得博士学位以后,打算将自己的博士论文付印,获得博士后在封面③上写着题目"德谟克利特的自然哲学和伊壁鸠鲁的自然哲学的差别及附录"(没有"论"字,但目录中有"论"字),并写有"卡尔·亨利希·马克思 哲学博士"的字样。但马克思似乎没有对《博士论文》进行大改的想法,因为在新《序言》中有"我献给公众的这篇论文,是一篇旧作"这样的说法。马克思亲笔添加了附录第一部分的注释"九)",应该是再次准备付印时添加的,因为他在这里批评了谢林,说"可以奉劝谢林先生回想一下他早

---

① MEGA²/Ⅰ/1, S. 882.
② 《马克思恩格斯全集》中文第二版第1卷,第942—943页。
③ 包含封面的4页是后加上去的,根据是第一个笔记本共6张12页,纸张不同,编号有改动。

期的著作"①，显然马克思是在听闻谢林被普鲁士国王招到柏林大学去的消息，甚至在谢林已经开始在柏林大学开课之后才在这里提到谢林的。② 那么，马克思为什么没有最终出版自己的《博士论文》呢？MEGA²/Ⅰ/1 编者并没有给出答案。在我看来，很可能是因为在费尔巴哈的《基督教的本质》出版之后，马克思意识到自己的唯物主义自我意识哲学与费尔巴哈的"类意识"理论有很大的一致性，但费尔巴哈强调的是人类的普遍意识（即"类意识"），马克思可能认为费尔巴哈的理论在思想性和深刻性方面都已超出了自己，在这种情况下，再出版《博士论文》就不再合适了。但当时不出版《博士论文》并不表明马克思后来放弃了《博士论文》的基本观点。实际上，后来（1846 年前后）马克思和恩格斯在施蒂纳《唯一者及其所有物》的冲击下，都回到了"个体的人"的立场上③，甚至费尔巴哈也在施蒂纳的批评下辩解说自己的"类"是个体的人的集合；另一方面，马克思在《关于费尔巴哈的提纲》第一条把费尔巴哈看作与旧唯物主义者一样，忽视了人的"能动的方面"，而实际上，马克思不久前在《神圣家族》中还是把费尔巴哈的"类"看作是施特劳斯的"实体"与鲍威尔的"自我意识"的"合题"，也就是说马克思这时还并不认为费尔巴哈缺乏"自我意识"这一"能动的方面"。总之，《博士论文》中所强调的个体的人的自由和能动性，以及对决定论的否定，是贯穿马克思一生的思想，期间或许会有些反复，不同时期强调的侧重点或许有所不同，但这一思想基调始终没有改变。

第二，马克思的唯物主义自我意识哲学是还原论的，而恩格斯的唯物主义自我意识哲学是演化论的。

先说一下恩格斯演化论的唯物主义自我意识哲学。在 18、19 世纪，关于生物从低等向高等演化的观点，生命通过自然发生而产生即自然发生说，关于地球形成、生成是一个过程、一种自我产生的地球构造学，在当

---

① 《马克思恩格斯全集》中文第二版第 1 卷，第 99 页。
② 根据 MEGA²/Ⅰ/1 编者的考证，马克思为出版《博士论文》而写的新"序言"最迟写于 1842 年 3 月 2 日（即他未来的岳父去世之日）之前。参见 MEGA²/Ⅰ/1，第 883 页。
③ 当然是真正的现实的个体的人（即社会中的个人）。

时的知识群体中已经非常流行。正是在这一自然科学背景下，康德和黑格尔都有关于"人是自然的目的"这样的"目的论"说法，这也是恩格斯在《谢林和启示》中言说自然、理性、精神和自我意识时的知识语境。比如恩格斯在谈论自我意识时这样写道："自然界的宠儿即人……经过漫长的斗争和追求之后，他迎来了自我意识的光辉日子……他为此付出了昂贵的代价，付出了宝贵的心血，却不以为意，因为这项桂冠是值得付出这番心血的。长期的追求对他来说并非徒劳，因为他带回家的高贵而美丽的新娘对他来说只会更加珍贵。他在长期寻找之后觅得的宝物即圣物，是以走过许多弯路为代价的。这桂冠，这新娘，这圣物就是人类的自我意识——一只新的圣杯，在它的宝座周围集合着欢欣鼓舞的各族人民，同时，它使所有忠诚于它的人成为国王，把这个世界的全部庄严和力量，全部富源和威力，全部美丽和丰富都呈献在他们面前，使之为他们的光荣效劳。我们的使命是成为圣杯骑士，为了它我们要腰悬利剑，在最后一次圣战中甘愿献出自己的生命，因为，继之而来的必将是自由的千年王国。"①

　　但马克思却反其道而行之，他在《博士论文》中所构建的唯物主义自我意识哲学显然是还原论的，也就是把包括人在内的全部世界都还原为原子。如果说德谟克利特只是将物质世界还原为原子，那么在马克思看来，伊壁鸠鲁进一步把个体的人也还原为原子，只不过是有意识的、具有独立性的原子。我们暂且撇开马克思对伊壁鸠鲁原子论哲学的构建到底是切中伊壁鸠鲁的原意，抑或只是阐发了他自己的哲学观点这一问题不论，一个不容忽视的事实是，18世纪初莱布尼茨就创立了单子论，并将"精神单子"作为其自然哲学的基础。马克思很重视莱布尼茨，他在写作《博士论文》之前就作过关于莱布尼茨哲学的笔记。因此，如果说马克思对伊壁鸠鲁唯物主义自我意识哲学的构建没有受到莱布尼茨的影响，无论如何是不能令人信服的。一个合理的猜测是，马克思所构建的伊壁鸠鲁唯物主义自我意识哲学是德谟克利特物质原子论与莱布尼茨精神单子论的合题，正像

---

① 《马克思恩格斯全集》中文第二版第2卷，第392—393页。

他后来将费尔巴哈看作是施特劳斯与鲍威尔的合题一样。

如果万事万物（包括具有自我意识的人）都是由原子构成的，也就是说都可以最终还原为原子，那么演化论就是多余的。这不荒唐吗？也许它并不像我们现在所感觉的那样荒唐。首先一点是，在马克思那个时代，将市民社会中的个体说成是"原子"已经非常流行，黑格尔也有类似的明确说法。但马克思在《博士论文》中并不仅仅是在比喻的意义上来谈论原子的"自由、自我意识和独立性"，马克思确实是在谈论一种自然观。这里所谓的"自然"，当然也包括人，因为人（至少生物性的人）也是自然的一部分。那么根据自然科学的当代发展，这种自然观是科学的吗？

按照宇宙大爆炸理论，宇宙最初只是一个没有质量的、具有超高能量的奇点，大爆炸之后，起初（极早期宇宙）还只是真空状态，没有粒子和辐射，引力、强力、弱力和电磁力这四种基本相互作用力还不可区分；随着宇宙的膨胀和降温，发生了一系列的真空相变，完成四种相互作用分化的历史（其中包括"上帝粒子"的出现）；一秒以前，只有处于热平衡状态下的由质子、中子、电子、光子等基本粒子混合而成的"宇宙汤"，然后出现类似氢弹爆炸时发生的聚变过程，形成轻元素，进而形成重元素，然后是分子、生物大分子和生命现象。这显然是一个宇宙演化论的模型。但自然科学迄今尚不能完全解释为什么宇宙会出现从简单到复杂的演化。现代非线性科学试图解释物质世界从无序到有序的"自组织"产生的机制，但宇宙自大爆炸以后，自然界就像有目的似的，或者说就像一棵树的种子指向大树一样，最终指向具有自我意识的人的产生，对此现代科学尚未做出令人满意的解释。从这个意义上说，我们只能说演化论的自然观还只是一种假说，还原论的自然观也并非完全没有可取之处。

第三，马克思的《博士论文》还包含着恩格斯当时尚不具备的唯物主义认识论思想。尽管德谟克利特的唯物主义认识论被认为是经验主义的，但这种经验主义与我们现在所说的经验主义（即发端于近代英国唯物主义的现代经验主义）是不同的，最突出的一点就是现代经验主义强调感觉的可靠性，对任何超验的本质都持怀疑的态度；而德谟克利特却否定感觉的可靠，热衷于所谓的"本质"、"必然性"和"因果关系"，也就是要力图从感性认识上升到理性认识（实质上是知性认识），这倒是更类似于后来笛卡儿的理性主义。显然，我们哲学原理教科书中的辩证唯物主义认识论与德谟克利特的唯物主义认识论具有很大的一致性。

但是，德谟克利特的唯物主义认识论却面临着很大的理论困难，即"本质"、"必然性"和"因果关系"等是否客观存在？德谟克利特的回答是肯定的。如果这样，那么最终的结论就是"本质"、"必然性"和"因果关系"是第一性的，而感性（或现象界）是第二性的、被决定的，而且"本质"、"必然性"和"因果关系"会进一步被普遍化为"抽象的实体"（或抽象的物质），那么它与"抽象的观念"已经没有本质的不同，最终会导致逻辑泛神论和神秘主义的结论。在认识论问题上，马克思显然是熟悉中世纪哲学史上关于唯名论与实在论的争论的，因此他不同意德谟克利特的认识论进路，而倾向于伊壁鸠鲁。

伊壁鸠鲁的认识论进路是很独特的。伊壁鸠鲁虽被看作是独断论者，但却相信感觉的可靠性；尽管如此，科学认识（包括感性认识以及进一步的知性认识）都不是人生的目的，关于自由和心灵的宁静的伦理学才是更高的生活原则。这样，伊壁鸠鲁就达到了后来康德的境界，即在实证科学与哲学（形而上学）之间划界，批评以实证科学的思路来对待人的伦理和自由问题，从而避免了独断论。

在伊壁鸠鲁那里，撇开伦理学不论，人就像一台科学仪器，通过它，现象自然界作为本质自然界的"映像"而呈现，因此现象自然界决非不真实。比如，不是色盲的正常人看到的红的东西都是红色的，也就是说红色的存在既是客观的，但又不是可以脱离人而存在的。光学告诉我们，红的东西之所以看起来是红的，只是因为人的眼睛接受了一定频谱的光谱而产生的感觉，而同样频谱的光在其他动物的眼睛里呈现的感觉并不同于人的眼睛。从这个意义上说，伊壁鸠鲁更接近于现代经验主义。

马克思在《博士论文》中对实在论必然蕴涵客观唯心主义这一点的警惕在《神圣家族》中得到了突出体现，他以苹果为例对唯心主义的批判是非常著名的。这里，马克思显然奉行了唯名论的路线。那么，除了"概念"（即共相），在"本质"、"必然性"和"因果关系"问题上马克思也是唯名论者吗？这是值得我们进一步深思的。不论如何，马克思因为在《博士论文》中对德谟克利特决定论的理论困境有着清醒的认识，从而以后在《黑格尔法哲学批判》和《神圣家族》中又进一步批判了黑格尔和鲍威尔的思辨唯心主义，显示出其深刻性；而恩格斯借助费尔巴哈轻易地超越了黑格尔的思辨唯心主义，因而对各种隐性唯心主义（如认识论中的实在论）缺乏足够的认识。1845 年 3 月 17 日恩格斯在致马克思的信中这样来"批评"《神圣家族》："但是，尽管如此，这本书的篇幅还是太大了。我们两人对《文学报》所采取的严正的鄙视态度，同我们竟然对它写了 22 个印张这一点很不协调。而且，对思辨和整个抽象本质所作的大部分批判根本不会为大多数读者所理解，也不会引起人们的普遍关注。"① 显然，不止是大多数读者，连恩格斯本人也不"理解"马克思"对思辨和整个抽象本质所作的大部分批判"。

马克思奉行唯物主义路线，不管是在自然观、认识论或是历史唯物主义方面。但马克思的唯物主义是非常精微的，它是否就是恩格斯在《费尔巴哈论》中所概括的"物质与意识何者为第一性"这么简单呢？这也是值得我们进一步深思的。

三、余 论

通过对马克思的《博士论文》和恩格斯的《谢林和启示》进行深入的文本解读，我们发现这两个纯哲学文本确实是马克思哲学思想和恩格斯哲学思想"诞生的秘密"，因为马克思和恩格斯终其一生都没有放弃其早期哲学文本中所蕴涵的基本思想。总体而言，青年马克思与青年恩格斯在哲学观方面是大同小异的，夸大他们思想之间的差异，是缺乏文本依据的。

与此相关的是，我们需要澄清另一个误解，即马克思没有自然观而只

---

① 《马克思恩格斯全集》中文第二版第 47 卷，第 350—351 页。

有历史观,这是自卢卡奇以来马克思恩格斯对立论者的基本立论依据。实际上,马克思不仅有自然观,而且在《博士论文》和《1844年经济学哲学手稿》中都有诸多体现。当然,把马克思的自然观称之为辩证唯物主义也是大成问题的,因为我们现行哲学原理教科书所讲授的辩证唯物主义原理与马克思的自然观实际上有很大的出入,有明显的将唯物主义与辩证法进行简单拼凑的痕迹。

马克思去世后,恩格斯看到了许多马克思在世时连恩格斯都不知道或没有看过的手稿,包括《博士论文》和《1844年经济学哲学手稿》。1893年,俄国人沃登在伦敦拜访了恩格斯,恩格斯和他谈起了马克思的博士论文,并请沃登调查一下当时关于伊壁鸠鲁的文献中是否有与马克思类似的对伊壁鸠鲁的解释。① 我们知道,马克思在世的时候,恩格斯就开始进行自然辩证法研究(1873—1886年)。当恩格斯读到马克思的《博士论文》和《1844年经济学哲学手稿》时候,他一定会为马克思早期著作中所蕴涵的自然观与其他本人自然观的一致性感到惊奇。

以现在的眼光来看②,恩格斯在《谢林和启示》中对谢林的批判无疑存在误解和过激之处。这一方面由于恩格斯当时所能接触到的谢林文本是有局限的③,另一方面恩格斯当时对谢林的批判主要是出于维护黑格尔这一青年黑格尔派的政治斗争需要。但是,当恩格斯不再为黑格尔辩护并转而批判黑格尔之后(特别是在恩格斯晚年开始自然辩证法研究之后),他是否会吸取谢林自然哲学的合理因素?这是一个开放的问题。实际上,恩格斯在《反杜林论》中确实说了谢林不少好话,如恩格斯在批判杜林的"时间以外的存在"时这样写道:"黑格尔的'非时间上过去的存在'和晚期谢林的'不可追溯的存在',同这种时间以外的存在相比还是合理的观念。"④ 在另一处又说:"这个人竟敢把费希特、谢林和黑格尔这样的人

---

① 参见[美]约翰·贝拉米·福斯特:《马克思的生态学》,刘仁胜、肖峰译,高等教育出版社2005年版,第73—74页。译文有改动。
② 参见叶秀山、王树人总主编:《西方哲学史》第六卷(张慎主编)第四篇(谢地坤著),凤凰出版社2005年版。
③ 《谢林全集》只是在谢林去世之后才由他的儿子编辑出版。
④ 《马克思恩格斯选集》中文第二版第3卷,第392页。

叫作江湖骗子，而他们当中最渺小的人和杜林先生比起来也还是巨人。"①
20世纪下半叶以来，由于种种原因，曾经在西方科学界和哲学界声誉扫地的自然哲学（特别是谢林的自然哲学）重新受到人们的重视，而谢林和恩格斯的自然观自然也重新燃起了人们的兴趣，这也是值得我们关注的。

---

① 《马克思恩格斯选集》中文第二版第3卷，第488页。

第十一章 试论马克思对黑格尔逻辑学的创造性转化
——以马克思《博士论文》为例[①]

马克思是否有"逻辑学"？这一提问本身就蕴含两个问题。第一个问题是马克思在世时是否有写作逻辑学的心愿和计划？王东教授通过对史料的梳理，对此问题作了肯定的回答。其证据要点包括[②]：（1）马克思1837年给父亲的信中提到过；（2）鲍威尔、赫斯的书信中都提起过；（3）马克思去世后恩格斯急于找马克思的"辩证法大纲"；（4）拉法格的相关说法。应该说王东教授的论证是有说服力的。

第二个问题是马克思生前没有完成的逻辑学是什么样子的？恩格斯和列宁最早开始对马克思主义辩证法进行构建。恩格斯和列宁概括和总结出唯物辩证法的三大"规律"[③]和若干对"范畴"。恩格斯和列宁对辩证法体系的构建主要不是基于马克思的文本，而是对黑格尔逻辑学的"颠倒"和改造，因此由三大"规律"和若干对"范畴"构成的辩证法体系与其说是马克思的，不如说是恩格斯的，甚至是列宁自己的。总之，恩格斯和列宁所要构建的唯物辩证法体系总体上仍然是对黑格尔辩证法采取拿来主义的态度，实质性的改造和创新并不多。

卢卡奇强调的是总体性辩证法，它来自黑格尔，不过是对黑格尔唯心

[①] 首次发表于《哲学动态》2013年第6期。
[②] 参见王东：《马克思是辩证唯物主义奠基人——写出〈辩证法〉是马克思毕生哲学创新梦》，载《毛泽东邓小平理论研究》2012年第3期。
[③] 在三大规律中恩格斯更重视"否定之否定"规律，而列宁强调"对立统一"规律，斯大林则干脆抛弃"否定之否定"规律。

主义总体性的"颠倒"。卢卡奇对马克思主义辩证法的构建虽然在列宁之后,但他在写作《历史与阶级意识》时正流亡维也纳,不可能读到列宁的《哲学笔记》。因此,可以说卢卡奇和列宁不约而同地在做着类似的工作,而其促动因素都是第二国际理论家(包括普列汉诺夫)的历史决定论。

以阿瑟为代表的当代英语世界的"新辩证法"学派,自称是卢卡奇开创的"黑格尔主义的马克思主义"的新变种。他们干脆把马克思的《资本论》看作是对黑格尔《逻辑学》的直接运用。①

在我看来,马克思的逻辑学并非对黑格尔逻辑学的简单运用②。马克思在写作《博士论文》之前,已经形成了自己的有别于黑格尔的逻辑学。马克思的《博士论文》可以说是运用自己的逻辑学来对伊壁鸠鲁哲学(残篇)进行体系化重建的尝试。③ 因此,通过对马克思《博士论文》文本的深入解读,可以把马克思作为前提但隐而不露的逻辑学提炼出来。④

一、"从现象(现实)上升到概念"、 "从概念返回到现象(现实)"

表面上看,马克思在《博士论文》中大量使用了大量黑格尔逻辑学的范畴,包括存在论、本质论、概念论中的范畴,这很容易使人联想到马克思只是简单地运用黑格尔的逻辑学来对伊壁鸠鲁的哲学进行体系化重建,从而把马克思看作是尚未走出黑格尔的客观唯心主义者。笔者在别处已经表明,马克思《博士论文》中的哲学立场是唯物主义自我意识哲学⑤,这里不再赘述。而只强调一点,即马克思此时虽然尚未像费尔巴哈那样对黑

---

① 参见鲁克俭:《马克思思想的德国古典哲学来源》,载《马克思主义与现实》2010年第4期。
② 即使是做了唯物主义"颠倒"的运用。
③ 参见马克思1858年5月31日给拉萨尔的信(《马克思恩格斯全集》中文第一版第29卷,第540页)。
④ 类似于阿尔都塞的症候阅读。
⑤ 参见鲁克俭:《马克思〈博士论文〉与恩格斯〈谢林和启示〉之比较》,载《北京行政学院学报》2010年第5期。

格尔哲学进行批判①，或者说马克思尚未站到费尔巴哈的哲学立场上②，但马克思受费尔巴哈的部分影响而摒弃黑格尔的"绝对理念"、"绝对精神"等客观唯心主义因素，应该说是没有疑问的。

众所周知，黑格尔的逻辑学是围绕"绝对理念"、"绝对精神"展开的首尾相接、自我封闭（即圆圈）的哲学体系。马克思的逻辑学取消了绝对理念，于是现实世界（首先是自然）就成为起点和终点，而其中介就是"概念"。不像费尔巴哈，马克思没有取消"中介"，没有直接诉诸自然，于是仍然保持了逻辑学的外观。

在马克思看来，哲学首先是从现象（现实）上升到概念，然后以概念来"解释（erklären）"现象（现实）的理论活动。"哲学家在他所规定的世界和思想之间的一般关系中，只是为自己把他的特殊意识同现实世界的关系客观化了。"③ 如果说伊壁鸠鲁是从现象（现实）上升到原子的概念（或原子论哲学），并以此来解释现象（现实），那么黑格尔就上升到了理念的概念（或逻辑学），并以此来解释现象（现实）。但是，黑格尔从逻辑学到自然哲学的过渡面临着困难④，至少在受到费尔巴哈的批判之后，黑格尔逻辑学的客观唯心主义受到了严重质疑。实际上，青年黑格尔派当时的主要批判对象就是宗教神学。马克思在写作《博士论文》时，他的老师和朋友鲍威尔尽管尚未将矛头指向黑格尔，但当以鲍威尔为首的青年黑格尔派把黑格尔解释成无神论者⑤，把黑格尔的绝对理念"自我意识化"的时候⑥，绝对理念、绝对精神显然是他们不赞同⑦并悄悄丢弃的东西。因此马克思只会赞同哲学上升到"主观概念"，然后就开始朝现象（现实）返回。伊壁鸠鲁的原子论可以说达到这个标准，而德谟克利特则有所欠缺。

---

① 费尔巴哈《黑格尔哲学批判》于1839年8月和9月发表在卢格主办的青年黑格尔派刊物《哈雷年鉴》上，没有理由相信马克思没有读过该文。
② 马克思此时的哲学立场更接近于鲍威尔。
③ 《马克思恩格斯全集》中文第二版第1卷，第25页。
④ 马克思后来（如在《1844年经济学手稿》笔记本Ⅲ中）多次强调这一点。
⑤ 这一点是青年黑格尔派与老年黑格尔派的主要分歧。
⑥ 马克思以其《博士论文》参与了鲍威尔制订自我意识哲学的工作。
⑦ 马克思认为这是黑格尔哲学的"内在缺点"。

从《博士论文》的文本来看，马克思首先将伊壁鸠鲁的原子概念与德谟克利特的原子概念作了区分。马克思在理解和把握德谟克利特的原子论时，充分运用了休谟和康德哲学的思想资源①。在马克思看来，德谟克利特的原子概念是实证经验科学即知性（Verstand）抽象的产物②，它所体现的原则没有现实性，没有实存；原子论只能算是一种来自现象世界并解释现象世界的"假设"。因此，感性现象与原子的关系并非现象与本质的关系③，它们分属两个不同甚至对立的世界。④ 原子属于必然性的世界，它保证了有限世界的相对必然性；现象世界是充满偶然性⑤和人的"主观假象"的世界，也是具有独立现实性的世界⑥。于是德谟克利特的原子论假设就从外面将必然性注入偶然的现象世界⑦，当然前提是不断进行经验观察。因此，与其说必然性是客观的⑧，不如说德谟克利特是以"必然性"来解释客体⑨。

与其形成对照的是，伊壁鸠鲁的原子概念是理性的具体概念，它是来自感性世界的抽象⑩。原子概念与抽象的可能性（即偶然性）相伴，因此伊壁鸠鲁的作为自然哲学的原子论，就为具体的物理现象提供了各种可能的解释，但前提是解释不能与感性知觉相矛盾⑪。

另一方面，与德谟克利特的原子不同的是，当伊壁鸠鲁的原子概念返回现象（现实）的时候，"纯粹的原子概念"⑫ 所包含的"实存（Ex-

---

① 马克思在准备或写作《博士论文》期间作了亚里士多德、斯宾诺莎、莱布尼茨、休谟、康德等哲学家的著作摘录笔记。
② "德谟克利特只是从现象世界的差别的形成这个角度，而不是从原子本身来考察原子的特性的。"（《马克思恩格斯全集》中文第二版第1卷，第41页）
③ 即现象（Erscheinung）是本质的显现（ersheinen）。
④ "在德谟克利特那里，原则是不在现象中表现的，它始终是没有现实性和处于存在之外的。"（《马克思恩格斯全集》中文第二版第1卷，第23页）
⑤ "实在的可能性"。
⑥ 这类似于休谟的感知世界。
⑦ 这类似于康德的知性先验范畴为自然立法。
⑧ 即属于客体本身的。
⑨ "从必然性的观点来考察自然，并力求解释和理解事物的实在的存在。"（《马克思恩格斯全集》中文第二版第1卷，第29页）
⑩ "概念依赖于感性知觉"（《马克思恩格斯全集》中文第二版第1卷，第22页）
⑪ "没有什么东西能够驳倒感性知觉"（《马克思恩格斯全集》中文第二版第1卷，第22页）
⑫ 即原子概念的普遍性环节。

istenz）与本质"的矛盾①得以客观化（外化），原子就成为具有质的规定性②的单个原子③，成为定在④。单个的原子在排斥⑤和聚集中产生（entstehen）出现象世界（erscheinende Welt），于是本质世界就显现为现象世界，显现为感性空间中多样性的客观现象。在这个过程中，自我意识的"时间"形式起着类似康德"先验直观形式"的作用。

打个比方，伊壁鸠鲁的原子概念与德谟克利特的原子概念之间的关系，就像英国古典经济学的价值概念与马克思的价值概念之间的关系。前者同样是一种基于劳动价值论范式的抽象，不过仅仅是从商品世界抽象出来的知性概念，即交换价值。而马克思的价值概念是以劳动二重性学说及其相关的社会必要劳动为基础而进行的抽象，它不但是来自商品世界的理性抽象，而且要最终返回到商品世界，即转型为生产价格。对马克思来说，价值不仅仅是一种经验主义的抽象，一种"假说"，而且是以价值实体形式存在的"科学"抽象。换句话说，马克思的"价值"就是商品世界的"原子"。

表面来看，马克思《博士论文》中"从现象（现实）到概念、从概念到现象（现实）"的逻辑是对黑格尔逻辑学"从现实过渡到主观概念"、"从概念的主观性过渡到客观性"的直接运用⑥。而实际情况却是，马克思对相关内容进行了打乱重组。首先，把"现实"往后提，放在主观概念后面以替代"客体"的位置；其次，"主观概念"之所以能够回到"现实"，并非"概念"本身神秘主义地自我运动，而是因为马克思在"从现象（现实）过渡到主观概念"的阶段提前将主观概念规定为"实存"与

---

① 马克思已经悄悄地把黑格尔关于概念是存在与本质的统一的说法转化为实存与本质的对立统一，可惜中文版将"Sein"和"Existenz"都译为存在。
② 如体积、形状、重力等。
③ 此处马克思直接套用了黑格尔的逻辑，即概念的个体性环节意味着进入现实。但也有亚里士多德思想的痕迹，即把个体看作是第一实体。
④ 这种定在是自在自为的定在，是在本质世界的定在（实存），它类似于莱布尼茨的作为实体的单子。
⑤ 因为"自为"既是一，又是多，所以相互排斥。此处马克思借用了黑格尔的逻辑。
⑥ 类似地，黑格尔还有从存在到本质再到现象、从客体到理念再到自然、从自然到精神再到存在、从存在到理念再到自然等思想。

"本质"这两个矛盾的方面,而现实不过是"实存"与"本质"的统一①。于是,作为直接存在的、自身不发光的"现象"在经过"概念"的中介之后,就成为透明的"现实"。现象还是那个现象,但在哲学家眼里,混沌的现象就变得澄明,个体就成为实体,就具有了现实性。

值得注意的是,马克思在后来准备和写作《资本论》期间,进一步将《博士论文》时期"从现象(现实)到概念、从概念到现象(现实)"的逻辑提炼为"从具体到抽象,从抽象到具体"的研究方法和叙述方法②。

伊壁鸠鲁的原子论并不限于自然哲学,它还是伦理学的原子论。换句话说,伊壁鸠鲁原子论的初衷恰恰不在于解释具体的物理现象,而在于为自己的伦理学提供自然哲学的基础。在包含抽象质料和抽象形式的原子概念中,形式的方面是矛盾的主要方面,是原子概念主导性的方面。这是伊壁鸠鲁与德谟克利特自然哲学的重大原则区别。如果说自然哲学是从现象(现实)上升到概念(理论),并用以解释现象(现实),那么建立在自然哲学基础上的伦理学就有直接实践的目的。这种实践的目的,通常来说是主体自我意识针对现实的批判和改造③,这也是马克思写作《博士论文》时期的政治哲学立场(自我意识哲学)。但伊壁鸠鲁的实践目的却是"脱离、离开痛苦和困惑"、"内在的自我满足和完整性"、"自我意识的心灵的宁静"。这是逃避现实的道路④,对此马克思是不满意的⑤。不过,这一点与本文关于马克思逻辑学的主题有些距离,此处就不再赘述。

二、亚里士多德实体论与黑格尔概念论的嫁接

马克思在《神圣家族》中曾把黑格尔的哲学拆解成斯宾诺莎的实体+

---

① 这一点倒是来自黑格尔。
② 马克思比较集中地谈论写逻辑学著作的计划,也主要体现在这两个时期。
③ "哲学作为意志面向现象世界"(《马克思恩格斯全集》中文第二版第1卷,第75页)。
④ 这也是与现实的妥协或适应(Accommodation)。
⑤ 马克思批判伊壁鸠鲁的自由"不能在定在之光中发亮"(《马克思恩格斯全集》中文第二版第1卷,第50页)。

费希特的自我。其实早在《博士论文》中，马克思就做过类似的拆解—组合工作。

严格来说，伊壁鸠鲁的原子概念并没有达到马克思在《博士论文》所构建的原子概念的抽象程度，它只具有直线、偏斜和排斥这三种感性运动形式。马克思借鉴了黑格尔概念论中的合理思想，将伊壁鸠鲁"自在地存在"的思想变成了"自觉的体系"①。他还多次就此加以说明，如伊壁鸠鲁喜欢把矛盾客观化，"喜欢把一个概念的不同的规定看作不同的独立的实存（Existenz）"②。

不过，马克思并没有照搬黑格尔的概念论。这至少体现在以下三个方面。

第一，在黑格尔那里，概念是存在与本质的统一，物（Das Ding）是质料与形式的统一。马克思没有采用黑格尔的相关说法，但采用了黑格尔关于理性概念与知性概念相区分的思想。对理性概念与知性概念加以区分，最早始于康德。但黑格尔不满意康德抬高知性而贬低理性（四个所谓的"二律背反"），而是反其道而行之。在这一点上，马克思显然是接受了黑格尔的做法。

第二，马克思改造了黑格尔的概念异化思想。黑格尔在《小逻辑》中并没有使用"异化（entfremden）"，只使用了"外化（entäußern）"这个词。不过在《精神现象学》和《大逻辑》中黑格尔都用过"异化"，当然使用更多的是"外化"。显然，黑格尔并没有严格区分"异化"与"外化"。马克思在《博士论文》中多处使用"异化"，而且在《伊壁鸠鲁笔记》的最后一个笔记本也有一处使用"异化"。当然马克思在《博士论文》中也多次使用"外化"，但此时马克思尚未像后来在《1844年经济学哲学手稿》中那样将"异化"与"外化"（以及"对象化"）加以区分。与黑格尔不同，马克思《博士论文》中所谓的"概念异化（或外化）"，只是以概念来解释现象（现实），并非黑格尔那种柏拉图主义的"理在气先"、"理一分殊"。当马克思在《博士论文》中提及"亚里士多德说，有

---

① 参见《马克思恩格斯全集》中文第一版第29卷，第540页。
② 《马克思恩格斯全集》中文第二版第1卷，第47页。

时看起来是概念证实现象（Phänomene），而现象又证实概念"① 时，概念与现象之间的关系完全没有神秘主义的成分。

第三，黑格尔的实存相对于本质的关系，在《大逻辑》和《小逻辑》有所不同。在《大逻辑》中，实存放在"现象"部分；在《小逻辑》中实存放在"本质"部分。总体来说，黑格尔强调本质与现象之间没有鸿沟，以批判康德的不可知论。但是，作为存在（Sein）与本质的统一的"概念"，真的可以像黑格尔所说的那样通过"个体性"这个环节回到现实吗？答案恐怕没有这么简单。正如费尔巴哈所批判的那样②，黑格尔的逻辑学永远是在思维领域打转转，不可能真正回到现实、自然。马克思的解决方案是，概念本身内在地包含着质料（Materien）③ 与形式的矛盾，因此矛盾的客观化（即概念的实现）以及原子从本质世界回到现象世界，总有"质料性"如影随形相伴其中。而原子在黑格尔那里永远只是思想性的"一"④，即使"一"以"自为的存在"的形式存在。也正因为如此，在马克思眼里伊壁鸠鲁的原子才与莱布尼茨的单子有本质的不同，因为马克思是站在原子论唯物主义的哲学立场上。因此，黑格尔的本质、概念、理念更接近于柏拉图的理念（相），也就是客观唯心主义。而马克思更接近亚里士多德，他们心中的本质（概念）永远是与个体实体须臾不离的。

另一方面，马克思的"概念"范畴显然不是来自亚里士多德，因为亚里士多德的"概念"⑤ 属于形式逻辑的知性范畴。马克思的逻辑学实际上是将亚里士多德实体论与黑格尔概念论相嫁接。

首先，除"实存与概念"外，马克思也使用过"实存与概念"或"质与概念"等说法。马克思实际上是把"质"与"实存"、"本质"与"概念"看作是近似的、可以相互替代的范畴，前者与质料规定相关，后

---

① 《马克思恩格斯全集》中文第二版第 1 卷，第 55 页。
② 马克思后来重复了费尔巴哈的批判。
③ 中文版译为"物质"。
④ 黑格尔认为原子只是虚构，没有真正的实在性。但近代物理学研究表明原子确实是一种实在，而且用电子显微镜已经观察到原子。
⑤ 对概念下定义即"属+种差"。

者与形式①规定相关。与"质"和"实存"处于同一序列的还有"现象"、"现实"、"实在"、"实体（Substanz）"等范畴，与"本质"、"概念"处于同一序列的还有"原则"等范畴。马克思这种范畴使用上的"随意性"，显然只能从他受到亚里士多德而非受黑格尔的影响这一点才能得到合理解释。

第二，如果说西方哲学史存在"本质主义"和"实存主义"两条主线的话②，那么马克思是继承了亚里士多德，力图将二者统一起来。当然马克思和亚里士多德一样，突出的是"实存"相对于"本质"的先在性，或者说自然相对于观念的主体性。

第三，在亚里士多德那里，本质体现为个体实体的自我实现过程，现象也就是自我实现本身。因此，马克思在谈论从本质到现象的过渡（即从概念返回到现实）时，就很容易避免黑格尔概念论所固有的客观唯心主义。换句话说，如果非要给马克思贴上"本质主义者"的标签，那么马克思也只能算作亚里士多德主义的本质主义者，而非黑格尔主义的本质主义者。

三、马克思的"概念"："对立统一体"抑或"具体的总体"

从以上两个部分可知，"概念"是马克思逻辑学中起枢纽作用的范畴。现在我们进一步考察一下马克思的"概念"本身。

本文开头提到了卢卡奇的"总体性"范畴。卢卡奇的"总体性"来自于黑格尔的概念论，具体来说是概念的个体性环节。在黑格尔那里，概念的个体性指"具体的普遍性"，即总体性。当然，卢卡奇没有局限在"概念"层面上使用总体性，而是将总体性泛化了，如历史总体性、主客体统一的总体性等说法。那么，马克思的"概念"是"具体的总体"吗？

---

① 亚里士多德的"形式"与柏拉图的"理念"（或译为"相"）是同一个希腊词。
② 参见孙周兴：《本质与实存》，载《中国社会科学》2006年第6期。

在回答这一问题之前，还是先考察一下黑格尔的"具体的普遍性"。在黑格尔逻辑学"概念的主观性（或主观概念）"这一部分，概念本身有三个环节，即抽象的普遍性、特殊性、个体性（具体的普遍性）。"抽象的普遍性"与"具体的普遍性"是对立的两个环节，分别代表知性的普遍性和理性的普遍性。那么"抽象的普遍性"何以经过"特殊性"这一中介环节就能过渡到"具体的普遍性"呢？按照黑格尔的解释，任何依靠知性抽象（即"分析"）得到的普遍性，都不是真正的普遍性，都只能是片面的普遍性（与其相对应的是"正确"而非"真理"）。因此，理性思维不会满足于这种片面的普遍性，它还会对实在反复进行知性抽象。在获得众多乃至无限的"片面的普遍性"之后，理性思维会进行"综合"①，从而达到全面的即具体的、总体的普遍性，即"真理"。

马克思在《博士论文》中运用了黑格尔概念论中的普遍性、个别性（Einzelheit）范畴，有"抽象的个别性"、"具体的个别性"等说法，并以"抽象的个别性"指代伊壁鸠鲁原子概念的"形式"方面，将其与个体的自我意识画等号。马克思是把作为黑格尔概念范畴第三个环节的"个别性"这一代表伊壁鸠鲁原子论的"原则"②，变成一个独立的概念，即"抽象的个别性概念"，并有抽象的个别性"以其总体性（Totalitat）表现出来"的说法③。具体到"抽象的个别性概念"来说，马克思似乎是接受了黑格尔概念论关于概念本身是"具体的总体"的说法。

"抽象的个别性概念"是马克思《博士论文》中极其重要的核心概念，但它毕竟不能与"原子"概念本身画等号。马克思对"原子"概念本身主要是从两个侧面进行抽象，一是从质料与形式的角度，二是从实存与本质的角度。仅仅从两个侧面来对原子概念进行界定，似乎达不到黑格尔关于理性概念是"具体的总体"的要求。但马克思所构建的伊壁鸠鲁原子概念显然不是德谟克利特式的知性原子概念。这就说明，马克思在构建

---

① 康德反对理性的这种综合，认为这是理性的僭越，当然也是人类理性不可遏止的冲动。
② 这也是黑格尔在《哲学史讲演录》对伊壁鸠鲁派原子论的定位，他还把斯多亚派的"原则"看作是"普遍性"，并特地把斯多亚派放在伊壁鸠鲁派前面，而通常的哲学史是将斯多亚派放在伊壁鸠鲁派的后面。
③ 参见《马克思恩格斯全集》中文第二版第1卷，第35页。

伊壁鸠鲁的理性"原子"概念时，并没有照搬黑格尔关于概念本身三个环节的"三一体"图式，而是将黑格尔的理性概念创造性地转化为"对立统一体"。正是这种"对立统一体"，使其与仅仅以抽象普遍性为基础的知性概念（如德谟克利特的原子概念）区别开来。因此，马克思不仅将黑格尔的概念论与亚里士多德的实体论嫁接，而且对概念本身的规定也有别于黑格尔。

在后来的著作中，马克思也遵循同样的逻辑对一些重要概念[①]进行规定，如把"生产方式"概念规定为"生产力"与"生产关系"的对立统一体，把"商品"概念规定为"使用价值"与"价值"的对立统一体，把"劳动"概念规定为"抽象劳动"与"具体劳动"的对立统一体等。值得一提的是，恩格斯和列宁都非常强调"矛盾"，强调"对立统一规律"，但他们所强调的矛盾及"对立统一规律"首先关涉的是概念"之间"的对立统一，而非概念"内部"的对立统一。前者恰恰是黑格尔在逻辑学中进行概念（范畴）推演时所遵循的逻辑。

当然，马克思并不排斥从"具体的总体"的角度来对概念进行规定。他本人有"社会有机体"的说法，他也曾把特定社会形态的生产方式看作是"具体的总体"，尽管其中有"资本"这一"普照的光"，而"资本"是"不变资本"与"可变资本"的对立统一体。另一方面，马克思在六册经济学写作计划中也曾考虑从"资本一般性"、"资本特殊性"、"资本个别性"三个环节来考察"资本"概念，这也就是"具体的总体"概念。因此，卢卡奇强调马克思的总体性方法并不为错。

四、进一步的结论

近十多年来，新黑格尔主义的马克思主义成为一种世界性的学术潮流。本文所要强调的，仅仅以黑格尔哲学的视角来解读马克思文本（包括

---

① 有些概念如"生产方式"是马克思首先制定的。

早期文本）是很不够的，这会遮蔽掉马克思思想中许多有价值的东西。除了黑格尔，还有许多前辈或同时代的思想家对马克思思想（特别是早期思想）的形成和发展产生了重要影响，而特别应该引起重视的是亚里士多德。当我们看到马克思使用本质、实存、现象（Phänomene）、质料（Materien）、形式等范畴时，我们通常会想当然地把它们与黑格尔的逻辑学联系起来。不过，正如特雷尔·卡弗所强调的，这些概念是自亚里士多德以来西方学术思想传统中的常用概念。尤其需要注意的一个史实是，就在马克思接受中学教育的时期，对后世具有广泛影响的亚里士多德著作的近代版本刚刚出版（1831 年）。尽管卡弗完全否认马克思与黑格尔思想关系的做法无法令人苟同，但卡弗所提醒的突破黑格尔崇拜所造成的马克思文本解读迷雾，确实需要引起中国学者的重视。在过去 30 多年里，英语世界对马克思与亚里士多德关系的研究已经产生了许多成果，限于篇幅，对此情况的介绍将另文进行。

第十二章 唯物史观"历史性"观念的引入[①]

——马克思《1844年经济学哲学手稿》[②]中"异化"概念新解

"历史性"是"历史唯物主义"的重要维度。自《博士论文》以后，马克思思想中一直有唯物主义的基因，但缺乏"历史性"的维度。尽管马克思大学起就对历史学感兴趣，并在克罗茨纳赫时期专门研究过欧洲历史，但康德、费希特、鲍威尔、费尔巴哈的应然逻辑却是《1844年手稿》之前马克思思想的底色（关于此点，将另文阐述）。即使是在《1844年手稿》中，笔记本 I 仍然是以应然逻辑为主导，笔记本 III 才明确引入"历史性"观念，从而"历史唯物主义"开始萌芽。本文基于 MEGA²/I/2 刊发的《1844年手稿》文本及 MEGA²/I/2 资料卷关于《1844年手稿》原始手稿修改情况的文献学信息，对此问题进行初步探讨。

一、笔记本 I 中"异化劳动批判"与费尔巴哈"宗教异化批判"的同构性

《马克思恩格斯全集》中文第一版第 42 卷和第二版第 3 卷，都有三处尾注提示马克思相关论述与费尔巴哈的联系。其实，笔记本 I 中马克思

[①] 首次发表于《哲学动态》2015 年第 6 期。
[②] 文中简称"《1844年手稿》"。——作者注

与费尔巴哈的联系不仅是词句上的,更多是在精神实质方面,也就是说,马克思笔记本Ⅰ中"类活动异化批判"与费尔巴哈的"宗教异化批判"具有同构性。

先来看一下费尔巴哈的"宗教异化批判"。根据费尔巴哈的宗教异化理论,人的"类本质"与非属人的"他者"(上帝)处于对立统一的关系中。所谓"类",指的是"普遍"、"共相"。这里有三层关系。首先,"个体"的人与人的"类本质"是统一的。从1839年发表《黑格尔哲学批判》开始,费尔巴哈就持认识论上的"唯名论"立场。在费尔巴哈看来,"类"只是认识的抽象,它并不独立存在,而是寓于"个体"之中。在"个体"与"类"的统一中,"个体"是主词,"类"是宾词。第二,由于认识论的错误,"个体"与"类"不再是统一的,而是对立的。也就是说,"类"变成独立的存在,就如柏拉图的"理念"①和黑格尔的"观念"。这是认识论上的"唯实论"。根据"唯实论","类"成了主词,"个体"反而变成了"宾词"。第三,"类"一旦独立于"个体",它不但从"宾词"变为"主词",而且与"个体"相对立,从而"类"与"个体"相异化、外化。第四,"个体"与"类"虽然是对立的,但二者又具有统一性,即它们互为"对象"。因此,"个体"与"类"是既对立又统一的关系。换句话说,与个体相对立的"类"(即"唯实论"的类),只不过是寓于个体中的"类"(即"唯名论"的类)的投影。因此,与其说是"个体"与"类"相异化,不如说是"唯实论"的类与"唯名论"的类相异化,即"唯名论"的类异化为"唯实论"的类。第五,"个体"与"类"虽是对立统一的关系,但并不能将其称为"矛盾",因为"矛盾"的解决靠的是"内在否定"即"自我扬弃",而"异化"的克服靠的是"外在否定"即"批判"。前者是实然的、历史的逻辑,后者是应然的、批判的逻辑。

再来看一下马克思的"异化劳动批判"。马克思吸收了费尔巴哈"宗教异化批判"的结构,并对其作了进一步发展。马克思追随赫斯,将费尔

---

① 有学者将其译为"相"。

巴哈的人的"类本质"由静态的三因素（理性、意志、爱）①改造成动态的"类活动"。"类活动（Gattungsthätigkeit）"是马克思造的新词，最早出现于笔记本 III②。类活动包括人与自然的关系及人与人的关系两个方面。第一个方面涉及人的生产劳动，第二个方面涉及人的经济交换、社会交往等社会关系。在笔记本 I 中，马克思用的是"类本质"、"自由的、有意识的活动"、"自主活动"、"类生活"等说法。实际上，笔记本 I 中的"异化劳动"，也就是"异化了的劳动"与"劳动"形成对立统一的关系。这里"劳动"是作为人的类本质来使用的。但鉴于马克思经常在狭义上即"雇佣劳动"（也即"异化了的劳动"）的意义上来使用"劳动"一词，甚至在《德意志意识形态》中还有"消灭劳动"的说法，我们用"类活动异化"（即"类活动"与"异化劳动"形成对立统一的关系）③作为主导视角来把握第二块第一小块即与异化劳动相关的文本内容（第 267 页倒数第 6 行至第 275 页第 8 行）。

这里有必要讨论一下名词 Entfremdung 和动词 entfremden 的翻译和理解问题。目前中国大陆一般将名词 Entfremdung 和动词 entfremden 都译为"异化"。但在马克思《1844 年手稿》中，名词 Entfremdung 一般表示异化的"状态"，表示"某某"和"某某"相异化。而动词 entfremden 一般表示异化的"动作"，有两种用法。一种是"某某自我异化"。如果说"某某"异化（即"某某"作为动词异化的主语），那么指的就是"某某"自我异化。在笔记本 I 第四部分文本中，"如果工人不是在生产行为本身中使自身异化，那么工人怎么会同自己活动的产品象同某种异己的东西那样相对立呢？（Wie würde der Arbeiter dem Produkt seiner Tätigkeit fremd gegenübertreten können, wenn er im Akt der Produktion selbst sich nicht sich selbst entfremdete?）"是马克思第一次④使用动词异化（entfremdete），表达的就是"自

---

① 与黑格尔相比增加了"爱"这一因素。
② 《穆勒摘要》中多次出现"类活动"的说法，这是《穆勒摘要》写于《1844 年手稿》之后的一个旁证。
③ 如果"类活动"不是指生产活动，而是指交换或交往活动，那么就是"类活动"与"交往异化"的对立统一。
④ 此前八次使用"异化"都以名词形式出现。

身异化"的意思。以过去分词形式出现的异化，如"Die entfremdete Arbeit（异化劳动）"表示的就是"自我异化的劳动"。以动词形式出现的"异化"，绝大多数出现在"异化劳动"概念中。

另一种用法是表示使"某某"与某某相异化，如"异化劳动，由于（1）使自然界，（2）使人本身，他自己的活动机能，他的生命活动同人相异化，也就使类同人相异化（Indem die entfremdete Arbeit dem Menschen 1. die Natur entfremdet, 2. sich selbst, seine eigne tätige Funktion, seine Lebenstätigkeit, so entfremdet sie dem Menschen die Gattung）"。在这句话中，异化劳动（die entfremdete Arbeit）使"自然界（die Natur）"、"人本身（sich selbst）"、"类（die Gattung）"同"人（dem Menschen）"相异化（entfremdet）。

由于马克思对费尔巴哈的"类本质"作了这样的改造，"异化"就呈现出复杂的结构。和费尔巴哈一样，马克思也是一个认识论上的"唯名论者"。因此，作为人的类本质的"类活动"，并不是独立于作为预防"个体"的人而存在的，而是寓于"个体"中的。换句话说，每个"个体"的活动都是"类活动"，作为个体的"你"与作为个体的"我"就没有本质区别。在生产领域的"类活动"就是"劳动"（一般劳动），在经济交换和日常社会生活领域中的"类活动"就是"交往活动"。"劳动"这一动态活动的结果，是静态的劳动产品。于是，"劳动"（一般劳动）就呈现出三元结构：个体—劳动活动—劳动结果。作为人的类本质的"劳动活动"寓于"个体"之中，因此与"个体"须臾不可分离；相应的，作为"劳动活动"的结果，"劳动产品"也与"个体"须臾不可分离。但是，如果作为人的类本质的"劳动活动"独立于"个体"，从而与"个体"相分离，那么作为人的类本质的"劳动活动"就变成了"异化劳动"，也就是说作为人的类本质的"劳动活动"发生了"自我异化"（就如在费尔巴哈"宗教异化"中"类本质"外化为"上帝"），这是马克思对"异化劳动"的第二个规定；相应的，"个体"就与作为人的类本质的"劳动活动"相分离、相异化，这是马克思对"异化劳动"的第三个规定；于是，"个体"就与"劳动活动"的结果即劳动产品相分离、相异化，这是马克思对"异化劳动"的第一个规定;于是,作为个体的"你"(特别是作为不劳动的"你")与作为个体的"我"(特别是作为"为你劳动"的"我")就有了区别,就相分离、相异化,这是马克思对"异化劳动"的第四个规定。第三,如果说费尔巴哈主要是在认识论意义上来谈论人的"类本质"与"上帝"的投影关系(即移植),那么马克思则是在社会哲学的意义上来谈人的"类活动"的异化。人的"类活动"之所以会以"异化劳动"的形式与其处于"异化"、"外化"的关系,不是由于认识论的错误,而是根源于社会原因,具体来说就是私有财产:"你"占有财产,于是你不需劳动,从而你与"劳动",进而与人的"类本质"相分离、相异化;"我"没有财产,从而必须"为你劳动",从而出现"异化劳动"的四个规定。占有财产的"你"具有两种异化规定:一是与"类本质"相异化,二是与"我"相异化。后一个规定是与"异化劳动"的第四个规定相重合的。

　　费尔巴哈和马克思都是认识论上的"唯名论者"。但是,费尔巴哈的"类本质"和马克思的"类活动"有一个共同的特点,即"理想性"。先看费尔巴哈关于人的类本质的三因素:理性、意志、爱。应该说每个个体都具有这三个因素,诚如费尔巴哈所言:"一个完善的人,必定具备思维力、意志力和心力"①。但个体的理性、意志、爱是有缺陷的,是有限的,"类"却是完善的、无限的,其理性是完善的理性,其意志是完善的意志,其爱是完善的爱。具有完善性的"类"特性就很难再寓于个体之中,这就为独立于个体而存在的"唯实论"的类埋下了伏笔。为了避免"唯实论"的结论(如柏拉图"理想的圆"为"现实的圆"所分有),那么费尔巴哈的"类"就必然具有"理想性",是人本学的"上帝",因此具有"应然性",是指向未来的。按照费尔巴哈的宗教异化理论,"现实的个人"都是类本质与个体相异化的"非人",并非"完善的人"。因此"真正的人"是尚未出现的"新人","新人"是费尔巴哈"人本学"的理想,培育"新人"也是其新哲学的任务。如果套用马克思1859年《政治经济学批

---

① 参见[德]费尔巴哈:《费尔巴哈哲学著作选集》下卷,荣震华译,生活・读书・新知三联书店1962年版,第28页。

判》序言中的说法,"新人"出现之前的历史是非人的历史,或称人类社会的"史前时期";"新人"出现之后的历史才是真正人的历史。

类似的,马克思的"类活动"也是理想性的,是指向未来的。这里有一个疑问:马克思是否会把原始社会人的活动看作是类活动?从马克思对"类活动"的界定"自由的、有意识的活动"来看,原始社会的人的活动不可能是"自由"的,因为赫斯和马克思都是在黑格尔意义上使用"自由"概念的。这再次回到本文的主题上来:在笔记本I中,马克思只有人类社会的"史前时期"和真正人的历史的二分法,原始状态—异化—异化的扬弃的三分法,是笔记本III才引入的历史性思路。

基于上述对马克思"异化劳动批判"与费尔巴哈"宗教异化批判"同构性的分析,可以看出《1844年手稿》笔记本I中的"异化劳动批判"是缺乏"历史性"的应然逻辑,即基于所谓的"绝对命令:必须推翻那些使人成为受屈辱,被奴役,被遗弃和被蔑视的东西的一切关系"(出自《〈黑格尔法哲学批判〉导言》)来论证共产主义。马克思只需把"那些使人成为受屈辱,被奴役,被遗弃和被蔑视的东西的一切关系"置换成"异化劳动"即可。因此,马克思在笔记本I中对共产主义的论证是基于应然的逻辑,这是典型的"哲学共产主义"。

二、笔记本I的文本结构与共产主义主题

"1844年经济学哲学手稿(Ökonomisch-philosophische Manuskripte aus dem Jahre 1844)"的标题,是1932年MEGA^{1}出版《1844年手稿》时编辑者为手稿添加的。但是,这一标题却是有误导性的。《1844年手稿》与其说是"经济学哲学手稿",不如说是"政治哲学手稿"或"共产主义手稿"。为了避免先入之见,本文将其称为《1844年手稿》。

MEGA^{1}的编辑者还为三个笔记本中具有相对独立意义的内容加了节标题,这些标题有些也具有误导性。比如笔记本I第四部分文本被编辑者冠以"异化劳动和私有财产(Entfremdete Arbeit und Privateigenthum)"的节

标题①，于是异化劳动和私有财产的关系问题，长期以来就成为读者和研究者百思不解的难题。

马克思在写作《1844年手稿》时，像蒲鲁东（《什么是财产》）和恩格斯（《国民经济学批判大纲》）一样，试图理解私有财产的"前提"。按照恩格斯的说法，就是"从纯粹人的、普遍的基础出发"，"去过问私有财产的合理性问题"。但他们追溯的"前提"还是"哲学的（形而上学的）"的前提（即恩格斯所谓"检验前提"的前提性批判），而非"历史的"前提。因此，即使马克思在《1844年手稿》笔记本Ⅰ中确实考察了私有财产的"前提"或"起源"，但这并不意味着笔记本Ⅰ的主题是异化劳动和私有财产的关系问题，更不意味着此时马克思已经具有明确的"历史性"观念。

为此，我们来看一下笔记本Ⅰ的结构。笔记本Ⅰ共有四个部分，前三个部分"工资"、"资本的利润"、"地租"属于摘录性质的笔记，每个部分最后都落脚到共产主义结论。这里，马克思的写作思路明显借鉴了恩格斯的《国民经济学批判大纲》。

下面具体考察一下笔记本Ⅰ第四部分的文本结构。对于第四部分内容的文本结构，读者会见仁见智。笔者认为该部分内容可划分为三块。第一块是从第266页②"我们是从国民经济学的各个前提出发"（Wir sind ausgegangen von den Voraussetzungen der Nationalökonomie）到第267页倒数第8行，是带有总论性质的导语，强调"从国民经济学的各个前提出发"展开研究。第二块是从第267页倒数第7行"我们从当前的一个国民经济学事实出发（Wir gehn von einem nationalökonomischen, gegenwärtigen Faktum aus）"到第279页第2行，其主旨是从"异化劳动"的国民经济学事实出发，得出否定"异化劳动"，从而消灭私有财产的共产主义结论。第三块是从第279页第3行开始到笔记本Ⅰ结束，重申和强化"从劳动到财产"

---

① 德文版《马克思恩格斯全集》补卷收录的《1844年手稿》，编辑者为该部分加的节标题是"Die entfremdete Arbeit（异化劳动）"。
② 为方便计，本文以《马克思恩格斯全集》中文版第二版第3卷作为《1844年手稿》中文版本的默认版本，所涉及的《1844年手稿》中文版本页码指的是《马克思恩格斯全集》中文版第二版第3卷的页码。

和"从异化劳动到私有财产"的主题,并酝酿新的思路,笔记本 II 和笔记本 III 就是这一思路的进一步展开。

对于第一块内容,马克思"从国民经济学的各个前提出发"到底是要做什么?对此马克思并没有明言,但我们可以结合马克思写作《1844 年手稿》的语境作合理推断。众所周知,马克思的经济学研究是受到恩格斯《国民经济学批判大纲》、赫斯的《论货币的本质》、蒲鲁东的《什么是财产》的直接影响,那么"从国民经济学的各个前提出发"就是为了得出共产主义的结论。实际上,恩格斯、赫斯、蒲鲁东并非经济学家,他们都是受到当时流行的小资产阶级社会主义思潮的影响。小资产阶级社会主义以西斯蒙第和路易·勃朗为代表,其进路是从"以子之矛,攻子之盾",从当时被看作主流科学的古典政治经济学出发,得出社会主义的结论。恩格斯、赫斯、蒲鲁东不过是对小资产阶级社会主义的模仿(当然,模仿并不意味着没有创新),马克思则是这种模仿的最新尝试者。实际上,笔记本 I 前三部分对共产主义的论证,奉行的也是这一策略。

对于第二块内容,首先需要指出的是,中译本(刘丕坤译本、《马克思恩格斯全集》中文第一版第 42 卷、第二版第 3 卷)都将"einem nationalökonomischen Faktum"译成"经济事实",实际上应该译成"一个国民经济学的事实"。马克思所谓的"一个国民经济学的事实",就是指国民经济学所承认的一个事实,即"工人与其产品相异化(der Entfremdung des Arbeiters und seiner Produktion)",中译本都将其错译为"工人及其产品的异化"(意思是工人的异化及工人产品的异化)(见第 275 页第 9 行)。

长期以来,人们非常重视马克思关于"异化劳动"的论述[①]中关于异化劳动"四个规定"(或称为"四个方面"、"四个基本特征")的内容,而忘了马克思作异化劳动概念分析的初衷是由此得出共产主义的结论;或者固执地将"从异化劳动概念推演(deduzieren)出私有财产概念"作为马克思作异化劳动概念分析的主旨,从而忽视了马克思在作异化劳动"概

---

① 即第 267 页倒数第 6 行至第 275 页第 8 行。

念"分析时,是时刻将异化劳动与其对立面即"类活动"相对照来论述的。实际上,马克思在作冗长的异化劳动概念分析(可称之为第二块的第一小块)时,根本没有提到"私有财产"。根据 MEGA²/I/2 第 774 页异文 371.10—11,第二版第 3 卷第 275 页第 5 段"我们的出发点是经济事实即工人及其产品的异化。我们表述了这一事实的概念:异化的、外化的劳动。我们分析了这一概念,因而我们只是分析了一个经济事实"的后面,接着写有文本"Wir haben nicht den Begriff des Privateigenthums vorausgesezt (我们尚未假定私有财产的概念)",后被删除了。由此可见,马克思是从《马克思恩格斯全集》中文第二版第 3 卷倒数第 6 自然段开始,才开始做从异化劳动概念到私有财产概念的推演的。

第二块的第二小块是马克思作的从异化劳动概念到私有财产概念的推演。将私有财产看作是类活动异化的社会根源,其实是马克思做从异化劳动"概念"到私有财产"概念"推演的实质,而马克思在作这种从概念到概念的推演时,运用的既不是演绎推理,也非归纳推理,而是思辨的概念推演(马克思这里所作的概念推演,类似于他在《博士论文》中就"原子"概念所作的推演)。

为了准确把握第二小块的内容,首先需要注意译文问题。中译本都将"Wir haben den Begriff dieses Faktums ausgesprochen: die entfremdete, entäußerte Arbeit"译成"我们表述了这一事实的概念:异化的、外化的劳动",译文虽然没有错误,却让人费解。可参照企鹅出版社英译文"We have formulated this fact in conceptual terms as estranged, alienated labor",将其译为"我们已经用异化的、外化的劳动概念来表述这一事实"。此外,《马克思恩格斯全集》中文第二版第 3 卷将"Sehn wir nun weiter, wie sich der Begriff der entfremdeten, entäußerten Arbeit in der Wirklichkeit aussprechen und darstellen muß"错译为"现在让我们看一看,应该怎样在现实中去说明和表述异化的、外化的劳动这一概念"。刘丕坤译本和《马克思恩格斯全集》中文第一版第 42 卷的译文是正确的:"现在我们要进一步考察异化的、外化的劳动这一概念在现实中必须怎样表达和表现。"

第二块第二小块的内容,表面上看是马克思陷入了"从私有财产到异化劳动"和"从异化劳动到私有财产"的循环论证。但如果以"类活动异化"作为主导视角来重新解读第二块的文本,就会解开这一所谓的"循环论证"之谜。

前文已经表明,在生产领域,"类活动异化"就是"类活动"与"异化劳动"形成对立统一的关系①。考察作为类活动的"劳动",马克思就进入到洛克劳动产权理论的视阈。洛克从自我所有权,进而从劳动出发,推出了"自然状态"下的"占有"理论②。洛克也被认为是"劳动价值论"的创始人,但洛克"自然状态"下的劳动价值论与肇始于斯密的古典政治经济学的劳动价值论有很大区别,后者探讨的不仅仅是"财产",而是"资本",并明确得出了"资本是积累的劳动"的结论。

第二块文本开头的一处修改值得注意。根据 MEGA²/I/2 第 769 页异文 365.7,第二版第 3 卷第 268 页第 2—4 行的"在国民经济学假定的状况中,劳动的这种实现表现为工人的失去现实性,对象化表现为对象的丧失和被对象奴役,占有表现为异化、外化(Diese Verwirklichung der Arbeit erscheint in dem nationalökonomischen Zustand als Entwirklichung des Arbeiters, die Vergegenständlichung als Verlust und Knechtschaft des Gegenstandes, die Aneignung als Entfremdung, als Entäußerung)",这句话中,"占有(Aneignung)"③ 一词是后加的。没有添加"占有"之前,马克思想表达的意思是"对象化表现为对象的丧失和被对象奴役,表现为异化、外化"。

中译本将"in dem nationalökonomischen Zustand"译为"在国民经济学假定的状况中"虽是意译④,却是准确的。按照洛克的劳动产权理论,作为"类活动"的生产劳动,其劳动产品为劳动者所"占有(动词形式 aneignen,名词形式 Aneignung)";而按照古典政治经济学的劳动价值论,作为"类活动异化"的"异化劳动",其劳动产品不为劳动者所"占有(Aneignung)",而是被资本家所"占有(动词形式 besitzen,名词形式 Be-

---

① 也可以说"异化劳动"是类活动的投影。
② 洛克所用的英语"占有",其动词是"appropriate",对应的名词是"appropriation"。
③ 英译文将"Aneignung"译为"appropriation"。
④ 第一版第 42 卷的译文是"在被国民经济学作为前提的那种状态下"。

sitz)"。想必马克思非常熟悉蒲鲁东在《什么是所有权》中的说法："这里是我的建议：劳动即使在领到了工资以后，对他所生产出来的产物还是保有一种天然的财产权。""如果真像人们所主张并经我们认可的那样，劳动者是他所创造的价值的所有人，那么结果就是：1. 劳动者应该获得财产，而不是游手好闲的所有人。"(《什么是所有权》商务印书馆1963年版，第135、142页)

"Besitz"要比"Aneignung"更宽泛。"占有"意味着"财产"[黑格尔在《法哲学原理》中也有"占有，就是财产（Besitz, welcher Eigenthum ist）"的说法。见《法哲学原理》第40节]，不过此"财产"并非资产阶级的私有财产，而是人类历史中普遍存在的财产现象（也包括共产主义社会）。与"财产"对应的是"占有（Aneignung）"，而与"私有财产"对应的是"占有（Besitz）"或"拥有（Habe）"。根据 MEGA^2/I/2 第801页异文392.20，第二版第3卷第303页第5—6行的"不应当仅仅被理解为占有、拥有（nicht nur im Sinne des Besitzens, im Sinne des Habens）"，是经过两次修改而成的。最先的文本是"nicht nur im Sinne des Besitzens. Wie der Mensch das/auch（不应当仅仅被理解为占有。正如人也）"，然后修改为"nicht nur im Sinne des Besitzens, des Habens（不应当仅仅被理解为占有、拥有）"，最后修改为现有的文本。现有的文本可译为"不应当仅仅被理解为占有，理解为拥有"。这句话以及下面这句话："同样，私有财产的积极的扬弃，也就是说，为了人并且通过人对人的本质和人的生命、对象性的人和人的产品的感性的占有，不应当仅仅被理解为直接的、片面的享受，不应当仅仅被理解为占有、拥有"，也都是将"Aneignung"与"Besitz"和"Habe"作对照。

实际上，马克思早在《黑格尔法哲学批判》中就谈论过"占有"与"私有财产"的关系："私有财产的真正基础，即占有，是一个事实，是无可解释的事实，而不是权利。只是由于社会赋予实际占有以法律的规定，实际占有才具有合法占有的性质，才具有私有财产的性质"[①]。此处的

---

① 《马克思恩格斯全集》中文第二版第3卷，第137页。

"占有",马克思用的是"Besitz"。更早的时候,在大学时期马克思上过法的历史学派代表人物萨维尼的课。萨维尼的代表作就是《论占有》。

套用蒲鲁东《什么是财产》一书中的思路,马克思可以这样说:一个人可以因为先占而"占有(besitzen)"自然资源,也可以通过暴力或契约而"占有(besitzen)"别人的劳动产品,当然也可以"占有(besitzen)"自己的劳动产品。一个人"占有(besitzen)"自己的劳动产品,就是"占有(aneignen)",劳动产品就成为劳动者的"财产"。"对象的丧失(Verlust des Gegenstandes)",劳动产品相对于劳动者的"异化(Entfremdung)"、"外化(Entäußerung)",也就是劳动产品作为与劳动者相分离的"积累的劳动",作为"资本"而被资本家所"占有(besitzen)",成为资本家的"私有财产"。

需要指出的是,在《1844年手稿》中,"私有财产"专指资本家的财产,即"资本"。笔记本I第二部分一开始就说,"资本,即对他人劳动产品的私有权(das Kapital, d. h. das Privateigentum an den Produkten fremder Arbeit)"。"私有权"的原文是"das Privateigentum",企鹅出版社的英译文用的是"private property"。因此,其字面含义是"资本是将别人的劳动产品变成自己的私有财产"。简言之,私有财产=资本。对于"封建财产",马克思专门用"Feudaleigenthums"这个词,也有"不发达的、不完全的私有财产(das unausgebildete, halbe Privateigentum)"①的说法。

如果说对应于"类活动"与"异化劳动"的对立统一,将"Aneignung"与"Besitz"相对照的做法分散在第二块文本中,那么第三块文本就再次回到并强化了这一主题。

首先看第279页倒数第3自然段的论述。根据MEGA²/I/2第778页异文374.29,第二版第3卷第279页倒数第10—11行"两个组成部分,它们相互制约,或者说,它们只是同一种关系的不同表现"的后面,原先写有文本"haben wir das Privateigenthum/(我们有私有财产)",后被删除了。删除之前的完整意思是"我们有私有财产,它有两个相互制约(或同

---

① 字面意思是"尚未发育好的、只算半个的私有财产"。

一种关系的不同表现）的组成部分"。其中，"关系（Verhältnisses）"是由"Sache（事物）"修改而成的。根据 MEGA²/I/2 第 778 页异文 374.30，"aufgelöst"后面原先是句号，后改为逗号，这说明"占有表现为异化、外化，而外化表现为占有、异化表现为得到公民权"是马克思后写上的。根据 MEGA²/I/2 第 778 页异文 374.29，这段话中"uns（我们）"是后加的，将"hat sich uns die entäusserte Arbeit aufgelöst"译为"外化劳动分解为"，"uns"的字意就没有体现出来。① 综合来看，整段话"In zwei Bestandtheile, die sich wechselseitig bedingen, oder nur verschiedne Ausdrücke ein und desselben Verhältnisses sind, hat sich uns die entäusserte Arbeit aufgelöst, die Aneignung erscheint als Entfremdung, als Entäusserung und die Entäusserung als Aneignung, die Entfremdung als die wahre Einbürgerung"，应该译为"我们已把外化劳动归结为两个相互制约（或同一种关系的不同表现）的方面，即占有显现为异化、外化，以及外化显现为占有、异化显现为真正成为公民"。我们将"Bestandtheile"意译为"方面"，而非字面的意思即"组成部分"。②

可以对照一下第二块文本开头部分"占有表现为异化、外化"的说法。可以看出，马克思把异化劳动（外化劳动）概念分为两个方面，也就是说，类活动的方面和异化劳动的方面。与类活动相对应的是"占有（Aneignung）"、"真正成为公民（die wahre Einbürgerung）"，与"异化劳动"对应的是"异化（Entfremdung）"、"外化（Entäusserung）"。"真正成为公民"的说法似乎很让人费解。企鹅出版社的英译本对此有一个注释"This apparently refers to the conversion of individuals into members of civil society which is considered as the sphere of property, of material relations that determine all other relations. In this case Marx refers to the material relations of society

---

① 《关于费尔巴哈的提纲》第四条"他做的工作是把宗教世界归结于它的世俗基础（Seine Arbeit besteht darin die religiöse Welt in ihre weltliche Grundlage aufzulösen）"，中译文就把"auflösen"译为"归结"。
② 其实，接下来的一段，马克思用的就是"方面（Seite）"一词。根据 MEGA²/I/2 第 778 页异文 374.28，"组成部分（bestandtheile）"是由"Sätze（论点、命题）"修改而成的，这也支持我们的翻译处理。

based on private property and the antagonism of different classes [这显然是指个体转变成为市民社会(市民社会被看作是财产的领域、决定其他关系的物质关系的领域)的成员。此处马克思指的是基于私有财产和不同阶级对抗的社会中的物质关系]"。笔者认为前面一句解释很到位,而后面一句解释则是画蛇添足。实际上,英译本的译者马丁·穆里根(Martin Mulligan)也混淆了"占有"和"异化"。

隔了一段,马克思再次强调:"我们已经看到,对于通过劳动而占有自然界的工人来说,占有表现为异化,自主活动表现为替他人活动和表现为他人的活动,生命的活跃表现为生命的牺牲,对象的生产表现为对象的丧失(即转归异己力量、异己的人)(Wenn wir nun gesehn haben, daß in bezug auf den Arbeiter, welcher sich durch die Arbeit die Natur aneignet, die Aneignung als Entfremdung erscheint, die Selbsttätigkeit als Tätigkeit für einen andern und als Tätigkeit eines andern, die Lebendigkeit als Aufopferung des Lebens, die Produktion des Gegenstandes als Verlust des Gegenstandes an eine fremde Macht, an einen fremden Menschen)"。根据 MEGA^2/I/2 第 778 页异文 375.3,"自主活动表现为替他人活动(die Selbsttätigkeit als Tätigkeit für einen andern)"写完之后,马克思本来是要继续写"生命的活跃表现为生命的牺牲(die Lebendigkeit als Aufopferung des Lebens)",不过只写了一个定冠词"die"(Lebendigkeit 的定冠词),马克思删掉了"die",然后写上"和表现为他人的活动",接着再写"生命的活跃表现为生命的牺牲"①。

由此我们可以看出马克思所作的以下一组对照:占有—异化、自主活动—替他人活动、生命的朝气蓬勃—生命的吸收、对象的生产—对象的丧失。这仍然是对"类活动异化"两个方面所作的鲜明对比。这里有两层逻辑线索:表层的"异化劳动—私有财产"逻辑线索和深层的"类活动—财产"逻辑线索。如果我们仅仅看到马克思从"异化劳动"概念到"私有财产"概念的概念分析和推演,而忽视了后一深层的逻辑线索,就很容易陷入马克思文本的思想迷宫中。

---

① 需要指出的是,"Lebendigkeit"译为"生命的朝气蓬勃"比译为"生命的活跃"更易懂。

第三块文本不但旨在强化第二块文本中的思想要点，而且还在酝酿新的思路。沿着"异化劳动—私有财产"这层逻辑线索，马克思在笔记本 II 中将笔记本 I 中的"工资"、"资本的利润"、"地租"置换成"劳动"、"资本"、"土地（地产）"，并从笔记本 I 强调三者的对立（利益冲突），转而强调三者的统一（统一于劳动）。笔记本 III 接着笔记本 II 的思路，通过考察"私有财产的劳动本质"，通过将"客体"之物归结为"主体"之人，从而从私有财产逆推出（"溯因推理"）异化劳动，异化劳动就真正成为私有财产的原因和根据。这一思路迥异于笔记本 I 从异化劳动"概念"推出私有财产"概念"的思辨推演，也有别于以"类活动"与"异化劳动"以及"Aneignung"与"Besitz"的对照来展示"异化劳动"是"私有财产"的根据的思路。不仅如此，马克思在笔记本 III 中，还进一步将"类活动"与"异化劳动"合并为"一般劳动"、"一般活动"①，将"人的类本质"置换为"人的本质力量"，从而由"劳动"生产出②"财产"，于是引出了"劳动—历史辩证法"。

三、笔记本 III 的劳动—历史辩证法

我们经常谈论费尔巴哈的"宗教异化"。其实，正如侯才所指出的那样③，费尔巴哈在《基督教的本质》一书从未使用过"异化"一词，而是大量使用"对象化（Vergegenständlichung）"、"外化（Entäußerung）"的概念。费尔巴哈只是在后来的《关于哲学改造的临时提纲》和《未来哲学原理》中，各有一次使用"异化"一词来指谓黑格尔哲学，实际上是转述黑格尔对异化的使用。早在《关于伊壁鸠鲁哲学的笔记》和《博士论文》

---

① 马克思在《关于费尔巴哈的提纲》中进一步将"一般活动"称为"实践"。
② 马克思在笔记本 I 进行概念推演时有"通过异化劳动，人不仅生产出（erzeugt）他同作为异己的、敌对的力量的生产对象和生产行为的关系，而且生产出其他人同他的生产和他的产品的关系，以及他同这些人的关系"的说法。
③ 参见侯才：《青年黑格尔派与马克思早期思想的发展》，中国社会科学出版社 1994 年版，第 83 页。

中，以及后来的《莱茵报》时期和《黑格尔法哲学批判》中，马克思都使用过异化概念（包括异化的名词形式和动词形式）。实际上，除了费尔巴哈，鲍威尔、赫斯、马克思、恩格斯等青年黑格尔派成员都频繁使用源自黑格尔的异化概念。但是，在《1844年手稿》笔记本Ⅰ中，马克思是在费尔巴哈"对象化"（外化）意义上使用黑格尔的"异化"概念的。费尔巴哈的"对象化"并没有费希特"自我"设定（创造）"非我"的含义，仅指主词与宾词处于分裂、对立和互为对象的"对立统一"的关系之中。但是，当马克思使用"对象化"概念时，却又不是在费尔巴哈意义上来使用的，而是指"工人的生产（die Produktion des Arbeiters）"或"对象的生产（die Produktion des Gegenstandes）①"，是在费希特"自我"设定（创造）"非我"意义上使用的②。

马克思在这个意义上使用"对象化"一词，就非常接近于黑格尔的"自我意识"异化（外化）的含义。"对象化"是连接马克思《1844年手稿》笔记本Ⅰ和笔记本Ⅲ的枢纽，也是马克思实现从笔记本Ⅰ的非历史性到笔记本Ⅲ的历史性转换的枢纽。与这个意义上的"对象化"可以划等号的，是马克思偶尔使用的"外在化"一词（名词Veräußerung，动词veräussern）。"veräussern"的词根是"äussern（表达、表现）"，因此其基本含义是"使表达出来"。于是，自我意识—自我意识异化—异化的自我意识的扬弃这一"否定之否定"的辩证法就呈现在马克思眼前。而且通过对黑格尔《哲学百科全书》和《精神现象学》中"否定性辩证法"的回顾，马克思确认黑格尔的"否定性辩证法"就是劳动—历史辩证法。当然，这是囿于思维领域、在思维中打转转的唯心主义"劳动—历史辩证法"。马克思只需对其作费尔巴哈式的改造（即注入感性因素），就变成了唯物主义"劳动—历史辩证法"。因此，费尔巴哈在笔记本Ⅰ中和在笔记本Ⅲ所起的作用是完全不同了。马克思在笔记本Ⅰ中主要吸收的是费尔

---

① 意即"工人生产对象"。
② 当然，马克思是一个唯物主义者，劳动与劳动产品的关系虽类似于"自我"创造"非我"，但马克思非常强调劳动离不开"自然界"（"感性的外部世界"），并非凭空创造。马克思在《哥达纲领批判》强调，劳动只是价值的源泉，而非财富的源泉。

巴哈的宗教异化思想①，笔记本 III 中主要吸收的是费尔巴哈的人本学自然主义感性思想②。

马克思在这个意义上使用对象化一词，对象化的主体不再是黑格尔式的人的"自我意识"，而是人的"本质力量（Wesenskraft）"。相对于笔记本 I 来说，在笔记本 III 中是"人的本质力量异化"，而不再是"类活动异化"。"人的本质力量"不再是活动性的，而是实体性的。但这种实体有一个从潜能到现实的发展过程，于是"历史性"因素就被引入。人的本质力量的异化，就像黑格尔《精神现象学》中的"主奴辩证法"一样，就个体而言意味着人的自我发展和自我实现，就人类而言意味着人类社会从童年走向成熟的历史发展过程。

根据 MEGA²/I/2 第 777 页异文 374.20，第二版第 3 卷第 279 页第 8—10 行"我们把私有财产的起源问题变为外化劳动对人类发展进程的关系问题，就已经为解决这一任务得到了许多东西（Wir haben schon viel für die Losung der Aufgabe gewonnen, indem wir die Frage nach dem Ursprung des Privateigentums in die Frage nach dem Verhältnis der entäußerten Arbeit zum Entwicklungsgang der Menschheit verwandelt haben）"，其中"Frage nach dem Verhältnis der entäußerten Arbeit zum Entwicklungsgang der Menschheit"（外化劳动对人类发展进程的关系问题）是由"Frage nach der geschichtlichen Nothwendligkeit, d. h. nach der Entwicklung（历史必然性问题，即发展问题）"修改而成的。整句话修改之前就是："我们把私有财产的起源问题变为历史必然性问题，即发展问题，就已经为解决这一任务得到了许多东西。"这句话出现在笔记本 I 结尾部分。在笔记本 III 中，根据 MEGA²/I/2 第 798 页异文 390.26，第二版第 3 卷第 301 页第 1—2 行的"私有财产的历史必然性（die geschichtliche Notwendigkeit des Privateigentums）"中，"历史（geschichtliche）"一词是后加的。这两处修改都涉及"历史性"问题。如果说在第一处修改处，马克思正在酝酿新的思路，"历史性"观念仍然忽明忽暗，那么在第二处修改处，马克思已经有了明确的历史性观念。而

---

① 主要体现在《基督教的本质》中。
② 主要体现在《关于哲学改造的临时提纲》和《未来哲学原理》中。

且笔记本 III 中明确出现了"私有财产的历史必然性"的说法（第 301 页），而且马克思既批判又肯定了黑格尔"只是为那种历史的运动找到抽象的、逻辑的、思辨的表达，这种历史还不是作为既定的主体的人的现实的历史，而只是人的产生的活动、人的发生的历史"。

根据 MEGA²/I/2 第 796 页异文 389.11，第二版第 3 卷第 297 页第 12 行的"共产主义是私有财产即人的自我异化的积极的扬弃（Der Kommunismus als positive Aufhebung des Privateigentums, als menschlicher Selbstentfremdung）"，是由"Der Kommunismus als positive Aufhebung des Privateigentums und d. menschlichen（共产主义是作为私有财产的积极扬弃以及人的）"修改而成的。由此可以看出，整句话"Der Kommunismus als positive Aufhebung des Privateigentums, als menschlicher Selbstentfremdung und darum als wirkliche Aneignung des menschlichen Wesens durch und für den Menschen"的中译文"共产主义是私有财产即人的自我异化的积极的扬弃，因而是通过人并且为了人而对人的本质的真正占有"就有问题。马克思本来表达的意思是"共产主义是作为私有财产的积极扬弃以及人的自我异化的积极扬弃"，但马克思想对"人的自我异化的积极扬弃"作进一步的展开说明，于是修改为现有的文本。因此，整句话应该译为"作为私有财产的积极扬弃，作为人的自我异化从而作为通过人并为了人而对人的本质的真正占有的共产主义"。

强调"私有财产的扬弃"与强调"人的自我异化的扬弃"，其侧重点还是有所区别的。首先，马克思不仅仅把私有财产看作是"人的自我异化"的结果，而且也把"宗教、家庭、国家、法、道德、科学、艺术等"看作是"人的自我异化"即"人的实现或现实（Verwirklichung oder Wirklichkeit des Menschen）"，亦即"迄今全部生产的运动（der Bewegung aller bisherigen Produktion）"的结果①。因此共产主义也不仅仅是否定私有财产，或私有财产自我扬弃，不仅仅是财产归社会占有或重建个人财产，更主要的是人的潜能得到发挥，人得到自由而全面的发展，从而人

---

① 这体现了马克思的"大文化"观。编辑者给这部分内容添加的标题"私有财产和共产主义"也具误导性，可改为"人的自我异化与社会主义"。

变得真正"富有（Reichtum）"①，变成"富有（即丰富）的人（der reiche Mensch）"。

其次，强调第二个方面"人的自我异化的积极扬弃"，就使"共产主义"升华为"社会主义"。正如马克思在后面的文本中所论述的那样："社会主义是人的不再以宗教的扬弃为中介的积极的自我意识，正象现实生活是人的不再以私有财产的扬弃即共产主义为中介的积极的现实一样。共产主义是作为否定的否定的肯定，因此它是人的解放和复原的一个现实的、对下一段历史发展说来是必然的环节。共产主义是最近将来的必然的形式和有效的原则。但是，这样的共产主义并不是人类发展的目标，并不是人类社会的形式。"换句话说，共产主义是从"私有财产"的扬弃的角度来看的，而社会主义是从"人的本质"自我异化的扬弃的角度来看的，后者强调了人的本质力量（Wesenskraft）先是从潜能（自我异化之前）到现实（自我异化）的对象化，再到对现实展开了（即对象性的人的本质）的重新占有，这才是对人的本质的"真正占有"（wirkliche Aneignung des menschlichen Wesens）。根据 MEGA²/I/2 第 797 页异文 389.12，第二版第 3 卷第 297 页第 13 行的"真正（wirkliche）"一词，是由"allgemeine（普遍的）"修改而成的。由此可知马克思所谓"真正占有"的含义是对潜能得到发挥的人的才能（Talent）的全面占有，即人的才能的全面发展。根据 MEGA²/I/2 第 802 页异文 392.40，第二版第 3 卷第 303 页倒数第 5 行的"一切（aller）"后面，原先写有"Talente der（——的才能）"，后被删除了。应该是马克思用"Sinne（感觉）"一词代替了"Talente（才能）"。在马克思那里，"感觉能力"也是一种才能："从主体方面来看：只有音乐才能激起人的音乐感；对于没有音乐感的耳朵说来，最美的音乐也毫无意义，不是对象，因为我的对象只能是我的一种本质力量的确证，也就是说，它只能象我的本质力量作为一种主体能力自为地存在着那样对我存在，因为任何一个对象对我的意义（它只是对那个与它相适应的感觉说来才有意义）都以我的感觉所及的程度为限。所以社会的人的感觉不同

---

① 也译为"财富"。

于非社会的人的感觉。只是由于人的本质的客观地展开的丰富性,主体的、人的感性的丰富性,如有音乐感的耳朵、能感受形式美的眼睛,总之,那些能成为人的享受的感觉,即确证自己是人的本质力量的感觉,才一部分发展起来,一部分产生出来。"需要指出的是,马克思还使用"本质力量"的复数形式(Wesenskräfte),有"这些本质力量的每一种(jede dieser Wesenskräfte)"的说法。

除了"Talente(才能)",马克思还用了"Energie(能力)"、"天赋和才能(Anlagen und Fähigkeiten)"、"能力(Vermögen)",它们都是马克思用以表达"人的本质力量"的词汇。比如,根据 MEGA²/I/2 第 827 页异文 407.36,第二版第 3 卷第 324 页第 1 行的"自己的能力作为产物(seine Energie als das Produkt)",是经过多次修改而成的。最先的文本是"das Produkt seiner Energie(自己能力的产物)",然后修改为"als das Produkt seine Energie(作为自己能力的产物)",最后改为现有的文本。

与笔记本 I 一样,"共产主义"仍然是笔记本 III 的主题。正是引入了"劳动—历史"辩证法的新思路,马克思笔记本 III 中对共产主义的论证就具有了历史的维度。于是,共产主义不再是仅仅应然的要求,而且也是历史本身运动的结果。正是有了历史的维度,避免共产主义倒退到"粗陋的共产主义"就不再是应然的要求,而是保存了全部历史发展成果的共产主义。

共产主义作为"人的本质力量—异化—异化的扬弃"的历史运动的结果,与黑格尔的"否定之否定"的辩证法具有同构性,因此难以逃脱历史目的论。从这个意义上说,历史唯物主义只是在《1844 年手稿》笔记本 III 中萌芽,尚未真正形成。但将这一"否定之否定"的历史过程看作是马克思持有一种"价值悬设"的理论立场,在笔者看来这是对文本的误读。与此相联系的是所谓"人性复归"的说法,其出处是接着的那句话"darum als vollständige, bewußt und innerhalb des ganzen Reichtums der bisherigen Entwicklung gewordne Rückkehr des Menschen für sich als eines gesellschaftlichen, d. h. menschlichen Menschen(因此,它是人向自身、向社会的即合乎人性的人的复归,这种复归是完全的、自觉的而且保存了以往发展的全部财富的）"。这句话里并没有"人性复归"的说法。"合乎人性的人的复归"的原文是"menschlichen Menschen"。《马克思恩格斯全集》中文第一版第42卷将其译为"（人的）人"。根据 MEGA²/I/2 第 797 页异文 389.12—13，第二版第 3 卷第 297 页第 13 行（即前句话）中的"人的本质（des menschlichen Wesens）"，倒是由"der menschlichen Natur（人性）"修改而成的。但是，把"人的自由的、有意识的活动"看作是"人的本质"，也仅限于笔记本 I。在笔记本 III 中，马克思是从人的"本质力量"（包括人的才能、交往、需要等）的角度来看待人的本质（或人性）的，强调的是人的本质力量的"自由发展"。前一个"自由"是强调活动的自由，后一个"自由"强调潜能得到发展的自由［即从"粗陋（Rohheit）"或"简单状态（Einfachheit）"到"丰富（Reichtum）"的完善论］，增加了历史性的维度。"自由人联合体"以及"人的自由而全面的发展"这两个表述中的自由，承接的第二个层面的自由。

余 论

本文所谓从笔记本 I 费尔巴哈的"异化"到笔记本 III 黑格尔的"异化"，马克思引入了"历史性"观念，主要涉及的是生产领域的劳动异化。但在《1844 年手稿》中（特别是在笔记本 III），马克思所谓的"异化"并不单单指"劳动异化"，还指"交换（交往）异化"、"需要异化"等。在非"劳动异化"的意义上使用"异化"概念，马克思仍然像在笔记本 I 那样，是指在私有财产前提下人的"类活动"（如"交往活动"）与异化了的人的类活动、人的"本质力量"（如"感觉"、"需要"）与异化了的人的"本质力量"形成对立统一的关系。因此，在私有财产条件下存在着严重的货币拜物教现象，严重的人的异化。当代西方马克思主义的社会批判理论、文化批判理论、消费社会批判理论等，都可以在这里找到源头。

第十三章 基于 MEGA² 的《关于费尔巴哈的提纲》文本研究：一个路线图[①]

一、《关于费尔巴哈的提纲》文本研究的方法论

关于马克思文本研究的进路，笔者曾在《光明日报》2007年4月10日的理论学术版的《方法论自觉与学派建构》一文中提出："要进一步深化马克思文本解读研究，研究者至少应有以下四个方面的方法论自觉：第一，马克思文本解读研究要基于 MEGA²（《马克思恩格斯全集》历史考证版）；第二，马克思文本解读研究要建立在充分了解国外马克思学相关研究成果的基础上；第三，马克思文本解读研究要以马克思文献学研究的新成果为基础；第四，马克思文本解读研究要善于参照主要语种的马克思著作版本。"近十年来，笔者正是按照这一"方法论自觉"进行文本研究的，这也是笔者有别于其他前辈或同辈马克思文本研究者的特色所在。

以上四点"方法论自觉"，最终要落脚于文本解读。因此，文本研究的成败，取决于能否使文献学、中译文及国内外研究现状的梳理与文本解

[①] 首次发表于《创新》2016年第1期。

读有机结合。如果只有第一个方面的基础性工作，研究就会沦为资料堆砌；只有第二个方面的工作，只着眼于文本的思想解读，就没有学术根底；如果两个方面的内容都具备，但没有实现有机结合，就仍然是两张皮，第一个方面的工作（特别是文献学方面的资料堆砌）就很容易成了一种装饰，这种文本研究就沦为了"伪文本研究"。

为此，笔者对马克思文本研究采取"两步骤原则"：

第一步，基于 MEGA^2 对目标文本作文献学清理，弄清目标文本的写作时间、目标文本与同一时期其他文本（特别是摘录笔记）的关系、目标文本的写作过程和版本情况（文本层）、目标文本的异文（文本修改情况），并对其可能蕴含的结论进行探讨。然后对照目标文本的原文，并参照其他语种（特别是英语）的版本，对目标文本的中译文进行讨论，并对其可能蕴含的结论进行探讨。最后，对目标文本的国内外研究状况（特别是西方马克思学的研究情况）作系统的学术史梳理。

第二步，在第一步工作的基础上，对马克思早期文本进行多角度和深入的思想解读。第二步的工作首先是设置"问题"。面对一个文本，研究者可以从不同角度提出不同的"问题"来对目标文本进行解读，因此文本解读是开放的，甚至说是无穷尽的。国内以往的"经典著作研究"或马克思主义哲学史教科书和专著，已经从目标文本提炼出了各种"问题"，而西方马克思学家，又从不同的角度提出了新的问题。因此，马克思文本研究既要直面已有的老"问题"，又要善于以新的视角，设置新的、有重大学术价值的真"问题"。

"问题"设置不是闭门造车，不是随心所欲，也不是仅仅依研究者的个人兴趣和知识结构而定。在"问题"设置上，除了首先要对国内外研究状况进行学术史梳理，以斯金纳为代表的思想史研究剑桥学派的方法论（特别是其"语境化"方法）值得借鉴。因此，笔者的马克思文本研究有意识地将马克思的思想置于西方思想史传统之中，包括古希腊哲学和文化传统、近代启蒙思想传统、德国观念论传统、近代资产阶级政治哲学传统等，从而使设置的"问题"能够与国际学术话语接轨，从而能够展开有效对话。

《关于费尔巴哈的提纲》是笔者近年来一直关注的马克思早期重要文本，先后发表了《〈关于费尔巴哈的提纲〉的写作原因及其再评价》①、《〈关于费尔巴哈的提纲〉与历史目的论》②、《超越传统主客二分——对马克思实践概念的一种解读》③，涉及《关于费尔巴哈的提纲》的文献学、中译文及文本解读等方面。根据马克思文本研究的"两步骤原则"，笔者在此提供一个未来对《关于费尔巴哈的提纲》进行文本研究的路线图，以求教于方家。

二、《关于费尔巴哈的提纲》文本研究的地基清理

（一）《关于费尔巴哈的提纲》手稿的文献学问题

1.《关于费尔巴哈的提纲》的写作原因

《关于费尔巴哈的提纲》既非《德意志意识形态》的"写作提纲"或预备性著作，也非受《神圣家族》出版后回响的影响，而是受赫斯《最近的哲学家》的直接影响（特别是赫斯对费尔巴哈的批判），在《1844—1847年记事本》上匆忙写就的。《提纲》第十条"旧唯物主义的立脚点是市民社会，新唯物主义的立脚点则是人的社会或社会的人"，直接来自赫斯的《最近的哲学家》，而且之前恩格斯在给马克思的信中特别提到了赫斯《最近的哲学家》中的这一思想。详情参见鲁克俭《〈关于费尔巴哈的提纲〉的写作原因及其再评价》。

2.《关于费尔巴哈的提纲》与《评李斯特》的写作顺序

在《马克思恩格斯全集》中文第一版第42卷中，《评李斯特》的写作

---

① 载《马克思主义与现实》2008年第5期，人大复印报刊资料《马克思列宁主义研究》2009年第1期。
② 载《河北学刊》2009年第5期，人大复印报刊资料《哲学原理》2010年第1期。
③ 载《中国社会科学》2015年第3期，人大复印报刊资料《哲学原理》2015年第6期。

时间标注的是"1845年3月",即《关于费尔巴哈的提纲》之前。国内的马哲史教程就是据此解读马克思这一时期的思想发展。根据 MEGA² 相关卷次的文献学考证,《评李斯特》写于1845年秋,接近《德意志意识形态》的写作。特别是其"生产力理论",与《德意志意识形态》中的生产力理论是完全一致的。

3.《关于费尔巴哈的提纲》的原始手稿

马克思《关于费尔巴哈的提纲》的1845年稿本,与恩格斯1888年发表的稿本有不小差异。有些是正字法和标点符号方面的改动,有些是内容上的改动。国内学者如俞吾金、王东、孙熙国对此做过探讨。

但有两处修改尚未引起人们的注意。第一处是《提纲》第三条第一段话"关于环境和教育起改变作用的唯物主义学说忘记了:环境是由人来改变的,而教育者本人一定是受教育的。因此,这种学说一定把社会分成两部分,其中一部分凌驾于社会之上。"在1845年稿本中,其德文原文是 "Die materialistische Lehre v. der Veränderung der Umstände u. der Erziehung vergißt, daß die Umstände v. den Menschen verändert u. der Erzieher selbst erzogen werden muß. Sie muß daher die Gesellschaft in zwei Teile— von denen der eine über ihr erhaben ist —sondiren."恩格斯对《提纲》第三条作了较大修改,将其改为 "Die materialistische Lehre, daß die Menschen Produkte der Umstände und der Erziehung, veränderte Menschen also Produkte anderer Umstände und geänderter Erziehung sind, vergißt, daß die Umstände eben von den Menschen verändert werden und daß der Erzieher selbst erzogen werden muß. Sie kommt daher mit Notwendigkeit dahin, die Gesellschaft in zwei Teile zu sondern, von denen der eine über der Gesellschaft erhaben ist. (Z. B. bei Robert Owen.)(有一种唯物主义学说,认为人是环境和教育的产物,因而认为改变了的人是另一种环境和改变了的教育的产物,——这种学说忘记了:环境正是由人来改变的,而教育者本人一定是受教育的。因此,这种学说必然会把社会分成两部分,其中一部分凌驾于社会之上。例如,在罗伯特·欧文那里就是如此。)"

大的修改有三点。首先,马克思原稿中的主语 "Diematerialistische Lehre v. der Veränderung der Umstände u. der Erziehung"可以有两种理解，一种理解是"关于环境改变的唯物主义学说和关于教育的唯物主义学说"，另一种理解是"关于环境改变的唯物主义学说和关于教育改变的唯物主义学说"。第二种理解可能性不大。恩格斯对主语作了彻底改写，变成"那种认为人是环境和教育的产物、改变了的人也是改变了的环境和改变了的教育的产物的唯物主义学说"。其次，恩格斯将修饰"zwei Teile（两部分）"的定语从句"von denen der eine über ihr erhaben ist"中的"ihr（她）"置换成"Gesellschaft（社会）"。但"ihr"是否可能指"zwei Teile"呢？如果是指"zwei Teile"，那么马克思的意思就是"一部分凌驾于另一部分之上"，而非"一部分凌驾于社会之上"。第三，恩格斯将马克思原稿中用的"sondiren（探测、发现）"置换成"sondern（使分离、使分开）"。恩格斯之所以做这样的修改，可能是他以为马克思这里出现了笔误。但实际情况并非如此。按照马克思的原稿，这句话可译为"因此，这种学说一定会发现社会由两部分构成，其中的一部分凌驾于另一部分之上"。并非马克思笔误的一个重要根据是，"sondiren"恰恰是马克思那个时代的拼写习惯，而按照后来的正字法（特别是1880年杜登的《德语全正字法字典》），"sondiren"就应该写为"sondieren"。实际上，恩格斯在1888年发表《提纲》时，就是按当时的正字法拼写的。比如恩格斯就将《提纲》第二条和第六条马克思原稿中的"isolirt（孤立）"按照当时的正字法拼写为"isoliert"。

第二处是第十条"旧唯物主义的立脚点是市民社会，新唯物主义的立脚点则是人类社会或社会的人类（Der Standpunkt des alten Materialismus ist die bürgerliche Gesellschaft, der Standpunkt des neuen die menschliche Gesellschaft od. die gesellschaftliche Menschheit）"，被恩格斯改为"Der Standpunkt des alten Materialismus ist die, bürgerliche Gesellschaft; der Standpunkt des neuen die menschliche Gesellschaft, oder die vergesellschaftete Menschheit"（旧唯物主义的立脚点是'市民'社会；新唯物主义的立脚点则是人类社会或社会化的人类）"。共有五处修改：

第一，逗号被恩格斯改成了分号；

第二，bürgerliche 一词被恩格斯加了引号，并作强调（德文版以斜体字表示，中文版以黑体字表示）；

第三，"Gesellschaft" 与 " od." 之间，被恩格斯加了逗号；

第四，马克思用的是 "oder" 的略写形式 "od."，恩格斯将其恢复为 "oder"；

第五，"社会的（gesellschaftliche）" 被恩格斯修改为 "ver gesellschaftete（社会化的）"。

第一、三、四这三处修改是非实质性的，第二、五处修改是内容上的实质修改，值得深入考察。

(二)《关于费尔巴哈的提纲》的中译文讨论

1. "gegenständliche" 的翻译问题

《提纲》的翻译直接影响到读者对文本的解读。朱光潜曾专门发表论文讨论《提纲》的翻译问题，后来又有不少学者就《提纲》的翻译问题发表看法。中译文也作了多次修改，最大的修改是将第一条中的 "gegenständliche" 由 "客观的" 改译为 "对象性的"，将 "subjektiv" 由 "主观" 改译为 "主体"。但在《提纲》第二条，仍然保留了将 "gegenständliche" 译为 "客观的" 这一译法。

2.《提纲》第一条中 "活动" 一词的翻译问题

在《提纲》第一条不算长的中译文中，出现了七处 "活动"。对照马克思的原稿，名词 "Thätigkeit" 出现了五次，被正确地译为 "活动"。形容词 "tätige" 出现了一次，被错误地译成 "能动的"。其他两处 "活动" 出现在 "因此，他在《基督教的本质》中仅仅把理论的活动看作是真正人的活动"，原文是 "Er betrachtet daher im Wesen des Christenthums nur das theoretische Verhalten als das echt menschliche"，其中 "Verhalten" 被错误地译成了 "活动"。"Verhalten" 有 "举止、行为、表现、态度" 等不同含义，前三个含义比较接近，第四个含义区别较大。此处马克思是在 "态度" 意义上使用 "Verhalten" 一词的，即 "因此，他在《基督教的本质》

中仅仅把理论的态度看作是真正人的态度"①。可参见英译文"Hence, in *The Essence of Christianity*, he regards the theoretical attitude as the only genuinely human attitude"。

"Thät"出自赫斯的论文题目"Philosophie der That",通常译为"行动的哲学",其实应该统一将"Thät"译为"活动"。"Thät"或"Thätigkeit"涉及赫斯和马克思对人的"类本质"的新理解和新规定,是1843年之后赫斯和马克思哲学中的核心概念,如果随意翻译,会造成很大误解和混乱。

3.《提纲》第三条的翻译问题

首先,将第三条第一段话第一句的主语"Die materialistische Lehre v. der Veränderung der Umstände u. der Erziehung"译为"关于环境和教育起改变作用的唯物主义学说",是不准确的。马克思的原意是"关于环境改变的唯物主义学说和关于教育的唯物主义学说",可译为"那种关于环境改变和关于教育的唯物主义学说",马克思所要表达的含义虽然有些笼统,但足够清楚,可任由读者结合上下文作出自己的理解。但马克思原稿中根本没有"环境和教育起改变作用"这层含义。可参照英译文"The materialist doctrine concerning the changing of circumstances and upbringing"。

其次,恩格斯修改稿的中译文也有不确之处。在同位语从句"daß die Menschen Produkte der Umstände und der Erziehung, veränderte Menschen also Produkte anderer Umstände und geänderter Erziehung sind"中,"die Menschen Produkte der Umstände und der Erziehung"与"veränderte Menschen also

---

① 马克思此处所提到的费尔巴哈在《基督教的本质》中仅仅把理论的态度看作是真正人的态度,见[德]费尔巴哈:《费尔巴哈哲学著作选集》下卷,荣震华译,生活·读书·新知三联书店1964年版,第144、145页:"理论之立场,就意味着与世界和谐相处""如果人仅仅立足于实践的立场,并由此出发来观察世界,而使实践的立场成为理论的立场时,那他就与自然不睦,使自然成为他的自私自利、他的实践利己主义之最顺从的仆人。"费尔巴哈的"理论的立场"和"实践的立场"的原文是"der Standpunkt der Theorie"和"den praktischen Standpunkt"。"立场"是与"态度"而非"活动"更接近。此外,黑格尔的《法哲学原理》导论的第4节,有"实践的和理论的态度"、"理论的态度"、"实践的态度"的说法,参见[德]黑格尔:《法哲学原理》,范扬、张企泰译,商务印书馆1979年版,第11、12、13页。马克思在写作《提纲》第一条时,头脑中凭印象浮现了费尔巴哈的《基督教的本质》和黑格尔的《法哲学原理》的这两处文字,或者说马克思将黑格尔"理论的态度"的说法移花接木到费尔巴哈《基督教的本质》第十二章对犹太人的实践利己主义的批判上。

Produkte anderer Umstände und geänderter Erziehung"是并列句,系动词"sind"是共用的,两者之间没有因果关系。中译文加了"因而"一词,把并列句变成了因果主从句,就改变了恩格斯的原意。

4.《提纲》第十条的翻译问题

《提纲》第十条中"der Standpunkt des neuen die menschliche Gesellschaft od. die gesellschaftliche Menschheit"译为"新唯物主义的立脚点则是人类社会或社会的人类"不妥,"die menschliche Gesellschaft"意即"人的社会","gesellschaftliche Menschheit"意即"社会的人",意思是人既是个体的,又是社会的,与"人类"没有任何关系。

《马克思恩格斯全集》中文第二版第3卷,已将《论犹太人问题》中的"menschlichen Emancipation"从第一版第1卷中的"人类解放"改译为"人的解放"。与此相应,《提纲》第十条中的"menschliche Gesellschaft"应译为"人的社会"。当然,第二版第3卷本身译文就不统一。该卷仍将《〈黑格尔法哲学批判〉导言》中的"allgemein menschlichen Emancipation"译为"全人类的解放"①。应译为"普遍的人的解放"或"全面的人的解放",以对应于"片面的人的解放",即"政治解放"。马克思此处②指的并非"一部分的解放"与"全体人的解放"的关系。

5)"muß"的翻译问题

《提纲》多次使用"muß"一词,除了第三条因为参照恩格斯修改稿所加的介词短语"mit Notwendigkeit(必然地)"而将其译成"一定",其余都译成了"应该"(第二条)、"应当"(第四条)。

笔者认为,第二条中"In der Praxis muss der Mensch die Wahrheit"不应译为"人应该在实践中证明自己思维的真理性",而应译为"人必定会在实践中证明自己思维的真理性",指人必定会在实践—历史的辩证运动中证明自己思维的真理性。第四条中"Diese selbst muss also in sich selbst

---

① 参见《马克思恩格斯全集》中文第二版第3卷,第210页。
② 马克思在《论犹太人问题》中有"menschlichen Emancipation überhaupt"的说法,《马克思恩格斯全集》中文第二版第3卷将其译为"一般人的解放"(参见《马克思恩格斯全集》中文第二版第3卷,第174页),是从第一版第1卷的"一般人类解放"改译而来。其实,其含义就是"普遍的人的解放"或"人的全面解放"。

sowohl in ihrem Widerspruch verstanden als praktisch revolutioniert werden. Also nachdem z. B. die irdische Familie als as Geheimnis der heiligen Familie entdeckt ist, muss nun erstere selbst theoretisch und praktisch vernichtet werden",不应译为"因此,对于这个世俗基础本身应当在自身中、从它的矛盾中去理解,并在实践中使之革命化。因此,例如,自从发现神圣家族的秘密在于世俗家庭之后,世俗家庭本身就应当在理论上和实践中被消灭",而应译为"因此,这个世俗基础本身一定会在自身中、从它的矛盾中得到理解,并在实践中被革命化。因此,例如,自从世俗家庭被发现是神圣家族的秘密之后,前者就一定会在理论上和实践中被消灭"。德语原文用的是被动语态,中译文将其改成了主动语态。可参照英译文"The latter must, therefore, in itself be both understood in its contradiction and revolutionized in practice. Thus, for instance, after the earthly family is discovered to be the secret of the holy family, the former must then itself be destroyed in theory and in practice."总之,在马克思那里,世俗家庭被理解、被革命化,在理论上和实践中被消灭,都是实践—历史运动的结果,而非"绝对命令"或道德诉求的产物。如果说马克思在《〈黑格尔法哲学批判〉导言》还诉诸康德式的"绝对命令",在《1844年经济学哲学手稿》笔记本Ⅰ中仍然诉诸对"异化劳动"和作为其前提的"私有财产"的道德批判,那么马克思在《1844年经济学哲学手稿》笔记本Ⅱ和Ⅲ中已经转向黑格尔的历史和实然逻辑①,马克思在《提纲》中仍然坚持了实然的历史逻辑。

(三)《关于费尔巴哈的提纲》国内外研究的学术史梳理及当前研究的主要问题

最早是拉布里奥拉,然后是葛兰西,将《提纲》解读为"实践哲学"。西方马克思主义的代表人物如卢卡奇、柯尔施、布洛赫等,都对《提纲》文本作过自己独特的解读。南斯拉夫"实践派"是这一解读思路的集大成者,并在20世纪80年代影响到中国学界。

---

① 参见鲁克俭:《唯物史观"历史性"观念的引入——马克思〈1844年经济学哲学手稿〉中"异化"概念新解》,载《哲学动态》2015年第6期。

中国对于《提纲》的专著性研究，早在 1936 年就由上海辛垦书店出版了叶青著《〈费尔巴哈论纲〉研究》，全书分八章：观念论之吸收，实践底重要，实践与理论，认识中的实践论，社会的观点，社会科学底推进，科学与哲学，哲学之消灭。

法国马克思主义考据学派代表人物拉比卡（Georges Labica）1987 年出版了专著 *Karl Marx, les "Theses sur Feuerbach"*（Presses universitaires de France），是在梳理已有研究成果的基础上对《提纲》作的专题研究。该书 1998 年出版了德文译本，中文版收入由鲁克俭主编的"国外马克思学译丛"，即将在"国外马克思学译丛"第二辑出版。

此外，近年来国外学者的《提纲》研究，还涉及以下一些"问题"。

（1）对《提纲》第一条的研究，如 Ulysses Santamaria，Alain Manville 的论文 "Marx et le matérialisme: sens et valeur de la première thèses sur Feuerbach" [*Philosophiques*, 1987, Vol. 14（2）]；柴田英樹的论文 "An Interpretation of the First Thesis on Feuerbach" [経済学論纂, 2014, Vol. 54（第5·6合併号）]。

（2）对《提纲》第六条的研究，如 Ètienne Balibar 的论文 "From Philosophical Anthropology to Social Ontology and Back: What to Do with Marx's Sixth Thesis on Feuerbach?" [*Postmodern Culture* 22.3（May 2012）]；Frank Cunningham 的论文 "Community, Tradition, and the 6th Thesis on Feuerbach"（*Canadian Journal of Philosophy*, Supplementary Volume, Jan 1, 1989, Vol. 15）。

（3）对《提纲》第十、第十一条的研究，如 G. Kirn 的论文 "Althusser's Return to a New Materialism: a Reading of the 10（th）and 11（th）Theses on Feuerbach" [*Filozofski Vestnik*, 2010, Vol. 31（1）]。

（4）对《提纲》写作语境的考察，如 Larry Markus Wiltshire 的博士论文 "The Influence of Ludwig Feuerbach and Max Stirner on the Philosophical Writings of Karl Marx"（Rice University, 1977）第 1—4 章，探讨了马克思如何以及为何放弃费尔巴哈；Ernie Thomson 的博士论文 "Feuerbach, Marx, and Stirner: An investigation into Althusser's epistemological break thesis"

(University of California, 1991) 探讨了 1843—1846 年马克思的思想发展, 强调马克思与费尔巴哈的认识论断裂是受到了施蒂纳的影响。

(5) 对《提纲》生态政治思想的考察, 如 Alex Loftus 的论文 "The Theses on Feuerbach as a political ecology of the possible" [*Area*, 2009, Vol. 41 (2)]。

(6) 从异化视角来对《提纲》文本进行解读, 如 Murzban Jal 的论文 "Interpretation as phantasmagoria: variations on a theme on Marx's theses on feuerbach" [*Critique*, 2010, Vol. 38 (1)], 把异化状态比作黑洞, 认为唯心主义和从前的唯物主义都是被异化的黑洞攫住了, 马克思哲学的新大陆（新唯物主义）最终逃脱了异化的黑洞。

(7) 对《提纲》实践概念的探讨, 如 Jose De Souza 的论文 "On practice and practical standpoint in Marx" [*Caderno CRH*, 2012, Vol. 25 (Special 2)] 考察了马克思《提纲》中的实践概念与美国实用主义的区别与联系, 认为马克思的实践概念具有本质主义和超验化的因素。

三、《关于费尔巴哈的提纲》的文本解读

(一)《提纲》中"实践"概念的新解读

实践是"主客体统一"的活动, 抑或"前主客二分"的活动? 从《提纲》各条来看, 都是"前主客二分"的活动, 而直观的唯物主义必然是主客二分的。即使像费尔巴哈这样的唯物主义者, 因为坚持主客二分, 也因此强调理论而贬低实践①, 才会指望在理论上彻底驳倒不可知论, 才会重视"解释世界"而忽视"改变世界"在人类历史发展和现实社会生活中的前提和基础作用, 才会面对不合理的现实时仅仅诉诸苍白的"应然"和伦理的"爱"。

---

① "仅仅把理论的态度看作是真正人的态度, 而对于实践则只是从它的卑污的犹太人的表现形式去理解和确定"。

唯物史观视域中的实践、生活，即社会存在（日常生活的世界），本就是先于（前）主客二分的。先有生存、生活，然后才有语言、社会意识，才会有科学理论及社会理论（意识形态）①。

（二）《提纲》第二条与"真理标准"

第二条的马克思原稿是"Die Frage, ob dem menschlichen Denken gegenstaendliche Wahrheit zukomme-ist keine Frage der Theorie, sondern eine praktische Frage. In der Praxis muss der Mensch die Wahrheit, i. e. Wirklichkeit und Macht, Diesseitigkeit seines Denkens beweisen. Der Streit über die Wirklichkeit oder Nichtwirklichkeit des Denkens-das von der Praxis isoliert ist-ist eine rein scholastische Frage"。首先，中译文仍然将"gegenstaendliche"译为"客观的"，肯定是不妥的。② 其次，国内学者通常把这一条作为"实践是检验真理的标准"的重要文本依据。其实，这一条与"真理标准"毫无关系。如果说该条与认识论有关的话，也是与批判"不可知论"有关，无关乎某一具体理论的真理性的检验问题。

众所周知，康德因为其保留"物自体"而在认识论上是"不可知论者"，黑格尔批判了康德，强调主客体的同一性（以主体来统摄客体），即恩格斯所谓"思维与存在的同一性"。费尔巴哈也批判了不可知论，但正如恩格斯所说的那样，费尔巴哈对不可知论的批判与其说是深刻的，不如说是机智的。马克思的《提纲》是针对费尔巴哈的。在批判不可知论问题上，马克思显然不同意费尔巴哈以及黑格尔仅仅从理论上来解决问题的做法。在马克思看来，在理论上无法真正解决不可知论。如果说康德认为以知性方式来论证超验的理性问题（如上帝、自由）永远存在"二律背反"，那么马克思进一步认为，"不可知论"既不能以知性方式来解决，也无法以理性方式（像黑格尔那样）来解决。这是一个实践领域的问题。不仅仅是理论理性的问题，也不仅仅是实践理性的问题，而是感性的对象

---

① 参见鲁克俭：《超越传统主客二分——对马克思实践概念的一种解读》，载《中国社会科学》2015年第3期。
② 马克思此处"对象性的真理"的说法，用以指黑格尔的真理观。根据这种真理观，事物的本质是理念（真理）外化的产物，此为"现实"，即事物具有了"现实性"。

性活动即现实的实践问题。

另一方面,《提纲》第二条体现了马克思的真理观。首先,现实的事物具有内在的本质和理性,这是马克思所继承的亚里士多德唯物主义性质的本质主义观。其次,社会中的现实事物的本质(及与其相对应的真理),既不是先验的(康德式的),也不是预成的(黑格尔式的),而是在先于主客二分的实践活动中生成的。真理不是认识的结果(基于主客二分),而是内在于人的实践活动中(实践智慧)。一旦从先于主客二分的实践活动(生活世界)静态化为主客二分的认识活动,就可能出现"意识形态"①。

(三)《提纲》与《1844年经济学哲学手稿》的关系

《提纲》第三条最难体现《提纲》与《1844年经济学哲学手稿》的关系。

一方面,《提纲》与《1844年经济学哲学手稿》的关系非常密切。

"环境的改变和人的活动或自我改变的一致,只能被看作是并合理地理解为革命的实践",针对的是法国唯物主义的"环境决定论"。英国哲学家、教育家洛克的"白板说",法国唯物主义思想家、教育家爱尔维修和狄德罗的"教育万能论",也属于"环境决定论"。美国行为主义心理学派的创始人华生有这样的说法:"给我一打健康而又没有缺陷的婴儿,把他们放在我所设计的特殊环境里培养,我可以担保,我能够把他们中间的任何一个人训练成我所选择的任何一类专家——医生、律师、艺术家、商界首领,甚至是乞丐或窃贼,而无论他的才能、爱好、倾向、能力,或他祖先的职业和种族是什么"。因此,"教育万能论"实际上是通过设置标准化"环境"来塑造人的心理及其发展,完全否认了人的心理发展的内

---

① 马克思并不否定基于主客二分的理论和认识活动。实际上,马克思在《德意志意识形态》中特别强调"实证科学",以与热衷于"僵死的事实的汇集"的经验主义、思辨的"空话"和"意识形态"相对照。有意思的是,同样是主张真理存在于"生活世界",胡塞尔的进路是反对"实证科学",认为实证科学会歪曲生活世界的"真理",只有现象学这一"真正严格的科学"才能发现真理。当然,马克思所谓的"实证科学",并非知性科学意义上的"实证科学",而是指马克思自己的理论(特别是后来的政治经济学),类似于后来韦伯的理解社会学,而有别于涂尔干的实证社会学。

生性和个体的主体性，因此"教育万能论"并非我们一般所认为的"唯心主义"教育观，而是"唯物主义"教育观。因此，《提纲》第三条并非左右开弓，而只是批评旧唯物主义。

马克思在不久前的《神圣家族》中刚刚赞扬过法国唯物主义，并据此论证共产主义，认为共产主义是法国唯物主义的必然结论：工人的异化状况是由现实的环境造成的，因此，改变现实的环境，推翻现存的经济社会制度（基于私有财产的市民社会），工人的异化就会消除，共产主义的"人的社会"就会到来。这种共产主义世界观与"唯意志论"（最终是唯心史观）是相通的，以为共产主义不是历史发展内生出来的，而是可以先通过革命，通过改变人所处的社会环境，共产主义"新人"就可以涌现出来。列宁发动"十月革命"遵循的就是这样的逻辑，列宁晚年对此点有明确的表述。马克思在《提纲》中放弃了《神圣家族》中对共产主义的论证思路，又回到了《1844年经济学哲学手稿》的劳动（实践）—历史辩证法思路。

另一方面，基于先于主客二分的实践的"人的自我改变"与"环境的改变"的统一，是马克思唯物史观从《1844年经济学哲学手稿》到《德意志意识形态》转换的枢纽。在《1844年经济学哲学手稿》中，马克思把私有财产、家庭、国家、宗教、艺术、科学等都看作是人的本质（力量）异化（即对象化）的产物，而在《德意志意识形态》中，马克思遵循的是从社会存在到社会意识，从生产、从经济基础到上层建筑的进路。其关节点，就是《提纲》第三条。在《1844年经济学哲学手稿》和《德意志意识形态》，都蕴含了"人的自我改变"及"环境的改变"的思想①，但在《1844年经济学哲学手稿》中，其内在的逻辑是人的本质（力量）的异化；在《德意志意识形态》中，其内在的逻辑是生产（即生

---

① 《德意志意识形态》中有一段写作中断的话："到现在为止，我们主要只是考察了人类活动（der menschlichen Thätigkeit）的一个方面——人改造自然。另一方面，是人改造人……"（《马克思恩格斯选集》中文第二版第1卷，第88页）。需要指出的是，"人改造人"的德文原文是"die Bearbeitung der Menschen durch die Menschen"，译为"人改造人"很令人费解，应改译为"人的自我改造"，以对应于"人改造自然（die Bearbeitung der Natur durch die Menschen）"。另外，"der menschlichen Thätigkeit"应译为"人的活动"。

产的逻辑)。

（四）如何理解人的本质是"一切社会关系的总和"？

不能把马克思此处关于人的本质是"一切社会关系的总和"的说法，解读为人的本质是"社会性"。如果说马克思此时仍然在使用"人的本质"概念，那么马克思所指的人的"本质"，实际上是人的"个体本质"，而非"类本质"。

这涉及"社会实在论"问题。社会并非个体的加总（如方法论个体主义所相信的那样），而是独立的实体（这是方法论整体主义的信念）。换句话说，"社会"不仅仅是一个"名"，而且有其"实"。但社会（人的社会）又不是与个体相异化、相对立的独立实体，不是先验的先于个体而存在的实体，个体是逻辑上在先的（从这个意义上说马克思又是方法论个体主义者）。因此，马克思是主张"一加一大于二"的唯物主义社会唯实论者。①

具体到《提纲》第六条，"本质"除了"一般"、"共相"等抽象的规定性之外，还有具体的规定性吗？典型的个体（如文艺作品中的"典型人物"）可以既是具体的，又是普遍的。同样，在费尔巴哈那里，类既是个体（个别），也是普遍（一般）。但费尔巴哈这样规定的"类存在"，是唯名论的，无法与社会（共同体）画等号。赫斯和马克思都曾错误地以为两者可以画等号，因为在费尔巴哈作自我澄清之前，他们没有注意到在费尔巴哈那里"类"是个体（"类"即使异化为上帝，也是以圣子耶稣这样的个体形象出现）。"类"既然是个体，其普遍性只能体现为"内在的、无声的、把许多个人自然地联系起来的普遍性"②，不会是现实的个体活生生地、有机地联系起来的共同体。

---

① 在《德意志意识形态》中，马克思的"社会唯实论"又增添了"分工"的维度，共产主义意味着分工的消除。
② 费尔巴哈的"类"，类似于后来胡塞尔现象学的"本质"。胡塞尔的"本质直观"，就是立足于感性个体的本质直观。实际上，费尔巴哈也有"本质直观"的说法。同样，在费尔巴哈看来，"类"蕴含了"社会"，正如胡塞尔的"主体际性"其实是基于个体的"先验还原"，也就是说，被"先验还原"的个体其实已经蕴含了"主体际性"。"主体际性"并不意味着个体之间的现实互动（博弈）。

在赫斯和马克思那里，人的本质不再仅仅是费尔巴哈意义上的"类"，即"理性、意志、爱"，而是个体的"实践"、"共同活动"（包括感性的对象性活动以及分工、交往等活动）。从而个体在"共同活动"的互动和博弈中，生成了超越于个体的新力量即社会。

（五）《提纲》的共产主义主题

马克思既不是书斋里的理论家（哲学家），也不是像列宁这样的职业革命家。所谓马克思"理论性与实践性的统一"，主要体现在马克思的写作是"政治性写作"。因此，对马克思的著述应该作政治哲学的解读。

马克思的《博士论文》是基于"唯物主义自我意识哲学"的宗教批判（自由主义政治立场），《莱茵报》时期的政论文章体现了马克思的共和主义思想和政治立场，《黑格尔法哲学批判》的"真正民主制"体现了马克思的共产主义思想和政治立场，从《德法年鉴》两篇论文到《共产党宣言》，都是马克思对共产主义的理论论证（先是哲学论证即哲学共产主义，然后是基于经济学的论证，最后是基于唯物史观的论证）。马克思的《1844年手稿》与其说是"经济学哲学手稿"，不如说是"共产主义手稿"①。

《提纲》第十条明确提出"新唯物主义的立脚点则是人的社会或社会的人"。第十条其实是《提纲》前十条的总结②。在《提纲》的原始手稿中，马克思在第十一条与第十条之间划了一条横线，就说明这一点。因此，共产主义是《提纲》的主线和落脚点，《提纲》首先是政治哲学的文本，其次才是"实践哲学"的纯哲学文本。

（六）《提纲》第十一条是否意味着"行动主义"？

不管怎么辩解，如果译文是"哲学家们只是用不同的方式解释世界，问题在于改变世界"，第十一条难免有抬高"实践"贬低"理论"的嫌

---

① 《1844年手稿》中"对黑格尔辩证法和整个哲学的批判"，只不过是马克思在笔记本Ⅲ论述共产主义的七点内容中的第六点。
② "立脚点"的德文原文是"der Standpunkt"，也可以翻译为"立场"、"观点"。《提纲》第十条所要表达的意思是"旧唯物主义的立场是市民社会，而新唯物主义的立场是人的社会"，或"旧唯物主义主张市民社会，新唯物主义主张人的社会"。

疑。但这明显与马克思一贯的思想不符。问题就出在对第十一条的理解上。马克思的原稿是"Die Philosophen haben die Welt nur verschieden interpretirt, es kömmt drauf an sie zu verändern"。"es kömmt drauf an"是固定短语，它有两种含义：一种是"关键的、重要的"，另一种是"取决于"。通常对第十一条的理解（包括母语是德语的人对第十一条的理解）是取第一个含义，就像恩格斯认为第三条中"sondiren"是"sondern"的笔误一样。其实，马克思是在双关语上使用"es kömmt drauf an"的。第十一条的意思就是：哲学家只是用不同的方式解释世界，而解释世界取决于改变世界。如果这样理解的话，马克思所强调的，并非实践（改变世界）比理论（解释世界）更重要，而是"改变世界"相对于"解释世界"在逻辑上是在先的。这与后来《德意志意识形态》强调社会存在决定社会意识的思路是完全一致的。因此，"改变世界"的含义也并非仅仅指"革命实践"，如列宁所强调的"没有革命的理论就没有革命的实践"，而主要是指劳动、生产、生活等实践活动，即社会存在本身。

因此，马克思《提纲》中有强烈的行动主义色彩，但并不能归结为否定理论的行动主义。

第十四章 《关于费尔巴哈的提纲》与历史目的论[①]

在《〈关于费尔巴哈的提纲〉的写作原因及其再评价》[②]一文中，我主要从《关于费尔巴哈的提纲》（以下简称《提纲》）的写作与赫斯两篇论文（《论德国的社会主义运动》和《晚近的哲学家》）之间关系的角度，对《提纲》在马克思思想发展史中的地位进行了重新评价。在该文的结论部分，我涉及《提纲》的历史目的论问题，但限于篇幅，没有作进一步展开。本文是其续篇，重点以"历史目的论"为视角，进一步重新审视《提纲》在马克思思想发展史中的地位。

一、青年马克思两次"走进—走出黑格尔"的思想脉络

众所周知，马克思在《德意志意识形态》中对历史目的论进行了彻底清算："历史不外是各个世代的依次交替。每一代都利用以前各代遗留下来的材料、资金和生产力；由于这个缘故，每一代一方面在完全改变了的环境下继续从事所继承的活动，另一方面又通过完全改变了的活动来变更旧的环境。然而，事情被思辨地扭曲成这样：好像后期历史是前期历史的目的，例如，好像美洲的发现的根本目的就是要促使法国大革命的爆发。

---

① 首次发表于《河北学刊》2009 年第 6 期。
② 载《马克思主义与现实》2008 年第 5 期。

于是历史便具有了自己特殊的目的并成为某个与'其他人物'(像'自我意识'、'批判'、'唯一者'等等)'并列的人物'。其实,前期历史的'使命'、'目的'、'萌芽'、'观念'等词所表示的东西,终究不过是从后期历史中得出的抽象,不过是从前期历史对后期历史发生的积极影响中得出的抽象。"① 而这种清算所针对的不仅仅是鲍威尔和施蒂纳,还包括费尔巴哈,而其根子在黑格尔。马克思写道:"德国的批判,直至它最近所作的种种努力,都没有离开过哲学的基地。这个批判虽然没有研究过自己的一般哲学前提,但是它谈到的全部问题终究是在一定的哲学体系即黑格尔体系的基地上产生的。不仅是它的回答,而且连它所提出的问题本身,都包含着神秘主义。对黑格尔的这种依赖关系正好说明了为什么在这些新出现的批判家中甚至没有一个人试图对黑格尔体系进行全面的批判,尽管他们每一个人都断言自己已经超出了黑格尔哲学。他们和黑格尔的论战以及他们相互之间的论战,只局限于他们当中的每一个人都抓住黑格尔体系的某一方面,用它来反对整个体系,也反对别人所抓住的那些方面。起初他们还是抓住纯粹的、未加伪造的黑格尔的范畴,如'实体'和'自我意识',但是后来却用一些比较世俗的名称如'类'、'唯一者'、'人'等等,使这些范畴世俗化。"② 这段话虽然是在《德意志意识形态》第一章的开头,但实际的写作却晚于第二章和第三章,是马克思试图彻底重写第一章的尝试③,因此其结论带有总结性质④。

尽管马克思早在《黑格尔法哲学批判》中就借鉴费尔巴哈的"颠倒"方法对黑格尔的思辨唯心主义进行过批判,在《神圣家族》中又对鲍威尔的唯心主义进行过无情的批判,但在《德意志意识形态》中马克思对黑格尔以及鲍威尔的批判则引入了新的视角,即"历史目的论"的视角。历史

---

① 《马克思恩格斯选集》中文第二版第1卷,第88页。
② 《马克思恩格斯选集》中文第二版第1卷,第64页。
③ 参见鲁克俭:《关于〈德意志意识形态〉"费尔巴哈章"的排序问题》,载《哲学动态》2006年第2期。
④ 关于青年黑格尔派没有离开黑格尔哲学的地基这一观点,是赫斯最先提出的。马克思曾经认为费尔巴哈已经离开了黑格尔哲学的地基,但从《提纲》开始,马克思接受了赫斯的这一论断。

目的论也是一种唯心主义,当然是一种隐性的唯心主义。这就是说,一个人即使坚持"自然先在性"和"物质第一性",仍然有可能沦为历史目的论者。马克思在《1844年经济学哲学手稿》(以下简称《1844年手稿》)中就典型地是这种情况,而《提纲》在很大程度上延续了马克思在《1844年手稿》中的思路。

青年马克思对待黑格尔的态度经历了两次"走进—走出"的摇摆。早年马克思接受的是文学浪漫主义思潮和以康德、费希特为代表的哲学主观唯心主义(或译理想主义)思想。1837年11月马克思给父亲的信①标志着马克思开始不满康德、费希特将"是"与"应该"对立起来,推崇"是"与"应该"的统一,从而开始第一次"走进"黑格尔的客观唯心主义。马克思第一次"走进黑格尔"的动因本来是因为不满意费希特的主观理想主义,但当他通过青年黑格尔派而接受黑格尔思想的时候,恰恰是青年黑格尔派退回到费希特主观理想主义之时。于是就出现了马克思思想与青年黑格尔派成员思想发展的不合拍。但是,马克思起初并没有明确意识到这一点。只是当我们今天仔细解读马克思《博士论文》的思想时,才能体会出马克思思想与鲍威尔的细微差异,即马克思一直保留着黑格尔关于历史发展主客体统一的思想,尽管在写作《博士论文》的时期(1839—1941年)正是马克思和鲍威尔一道创立"自我意识哲学"之时。

一个经常被人忽略的事实是,自采什柯夫斯基发表《历史哲学引论》

---

① 马克思在1837年11月10—11日致父亲的信中说:"对我当时的精神状态来说,抒情诗必然成为首要的课题,至少也是最愉快最合意的题材。然而它是纯理想主义的,其原因在于我的观念和我迄今为止的整个成长过程。我的天国、我的艺术如同我的爱情一样都变成了非常遥远的彼岸。一切现实的东西都模糊了,而一切正在模糊的东西都失去了轮廓。对当代的抨击,漫无边际、异常奔放的感情,毫无自然的东西,纯粹的凭空想象,现有之物和应有之物的截然对立,以修辞上的可以追求代替充满诗意的构思、不过或许也有某种热烈的感情和奋发向上的追求,——这就是我赠给燕妮的头三本诗集的特点。""我从理想主义——顺便提一下,我曾拿它同康德和费希特的理想主义作比较,并从中吸收一样——转而向现实本身去寻求观念。""在患病期间,我从头到尾读了黑格尔的著作,也读了他大部分弟子的著作。由于在施特拉劳和朋友们集会,我接触到一个博士俱乐部……这里在争论中暴露了很多相互对立的观点,而我同我想避开的现代世界哲学的联系却越来越紧密了。"参见《马克思恩格斯全集》中文第二版第47卷,第6—7、12—13、15页。

并倡导面向未来的"实践哲学"以后,青年黑格尔派就从黑格尔的客观唯心主义后退到费希特的主观理想主义,重新将"是"与"应该"对立起来,而鲍威尔的"自我意识哲学"不过是这种从黑格尔向费希特后退的极端表现形式。马克思后来在《神圣家族》中曾经把黑格尔的体系说成是斯宾诺莎的"实体"与费希特的"自我意识"的合题,可谓一语中的。如果说黑格尔的思辨哲学尽管是唯心主义,但毕竟是主客体统一的客观唯心主义,那么鲍威尔的"自我意识哲学"就是赤裸裸的主观唯心主义,是"儿子生父亲"的典型。所以,当马克思受费尔巴哈的影响开始批判黑格尔的思辨哲学时,马克思所针对的是黑格尔体系的"自我意识"方面,而其针对的靶子实际上是鲍威尔的"自我意识哲学"。这是马克思的第一次"走出黑格尔"。

在《1844年手稿》笔记本Ⅰ中,马克思完全采纳的是费尔巴哈人本主义的唯物主义(也可称之为"自然唯物主义"),马克思此时所用的"异化"概念主要是费尔巴哈意义上的,而非黑格尔意义上的。也就是说,笔记本Ⅰ中的"异化"主要是一个"道德批判"的概念,工人劳动本身的"异化"正如人的"类本质"的异化一样,人越是把自己的类本质异化为"上帝",在上帝面前人就越卑微,人就越受上帝的支配;同样,工人生产得越多,他就变得越贫穷。

当然,此时的马克思与费尔巴哈相比已经有很大的进步(这种进步很大程度上是在赫斯影响下取得的),即这种异化不是发生在思想领域,而是发生在市民社会中;相应的,异化的扬弃不能也不可能仅在思想中得到解决,而应该在实践中解决,也就是必须靠"物质力量"①,通过消灭私有制来解决。在到达巴黎之初,在写作《〈黑格尔法哲学批判〉导言》时,马克思就已经把无产阶级看作是担负消灭资本主义私有制历史使命的阶级。不过,此时的马克思还没有把无产阶级消灭私有制的历史使命看作是历史发展的内在逻辑,而更多是从理论推演和道德义愤出发所得出的结论:"对宗教的批判最后归结为人是人的最高本质这样一个学说,从而也

---

① 马克思在《〈黑格尔法哲学批判〉导言》中指出:"物质力量只能用物质力量来摧毁。"

归结为这样的绝对命令：必须推翻那些使人成为被侮辱、被奴役、被遗弃和被蔑视的东西的一切关系……在市民社会，任何一个阶级要能够扮演这个角色，就必须在自身和群众中激起瞬间的狂热。在这瞬间，这个阶级与整个社会亲如兄弟，汇合起来，与整个社会混为一体并且被看作和被认为是社会的总代表；在这瞬间，这个阶级的要求和权利真正成了社会本身的权利和要求，它真正是社会的头脑和社会的心脏。只有为了社会的普遍权利，特殊阶级才能要求普遍统治。要夺取这种解放者的地位，从而在政治上利用一切社会领域来为自己的领域服务，光凭革命精力和精神上的自信是不够的。要使人民革命同市民社会特殊阶级的解放完全一致，要使一个等级被承认为整个社会的等级，社会的一切缺陷就必定相反地集中于另一个阶级，一定的等级就必定成为引起普遍不满的等级，成为普遍障碍的体现；一种特殊的社会领域就必定被看作是整个社会中昭彰的罪恶，因此，从这个领域解放出来就表现为普遍的自我解放。要使一个等级真正成为解放者等级，另一个等级就必定相反地成为公开的奴役者等级……那么，德国解放的实际可能性到底在哪里呢？答：就在于形成一个被戴上彻底的锁链的阶级，一个并非市民社会阶级的市民社会阶级，形成一个表明一切等级解体的等级，形成一个由于自己遭受普遍苦难而具有普遍性质的领域，这个领域不要求享有任何特殊的权利，因为威胁着这个领域的不是特殊的不公正，而是一般的不公正，它不能再求助于历史的权利，而只能求助于人的权利，它不是同德国国家制度的后果处于片面的对立，而是同这种制度的前提处于全面的对立，最后，在于形成一个若不从其他一切社会领域解放出来从而解放其他一切社会领域就不能解放自己的领域，总之，形成这样一个领域，它表明人的完全丧失，并因而只有通过人的完全回复才能回复自己本身。社会解体的这个结果，就是无产阶级这个特殊等级。"① 实际上，此时马克思虽然已经靠近费尔巴哈，并逐渐与鲍威尔的自我意识哲学分道扬镳，但马克思并没有真正告别青年黑格尔的"应然"逻辑。只不过鲍威尔满足于理论的批判（"批判的武器"），而马克思已经深入到物质

---

① 《马克思恩格斯选集》中文第二版第 1 卷，第 9—10、14—15 页。

的批判（"武器的批判"）。无怪乎马克思会在《〈黑格尔法哲学批判〉导言》使用"绝对命令"这一明显具有康德色彩的概念了。需要指出的是，尽管马克思早期思想的发展受到赫斯很大影响，而且后来在赫斯身上也出现了历史唯物主义思想的萌芽（如关于生产力、交往形式等概念的使用），但赫斯最终没有真正超出"应然"逻辑，赫斯的"应该"就是真正的"人"。而在赫斯思想基础上发展起来的"真正的社会主义"，则完全滑向了"应然"逻辑的泥潭。

本来，笔记本Ⅰ的逻辑是：资本主义私有制必然导致劳动的异化，而劳动的异化正如人的类本质的异化一样，是不道德的、应受谴责的，于是应该铲除导致异化劳动的资本主义私有制。但马克思在《克罗茨纳赫笔记》中已经研究过德国、法国的历史，已经知道历史上已出现过不同的所有制（财产）形式，而资本主义私有制只不过是所有制的历史新形式。自然而然地，马克思会进一步追问资本主义私有制又是如何产生的？费尔巴哈的理论显然不能对此作出回答，而马克思对黑格尔理论特别是其历史辩证法的熟知，自然使马克思转向黑格尔。马克思突然意识到：黑格尔绝不是可以像费尔巴哈那样将其彻底否定就可以打发掉的，黑格尔理论中仍然具有合理因素和可以借用的思想资源。于是马克思第二次"走进黑格尔"，其标志就是马克思在未完成的《1844年手稿》笔记本Ⅰ的最后写道："诚然，我们从国民经济学得到作为私有财产运动之结果的外化劳动（外化的生命）这一概念。但是，对这一概念的分析表明，尽管私有财产表现为外化劳动的根据和原因，但确切地说，它是外化劳动的后果"，"我们已经承认劳动的异化、劳动的外化这个事实，并对这一事实进行了分析。现在要问，人怎么使他的劳动外化、异化？这种异化又怎么以人的发展的本质为根据？我们把私有财产的起源问题变为外化劳动对进程的关系问题，就已经为解决这一任务得到了许多东西。因为人有财产时，认为他们谈的是人之外的东西。而人们谈到劳动时，则认为是直接谈到人本身。问题的这种新的提法本身就已包含问题的解决。"[①]

[①] 《马克思恩格斯全集》中文第二版第3卷，第277—279页。

于是，在写作《1844年手稿》笔记本Ⅲ之前和写作过程中，马克思一边继续研读政治经济学，一边对黑格尔的《精神现象学》进行摘录。这后一工作使马克思对黑格尔以"精神劳动"为基础的历史辩证法的合理因素有了更为深刻的认识，当然马克思也没有忘记以费尔巴哈的人本主义唯物主义为武器来批判黑格尔历史辩证法的唯心主义实质。换句话说，马克思自己觉得已经把黑格尔的唯心主义历史辩证法改造成唯物主义历史辩证法，并以此为理论根据来对共产主义进行理论论证："自我异化的扬弃同自我异化走的是一条道路……共产主义是私有财产即人的自我异化的积极的扬弃，因而是通过人并且为了人而对人的本质的真正占有；因此，它是向人自身、向社会的（即人的）人的复归，这种复归是完全的、自觉的而且保存了以往发展的全部财富的。"①

马克思此时并没有意识到，黑格尔历史辩证法的唯心主义方面并不仅仅表现在黑格尔把劳动、劳动的异化（对象化）以及异化的扬弃都"精神化"，也就是把它们局限于思维领域，而且还表现在黑格尔的历史辩证法具有历史目的论特征。根据黑格尔的历史哲学，历史最终必然发展到世界历史，发展到绝对精神的统治，而绝对精神的实质是"自由"。但马克思后来越来越认识到，不同的思想家对历史的"目的"有不同的规定：在黑格尔那里是"自由"，在鲍威尔那里是"自我意识"，在费尔巴哈那里是"类"，在施蒂纳那里是"唯一者"，而在赫斯和"真正的社会主义者"那里是"人"。如果说黑格尔把"自由"规定为历史的"目的"还包含有现实的内容和历史的根据，那么把"自我意识"、"类"、"唯一者"、"人"等规定为历史的"目的"，则完全是"应然"逻辑的产物。正如马克思在《德意志意识形态》中所分析的那样："事情被思辨地扭曲成这样：好像后期历史是前期历史的目的……于是历史便具有了自己特殊的目的并成为某个与'其他人物'（像'自我意识'、'批判'、'唯一者'等等）'并列的人物'。"

"历史目的论"假定历史是"无人身的理性"，它就像现实的个人那

---

① 《马克思恩格斯全集》中文第二版第3卷，第294—297页。

样有自身的"目的",这显然是荒谬的。于是,从《德意志意识形态》开始,马克思第二次"走出黑格尔"。值得一提的是,"无人身的理性"是马克思在《哲学的贫困》中批判蒲鲁东模仿黑格尔主义时的说法。马克思在《哲学的贫困》(1847年)中延续了他在《德意志意识形态》(主要写于1846年上半年)对历史目的论的批判。

不同的思想家对历史的"目的"有不同的规定,这丝毫不令人奇怪。实际上,康德早就把类似"自由"、"上帝"这样的范畴看作是"知性"(经验的、实证的科学)无法证明的,如果非要以"知性"方式对它们作出证明,必然会出现"二律背反",就必然会导致"独断论"。"自由"、"上帝"等与人的信仰(信念)、价值目标、终极关怀等相关的范畴,实际上也就是康德所谓的"物自体"。尽管它们无法靠"知性"得到证明,却是人的"理性"所需要的,因而具有存在的合理性。马克思再次从黑格尔的历史目的论中"走出",也标志着马克思彻底告别了"独断论"和哲学共产主义的"应然逻辑":"共产主义对我们来说不是应当确立的状况,不是现实应当与之相适应的理想。我们所称为共产主义的是那种消灭现存状况的现实的运动。这个运动的条件是由现有的前提产生的。"① 相应的,经验的、实证的研究就成为马克思在《德意志意识形态》中响亮的口号:"在思辨终止的地方,在现实生活面前,正是描述人们实践活动和实际发展过程的真正的实证科学开始的地方。"②

从《1844年手稿》笔记本Ⅲ(1844年夏)到《德意志意识形态》(1845年11月)的近一年半时间里,马克思1845年2月公开出版了《神圣家族》(写于1844年8—11月),1845年初夏在《1844—1847年记事本》中写下了《提纲》,1845年初秋写下了手稿《评李斯特》。《神圣家族》主要批判黑格尔"把世界头足倒置起来"(即"儿子生父亲")的唯心主义,而《评李斯特》主要涉及马克思生产力理论的创立,都与历史目

---

① 《马克思恩格斯选集》中文第二版第1卷,第87页。
② 《马克思恩格斯选集》中文第二版第1卷,第73页。

的论关系不大。① 而《提纲》则体现了浓厚的历史目的论色彩,下面我们就对此作具体论述。

二、《提纲》"历史目的论"的文献学和文本依据

前面我们已经知道,马克思在写作《1844年手稿》笔记本Ⅲ过程中重新阅读和摘录了黑格尔的《精神现象学》,特别是其最后一章《绝对观念》②。实际上,马克思对黑格尔《精神现象学》的思考并没有到此结束。1845年1月,马克思在被驱逐离开巴黎前不久,在《1844—1847年记事本》上写下了四条以《黑格尔现象学的建构》(Hegel'sche Construction der Phänomenologie)③ 为题的笔记:

---

① 1842年11月恩格斯在《国内危机》一文说:"所谓的物质利益在历史上从来不可能作为独立的、主导的目的出现,而总是有意无意地为引导着历史进步方向的原则服务。"(《马克思恩格斯全集》中文第二版第3卷,第407—408页)1844年1—2月在《英国状况》中说:"人类分解为一大堆孤立的、相互排斥的原子,这种情况本身就是一切同业公会利益、民族利益以及一切特殊利益的消灭,是人类走向自由的自主联合以前必经的最后阶段。人,如果正像他现在接近于要做的那样,要重新回到自身,那么通过金钱的统治而完成外在化,就是必由之路。"(《马克思恩格斯全集》中文第二版第3卷,第534页)。而经常被人们引用的《神圣家族》中的一段话"'历史'并不是把人当做达到自己目的的工具来利用的某种特殊的人格。历史不过是追求着自己目的的人的活动而已"(《马克思恩格斯全集》中文第一版第2卷,第118—119页),其实是恩格斯1844年9月在巴黎写下的。由此可见,恩格斯比马克思更早地"走进"黑格尔的历史辩证法,也更早地告别了历史目的论。其实,青年时期恩格斯的思想发展在许多方面领先于马克思。
② 参见《马克思恩格斯全集》中文第二版第3卷,第336—374页。
③ "Hegel'sche Construction der Phänomenologie" 应译为 "黑格尔现象学的建构",其中 "die Konstruktion" 意为 "建构" 而非 "结构",它对应于英文中的 "construction",马克思用以指黑格尔体系的思辨建筑术。在德文中,"结构" 专门有一个词 "die Struktur",它对应于英文中的 "structure"。同样的,《神圣家族》第五章第2节的标题 "Das Geheimnis der spekulativen Konstruktion" 也应该译为 "思辨建构的秘密"。实际上《马克思恩格斯全集》英文版第4卷(MECW, Volume 4, Progress Publishers, Moscow 1975)确实是将这两处分别译成 "Hegel's Construction of The Phenomenology" 和 "The Mystery of Speculative Construction"。

黑格尔现象学的建构

（1）自我意识代替人。主体（das Subjekt）——客体。

（2）事物的差别（der Unterschied）并不重要，因为实体（die Substanz）被看作是自我差别（der Selbstunterscheidung），或者说因为自我差别、差别、理智（der Verstand）活动被看作是本质的。因此，黑格尔在思辨（die Spekulation）范围内提供了现实的、把握住事物本身的（wirkliche, die Sache ergreifende）区别。

（3）扬弃异化等于扬弃对象性（这是费尔巴哈特别予以发挥的一个方面）。

（4）你扬弃想象中的对象（der vorgestellten Gegenstand）、作为意识对象的对象（der Gegenstand），就等于现实的（wirklich）对象性的（gegenständlich）扬弃，等于和思维有差别的感性的（sinnlich）行动、实践以及真实的活动（die Tätigkeit）（还需要发挥）。

1932 年 MEGA¹ I /5 发表《黑格尔现象学的建构》时，又加了"马克思论他与黑格尔及费尔巴哈的关系"的标题，并注明写作时间大约在 1845 年 1 月。按照巴加图利亚的考证①，可靠的写作日期应该是"1844 年 11 月"。他的根据是，这四条笔记的基本思想已经在《神圣家族》第八章第（4）节《"观点"的被揭露了的秘密》中予以利用，而《神圣家族》是 1845 年 11 月结束写作的。但是，通过文本对照可以发现，《黑格尔现象学的建构》的四条内容只是部分地体现在该小节中。在这里，马克思以下三处论述分别与《黑格尔现象学的建构》第一、第二和第四条内容相关："黑格尔在'现象学'中用自我意识来代替人"②，"黑格尔的'现象

---

① 参见巴加图利亚著、单志澄译：《〈关于费尔巴哈的提纲〉和〈德意志意识形态〉》，载《马列主义研究资料》1984 年第 1 期，第 42 页。
② 《马克思恩格斯全集》中文第一版第 2 卷，第 244 页。

学'尽管有其思辨的原罪,但还是在许多方面提供了真实地评述人类关系的因素"①,"当我只是扬弃了这个世界的思想存在②,即它作为范畴或观点的存在的时候,也就是当我改变了我自己的主观意识而并没有用真正对象性的③方式改变对象性的现实,即并没有改变我自己的对象性的现实和别人的对象性的现实时,这个世界居然还像往昔一样继续存在。"④ 显然,第一处论述与《黑格尔现象学的建构》第一条内容比较吻合,马克思主要批判了黑格尔颠倒主客体的唯心主义。第二处论述与第二条内容在文字上并不吻合,但其精神实质则比较接近,主要是对黑格尔唯心主义之合理成分的肯定。第三处论述在文字上有"扬弃"和"对象性的"(gegenständlich)等说法的吻合,但前者侧重"唯物主义"观点,而后者侧重"对象化和扬弃对象化"这一历史(劳动)辩证法。当然,这是对黑格尔唯心主义历史(劳动)辩证法的唯物主义改造(马克思用了"感性的"和"真实的"说法)。这显然是马克思此时的兴奋点之所在。马克思在第四条最后的括弧中说此点"还需要发挥",但在《"观点"的被揭露了的秘密》一节中,马克思显然没有作进一步的发挥。而且相对前者而言,后者的思想既体现了继承性,又有了进一步的发展。此外,《黑格尔现象学的建构》第三条和第四条显然是相对应的。一方面,"异化和扬弃异化"逻辑的唯心主义"方面"被费尔巴哈所强调和发挥了;另一方面,"黑格尔常常在思辨的叙述中作出把握住事物本身的、真实的叙述"⑤的"方面",即"你扬弃想象中的对象、作为意识对象的对象,就等于现实的对象性的扬弃,等于和思维有差别的感性的行动、实践以及真实的活动",这一方面,正是马克思想着力发挥的方面。马克思在《提纲》第一条初步作了进一步"发挥",比如他充分肯定唯心主义对"活动"、"主体"和"能动的方面"的强调,并对"感性的活动"和"实践"给予了充分的重视和强调。

  与《黑格尔现象学的建构》第三条相关的内容并没有在该节出现,倒

---

① 《马克思恩格斯全集》中文第一版第2卷,第246页。
② 原文是 das Gedankendasein,即"思想存在",而非"想象存在"。
③ 原文是 gegenständlich,应译为"对象性的",而非"实物的"。
④ 《马克思恩格斯全集》中文第一版第2卷,第245页。
⑤ 《马克思恩格斯全集》中文第一版第2卷,第76页。

是可以在《神圣家族》第六章第（4）节《绝对批判的第三次征讨》的"（f）绝对批判的思辨循环和自我意识的哲学"中发现。①

实际上，该节的主要观点马克思在《神圣家族》其他地方也作过相应的论述。如马克思早在第五章第（2）节"思辨建构的秘密"中对"果实"的抽象过程进行考察时，在文字上有"思辨"（die Spekulation）、"思辨建构"（die spekulative Konstruktion）、"实体"（die Substanz）、"主体"（das Subjekt）、"理智"（Verstand）、"差别"（der Unterschied）、"自我差别"（der Selbstunterscheidung）、"感性的"（sinnlich）、"现实的"（wirklich）、"对象"（der Gegenstand）、"活动"（die Tätigkeit）、"现实的、把握住事物本身的"（wirkliche, die Sache ergreifende）等说法，在内容上也与《黑格尔现象学的建构》非常接近。

这就说明，把《"观点"的被揭露了的秘密》一节看作是对《黑格尔现象学的建构》的发挥，是很牵强的。如果按照巴加图利亚的逻辑，《黑格尔现象学的建构》应该写得更早，甚至是在《神圣家族》写作之前；也可以把它看作是马克思为写作《神圣家族》而准备的提纲，正如人们通常把《提纲》看作是马克思为写作《德意志意识形态》而准备的提纲一样。但这显然与《黑格尔现象学的建构》在《1844—1847年记事本》中所在的页码位置相矛盾。

其实，巴加图利亚在考证写在《提纲》前面的四行笔记时也出现了同样的错误。在1965年《〈关于费尔巴哈的提纲〉和〈德意志意识形态〉》的长文中，巴加图利亚认为这四行笔记是马克思为写作《神圣家族》而准备的，因为其内容在《神圣家族》第六章第（3）节的"（c）对法国革命的批判的战斗"和"（f）绝对批判的思辨循环和自我意识的哲学"中被利用②。受到陶伯特的批评后，1998年巴加图利亚放弃了自己30年前的说法，转而承认这四行笔记写于《神圣家族》之后，与提纲写于同一

---

① 参见《马克思恩格斯全集》中文第一版第2卷，第179页。
② 参见《马列主义研究资料》1984年第1期，第28页。

时期。①

总之，从文献学角度来看，《黑格尔现象学的建构》应该是写于《神圣家族》之后，它是对《神圣家族》整体思想（而非其中某一章节）的进一步深化和发展，与《提纲》的写作具有更紧密的思想联系。② 其最突出的特点，是延续了马克思在写作《1844年手稿》笔记本Ⅲ时所获得的新思路，即不仅否定黑格尔思辨哲学的唯心主义荒谬，而且肯定黑格尔唯心主义历史（劳动）辩证法的合理因素。这样做的结果，一方面是历史主义因素从此之后进入马克思的研究视野，另一方面是共产主义得以在新的理论维度即唯物主义历史（劳动）辩证法基础之上得到论证。马克思在写作《提纲》时，正处于第二次"走进黑格尔"的历史语境之中。这是我们在解读《提纲》时必须首先确定的前提。

我们说马克思在写作《提纲》时正处于第二次"走进黑格尔"的历史语境之中，还有其他的文本依据。众所周知，在马克思眼里，费尔巴哈主要是在"否定"、"消极"意义上使用"异化"概念③，而黑格尔主要是在"肯定"、"积极"意义上使用"异化"概念④。马克思《1844年手稿》笔记本Ⅰ中的"异化"更接近费尔巴哈的用法，而在笔记本Ⅲ中则糅合了费尔巴哈和黑格尔两种用法，"异化"兼有"消极"和"积极"两种维度。之所以能做到这一点，是因为马克思将"异化"与"外化"、"对象化"作了严格区分，而非像黑格尔和费尔巴哈那样将"异化"、"外化"、"对象化"不加区别地混用。在马克思这里，"外化"通常是在中性意义上使用，"对象化"通常在肯定意义上使用，而"异化"（"物化"）通常在否定意义上使用。当然，马克思有时也会在"物化"、"外化"、"对象化"

---

① 参见鲁克俭：《〈关于费尔巴哈的提纲〉的写作原因及其再评价》，并参见 MEGA²/Ⅳ/3 第 490 页。
② 这里再次提请读者注意一个事实：《黑格尔现象学的建构》和《提纲》都写于《1844—1847 年记事本》中，前者写于第 23 页，后者写于第 53—57 页（参见 MEGA²/Ⅳ/3 第 11、19—21 页）。
③ 其实，费尔巴哈更多使用的是"对象化"和"外化"概念，而非"异化"概念。参见侯才：《青年黑格尔派与马克思早期思想的发展》，中国社会科学出版社 1994 年版，第 83 页。
④ 20 世纪黑格尔早期著作手稿相继出版之后，人们发现黑格尔也在"否定"意义上使用过"异化"概念，参见鲁克俭：《国外马克思学研究的热点问题》，中央编译出版社 2006 年版。

不同意义上笼统地使用"异化",但由于马克思自己心中已对这种三种意义有了明确区分,因而根据上下文是可以判断出马克思所用"异化"的具体含义的。

显然,当马克思使用"对象化"(vergegenständlichen)、"对象性"(gegenständlichkeit)、"对象性的"(gegenständlich)等概念时,基本上是在黑格尔历史(劳动)辩证法的语境下使用的。1979 年出版的《马克思恩格斯全集》中文第一版第 42 卷把《黑格尔现象学的建构》第四条中"identifiziert mit der wirklichen gegenständlichen Aufhrbung"译成了"就等于真正的对象的扬弃"。而如果我们明白"对象的扬弃"在马克思原文中是"对象性的扬弃",就会很容易联想到第四条体现了马克思所主张的唯物主义历史(劳动)辩证法。

对"gegenständlich"一词翻译的前后不一致,已经影响到一般读者对马克思文本的理解和把握。① 1960 年出版的《马克思恩格斯全集》中文第一版第 3 卷将《提纲》第一条中"Feuerbach will sinnliche-von den Gedankenobjekten wirklich unterschiedne Objekte: aber er fast die menschliche Tätigkeit selbst nicht als gegenständliche Tätigkeit"翻译成"费尔巴哈想要研究跟思想客体确实不同的感性客体,但是他没有把人的活动本身理解为客观的[gegenständliche]活动",将第二条中"Die Frage, ob dem menschlichen Denken gegenständliche Wahrheit zukomme—ist keine Frage der Theorie, sondern eine praktische Frage"翻译成"人的思维是否具有客观的[gegenständliche]真理性,这并不是一个理论的问题,而是一个实践的问题"。也就是说,都把"gegenständliche"翻译成"客观的"。1995 年版的

---

① 中央编译局自成立之日起,其主要工作职责是对马恩著作的"翻译"而非"研究",这是中央编译局与前苏联和东德马列主义研究院的最大不同之处。显然,《马克思恩格斯全集》中文版的翻译不可能不受到国内理论界对马克思思想的阐释和研究深度的影响和制约,而中华人民共和国以后中国学者对马克思文本的解读又是受苏联哲学教科书直接影响的,因此任何倒因为果、随意指责《马克思恩格斯全集》中文版翻译"错误"导致中国学者对马克思思想"集体误读"的做法,都是没有道理的。在 21 世纪的今天,马恩著作翻译质量上的改进有赖于中国马克思文本研究整体水平的提高,而从事马克思文本研究的学者不能把自己混同于一般读者,不能抱怨中译文质量影响到自己对马克思思想的理解,因为对照马克思原文进行文本研究,是研究者必须具备的基本功。

《马克思恩格斯选集》把第一条中的"gegenständliche Tätigkeit"改译成"对象性的活动",但仍然保留第二条中"客观的真理性"的译法,而没有改成"对象性的真理"。其原因大概是"对象性的真理"的说法让人很费解,而"客观的真理性"则符合人们通常关于"客观真理"以及"实践是检验真理的标准"的理解。

但是,这是一种脱离《提纲》的语境,仅从字面对文本所作的片面、不准确的理解。恩格斯在《费尔巴哈和德国古典哲学的终结》中说:"还有其他一些哲学家否认认识世界的可能性,或者至少是否认彻底认识世界的可能性。在近代哲学家中,休谟和康德就属于这一类,而他们在哲学的发展上是起过很重要的作用的。对驳斥这一观点具有决定性的东西,凡是从唯心主义观点出发所能说的,黑格尔都已经说了;费尔巴哈所增加的唯物主义的东西,与其说是深刻的,不如说是机智的。"① 恩格斯实际上把《提纲》第二条与黑格尔对康德"不可知论"的批判联系了起来②,应该说这种解读是非常契合马克思思想的初衷的。

我们知道,康德通过"知性科学(自然科学)"与"形而上学"的划界,将"自由"、"上帝"等看作是"形而上学"的"本体"或"物自体"概念。于是"自由"、"上帝"就变成了人们信仰的对象或价值目标(即"应该")。这显然是黑格尔所不能同意的。黑格尔坚决反对割裂"是"与"应该"、"此岸"与"彼岸"、"现实"与"理论",而是以历史辩证法"证明"自由的历史必然性。黑格尔的名言"凡是现实的都是合乎理性的,凡是合乎理性的都是现实的"强调的就是"人的思维"的"此岸性"、"现实性和力量"。马克思《提纲》第二条也是在赞同黑格尔、反对康德这个意义上来谈问题的,这也是马克思自1837年第一次"走进黑格尔"之后一贯坚持的立场。

按照美国杜肯大学德国哲学史研究专家洛克莫尔教授的说法,德国唯

---

① 《马克思恩格斯选集》中文第二版第4卷,第225页。
② 马克思去世后不久,恩格斯就在寻找马克思《资本论》第二、三卷手稿的同时,开始了马克思遗稿的整理。恩格斯找到了《德意志意识形态》的手稿,也找到马克思的《1844—1847年记事本》,看到了《提纲》。

心主义哲学自费希特之后发生了"历史性转向"①,即哲学家的着眼点已从人与自然的关系转向了人与人之间的社会历史关系。如果说康德是"人为自然立法",那么费希特就是"人为社会立法"。康德的"人为自然立法"立足于科学认识论,而费希特的"人为社会立法"就超越了认识论领域,进入到了历史人类学。但费希特的"知识学"仍然使用"真理"、"知识"这样的术语,就给人以科学认识论的错误印象。实际上,当费希特或黑格尔在使用"真理"、"知识"这样的概念时,它们并非科学认识意义上的"真理"、"知识",而是人类学意义上的"真理"、"知识",即在"人化"过程中人类"自我意识"或"精神"的存在状态。特别是黑格尔引入历史(劳动)辩证法之后,通过"异化(对象化)"和"扬弃异化(对象化)"这一中介而展开的人类发展历史,既是人类的成长史,也是"绝对精神"自我认识("绝对知识")的历史。因此,人的思维要获得真理,绝不是像费尔巴哈所认为的那样靠"看出事物的'真正本质'的高级的哲学直观"或"自然科学的直观"②,而是要经过历史(劳动)辩证法即"实践"这一中介。当然,在黑格尔那里,"实践"只是囿于思维领域的"精神劳动";而在马克思这里,"实践"则是"感性的活动"。因此,从历史(劳动)辩证法的视角来看,"人的思维能否达致对象性的真理"③,这自然不是一个理论(即"纯粹理性批判")的问题,而是一个实践(即对象化和扬弃对象化)的问题。因此,当马克思把黑格尔唯心主义历史(劳动)辩证法改造成唯物主义历史(劳动)辩证法,当马克思说"人不得不④在实践中证明自己思维的真理性,即自己思维的现实性和力量,自己思维的此岸性"时,他并不是在谈论检验真理的标准问题,而是在谈论实践与理论的关系。而人们如果像费尔巴哈那样撇开人类实践来谈

---

① 参见[法]汤姆·洛克曼:《马克思主义之后的马克思》,杨学功、徐素华译,东方出版社2008年版,第9页。在另一处(第109页)洛克曼又指出:"马克思不同于黑格尔,但又在他的基础上发展了后康德哲学的人类主体观,即人类是在社会环境之内活动的。"
② 《马克思恩格斯选集》中文第二版第1卷,第76—77页。
③ 这应该是对《提纲》第二条第一句话"Die Frage……ist keine Frage der Theorie"更为准确的翻译。
④ 此处马克思用的是"muß",意即"必须、必然、不得不",而非"应该"。马克思此句是"实然"逻辑,而非"应然"逻辑。

论思维的现实性或非现实性，就必然会沦为经院哲学的争论。

《提纲》第二条蕴涵的意思是：共产主义兼而具有"理论真理"和"现实性"。将共产主义与"理论真理"和"现实性"联系起来进行讨论，是马克思的一贯做法。马克思在1842年10月16日的"共产主义和奥格斯堡《总汇报》"一文中就这样写道："《莱茵报》甚至不承认现有形式的共产主义思想具有理论上的现实性，因此，更不会期望在实际上去实现它，甚至根本不认为这种实现是可能的事情。《莱茵报》将对这种思想进行认真的批判。但是，对于像勒鲁、孔西得朗的著作，特别是对于蒲鲁东的机智的著作，决不能根据肤浅的、片刻的想象去批判，只有在长期持续的、深入的研究之后才能加以批判，——关于这一点，如果奥格斯堡女人想要得到比美妙动听的空话更多的东西，如果她具有比说美妙动听的空话更多的才能，那她也会承认的。我们对待类似的理论著作所以要更加慎重，还因为我们不同意奥格斯堡报的观点：它不是在柏拉图那里，而是在自己一个不知名的熟人那里找到了共产主义思想的'现实性'。后者在科学研究的某些方面有一些功绩，献出了当时他所拥有的全部财产，并且按照安凡丹老爹的旨意而替自己的伙伴洗盘子擦靴子。我们坚信，构成真正危险的并不是共产主义思想的实际试验，而是它的理论阐述；要知道，如果实际试验大量地进行，那么，它一旦成为危险的东西，就会得到大炮的回答；而征服我们心智的、支配我们信念的、我们的良心通过理智与之紧紧相连的思想，是不撕裂自己的心就无法挣脱的枷锁；同时也是魔鬼，人们只有服从它才能战胜它。当然，奥格斯堡报从来也没有经受过那种当一个人的主观愿望起来反对他自己的理智的客观见解的时候所产生的良心的痛苦，因为它既没有自己的理智，又没有自己的见解，也没有自己的良心。"[1]

《提纲》中马克思对共产主义的理解当然大大超过了1842年。此时在马克思看来，共产主义并非理论推演出来的（即不是从"应该"推出来的），而是可以由历史（劳动）辩证法得到证明的。也就是说，共产主义

---

[1] 《马克思恩格斯全集》中文第二版第1卷，第295—296页。

是历史发展的必然结果，是人性异化、扬弃异化（即私有制产生，然后是私有制的扬弃）后人性的复归和对人的本质的重新占有。显然，马克思对共产主义的这种论证，仍然需要历史（劳动）辩证法这一哲学脚手架，只不过已从"应然"逻辑转变到"实然"逻辑。尽管如此，马克思此时的思想仍然像他在写作《1844年手稿》笔记本Ⅲ时那样，处于哲学共产主义阶段。这是需要引起我们注意的。

《提纲》第三条也体现了黑格尔对马克思的影响。在《神圣家族》中，马克思曾经以肯定的态度叙述过法国唯物主义关于环境与人的关系，即"人是由环境造成的"①。英国肯特大学研究黑格尔与马克思关系的专家塞耶斯教授明确指出，环境的改变与人的活动相一致的思想，是黑格尔人类学最核心的思想。显然，马克思此时关于环境与人的关系的新说法（从单向的影响关系转变为双向的相互影响关系），是在黑格尔的哲学语境下来说的。

《提纲》前三条很明显体现了马克思受到黑格尔的影响。但是，黑格尔历史辩证法的"目的"是"自由"，而此时马克思像赫斯以及不久之前的恩格斯那样，把历史的"目的"规定为"真正的人"，即与人性和人的本质相符合的人。早在《行动的哲学》（1843年）和《论金钱的本质》（写于1843—1844年）中，赫斯就把人的类本质规定为包括个体的"自由活动"与"共同活动"两个维度。马克思接受了赫斯这一对费尔巴哈"类本质"概念的引申和发展。② 在《1844年手稿》③ 中，马克思重点对个体的"自由活动"这一维度作了进一步发挥，其创新之处在于创立了自己的"异化劳动"理论。不过马克思并没有忘记人的类本质的第二个维度

---

① 参见《马克思恩格斯全集》中文第一版第2卷，第166—167页。"人是由环境造成的"这句话的德文原文是"Der Mensch von den Umständen gebildet"。
② 起初赫斯、恩格斯和马克思都没有明确意识到这两个维度已经是对费尔巴哈"类本质"概念的发展。《提纲》第一条和第五条批评费尔巴哈"把感性不是看作实践的、人的感性的活动"，只不过是马克思对赫斯早在1843—1844年就已提出的"类本质"两个维度（特别是第一个维度）的确认，绝非马克思在《提纲》中提出的新思想。
③ 马克思在《44年手稿》的序言中明确承认自己受赫斯《行动的哲学》的影响（参见《马克思恩格斯全集》中文第二版第3卷，第220页），而且马克思在写作《1844年手稿》时已读过赫斯的《论货币的本质》，尽管《货币的本质》发表于1845年。

即个体的"共同活动",也即人的社会性。马克思强调指出,"应该避免重新把个体与社会对立起来"①。在《提纲》第六条,马克思关于"人的本质……是一切社会关系的总和"的说法,不过是对赫斯关于人的类本质第二个维度的确认,绝非马克思在《提纲》中提出的新思想。② 总之,马克思此时还没有真正摆脱赫斯哲学共产主义的影响,仍然处于历史目的论③的语境中。从《德意志意识形态》开始,马克思彻底放弃了"人的本质"的说法,特别是作为其理论基础的历史目的论。

余 论

从《评李斯特》开始,马克思将赫斯关于人的类本质的两个维度作了进一步发展。马克思将第一个维度引向"生产力"维度,将第二个维度引向"交往形式"(生产关系)维度,并以生产力与交往形式(生产关系)之间的矛盾运动规律④作为论证共产主义的理论基础。生产力与交往形式(生产关系)之间的矛盾⑤运动规律,并非像黑格尔历史辩证法那样的"图式",而是来自经验的观察和实证的考察,是"从对人类历史发展的

---

① 正如马克思以"异化劳动"发展了赫斯关于人的类本质的第一个维度一样,马克思关于"应该避免重新把个体与社会对立起来"的说法也发展了赫斯关于人的类本质的第二个维度。在《金钱的本质》一文中,赫斯实际上是把社会的价值看作是高于个体的。
② 有意思的是,马克思在《神圣家族》中甚至把它看作是法国唯物主义的基本观点。在那里马克思指出:"既然人本性就是社会的,那他就只有在社会中才能发展自己的真正本性"(《马克思恩格斯全集》中文第一版第2卷,第167页)。"人本性就是社会的"德文原文是"der Mensch von Natur gesellschaftlich ist"。
③ 赫斯的历史目的论有其思想根源。早在《人类圣史》(1837年)这部第一本德国空想共产主义著作(也是赫斯的处女作)中,赫斯就按照黑格尔的历史辩证法构造了"人类圣史"即"拯救史"的三段式:第一阶段是人与上帝和谐的"圣父启示史";第二阶段是人与上帝分裂的"圣子启示史";第三阶段是人与上帝重新和谐与统一的"新的耶路撒冷"。
④ 马克思在《德意志意识形态》第一章中指出:"按照我们的观点,一切历史冲突都根源于生产力和交往形式之间的矛盾。"参见《马克思恩格斯选集》中文第二版第1卷,第115页。
⑤ 洛克曼在《马克思主义之后的马克思》一书中也强调"客观矛盾"在马克思哲学思想中的地位(参见[法]汤姆·洛克曼:《马克思主义之后的马克思》,杨学功、徐素华译,东方出版社2008年版,第265—273页),但他没有注意到在《德意志意识形态》中马克思思想发生了从倚重否定之否定的"三段论"到突出"客观矛盾"的转变。

考察中抽象出来的最一般的结果的概括。这些抽象本身离开了现实的历史就没有任何价值。它们只能对整理历史资料提供某些方便，指出历史资料的各个层次的顺序。但是这些抽象与哲学不同，它们绝不提供可以适用于各个历史时代的药方或公式。"① 它既非像"抽象的经验论者所认为的那样，是一些僵死的事实的汇集，也不再像唯心主义者所认为的那样，是想象的主体的想象活动"②，是用以指导马克思进一步研究资本主义社会（其历史起源及现实运动）的"指导线索"③。此时，马克思才彻底告别了唯心主义，也第二次"走出黑格尔"。因此，从 1845 年初秋的《评李斯特》到 1847 年上半年的《哲学的贫困》，是马克思唯物史观形成和初步系统化的关键时期。此前的《提纲》介于《1844 年手稿》和《德意志意识形态》之间，而在思想内容上，更接近于《1844 年手稿》笔记Ⅲ中的历史目的论和哲学共产主义④。

马克思自以为走出黑格尔的历史目的论之后，黑格尔哲学就再也没有什么价值了。但当马克思 1858 年开始建构自己的政治经济学体系时，却突然发现黑格尔的《逻辑学》仍然有用。于是马克思不像同时代人（如叔本华）那样把黑格尔当作"死狗"看待，他"甚至卖弄起黑格尔特有的表达方式"来，并声称自己"是这位大思想家的学生"。⑤ 于是马克思第三次"走进黑格尔"。正像有些西方马克思学家所断言的那样，马克思一生都在试图逃离黑格尔，但马克思最终仍然处在黑格尔思想的阴影之下。这涉及马克思与黑格尔的关系，这里就此打住，不再赘述。

---

① 《马克思恩格斯选集》中文第二版第 1 卷，第 73—74 页。
② 《马克思恩格斯选集》中文第二版第 1 卷，第 73 页。
③ "der Leitfaden"（指导线索）来自马克思在 1859 年《政治经济学批判》序言中的著名说法："我所得到的总的结果（并且一经得到，它就作为我的研究工作的指导线索），可以简要地表述如下："
④ 可以将《提纲》定位为哲学共产主义、历史目的论和实践唯物主义的统一。
⑤ 《马克思恩格斯选集》中文第二版第 2 卷，第 112 页。

第十五章　超越传统主客二分
——对马克思实践概念的一种解读[①]

自1888年恩格斯将《关于费尔巴哈的提纲》（以下简称《提纲》）作为《路德维希·费尔巴哈和德国古典哲学的终结》的附录公开发表后，特别是经过卢卡奇、葛兰西等西方马克思主义者的大力渲染，马克思1845年春夏之交写在《1844—1847年记事本》上、原题名为《关于费尔巴哈》的《提纲》，越来越被看作理解和把握马克思思想的入门文献，乃至马克思哲学诞生的标志。该文献受到国内外研究者的普遍重视，相关的研究成果汗牛充栋，20世纪50年代还出现了南斯拉夫实践派。就国内来说，1978年关于"真理标准问题"的大讨论以及20世纪80年代末国内马克思主义哲学界关于"实践唯物主义"的讨论，将《提纲》的地位推向了一个新高峰。尽管对于马克思哲学是否存在实践本体论的问题，国内的马克思主义哲学研究者至今仍然存在争议，但强调实践概念在马克思哲学中的重要地位以及基于实践观点的新唯物主义超越了旧唯物主义与唯心主义这两点，研究者已有普遍共识。然而，人们常用已预设的"主客二分"框架去理解马克思的实践概念以及马克思的思想。笔者将对马克思的文本解读置于马克思早期思想发展的历史语境和唯物史观创立的内在逻辑之中，揭示出马克思对西方传统主客二分的超越。

[①] 首次发表于《中国社会科学》2015年第3期。

一、基于主客二分的"异化逻辑"

"主客二分"是西方理性主义哲学特别是近代哲学（包括唯理主义和经验主义）的逻辑前提。开创德国古典哲学新范式的康德哲学试图调和唯理主义与经验主义，试图超越"主客对立"，以"人为自然立法"和"人为自身立法"高扬人的主体性。青年黑格尔派凸显"异化逻辑"，"异化"批判曾经是包括马克思在内的青年黑格尔派进行宗教批判、政治批判、市民社会批判的共同理论基础。但是，"异化"批判是以"主客二分"的逻辑为基础的。

马克思对"异化"概念的使用曾直接受到黑格尔和费尔巴哈的影响。在黑格尔那里，异化的本意是内在本质的外化，即本质的现实化（实现）。而在1841年出版的《基督教的本质》一书中，费尔巴哈把宗教看作是"人的本质"的对象化（异化），这与鲍威尔在同一时期把宗教看作自我意识的异化的观点没有本质区别。不同之处在于，鲍威尔把"自我意识"看作是人的本质，费尔巴哈则进一步把人的本质扩展为"理性、意志、爱"三方面，并称之为人的"类本质"。然而，主（人）、客（上帝）二分仍是费尔巴哈的理论前提。他谈论的"主宾"颠倒就是从主（上帝）、宾（人）的唯心主义关系中颠倒过来，但颠倒之后并没有改变主客二分的逻辑基础。

费尔巴哈虽然强调上帝是人创造的，但他所谓"创造"的含义主要指上帝是人的类本质投射后形成的投影，更多体现的是集体无意识的投射；另一方面，费尔巴哈的上帝与人的"类本质"同构，是"投影"或"复制品"，主体并没有通过对象化（异化）而"创造"出真正有别于主体的客体。因此，费尔巴哈的异化（对象化）理论缺乏费希特、鲍威尔的"异化"所具有的活动性和创造性。比如鲍威尔就强调上帝是自我意识创作出来的，就如同作家创作文学作品中的文学形象一样。由此可见，同样是基于一种预设的主客二分，费希特、鲍威尔的主客二分具有活动性，而费尔巴哈的主客二分则体现了受动性。

如果说马克思在宗教批判时期更多是通过鲍威尔和费尔巴哈而受到黑格尔异化理论的间接影响，那么在写作《1844年经济学哲学手稿》时，马克思则与黑格尔的异化理论正面相遇。这一时期马克思不仅做了黑格尔《精神现象学》"绝对知识"章的摘录笔记，而且写下篇幅很大的"对黑格尔的辩证法和整个哲学的批判"。按照马克思对黑格尔异化理论的解读，黑格尔的"异化"等同于外化、对象化，它是精神的异化，而自我意识只是绝对精神的一个发展阶段即主观精神阶段。作为主体的精神在思维领域将自身对象化（外化、异化）为物性（虚无性），成为对象，因此异化（外化、对象化）的实质是"抽象活动"即"精神劳动"，精神将对象收回自身并占有对象。对黑格尔来说，异化并不意味着对象与精神的对立，异化与对象化并没有本质区别。尽管黑格尔把绝对精神看作既是主体，又是客体，即主客体的统一，但绝对精神首先是活动的主体，客体只是其产物。

马克思曾在《博士论文》中从本质外化的意义上使用过"异化"概念①，但受到费尔巴哈异化思想影响，而形成了自己的异化观。在马克思那里，既是个体又是类（体现人的本质）的"人"，是潜在的"完整人"（相对于"原子式个人"），而"异化"意味着个体与人的本质的分裂，其中人的本质对象化（外化）并与个体分离、对立起来，个体成为"分裂人"。在《莱茵报》时期，马克思眼中体现"类本质"的个体是自由的、理性的，以共同体普遍利益为原则，否则就是异化。在《黑格尔法哲学批判》中，马克思把市民社会与政治国家的分离看作是个体异化的表现，其中市民社会体现的是孤立的原子式个人（市民）原则，政治国家体现的是类的普遍性（公民）原则。马克思的理想是消除这种分裂，在自由人联合体的"社会"中实现个体与类的统一。在《1844年经济学哲学手稿》笔记本Ⅰ中，马克思的"异化劳动"是指劳动（自由自觉的活动）作为人的"类本质"，在其对象化（现实化）之后，与劳动者形成对立，并具体

---

① 参见《马克思恩格斯全集》中文第二版第1卷，第52页。

体现为异化劳动的四个规定。如果"类本质"对象化后仍为个体所占有，没有与个体分离而形成对立，那就不是异化。

《1844年经济学哲学手稿》笔记本Ⅰ中的"异化劳动"批判和费尔巴哈、鲍威尔的宗教批判遵循同样的逻辑，即批判的逻辑，更具体地说是道德批判的逻辑。马克思在《〈黑格尔法哲学批判〉导言》中论述"人的解放"时，特别强调"批判的武器"的作用，并明确提出如下"绝对命令"："必须推翻使人成为被侮辱、被奴役、被遗弃和被蔑视的东西的一切关系"[①]。显然，笔记本Ⅰ与《〈黑格尔法哲学批判〉导言》的这一思想是直接衔接的。

马克思从动态和静态两个维度来把握作为人的"类本质"的劳动即"自由自觉的活动"：前者是作为活动性的劳动，主要体现在笔记本Ⅰ中；后者是作为人的本质力量的劳动（劳动力），主要体现在笔记本Ⅲ中。然而，两者都以潜在的形式存在。在笔记本Ⅲ中，马克思建立在"自我异化的积极扬弃"基础上的共产主义论证，是基于黑格尔异化逻辑的历史辩证法，即人的本质力量的对象化（外化、异化）及其自我否定和扬弃。在这一历史过程中，私有财产是人的本质力量对象化的产物。黑格尔眼中的市民社会是斯密式的商业社会，每个个体在其中都是私有财产的占有者，私有财产是个体自由的前提和保障。与黑格尔不同，马克思把私有财产看作是人类社会和历史中的异化现象，因为私有财产常常与劳动者相分离和对立。如果劳动者的劳动产品仅供自己消费，其劳动活动就不能算是异化劳动；如果劳动产品除了劳动者自己消费，还有剩余，人的本质力量就会物化为私有财产；如果除了自己消费，劳动者的劳动产品还用于交换，用于交换的劳动产品就会形成对劳动者的支配，劳动者就会逐步形成商品拜物教乃至货币拜物教意识，这是斯密式市民社会（即"商业社会"）中的异化现象。

实际上，黑格尔的历史辩证法在马克思的《〈黑格尔法哲学批判〉导言》中就有所体现。比如，"光是思想力求成为现实是不够的，现实本身

---

① 《马克思恩格斯文集》第1卷，人民出版社2009年，第11页。

应当力求趋向思想"。"总之，形成这样一个领域，它表明人的完全丧失，并因而只有通过人的完全回复才能回复自己本身。"① 马克思在《1844年经济学哲学手稿》中以私有财产作为自我异化的中介，就使"人的完全丧失"的观点更为具体。

综合来看，不管是费尔巴哈、马克思的思想进路，还是费希特、黑格尔、鲍威尔的思想进路，其主客二分的"主体"都是"人的本质"。不过，他们对人的本质的规定差异很大。费希特的人的本质是"自我"，黑格尔的人的本质是"主观精神（自我意识）"，鲍威尔的人的本质是"自我意识"，费尔巴哈的人的本质是"类本质"（理性、意志、爱）。受赫斯《行动的哲学》和《论货币的本质》的影响，马克思在《1844年经济学哲学手稿》、《穆勒摘要》等著作中，对体现人的类本质的"自由自觉的活动"（即"类活动"），是从体现人与自然之间关系的"自由劳动"，以及体现人与人之间社会关系的"自由交往"（即"共同活动"）两个维度来规定的，因此马克思的"异化"概念包括"劳动异化"和"交往异化"两个方面。马克思的异化理论与费希特、黑格尔、鲍威尔以及费尔巴哈的异化理论有一共同点，即预设了主客二分；但又存在一个重大区别，即马克思关于人的本质的规定（自由劳动及自由交往）首先是活动性的、动态的，其次才是静态的。

在社会历史领域，马克思与其他青年黑格尔派成员（包括费尔巴哈）一样，在一段时期内是一个唯心论者，强调自我意识、理性、人的主体性在社会历史发展中的作用，相信社会意识决定社会存在。按照马克思、恩格斯的说法，《德意志意识形态》就是他们对自己过去哲学信仰（即唯心史观）的清算，最终从"社会意识决定社会存在"转到"社会存在决定社会意识"。

首先以费尔巴哈的宗教批判为例。当费尔巴哈把宗教仅看作是人的本质的自我异化时，这是典型的唯心史观。如前所述，费尔巴哈与鲍威尔在把宗教看作人的本质的自我异化这一点上是一致的，差别只在于他们对人

---

① 《马克思恩格斯文集》第1卷，人民出版社2009年，第13、17页。

的本质的规定不同,而且费尔巴哈的异化(对象化)缺少鲍威尔异化的创造性。按照这一思路,国家也是理性(自我意识)的产物,而马克思在《莱茵报》时期进行政治批判时,遵循的就是这种进路①。

人们通常认为,马克思在《黑格尔法哲学批判》中从"国家决定市民社会"转向"市民社会决定国家"是他开始从唯心主义到唯物主义转变的标志。其实,更深层次的问题尚待挖掘。当马克思强调"市民社会决定国家"时,他所遵循的逻辑仍然是把国家归结为人的主体本质。在《莱茵报》时期因为受黑格尔的影响,马克思正面看待"国家"现象,因而存在明显的"国家崇拜"(国家代表普遍性)。当然,马克思崇拜的是"理性国家"而非现实的国家,而且他基于理性国家而对现实的普鲁士国家进行政治批判。但无论如何,"国家崇拜"与"宗教崇拜"并没有本质的区别,正如施蒂纳后来所批判的,都是由人先创造一个"圣物",然后对该圣物顶礼膜拜。费尔巴哈把宗教归结为人的本质的异化,马克思在《黑格尔法哲学批判》中把政治国家看作是人的"类本质"的异化,赫斯在《金钱的本质》中把金钱看作是人的本质的异化,马克思在《1844年经济学哲学手稿》中把市民社会中私有财产、工业等都看作是人的本质的异化。总之,根据青年黑格尔派的异化理论逻辑,一切具有"普遍性"特征的社会历史现象都可以归结为人的本质的异化,都具有属人的特征。对《黑格尔法哲学批判》时期的马克思来说,是处于市民社会中的个体将其类本质异化为政治国家,从而出现市民社会与政治国家的分裂,因此是市民社会决定政治国家,而不是相反。

马克思唯一没有批判的是"社会",没有把社会看作是人的本质的异化,因为他把社会性看作是人的"类本质"的其中一个维度。但马克思没有做的,最终由施蒂纳做了。施蒂纳贯彻异化逻辑最为彻底,他把现实的个人的本质规定为"唯一者",并把"自我意识"、"人"、"类"、"社会"都看作是人的本质异化的产物(即"圣物")加以批判。但是,这并不表明施蒂纳比马克思高明,或者超越了马克思。实际上,施蒂纳的无政府主

---

① 马克思在《莱茵报》时期尽管用了"类本质"这个具有费尔巴哈特色的概念,但他仍然是把"自我意识"看作人的类本质。

义的、利己主义的"唯一者",以令人瞩目的方式暴露了异化逻辑的唯心史观本质。与之相对,马克思及时调整方向,开创了"感性的对象性活动"新范式,从而最终走向了唯物史观。与马克思相对照,恩格斯起初认为从施蒂纳的利己主义逻辑可以得出共产主义的结论[1]。受到马克思的"批评"之后[2],恩格斯改变了看法,与马克思走上了相同的道路,即强调物质生产在人类社会和历史发展中起最终决定作用。

另一方面,与黑格尔"非我"的自我否定和自我扬弃的逻辑不同,费尔巴哈和鲍威尔"非我"的否定是外在否定,即自我对非我的否定(即批判)。如果说黑格尔的"非我"的否定具有内在动力(目的因),那么费尔巴哈和鲍威尔的"非我"的否定则须借助外力(理论批判)才能实现。马克思关于人重新占有异化(对象化、外化)了的本质力量的动力来自何处?动力不再是笔记本Ⅰ中的道德批判,而是人的本质复归的"目的因"。因此,马克思在引入了黑格尔历史辩证法的同时,也无意中引入了历史目的论的幽灵。与历史目的论搏斗,成为马克思以《德意志意识形态》为开端的下一阶段彻底告别历史唯心论残余的重要内容,而在写作《提纲》时,马克思正处于这一过渡时期。《提纲》中"异化"概念的消失和"对象性活动"概念的凸显,是一个重要表征。

首先是"异化"概念的消失。马克思在《神圣家族》中还在大量地使用"异化"概念,但在《提纲》中马克思就有意识地避免使用"异化"一词。比如,可以比较《提纲》第四条"世俗基础使自己从自身中分离出去,并在云霄中固定为一个独立王国,这只能用这个世俗基础的自我分裂和自我矛盾来说明"的说法,与《论犹太人问题》中的相关说法"人的自我异化的神圣形象被揭穿以后,揭露具有非神圣形象的自我异化,就成了为历史服务的哲学的迫切任务"。马克思使用的是"自我分裂和自我矛盾",而不是"自我异化"的说法。

其次,异化(对象化、外化)既可以指对象性活动,又可以指体现对

---

[1] 参见1844年11月19日恩格斯致马克思的信。(《马克思恩格斯全集》中文第二版第47卷,第326—332页)。

[2] 参见恩格斯致马克思的信。(《马克思恩格斯全集》中文第二版第47卷,第334—340页)。

象性活动结果的一种状态,即人的本质与"异化(对象化、外化)了的对象"之间的主客二分关系(而且是以人的本质为出发点的主客二分关系)。因此,马克思消除了"异化"概念之后,就不会再有"异化劳动"与"非异化劳动(即自由自觉的劳动)"、"理想的实践(或生产)"与"异化的实践(或生产)"的区分,就只剩下现实世界的感性的对象性活动本身,因此只需要从"现实的个人"及其活动(首先是生产活动)出发来考察社会和历史。这就是唯物史观的出发点。

笔者的上述解读可从马克思成熟时期的相关论述得到印证。比如马克思在《资本论》中专门论述劳动过程,"劳动过程的简单要素是:有目的的活动或劳动本身,劳动对象和劳动资料。"① 关于"有目的的活动或劳动本身",马克思说:"劳动首先是人和自然之间的过程,是人以自身的活动来中介、调整和控制人和自然之间的物质变换的过程。"② 显然,马克思不再把"有目的的活动或劳动本身"看作是本真的劳动(或人的本质),不再把现实的劳动过程看作是"有目的的活动或劳动本身"的异化(即异化劳动),而是把"有目的的活动或劳动本身"看作是现实的劳动过程的一个要素。当马克思说"在劳动过程中,人的活动借助劳动资料使劳动对象发生预定的变化"③ 时,很容易让我们联想到亚里士多德关于现实事物(实存)生成的质料因与形式因:作为劳动产品的使用价值就是劳动对象和劳动资料(生产资料)这一质料因与"有目的的活动或劳动本身"(马克思称之为"火焰"④)这一形式因相结合的产物。

总之,青年黑格尔派的异化理论尽管具体内容各有不同,但却享有共同的逻辑基础即一种预设的"主客二分"。马克思的唯物史观超越了基于传统主客二分的异化逻辑,这是马克思成熟时期思想的基调。尽管马克思在后来的著作(如《政治经济学批判大纲》)也偶尔使用"异化"一词,

---

① 参见《马克思恩格斯文集》第5卷,人民出版社2009年版,第208页。基于主客二分的逻辑,人们往往把"劳动过程的简单要素是:有目的的活动或劳动本身,劳动对象和劳动资料"中的"劳动本身"置换成"劳动者的劳动"或"劳动者"。
② 《马克思恩格斯文集》第5卷,人民出版社2009年版,第207—208页。
③ 《马克思恩格斯文集》第5卷,人民出版社2009年版,第211页。
④ 参见《马克思恩格斯文集》第5卷,人民出版社2009年版,第214页。

但其"总问题"已经发生了根本变化，这一点已为许多学者所强调，此处不再赘述。如果说马克思的早期思想真发生了所谓的"认识论断裂"，那么这种"断裂"并非阿尔都塞所强调的"意识形态"与"科学"的断裂，而是基于主客二分的异化逻辑与超越传统主客二分的实践逻辑的断裂。

二、人的本质是在实践中生成的而非先验既定的

异化逻辑以抽象的人的本质为出发点，将人的本质看作是先验既定的，从而陷入了柏拉图式的本质主义：人的本质作为理念（相），其外化意味着现实（或现象界）中的个人分有人的本质；现实的人不会圆满，只有人的本质才是理想的。不管是以理想的人的本质为标准和尺度来批判现实的人，从而使其成为理想的人；抑或现实的个人本身会内在地趋向理想的人，都把人的本质看作是先验既定的，差别只在于不同的哲学家（理论家）对人的本质的规定各有不同。

马克思走出异化逻辑之后，就把人的本质看作在实践（特别是生产劳动）中生成的。于是"人的本质不是单个人所固有的抽象物，在其现实性上，它是一切社会关系的总和"；而且可以像赫斯那样，批判费尔巴哈把人的本质"理解为'类'，理解为一种内在的、无声的、把许多个人自然地联系起来的普遍性"。因此在唯物史观的视野中，不存在抽象的、超历史的人性和人的本质，从抽象人性论出发的社会理论（包括契约论）必然会落入唯心史观。即使像黑格尔那样强调人的自我实现的历史性，最终仍然没有跳出历史目的论这一唯心史观的最后避难所。

当我们说马克思走出了柏拉图式的本质主义时，并不意味着把马克思的实践哲学视作开创当代反本质主义潮流的哲学革命，甚至把马克思看作是后现代主义（或批判现代性）的哲学家。马克思依然是本质主义者，只不过是亚里士多德式的本质主义者，即强调实体本质生成论的本质主义者。

马克思与黑格尔的关系是老生常谈的话题,而一个被忽视(至少在国内学界)的问题是马克思与亚里士多德的关系。早在《博士论文》时期,马克思就试图将黑格尔的逻辑学进行类似亚里士多德对柏拉图哲学的创造性转化工作①。当科尔钮、麦克莱伦、罗森等学者在争论《博士论文》时期的马克思是黑格尔式的客观唯心主义者,抑或鲍威尔"自我意识哲学"意义上的主观唯心主义者时,马克思思想中的亚里士多德唯物主义因素都被他们忽略了。在《1844年经济学哲学手稿》中,马克思站在亚里士多德唯物主义的立场上去称赞费尔巴哈的自然主义。如马克思在论述异化劳动的第一个规定时强调:"没有自然界,没有感性的外部世界,工人什么也不能创造。自然界是工人的劳动得以实现、工人的劳动在其中活动、工人的劳动从中生产出和借以生产出自己的产品的材料。"② 此处马克思使用了亚里士多德的材料(质料)概念。本文第一部分结尾处已指出,马克思的《资本论》在论述"劳动过程"时坚持了质料因与形式因相结合的亚里士多德立场。在《哥达纲领批判》中,马克思批判了"劳动是一切财富的源泉"的说法,认为劳动只是价值的源泉,财富的源泉必须加上自然界。

在《神圣家族》中,马克思以"果品"为例对"思辨建构的秘密"的批判值得重视。费尔巴哈对黑格尔思辨哲学是思辨创世论神学的定位和批判,是马克思的出发点,但马克思的批判有其自身的特色,即从唯名论与唯实论这一肇始于中世纪哲学的哲学争论入手,批判了黑格尔"理念"的唯实论错误。在《1844年经济学哲学手稿》中,马克思就把《精神现象学》看作是"黑格尔哲学的真正诞生地和秘密"。按照马克思对黑格尔哲学体系的解读,经过漫长的认识过程,黑格尔的《精神现象学》达到"绝对知识";"绝对知识"然后变成了黑格尔《哲学全书》的出发点,即宇宙精神;宇宙精神的展开过程也就是现实世界(自然界和社会历史)在思维中被建构的过程。在《神圣家族》中,具体到"果品"的例子,马

---

① 参见鲁克俭:《试论马克思对黑格尔逻辑学的创造性转化——以马克思〈博士论文〉为例》,载《哲学动态》2013年第6期。
② 《马克思恩格斯文集》第1卷,人民出版社2009年版,第158页。

克思有下面这段精彩的论述:"如果我从现实的苹果、梨、草莓、扁桃中得出'果品'这个一般的观念,如果我再进一步想象,我从各种现实的果实中得到的'果品'['die Frucht']这个抽象观念就是存在于我之外的一种本质,而且是梨、苹果等等的真正的本质,那么我就宣布(用思辨的语言来表达)'果品'是梨、苹果、扁桃等等的'实体'。因此,我说,对梨说来,梨之成为梨,是非本质的;对苹果说来,苹果之成为苹果,也是非本质的。这些物的本质的东西并不是它们的可以用感官感触得到的现实的定在,而是我从它们中抽象出来并强加于它们的本质,即我的观念的本质——'果品'。于是,我就宣布,苹果、梨、扁桃等等是'果品'的单纯的存在形式,是它的样态。诚然,我的有限的、有感觉支持的理智能把苹果和梨、梨和扁桃区别开来,但是我的思辨的理性却宣称这些感性的差别是非本质的、无关紧要的。思辨的理性在苹果和梨中看出了共同的东西,在梨和扁桃中看出了共同的东西,这就是'果品'。各种特殊的现实的果实从此就只是虚幻的果实,而它们的真正的本质则是'果品'这个'实体'。"①

马克思的批判辛辣而有力,但我们能否断定马克思是站在唯名论立场上在对唯实论进行批判呢?换言之,马克思是否是一个只承认"个体"存在而否认"本质"存在的极端唯名论者呢?答案似乎是否定的,因为马克思在《神圣家族》中还在讲"人的自我异化",并没有否认"人的本质"的存在,而马克思此时显然是在"共相"(类的普遍性)意义上来谈"人的本质"的。可以设想,马克思并不否认苹果、梨、草莓、扁桃等个体实体存在本质,只是否认"果品"这个"抽象出来"的概念是其共同本质。因此,在"本质主义"问题上,马克思与亚里士多德持有近似的立场,即介于极端唯名论与极端唯实论的中间立场:"共相"(形式)既非"在物先",也非"在物后",而是"在物中"。②

---

① 参见《马克思恩格斯文集》第1卷,人民出版社2009年版,第276—277页。
② 参见陈刚:《亚里士多德是一个唯名论者吗?》,载《哲学动态》2010年第3期。

亚里士多德的"共相"与"本质"并非一回事①，但马克思却不自觉地把它们混同起来了，于是马克思在批判"思辨建构的秘密"时没有意识到可能存在的矛盾：如果根据他对"思辨建构的秘密"的批判来考察他当时关于"人的本质"的规定，以及建立在该规定之上的异化理论，那么他自己也应该受到同样的批判。问题的要害是：能否把"本质"与"共相"画等号？柏拉图、黑格尔都是把两者画等号的，而亚里士多德则将它们区分开来。亚里士多德的"本质"是"个体本质"，是个体作为有机体在从潜能到现实的展开过程中逐渐生成的本质。如果马克思在"人的本质"问题上接受了亚里士多德的本质观，那么人的"类本质"的说法就有问题。因此马克思在《提纲》中就把"人的本质"看作是现实中个人的本质，是个人在实践中生成的"社会关系的总和"。在此时的马克思那里，"实践先于本质"。

亚里士多德的"个体本质"不是诸多个体之间的"共相"，而是个体自身的"同一性"。具体到个体的人来说，比如"张三"的本质，就是自他（她）出生到死亡的整个人生过程中所体现出的"自我同一性"，因此"张三"的本质一定不同于"李四"的本质。生活先于本质，但作为"自我同一性"的本质并非只是抽象出来的主观概念（"名"），而是有其实在性的，不过是"在物中"而非"在物前"的实在。因此，亚里士多德的本质主义仍然是一种实在论，马克思也是如此。

由此看来，不能把马克思所说的"社会关系的总和"理解为仅仅体现共相和普遍性的"社会性"，即把社会性看作是人的本质，甚至把这种本质规定与马克思关于"自由自觉的活动"的本质规定对立起来。关于人的本质的社会性（人与人的交往活动），马克思在《1844年经济学哲学手稿》中已经反复强调，根本不需要马克思在《提纲》中强调。问题的要害是，马克思在写作《提纲》时已经放弃了将"本质"与"共相"画等号的思路。当然，人们也可把这种个体本质与共相联系起来：个体本质是个体历时性的共相（同一性），而类（普遍）本质是个体共时性的共相（同

---

① 参见聂敏里：《亚里士多德的形而上学：本质主义、功能主义和自然目的论》，载《世界哲学》2011年第2期。

一性)。

当马克思把作为实践生成的"人的本质"与作为类的普遍性的"人的类本质"加以区别之后①,把费尔巴哈的"类"与"社会"画等号的做法就随之成了问题。赫斯是把费尔巴哈的"类"与"社会"画等号的始作俑者。赫斯基于共产主义立场,对费尔巴哈"类"概念作了新的解读。恩格斯和马克思都接受了这种解读,并先后转变为共产主义者。在1844年8月11日给费尔巴哈的信中,马克思写道:"在这两部著作中,您(我不知道是否有意地)给社会主义提供了哲学基础,而共产主义者也就立刻这样理解了您的著作。建立在人们的现实差别基础上的人与人的统一,从抽象的天上降到现实的地上的人类这一概念。如果不是社会这一概念,那是什么呢?"②"类"即内在的、无声的、把许多个体自然地联系起来的普遍性,与"社会"之间有很大距离。因此,不但个体的人的本质是在实践中生成的,作为共同体的社会也是在实践(包括交往实践)中形成的。用博弈论的术语说,"社会"就是众多个体在生活和交往博弈中所达到的一种"均衡"状态。当然,马克思不否认处于均衡状态的社会具有相对稳定性,它会对后进入的个体(特别是新出生的个体)具有规制作用。特别是在漫长的人类历史中,"社会"长期以虚假共同体的形式存在,"社会"从文化传统、道德规范、核心价值秩序等诸方面对其中的个体具有先在性和强制性(或统称为决定性)。唯物史观恰恰是要打破这种幻相(现实的幻相最终成为意识形态的幻相),恢复现实的个人的活动的基础性。马克思在《提纲》中把人的本质看作是在实践中生成而非先验既定的,于是建立在预设的主客二分基础上的异化逻辑就被釜底抽薪。

三、"直观的唯物主义"与"主客二分"

根据马克思的《提纲》,人们可把费尔巴哈的唯物主义称作"直观的

---

① 《提纲》第六条批评说,在费尔巴哈那里"本质只能被理解为'类'"。
② 参见《马克思恩格斯全集》中文第二版第47卷,第73—74页。

唯物主义"，把费希特、黑格尔的唯心主义称作"活动的唯心主义"，把马克思的"新唯物主义"称作"实践的唯物主义"。青年黑格尔派异化理论的逻辑基础是主客二分；被马克思称作"直观的唯物主义"的费尔巴哈新哲学，尽管不再像费尔巴哈的宗教批判那样以异化逻辑立论，但仍是以预设的主客二分为基础。对于此点，马克思直到写作《提纲》时才有自觉的意识。

在《1844年经济学哲学手稿》中，马克思在肯定黑格尔唯心主义活动性的基础上，已对黑格尔的"精神劳动辩证法"囿于思维领域的错误进行了深刻批判，并且形成了"感性劳动辩证法"的思想。但是，对于自己的新认识与费尔巴哈"新哲学"之间的分歧，马克思尚未有明确的意识，因此马克思在《1844年经济学哲学手稿》中对费尔巴哈评价较高。受赫斯的影响，马克思在《提纲》中开始对费尔巴哈进行批判。

赫斯在《论德国的社会主义运动》和《最后的哲学家》中，不但批判了费尔巴哈的人是"单个的人"，而且将费尔巴哈与鲍威尔、施蒂纳作为新近的哲学家置于共同地基之上，即他们在政治立场上都立足于市民社会，在哲学上是仅仅从理论上解决个体与类的冲突。马克思继承了赫斯对费尔巴哈"单个的人"及"市民社会"立场的批判，也试图把费尔巴哈与唯心主义者置于共同的地基之上进行总清算，只不过马克思眼中的"地基"与赫斯还有所不同。实际上，把费尔巴哈与费希特、黑格尔置于共同的地基之上，是马克思写作《提纲》时的主导思想，也是马克思批判费尔巴哈的核心策略。这一批判策略来自施蒂纳，赫斯和马克思都是受到施蒂纳策略的激发，才先后写下了《最后的哲学家》、《提纲》和《德意志意识形态》。

施蒂纳本来属于青年黑格尔派中柏林"自由人"团体的成员。1844年底他出版了《唯一者及其所有物》，主张"现实的个人"即"唯一者"，把施特劳斯的"实体"、鲍威尔的"自我意识"、费尔巴哈的"类"都看作是"圣物"而加以批判，一时间引起德国思想界的巨大反响。在施蒂纳的批判下，1845年6月底费尔巴哈在《维干德季刊》第2卷发表"因《唯一者及其所有物》而论《基督教的本质》"，澄清自己的"类"指"单个的人"而非"社会"。赫斯在写于 1844 年 5 月的《论德国的社会主义运动》中就开始批判费尔巴哈的"类"不过是"单个的人"。费尔巴哈的自我澄清反而给了赫斯以口实。于是在《最后的哲学家》这本小册子中,赫斯把费尔巴哈、鲍威尔、施蒂纳都看作是"最后的哲学家",即政治立场上立足于市民社会,哲学上仅仅从理论上解决个体与类的冲突。马克思在《提纲》中进一步从主客二分的角度来批判费尔巴哈,这既体现了马克思对赫斯的费尔巴哈批判的新发展,也是马克思相较赫斯的高明之处。

《提纲》是马克思匆忙记在《1844—1847 年记事本》中的,在标题"关于费尔巴哈(ad Feuerbach)"前面有"1)"的标示。显然,马克思本来还打算写"2)关于鲍威尔"、"3)关于施蒂纳"的提纲。马克思后来在《德意志意识形态》中确实对费尔巴哈、鲍威尔、施蒂纳共同进行了批判,认为费尔巴哈、鲍威尔、施蒂纳都没有离开黑格尔哲学的地基,把他们都看作是"德意志意识形态家"。与赫斯一样,马克思也批判了费尔巴哈、鲍威尔、施蒂纳都只是从理论上"解释"或"批判"世界。但他所看到的费尔巴哈与唯心主义者的共同点还不止如此。在《提纲》中,马克思将费尔巴哈的"直观的唯物主义"与费希特、黑格尔、鲍威尔的"活动的唯心主义"放在一起进行批判。马克思尽管没有明确说"直观的唯物主义"与"活动的唯心主义"都是建立在一种预设的、机械的主客二分的基础之上,但我们通过对《提纲》文本的深入解读可以得出这一结论。

马克思的"对象性活动"不同于费尔巴哈的"对象性",后者缺乏活动性,具有直观性的特征。费尔巴哈的"对象性"理论首先涉及两个相关的感性自然存在物,其中每一个自然存在物都是另一个自然存在物的对象,而这同时也意味着每一个自然存在物是另一个自然存在物的本质的体现。假定其中一个自然存在物是单个的人,那么这个人就是主体,而其他自然存在物(包括其他单个的人)就是客体,而客体恰恰是主体本质的体现。作为主体的人与客体的关系是"需要"(费尔巴哈常用"爱"这个词)的关系。作为自然存在物的主体和客体,其存在不需要中介,不是被(比如上帝或精神)创造出来的。主体对客体"需要"、"爱"的关系同时也是主客二分的"直观"关系。主体(人)除了对自然存在物普通的感性直观,还有对自然存在物的普遍特性(类特性)或人的类本质的高级的感性直观。费尔巴哈的高级的感性直观是一种"理论直观":它本身是感性直观,但可以直观到事物的本质。比如当主体在"看"一个圆球时,这个圆球是感性的自然存在物。如果主体只看到"这个"圆球的诸多物理特性,那么"直观"还处于普通的感性直观阶段。如果主体在看这个圆球时,同时"看"到了几何体的"圆球"即球体本身,那么直观就进入到高级的感性直观阶段。费尔巴哈虽然区分了普通的感性直观与高级的感性直观,但在他看来,只要是"人",都具备这两种直观能力,否则就与动物无异。显然,在费尔巴哈那里,人的类本质并没有历史性。作为主体的人与作为客体的自然存在物,共同统一于自然界(自然主义与人本主义的统一),但人毕竟是自然界的翘楚,他可以把自然界的自然存在物以及其类特性作为直观的对象,而自然存在物及其类特性都是先在地、客观地存在着。因此,作为费尔巴哈新哲学的人本学是以主客二分为前提的。

在费尔巴哈那里,其对象性理论与其对象化(异化)理论完全不同,前者是肯定性的,是他的新哲学的基石;后者是否定性的,是宗教批判的出发点。马克思在消除了"异化"概念之后,其"感性的对象性活动"与费尔巴哈的"感性的对象性"之间的关系就凸显出来。一方面,感性、对象性是其共同的唯物主义地基;另一方面,马克思强调对象性"活动",必然要突出费尔巴哈对象性理论缺少活动性这一直观性缺点。

消除"异化"概念、凸显"对象性活动"概念的直接后果是"主客二分"预设的退场。"行先于知",人首先要活动起来(至少是为了生存的需要),然后才会直观、反思已经发生的活动,才会有意识与存在的区分、主体与客体的区分,才会有"从主体方面去理解"[1]。一个显著的事实是,马克思在其一生的著作中大量使用"主体"、"客体"的概念,这也导致人们常常仅仅从传统认识论上"主客统一"的角度来理解马克思的哲学变革[2]。但是,正如马克思在唯物史观方面强调作为生产劳动的"实

---

[1] 参见《提纲》第一条。
[2] 参见侯才:《青年黑格尔派与马克思早期思想的发展:对马克思哲学本质的一种历史透视》,中国社会科学出版社1994年版,"结语"。

践",强调"人化自然",在"自然观"方面马克思也从来不否认"自然"的先在性。① 基于对马克思文本的全面解读,我们不但要强调体现主体性的实践,也要强调动态性的实践,还要强调先于实践的、作为质料的"自然"这一马克思思想中的唯物主义因素。②

或许人们会提出:难道人在对象性活动中就不存在意识(即人的大脑只是白板)吗?当然不是。但我们应该区分两个层次的意识:一个是对象性活动中的意识(可称为一阶意识),一个是反观(反思)已经发生的对象性活动的意识(可称为二阶意识)。一阶意识是实践活动中的意识,构成了生活世界中的常识理性;二阶意识是理论活动中的意识,构成了理论理性(首先是作为知性的理性即科学理性或工具理性)。在古希腊哲学的本体论传统特别是西方近代"理性形而上学"传统下,理论理性高于实践理性。即使是在强调实践理性的思想家如亚里士多德和康德那里,实践也缺乏生产活动的维度。③ 直观的唯物主义没有超越这一传统。正如马克思所批评的,直观的唯物主义对待世界采取的就是一种理论的态度,似乎每个人都是不食人间烟火的"理论家",都有静观和沉思④的癖好;费尔巴哈"仅仅把理论的态度(Verhalten)⑤ 看作是真正人的态度","仍然停留

---

① 当今的生态马克思主义者注重挖掘马克思的自然观和"生态思想",是有道理的。
② 笔者在《马克思〈博士论文〉与恩格斯〈谢林和启示〉之比较》(《北京行政学院学报》2010 年第 5 期)一文中就特意强调马克思《博士论文》中的唯物主义思想,并在《试论马克思对黑格尔逻辑学的创造性转化——以马克思〈博士论文〉为例》(《哲学动态》2013 年第 6 期)一文中进一步将马克思的唯物主义思想与亚里士多德联系起来。
③ 亚里士多德的实践是政治实践,作为生产劳动的实践因为是奴隶的活动而被亚里士多德排除于实践含义之外(阿伦特特别强调此点);而众所周知,康德的实践是道德实践,类似于中国传统文化中的"践行"。
④ 英文版把名词的"Anschauung"和形容词的"Anschauende"分别译成"Contemplation"和"Contemplative",意为"静观(沉思)"和"静观(沉思)的"。(参见 http://www.marxists.org/archive/marx/works/1845/theses/theses.htm) 邓晓芒也特别强调"Anschauung""由 An('靠在上面')和 schauen('观看')两部分组成","有静态的'旁观'的意思"[参见邓晓芒:《牟宗三对康德之误读举要:关于理智直观(下)》,载《江苏行政学院学报》2006 年第 2 期]。
⑤ 通常把《提纲》第一条中的"das theoretische Verhalten"译为"理论活动",这是不合适的,因为同在《提纲》第一条,已把"Ttigkeit"译为"活动"。此处"Verhalten"更准确的翻译应该是"态度"。英文版就将该词译为"Theoretical Attitude"。

在理论领域"。①

马克思在《1844年经济学哲学手稿》中已经对囿于预设的主客二分的理论态度有所批判，尽管这一批判尚不彻底，尚未针对"主客二分"的理论态度本身②。在把马克思的实践概念理解为基于主客二分传统的学者看来，他们强调"感性的对象性活动"，认为"感性的对象性活动"是基于主客二分的：活动的主体（人）作用于客体的对象（劳动对象），并产生新的客体（劳动产品）。

实际上，基于预设的主客二分来理解"感性的对象性活动"，即把"活动"实体化、静态化，现实的"活动"变成了过去时的、固化的客体，从而变成可以进行直观和事后反思的"感性对象"，于是"活动"变成了关于活动的"词句"，而"现实的活动"本身却消失不见了。对此情况，马克思在《资本论》中对劳动过程有这样的论述："在劳动过程中，人的活动借助劳动资料使劳动对象发生预定的变化。过程消失在产品中。它的产品是使用价值，是经过形式变化而适合人的需要的自然物质。劳动与劳动对象结合在一起。劳动对象化了，而对象被加工了。在劳动者方面曾以动的形式表现出来的东西，现在在产品方面作为静的属性，以存在的形式表现出来。劳动者纺纱，产品就是纺成品。"③

除了《提纲》第一、第五、第九条对感性的对象性活动的强调，其他各条也隐含着对预设的"主客二分"传统的批判和扬弃。比如第二条。费希特、黑格尔都是在承认思维与存在具有同一性的前提下从思维推出存在。费希特、黑格尔的"思维"的真理性、现实性和力量都是由存在与思维的同一性来保证的。费尔巴哈已经批判了这种从思维推出存在的唯心主义乃至神学的本质，强调现实事物无中介的直接性。马克思在《提纲》第二条虽然站在费尔巴哈的感性立场上，否定思维本身具有真理性、现实性和力量，但是马克思又不赞同费尔巴哈仅将思维与存在作简单的主宾颠

---

① 这是马克思在《德意志意识形态》中的说法（参见《马克思恩格斯文集》第1卷，人民出版社2009年版，第530页）。
② 参见《马克思恩格斯文集》第1卷，人民出版社2009年版，第196—197页。
③ 参见《马克思恩格斯文集》第5卷，人民出版社2009年版，第211页。

倒，按照这一主宾颠倒，思维与存在的同一性以及思维的真理性、现实性和力量①，是基于存在的无前提、无中介的先在性。即使这种"存在"是感性的、自然的人本身，无前提、无中介从而无历史的存在，仍然是与思维相分立从而主客二分的存在。马克思坚持存在决定意识（即社会存在决定社会意识）这一唯物主义路线，但马克思眼中的"社会存在"是现实的人的生活本身②，即感性的对象性活动（首先是生产活动）。

《提纲》第三条所说的"环境和教育起改变作用的唯物主义学说"，是马克思在《神圣家族》所坚持的观点。马克思早年在与黑格尔关系问题上经历了三次"走进和走出"黑格尔的摇摆③。《神圣家族》处于第二次走出黑格尔唯心主义④、向费尔巴哈的感性唯物主义靠拢的时期。而《提纲》既是对费尔巴哈新哲学"直观性"的批判，又是向黑格尔哲学"活动性"的靠拢。就如同在环境与人的关系问题上，如果把环境与人作为主体、客体二分的两端，那么不是偏向于强调"环境和教育起改变作用的唯物主义"，就是滑向强调"环境是由人来改变的，而教育者本人一定是受教育的"，从而人的主体性甚至社会精英或个人英雄成为社会历史发展中决定因素的唯心史观。实际上，只有主体与客体、人与环境统一于感性的对象性活动，都处于生成的历史过程之中，才实现了"环境的改变和人的活动或自我改变的一致"。只有当理论家从人类的感性的对象性活动中抽身出来，才会看到作为客体的环境与作为主体的人是主客二分甚至主客对立的，才会有"环境决定人"抑或"人决定环境"这样的理论难题及其争论。

总之，以"主客二分"为预设来理解的实践，是静态的实践，是作为"结果"的实践，并非实践活动本身。这是"人化自然"的世界，即马克思强调的"社会生活在本质上是实践的"。前文已经说过，对于第二个层

---

① 参见［德］费尔巴哈：《未来哲学原理》，洪谦译，生活·读书·新知三联书店1955年版，第32、38、48、51节。
② 马克思在《德意志意识形态》中用的是"不是意识决定生活，而是生活决定意识"的说法。
③ 参见鲁克俭：《〈关于费尔巴哈的提纲〉与历史目的论》，载《河北学刊》2009年第6期。
④ 体现为囿于思维领域的历史辩证法或"in abstracto（抽象形式的）实践"，参见《马克思恩格斯全集》中文第一版第2卷，第49页。

面的实践,马克思从来没有否认过"人化自然"是主客二分的。从静态实践的层面来看,将实践理解为"主体与客体的统一"并没有问题。但是,如果不恰当地突出"人化自然",忽视动态实践,就很容易把"人的本质"抽象化、实体化。这是本文前两部分所着力强调的。唯物史观视域中的"实践",首先是作为感性的对象性活动的"实践"。只有在实践活动中,环境的改变和人的活动或自我改变才能始终保持一致。在这个过程中,客体与主体是无法截然分开的,非要将它们分开,就会产生许多无谓的理论论争。当然,从动态的实践到静态的实践,再到动态的实践,这是一个不断循环往复的过程。但马克思真正进入唯物史观视域的关键一步,是在纷繁的历史现象中抓住并领会了动态实践这一环节。① 此后,"人化自然"、"异化"(如商品拜物教)等话语仍然可以保留,但已经在动态实践的新范式基础上得到了重新理解。

四、结语

思维与存在、唯物主义与唯心主义的关系问题,曾经是马克思主义哲学教科书的基本问题。而主体与客体的关系问题,并没有引起足够的重视,甚至很长一段时间马克思、恩格斯著作的中译本都把"Subjekt"和"Objekt"分别译为"主观"和"客观"。20世纪80年代以来,以主客体视角来重新审视马克思的哲学,已经成为国内学界的共识。这无疑是一个巨大进步。

已经有不少国内外马克思研究者注意到马克思之前的哲学家要么执于主体主义,要么执于客体主义(即所谓的"主客对立"),而强调马克思的哲学革命在于实现了主体主义与客体主义的辩证统一。比如卢卡奇就有

---

① 本文关于"动态实践"与"静态实践"的区分,与王南湜在《改变世界的哲学何以可能(下)——一个基于行动者与旁观者双重视角的构想》(《学术月刊》2012年第2期)一文中所强调的"行动者"和"旁观者"的双重视角有异曲同工之处,区别主要在于论述的进路不同。

著名的"主客体辩证法"的总体性理论。从主客对立到主客统一，这就是我们对马克思哲学革命的通常理解。"主客统一"当然符合辩证法，但20世纪的思想史已经表明，只要以预设的、机械的主客二分为前提来谈论主客统一，主客统一要么滑向强调主体性的唯意志论，要么就滑向强调客体的决定论。从第二国际理论家到早期西方马克思主义者，从萨特到阿尔都塞，从汤普森到安德森，在结构与能动性之间纠结与摇摆，一直是西方马克思主义思想家无法驱除的梦魇。

本文强调的是，在马克思的文本语境中，他并没有否认现实中的主客二分，但却否认主客二分的逻辑先在性。另一方面，马克思在《德意志意识形态》中论述现实中的个人的活动构成原初的历史的关系的四个因素时，就是强调先于主客二分的人的活动也是历史地"先在"的。当代生态问题的凸显表明，对马克思实践概念的主体性解读已走入困境，而可能的出路就在于对马克思实践进行"去主客二分"的解读。马克思的实践概念是对旧有的主客二分观念的超越，不仅强调了实践本身的动态性，而且真正做到把旧有的主客二分观念囊括进来，实现真正的"统一"。这种统一体现为不是简单地否认"主客二分"的合理性，而是在承认传统认识论意义上的、在现实生活中存在的主客二分的基础上，揭示出动态实践这一环节。

更为重要的是，即使马克思没有对传统本体论进行彻底批判而完成哲学变革的明确意识，但唯物史观的创立蕴涵着对西方自巴门尼德以来的本体论（包括自笛卡尔以降基于认识论的近代本体论）及其理性主义传统的内在颠覆。郝大维、安乐哲强调美国实用主义对西方传统本体论中主客二分的因果性思维方式具有内在解构作用①，实际上，马克思早已内在地解构西方的本体论传统。我们从马克思创立唯物史观的内在理路中，解读出作为其思想背景的对西方主客二分传统的超越。

马克思的唯物史观、剩余价值学说以及基于这两大发现的科学共产主义思想（即马克思的政治哲学），是以对预设的主客二分的超越为基础的。

---

① 参见郝大维、安乐哲：《期望中国：中西哲学文化比较》，施忠连等译，学林出版社2005年版。

缺乏对这一深层逻辑基础的认知，对马克思唯物史观的发展（如"广义历史唯物主义"的提法）或重建（如哈贝马斯的"交往行动理论"），就难免走错方向。而我们对"超越传统主客二分"这一深层逻辑前提的追问和把握，会带来对马克思整个思想和理论进行解读的全新视角，一些传统上争论不休的问题就不再是问题；而一系列新的问题，如"生态"（人与自然的和谐）问题，"正义"问题（马克思对近代启蒙思想"权利范式"的批判），"好生活"（人的自由而全面的发展）问题，"共同体"（自由人联合体）问题，"乌托邦"（理想社会）问题等，就会不断涌现，有待于我们去发现和探索。我们强调马克思对西方传统"主客二分"的超越，不仅仅是为了凸显马克思与西方哲学传统的分野，更是为了提供对马克思思想进行解读的理论视角。

之所以我们对作为马克思成熟时期总体思想基础的实践概念所作的"超越传统主客二分"的解读会与基于"主客二分"的传统解读形成不同的路向，与马克思文本的特点有关。不论是"超越传统主客二分"抑或是"基于主客二分"，都是隐藏在马克思文本背后的深层逻辑，马克思并没有将其明确表述出来，而这正是有赖于解读者在进行哲学的"前提性批判"时加以开掘的。正如20世纪80年代末以来国内学界以"实践"视角来解读马克思文本，从而实现一种认知框架的转换。正是在这个意义上，本文旨在抛砖引玉，在"超越传统主客二分"这一框架下对马克思的若干重要文本进行深入解读。

第十六章　马克思与恩格斯对唯物史观理解之差异[①]

尽管关于马克思与恩格斯是否存在对立或差异问题国内外学者已经有诸多讨论，但"马克思与恩格斯对唯物史观的理解是否存在差异"却是一个一直没有引起国内外学者关注的问题。不仅如此，人们已经习惯于从恩格斯对唯物史观的理解来解读唯物史观的基本原理。笔者在《马克思〈博士论文〉与恩格斯〈谢林和启示〉之比较》一文中，通过比较马克思的《博士论文》与恩格斯的《谢林和启示》得出了马克思与恩格斯思想"大同小异"的结论[②]。但具体到"马克思与恩格斯对唯物史观的理解是否存在差异"这一问题，笔者认为马克思与恩格斯之间存在着较大差异，而这种差异恰恰进一步反证了马克思才是创立唯物史观的第一提琴手。

随着汉译广松版《德意志意识形态》2005年的出版，由日本学者广松涉引发的"谁是创立唯物史观的第一提琴手问题"（简称"第一提琴手问题"）在国内学界持续发酵。越来越多的中国学者盲从广松涉的说法，仅从《德意志意识形态》手稿主要是恩格斯的笔迹这一文献学事实出发就断定《德意志意识形态》主要是恩格斯的著作，从而把恩格斯看作是创立唯物史观的第一提琴手。笔者在《再论〈德意志意识形态〉的作者身份问题》一文中主要基于对《德意志意识形态》之前的马克思摘录笔记部分的文献学考察，证明马克思才是《德意志意识形态》的主要作者，重申了"马克思

[①]　首次发表于《北京行政学院学报》2012年第2期。
[②]　参见鲁克俭：《马克思〈博士论文〉与恩格斯〈谢林和启示〉之比较》，载《北京行政学院学报》2010年第5期。

是创立唯物史观的第一提琴手"这一正统说法①。本文试图从"马克思与恩格斯对唯物史观理解之差异"的角度，进一步探讨"第一提琴手问题"。

一、恩格斯是如何理解唯物史观的

《德意志意识形态》尽管没有使用"唯物主义历史观"（materialistische Geschichtsauffassung）这个术语，但从"这种历史观（Geschichtsauffassung）就在于：从直接生活的物质生产出发阐述现实的生产过程，把同这种生产方式相联系的、它所产生的交往形式即各个不同阶段上的市民社会理解为整个历史的基础，从市民社会作为国家的活动描述市民社会，同时从市民社会出发阐明意识的所有各种不同理论的产物和形式，如宗教、哲学、道德等等，而且追溯它们产生的过程……这种历史观和唯心主义历史观（idealistische Geschichtsanschauung）不同，它不是在每个时代中寻找某种范畴，而是始终站在现实历史的基础上，不是从观念出发来解释实践，而是从物质实践出发来解释观念的形成。"②从这段话来看，"这种历史观"指的就是"唯物主义历史观"应该是没有争议的。

1859年8月，恩格斯在为马克思《政治经济学批判》第一分册写的书评《卡尔·马克思〈政治经济学批判〉》中首次以"唯物主义历史观"来称谓马克思在《政治经济学批判》序言中关于唯物史观的经典表述③。恩格斯的书评是马克思看过的④，因此可以认为恩格斯以"唯物主义历史观"来称谓《德意志意识形态》所阐发的历史观⑤得到了马克思的赞同。

---

① 参见鲁克俭：《再论〈德意志意识形态〉的作者身份问题》，载《北京行政学院学报》2008年第4期。
② 《马克思恩格斯选集》中文第二版第1卷，第92页。
③ 《马克思恩格斯选集》中文第二版第2卷，第38页。
④ 参见《马克思恩格斯文集》第2卷，人民出版社2009年版，第773页。
⑤ 《德意志意识形态》第一章"费尔巴哈"是未完成稿，马克思曾经多次试图重写第一章，但最终放弃了，因此任何对"费尔巴哈"章进行重新排序的努力都不可能成功。但是，我们可以把《〈政治经济学批判〉序言》关于唯物史观的经典表述看作是马克思试图重写"费尔巴哈"章的纲要。

此后，恩格斯在《论住宅问题》（1872—1873年）、《反杜林论》（1876—1878年）、《家庭、私有制和国家的起源》（1884年）、《路德维希·费尔巴哈和德国古典哲学的终结》（1888年）以及晚年关于历史唯物主义的书信中提到"唯物主义历史观"并对其基本观点进行了概述，在《马克思墓前的讲话》（1883年）、《共产党序言》1883年德文版序言和1888年英文版序言中尽管没有提到"唯物主义历史观"一词，但对唯物史观的基本观点进行了阐发。

综观恩格斯关于唯物史观的论述，我们发现他强调唯物史观三个方面的思想：社会存在决定社会意识、经济基础决定上层建筑以及物质生产在社会生活和历史过程中起最终决定作用。比如恩格斯在《卡尔·马克思〈政治经济学批判〉》中说："人们的意识取决于人们的存在而不是相反，这个原理看来很简单，但是仔细考察一下也会立即发现，这个原理的最初结论就给一切唯心主义，甚至给最隐蔽的唯心主义当头一棒。关于一切历史的东西的全部传统的和习惯的观点都被这个原理否定了"①；在《论住宅问题》中说："唯物史观是以一定历史时期的物质经济生活条件来说明一切历史事件和观念，一切政治、哲学和宗教的"②；在《共产党宣言》1883年德文版序言中说："每一历史时代的经济生产以及必然由此产生的社会结构，是该时代政治的和精神的历史的基础"③。显然，这三个方面的思想是递进的，经济基础比社会存在更具体，而物质生产又比经济基础更为具体。经济基础（其原初概念是市民社会）不但包括生产关系，还包括交换关系等。因此仅仅承认经济是基础还是不够的，还要进一步承认"生产"相对于经济活动的其他环节（分配、交换、消费）来说是"普照的光"。具体到资本主义社会来说，资本主义生产方式（所谓"资本的逻辑"）是"普照的光"，是经济基础中起决定性作用的环节。恩格斯无疑是很清楚这一点的，他在《共产党宣言》1888年英文版序言中将1883年德文版序言中的"每一历史时代的经济生产以及必然由此产生的社会结

---

① 参见《马克思恩格斯文集》第2卷，人民出版社2009年版，第598页。
② 参见《马克思恩格斯文集》第4卷，人民出版社2009年版，第320页。
③ 参见《马克思恩格斯文集》第2卷，人民出版社2009年版，第9页。

构,是该时代政治的和精神的历史的基础"改为"每一历史时代主要的经济生产方式和交换方式以及必然由此产生的社会结构,是该时代政治的和精神的历史所赖以确立的基础,并且只有从这一基础出发,这一历史才能得到说明"① 就说明了这一点。因此,当第二国际的理论家(包括拉法格)以及德国的青年著作家把唯物史观解读成经济决定论或经济唯物主义时,恩格斯可以澄清说:"根据唯物史观,历史过程中的决定性因素归根到底是现实生活的生产和再生产。无论马克思或我都从来没有肯定过比这更多的东西。如果有人在这里加以歪曲,说经济因素是唯一决定性的因素,那么他就是把这个命题变成毫无内容的、抽象的、荒诞无稽的空话。"②

虽说恩格斯强调唯物史观关于社会存在决定社会意识、经济基础决定上层建筑以及物质生产在社会生活和历史过程中起最终决定作用这三个方面的思想,但正如恩格斯自己所说的那样,"绝大部分基本指导思想(特别是在经济和历史领域内),尤其是对这些指导思想的最后的明确的表述,都是属于马克思的。"③ 真正属于恩格斯本人或者说恩格斯从青年到晚年一以贯之的唯物史观基本思想,是"经济关系起决定作用"这一观点。众所周知,恩格斯初抵英国时,对英国人重视"利益"忽视"原则"的态度非常不屑,但他独立于(甚至领先于)马克思走向唯物主义历史观的重要标志就是颠倒了"原则"与"利益"的关系。正如恩格斯自己在其《关于共产主义者同盟的历史》中所说的那样:"我在曼彻斯特时异常清晰地观察到,迄今为止在历史著作中根本不起作用或者只起极小作用的经济事实,至少在现代世界中是一个决定性的历史力量;这些经济事实形成了产生现代阶级对立的基础;这些阶级对立,在它们因大工业而得到充分发展的国家里,因而特别是在英国,又是政党形成的基础,党派斗争的基础,因而也是全部政治史的基础。马克思不仅得出同样的看法,并且在(1844

---

① 参见《马克思恩格斯文集》第 2 卷,人民出版社 2009 年版,第 14 页。
② 恩格斯 1890 年 9 月 21 [—22] 日致约瑟夫·布洛赫的信。参见《马克思恩格斯文集》第 10 卷,人民出版社 2009 年版,第 591 页。
③ 参见《马克思恩格斯文集》第 4 卷,人民出版社 2009 年版,第 297 页。

年)《德法年鉴》里已经把这些看法概括成如下的意思：决不是国家制约和决定市民社会，而是市民社会制约和决定国家，因而应该从经济关系及其发展中来解释政治及其历史，而不是相反。"① 恩格斯在《卡尔·马克思〈政治经济学批判〉》中运用了马克思《政治经济学批判》序言关于唯物史观经典论述的话语，如"社会存在决定社会意识"、"（经济）基础决定上层建筑"等，但真正属于恩格斯（或者说恩格斯运用得更为得心应手）的思想体现在《反杜林论》、《路德维希·费尔巴哈和德国古典哲学的终结》等对唯物史观的理解和论述中。比如恩格斯在《社会主义从空想到科学的发展》1892年英文版导言中明确说："用'历史唯物主义'这个名词来表达一种关于历史过程的观点……这种观点认为，一切重要历史事件的终极原因和伟大动力是社会的经济发展，是生产方式和交换方式的改变，是由此产生的社会之划分为不同的阶级，是这些阶级彼此之间的斗争。"②

对于唯物史观来说，仅仅强调生产方式的决定作用仍然是不够的，因为唯物史观还进一步强调生产方式中生产力与生产关系的矛盾运动。正如巴加图利亚在《马克思的第一个伟大发现》中所强调的那样，《德意志意识形态》对生产力与生产关系矛盾运动规律的阐发是唯物史观创立的重要标志③。但是，综观恩格斯的一生，他恰恰对生产力与生产关系矛盾运动规律鲜有论述，偶尔的例外是在《卡尔·马克思〈政治经济学批判〉》中，但也只是将马克思在《政治经济学批判》序言中"社会的物质生产力发展到一定阶段，便同它们一直在其中运动的现存生产关系或财产关系（这只是生产关系的法律用语）发生矛盾。于是这些关系便由生产力的发展形式变成生产力的桎梏。那时社会革命的时代就到来了"这段话以加引号的方式重申了一遍④。恩格斯自己说，他的《路德维希·费尔巴哈和德

---

① 参见《马克思恩格斯文集》第4卷，人民出版社2009年版，第232页。
② 参见《马克思恩格斯文集》第3卷，人民出版社2009年版，第509页。
③ 参见［苏］巴加图利亚：《马克思的第一个伟大发现》，陆忍译，中国人民大学出版社1981年版。
④ 参见《马克思恩格斯文集》第2卷，人民出版社2009年版，第597页。

国古典哲学的终结》第四部分"是对马克思的历史观的一个概述"①。我们仔细阅读恩格斯对唯物史观的概述，看到的是诸如"在现代历史中，国家的意志总的说来是由市民社会的不断变化的需要，是由某个阶级的优势地位，归根到底，是由生产力和交换关系的发展决定的"②等类似的说法。但这里，"生产力和交换关系"相当于经济基础，而非生产力与生产关系的矛盾运动。也就是说，恩格斯的概述仍然局限于"经济关系起决定作用"这一核心思想。

恩格斯类似生产力与生产关系矛盾运动是推动历史发展的动力的论述主要有两处，一处是在《反杜林论》"社会主义"篇的理论概述③中："资产阶级所固有的生产方式（从马克思以来称为资本主义生产方式），是同封建制度的地方特权、等级特权以及相互的人身束缚不相容的；资产阶级摧毁了封建制度，并且在它的废墟上建立了资产阶级的社会制度，建立了自由竞争、自由迁徙、商品占有者平等的王国，以及其他一切资产阶级的美妙东西。资本主义生产方式现在可以自由发展了……新的生产力已经超过了这种生产力的资产阶级利用形式；生产力和生产方式之间的这种冲突，并不是像人的原罪和神的正义的冲突那样产生于人的头脑中，而是存在于事实中，客观地、在我们之外，甚至不依赖于引起这种冲突的那些人的意志或行动而存在着。"④ 另一处是在《路德维希·费尔巴哈和德国古典哲学的终结》："在一定阶段上，资产阶级推动的新的生产力……以及通过生产力发展起来的交换条件和交换需要，同现存的、历史上继承下来的而且被法律神圣化的生产秩序不相容了"、"资产阶级所代表的生产力起来反抗封建土地占有者和行会师傅所代表的生产秩序了"、"正像工场手工业在一定发展阶段上曾经同封建的生产秩序发生冲突一样，大工业现在已经同代替封建生产秩序的资产阶级生产秩序相冲突了。"⑤ 从上下文来看，恩格斯所说的"生产秩序"可以与"生产方式"画等号。

---

① 参见《马克思恩格斯文集》第4卷，人民出版社2009年版，第312页。
② 参见《马克思恩格斯文集》第4卷，人民出版社2009年版，第306页。
③ 后收入《社会主义从空想到科学的发展》。
④ 参见《马克思恩格斯文集》第9卷，人民出版社2009年版，第284—285页。
⑤ 参见《马克思恩格斯文集》第4卷，人民出版社2009年版，第305页。

显然，恩格斯这两处都是试图运用马克思关于生产力与生产关系矛盾运动推动历史发展的思想，来论证资本主义取代封建主义以及资本主义被更新的生产方式所取代的历史必然性，但他没有把生产力与生产关系矛盾运动规律看作是类似于阶级斗争这样贯穿于人类历史发展过程的唯物史观基本原理。而且恩格斯没有运用他自己在《卡尔·马克思〈政治经济学批判〉》中所引用的马克思《政治经济学批判》序言中关于生产力与生产关系（或财产关系）的"明确表述"，回避使用"生产关系"一词，用"生产方式"（乃至新造的"生产秩序"一词）来取代"生产关系"，这绝不是偶然的。① 恩格斯一直对马克思《哲学的贫困》有很高的评价，他在马克思去世后分别于1885年和1892年重新校订出版了《哲学的贫困》，因此恩格斯应该很清楚马克思在《哲学的贫困》中用"生产关系"取代了《德意志意识形态》中"交往形式"。更不用说恩格斯非常熟悉《共产党宣言》关于生产力与生产关系矛盾运动推动资本主义发展的历史论述了。此外，恩格斯自己在《路德维希·费尔巴哈和德国古典哲学的终结》1888年单行本序言中说，在稿子送去付印之前他又把《德意志意识形态》旧稿找出来看了一遍。恩格斯应该不会忘记，《德意志意识形态》"费尔巴哈"章反复强调的是"一切历史冲突都根源于生产力和交往形式之间的矛盾"，"生产力和交往形式之间的这种矛盾……每一次都不免要爆发为革命"②。而这些话都是恩格斯的笔迹③。显然，笔迹虽然是恩格斯的，但思想却是马克思的。恩格斯只不过是在马克思底稿基础上誊抄了这些话，因此并没有真正转化为恩格斯自己的话语。

有一个文献学事实可以佐证《德意志意识形态》"费尔巴哈"章中关于"生产力和交往形式之间的矛盾"的表述是出自马克思而非恩格斯。1888年，恩格斯首次将《关于费尔巴哈的提纲》作为《路德维希·费尔巴哈和德国古典哲学的终结》单行本的附录公开发表，并注明《提纲》

---

① 恩格斯本人也很少使用"生产关系"一词，仅在《论住宅问题》和《反杜林论》中使用过。
② 参见《马克思恩格斯文集》第1卷，人民出版社2009年版，第567—568页。
③ 参见［日］广松涉编注：《文献学语境中的〈德意志意识形态〉》，彭曦译，张一兵审订，南京大学出版社2005年版，第114、116页。

"1845年春写于布鲁塞尔"。恩格斯是在马克思《1844—1847年记事本》中找到《提纲》的。根据巴加图利亚在《〈关于费尔巴哈的提纲〉和〈德意志意识形态〉》的长篇论文中对《1844—1847年记事本》的文献学描述①,《提纲》只占《1844—1847年记事本》不满五页的篇幅,其中,《提纲》第一条所在的那一页的顶端还记载着四行笔记②。关于《提纲》的写作时间,MEGA²的编辑者之间迄今存在着激烈争论。③那么恩格斯何以能够判定《提纲》写于"1845年春"呢?恩格斯在《共产党宣言》1888年英文版序言(写于《路德维希·费尔巴哈和德国古典哲学的终结》单行本序言的前三个星期)中回顾说:"虽然《宣言》是我们两人共同的作品,但我认为自己有责任指出,构成《宣言》核心的基本思想是属于马克思的。这个思想就是:每一历史时代主要的经济生产方式和交换方式以及必然由此产生的社会结构,是该时代政治的和精神的历史所赖以确立的基础,并且只有从这一基础出发,这一历史才能得到说明;因此人类的全部历史(从土地公有的原始氏族社会解体以来)都是阶级斗争的历史,即剥削阶级和被剥削阶级之间、统治阶级和被压迫阶级之间斗争的历史;这个阶级斗争的历史包括有一系列发展阶段,现在已经达到这样一个阶段,即被剥削被压迫的阶级(无产阶级),如果不同时使整个社会一劳永逸地摆脱一切剥削、压迫以及阶级差别和阶级斗争,就不能使自己从进行剥削和统治的那个阶级(资产阶级)的奴役下解放出来。在我看来这一思想对历史学必定会起到像达尔文学说对生物学所起的那样的作用,我们两人早在1845年前的几年中就已经逐渐接近了这个思想。当时我个人独自在这方面达到什么程度,我的《英国工人阶级状况》一书就是最好的说明。但是到1845年春我在布鲁塞尔再次见到马克思时,他已经把这个思想考虑成熟,并且用几乎像我在上面所用的那样明晰的语句向我说明了。"④ 显

---

① 参见单志澄译,巴加图利亚著:《〈关于费尔巴哈的提纲〉和〈德意志意识形态〉》,载《马列主义研究资料》1984年第1期。
② 参见《马克思恩格斯全集》中文第一版第42卷,第273页。
③ 参见鲁克俭:《〈关于费尔巴哈的提纲〉的写作原因及其再评价》,载《马克思主义与现实》2008年第5期。
④ 参见《马克思恩格斯文集》第2卷,人民出版社2009年版,第14页。

然，《提纲》很好地体现了恩格斯所理解的唯物史观的核心思想，因此恩格斯有理由认为，《提纲》的写作时间与1845年春他和马克思在布鲁塞尔再次相会时马克思以"明晰的语句"向他说明唯物史观核心思想的时间是接近的。① 巴加图利亚就是据此判定《提纲》写于1845年4月。但巴加图利亚又强调《德意志意识形态》在思想的成熟程度上高于《提纲》，因为《德意志意识形态》明确阐发了生产力与生产关系（交往形式）矛盾运动规律。巴加图利亚还特别强调指出，恩格斯在1893年2月7日致施穆伊洛夫的信中把《提纲》看作是"历史唯物主义的起源"。但巴加图利亚没有注意到的是，恩格斯所回忆的马克思以"明晰的语句"向他说明的唯物史观核心思想是一以贯之的。如果巴加图利亚注意到了这一点，他就会意识到自己在考证《提纲》的写作时间时隐含着内在矛盾。如要排除矛盾，他必须承认恩格斯对唯物史观的理解与马克思有差别。

二、马克思在《德意志意识形态》中获得唯物史观新认识的内在逻辑

马克思在写作《德意志意识形态》第一卷第二章、第三章时，获得了生产力与生产关系（交往形式）矛盾运动规律的新认识，并在多处进行了相关论述。这些论述有些被抽出来成为第一章的组成部分，有一些仍然保留在第三章，如"当前社会的交往形式以及统治阶级的条件同走在前面的生产力之间的矛盾愈大，由此产生的统治阶级内部的分裂以及它同被统治阶级之间的分裂愈大"②，"私有财产是生产力发展一定阶段上必然的交往形式，这种交往形式在私有财产成为新出现的生产力的桎梏以前是不会消灭的，并且是直接的物质生活的生产所必不可少的条件"③，"后代继承着

---

① 参见鲁克俭：《〈关于费尔巴哈的提纲〉的写作原因及其再评价》，载《马克思主义与现实》2008年第5期。
② 参见《马克思恩格斯全集》中文第一版第3卷，第331页。
③ 参见《马克思恩格斯全集》中文第一版第3卷，第410—411页。

前代积累起来的生产力和交往形式,这就决定了他们这一代的相互关系"①等说法。恩格斯显然是被动地接受了马克思的这一新认识,尽管他终其一生对这一新认识在唯物史观中的地位看得并不太高。

马克思之所以获得这种新认识,与他青年时期思想发展的内在逻辑密切相关。具体来说,与马克思摆脱历史目的论的头脑风暴有关。

正如恩格斯所回忆的那样,马克思和他早在"1845年前的几年中就已经逐渐接近了"他所理解的唯物史观基本思想。恩格斯还特别提到了1843年底马克思发表在《德法年鉴》的文章中关于市民社会决定国家的新认识。进一步说,马克思《1844年手稿》中既有费尔巴哈的唯物主义因素,又有黑格尔的历史辩证法,此时马克思的唯物史观岂不已经成熟?目前一些国内学者就是这样来拔高《1844年手稿》思想成熟程度的。但是,马克思以其思想的深刻性和彻底性很快就意识到,他在《1844年手稿》中以"异化劳动及其扬弃"的历史辩证法来论证共产主义的进路,尽管已经把黑格尔的唯心主义历史辩证法"颠倒"为以感性的对象化劳动(而非黑格尔的精神劳动)为基础的唯物主义历史辩证法(或曰劳动辩证法),但并没有摆脱黑格尔历史辩证法所蕴含的历史目的论维度。显然,包含历史目的论维度的唯物主义历史辩证法仍然保留着唯心主义历史观的尾巴,或者借用恩格斯的形象说法,我们也可以说历史目的论是历史唯心主义的"最后避难所",是唯物史观真正确立之前所必须冲破的最后关口。

马克思的写作是政治性写作,唯物史观只不过是马克思在对共产主义进行理论论证过程中出现的理论副产品。在《神圣家族》中,马克思换了一个有别于《1844年手稿》的思路,从英法唯物主义引出共产主义的结论。这种进路类似于同一时期恩格斯从施蒂纳《唯一者及其所有物》的"利己主义"理论得出共产主义的结论一样②,是不能令人满意的。实际上,相对于《1844年手稿》(特别是其笔记本Ⅲ)来说,《神圣家族》与其说体现了马克思思想的进一步发展(在一些具体问题上当然会有深化),

---

① 参见《马克思恩格斯全集》中文第一版第3卷,第515页。
② 参见恩格斯1844年11月19日致马克思的信(《马克思恩格斯文集》第4卷,人民出版社2009年版,第24页)。

不如说体现了马克思在唯物主义与历史目的论这两条阵线之间的摇摆。1845年春夏之交写作的《提纲》反映了马克思再次摆向具有强烈黑格尔色彩的主体性①和历史辩证法的进路②。黑格尔的历史辩证法（绝对理念的外化及其扬弃）以绝对精神（自由）为目的和归宿，目的因是推动历史运动的内在动力。马克思在《提纲》中放弃了《1844年手稿》中将"异化及其扬弃"（即否定之否定）这一黑格尔主义的历史图式作为历史走向共产主义（人的本质的实现）的动力，以阶级斗争和政治革命（"革命实践"）作为历史发展的动力。但正如后来的卢卡奇已经表明的那样，作为肩负实现共产主义历史使命的无产阶级这一历史主客体的统一体，要么成为实现某种先验历史目的的工具，从而沦为第二国际理论家所信奉的历史宿命论的棋子；要么阶级意识这一历史主体性得到张扬，从而沦为以实现历史"绝对命令"为己任的唯意志论者。马克思是出离康德和费希特而走向黑格尔的，因此马克思不会轻易回到康德和费希特（尽管马克思从没有放弃康德"人是目的"的"绝对命令"），也会很快意识到以阶级斗争（实践）代替"异化逻辑"作为历史动力所面临的理论困难。马克思必须继续寻找历史的内在动力而同时又不陷入历史目的论。1845年4月抵达布鲁塞尔与马克思会面的恩格斯显然没有发觉，匆匆写作了《提纲》之后的马克思思想上仍然面临新的困惑，而1845年秋写作的《评李斯特》可以说是马克思走出困惑的关键环节。

　　国际学界关于《评李斯特》写作时间的讨论，笔者已另文介绍，这里不作赘述。只需明确一点的是，1845年7、8月份马克思与恩格斯一起作了一次英国旅行③。回到布鲁塞尔之后，马克思写作了《评李斯特》。实际上，自1844年底以后恩格斯和马克思一直有对李斯特的《政治经济学的国民体系》进行批判的计划。按照恩格斯的理解，他自己会"从实际方面抓住李斯特，阐明其体系的实际结论"，而马克思将会重点批判李斯特

---

① 这种主体性是主客体的统一而非康德或费希特的主体性，或者用卢卡奇的说法就是"历史总体性"。
② 参见鲁克俭：《〈关于费尔巴哈的提纲〉与历史目的论》，载《河北学刊》2009年第6期。
③ 这是马克思首次踏上英国土地。

体系的前提。① 但实际上，马克思不但批判了李斯特体系的前提，而且还发展了李斯特的生产力理论，将李斯特的"精神生产力"唯物主义地改造为"物质生产力"。

马克思的生产力理论不仅与李斯特相关，更与赫斯大有干系。② 早在1844年初，赫斯即已提出了历史发展中生产力与交往形式的矛盾问题。正如侯才已经注意到的，《德意志意识形态》中关于交往与生产力关系的论述，不禁令人自然想到赫斯在《金钱的本质》中表达的类似思想。③

在《德意志意识形态》之前，赫斯的思想领先于并影响了马克思早期思想的发展。不但在对共产主义的理解（人的自由活动、有机的共同体等）和对共产主义的论证（先是哲学论证，然后是经济学论证）方面马克思与赫斯并无二致，而且唯物史观的创立也是赫斯最先获得突破的。在《德意志意识形态》写作时期及其以后，马克思与赫斯的真正分歧主要体现在两个方面：一是实现共产主义的方式是靠阶级斗争抑或"爱"的联合？二是共产主义是"人的本质"的实现吗？第二个问题涉及赫斯的共产主义是否已走出历史目的论问题。

赫斯在创立唯物史观方面所获得的突破主要先后体现在《行动的哲学》（发表于1843年7月）和《货币的本质》（写于1844年初）。在《行动的哲学》中赫斯强调人的本质④在于人的自由活动（生命活动）。这是一种感性的对象性活动⑤，是劳动与享受的统一，因而摆脱了以谋生为手段的"奴隶劳动"（这种"奴隶劳动"是异化劳动⑥，它外化和物质化为私有财产）和对财富的单纯"拥有"和"享受"。在《货币的本质》中赫斯进一步发展了关于人的本质的思想，强调人的自由活动的另一个维度即人的交往与协作（共同活动），强调人的本质（人的生产能力）的发展是

---

① 参见《马克思恩格斯全集》中文第二版第47卷，第351页。
② 需要指出的是，正如许多学者研究知道的，"生产力"是当时古典经济学的流行语。
③ 参见侯才：《青年黑格尔派与马克思早期思想的发展》，中国社会科学出版社1994年版，第165页。
④ 赫斯在《行动的哲学》中并没有使用"人的本质"一词。
⑤ 赫斯并没有使用"对象性活动"一词，但他所展开论述的人的自由活动就是人的感性的对象性活动。
⑥ 赫斯并没有使用"异化劳动"一词，但其含义是非常明显的。

一个由低级到高级的必然历史过程（因此共产主义不是仅靠人的意志就能实现的），强调交往形式与生产力的相互作用关系（低级的交往形式对生产力发展水平的制约，以及资本主义社会高度发展的生产力必然会冲破资本主义的交往形式），强调只有靠实践而非观念的改变才能改变异化的现实（体现为货币制度的小商人社会）等。

受赫斯的影响，马克思在《1844年手稿》（主要写于1844年上半年）中深化了赫斯《行动的哲学》中人的自由活动的思想①，明确提出了异化劳动理论，并对作为异化劳动结果的私有财产问题展开论述。在随后的《穆勒摘要》（写于1844年秋）中，马克思深化了赫斯《货币的本质》中人的交往异化思想。在一年后写作的《评李斯特》中马克思深化了赫斯《货币的本质》中关于生产力的思想，在随后写作的《德意志意识形态》中马克思深化了赫斯《货币的本质》中关于生产力与交往形式相互作用的思想。

马克思的唯物史观是对赫斯唯物史观思想的深化和发展。限于篇幅，关于马克思唯物史观思想与赫斯唯物史观思想的比较研究笔者将另文进行。这里只提出结论：从马克思1843年秋转向共产主义到1845年上半年写作《德意志意识形态》（赫斯也是作者之一）的两年时间里，马克思受到赫斯唯物史观思想的强烈影响，正是通过赫斯这一中介，马克思才在《德意志意识形态》中确立并系统阐发了唯物史观的基本原理；马克思在《德意志意识形态》中阐发的唯物史观基本思想不但超越了恩格斯（这主要体现在马克思强调生产力与生产关系的矛盾运动规律），而且最终超越赫斯（这主要体现在马克思把生产力与生产关系的矛盾运动看作是历史发展的内在动力，从而彻底告别以人的本质的实现为指归的历史目的论）。

应该说，马克思早在1844年初编辑《德法年鉴》时即已读到赫斯的《货币的本质》，但迟至1845年底至1846年上半年马克思才明确提出了生产力与交往形式矛盾运动规律的思想，因此马克思虽然受到赫斯的影响，但可以说马克思思想发展的内在逻辑无疑起着更为关键的作用。

---

① 马克思在《1844年手稿》中明确承认自己受到赫斯这篇论文的影响。

恩格斯早于马克思受到赫斯的影响，但恩格斯所受赫斯的影响主要体现在对共产主义的接受上（1842年10月恩格斯顺访《莱茵报》编辑部时与赫斯会面）。赫斯在唯物史观方面的新突破并没有影响到恩格斯，恩格斯是在英国通过自己的亲身观察和研究独立走上唯物史观道路。与马克思不同，在赫斯的《货币的本质》1845年发表在《莱茵社会改革年鉴》第1卷之前恩格斯并没有读过该文。1844年3月赫斯从巴黎回到科隆，1844年9月恩格斯从英国回到家乡巴门。在恩格斯1845年春到布鲁塞尔与马克思会面之前这段时间里，他与赫斯一起在家乡进行共产主义鼓动和宣传工作。从已有的材料（特别是恩格斯这一时期的书信来看），恩格斯比马克思早得多就开始对赫斯持一种怀疑态度，因此恩格斯既没有受到赫斯唯物史观新思想的影响，也不存在从赫斯唯物史观思想的唯心主义残余即历史目的论中摆脱出来的问题。

进一步的结论

本文考察了马克思与恩格斯对唯物史观理解上的差异，但笔者绝没有抬马贬恩的意思。实际上，马克思关于生产力与生产关系矛盾运动规律面临新的困难。首先，克拉科夫斯基指责马克思关于生产力与生产关系矛盾运动规律的理论会导致以共产主义为指向的历史目的论（所谓马克思的弥赛亚情结）的事例说明，摆脱历史目的论的困境是多么不容易，这正如社会主义从空想到科学的发展绝非易事一样（实际上，马克思的科学社会主义至今仍被许多西方学者看作是空想社会主义）。其次，正如美国学者摩尔已经指出的那样，马克思的共产主义理想（人的自我实现、人的自由而全面的发展或自由人联合体）与唯物史观之间存在内在冲突[①]。可以把摩尔的说法看作是对吕贝尔关于马克思思想的伦理性与科学性相统一观点的逻辑延伸。摩尔的进路或许可以使克拉科夫斯基的指责变得无效，但这一

---

① 参见鲁克俭：《国外马克思学研究的热点问题》，中央编译出版社2006年版，第四章第二节。

进路也会摧毁唯物史观在使社会主义从空想变为科学过程中的基础地位（作为科学社会主义另一基础的剩余价值学说是《共产党宣言》发表之后很久才创立的）。第三点（也是最重要的一点），马克思关于生产力与生产关系矛盾运动规律的理论蕴含着所谓的"发展命题"①，即生产力具有内在发展趋势的断言。正是这种形式的"生产力决定论"成为克拉科夫斯基指责唯物史观导致历史目的论的主要口实。布伦纳注意到了这一点，并在于科亨的论战中强调指出，马克思在《德意志意识形态》和《共产党宣言》中的唯物史观仍然处于斯密主义（把分工看作是历史发展的动力）的影响之下，只有在《大纲》②和《资本论》中马克思才真正形成了自己的历史发展理论，即财产关系（生产关系）决定论③。里格比试图走折中路线，认为马克思是否存在过"生产力决定论"阶段可以得到了相反文本证据的支持④。总之，马克思在《德意志意识形态》中关于生产力与生产关系矛盾运动规律的新认识既是唯物史观创立过程中的新突破，又带来了一系列新的理论问题（包括所谓历史发展的单线论与多线论的争论，具体来说关于跨越卡夫丁峡谷的争论）。而由于生产力与生产关系矛盾运动规律的思想并没有真正成为恩格斯思想的基调，反而使恩格斯摆脱了生产力决定论的难题。或许天平最终偏向了恩格斯这一边：简单的反而是更好的。

---

① 这是分析马克思主义肇始者科亨的说法。
② 即《政治经济学批判大纲》（《1857—1858年经济学手稿》的主体部分）。
③ 参见鲁克俭：《国外马克思学研究的热点问题》，中央编译出版社2006年版，第七章第二节。财产关系（生产关系）决定论既可以是相对于生产力而言的，也可以是相对于上层建筑而言的。
④ 参见鲁克俭：《国外马克思学研究的热点问题》，中央编译出版社2006年版，第七章第四节。

第十七章 《大纲》与《序言》在唯物史观方面有矛盾吗?①

《〈政治经济学批判〉序言》通常被认为是马克思对其唯物史观的经典表述,科亨也正是基于这一经典表述提出了自己对马克思历史理论的著名辩护②。正如科亨自己所说的那样,他是在为马克思历史理论的正统解释作辩护,也就是为第二国际理论家对马克思历史理论的正统解释作辩护。这种正统解释的实质在于强调生产力相对于生产关系的首要性。与科亨相反,布伦纳基于马克思的《大纲》③,给出了他对马克思历史理论的新解释,即生产关系(产权关系)相对于生产力的首要性。科亨和布伦纳④都引证马克思《资本论》中的相关论述来支持自己对马克思历史理论的解释,但科亨从来不引证《大纲》,而布伦纳从来不引证《〈政治经济学批判〉序言》。在他们二人眼里,似乎《大纲》与《〈政治经济学批判〉序言》在唯物史观问题上隐含着矛盾。

类似的情况也发生在近30年的中国学术界。长期以来,源自苏联哲学教科书的"五社会形态理论"一直是中国学者的主导性观点,而其文本依据主要就是《〈政治经济学批判〉序言》中的那段经典表述。但自20

---

① 首次发表于《中共天津市委党校学报》2012年第1期。
② [英]科亨:《卡尔·马克思的历史理论:一个辩护》(1978、2000)。
③ 即马克思《1857—1858年经济学手稿》。
④ 科亨与布伦纳都是"分析马克思主义"的代表人物,分析马克思主义"9月小组"的成员。

世纪 80 年代以来，基于《大纲》中那段著名论述①的"三社会形态理论"，被越来越多的学者（特别是新生代学者）所倡导。最近，倡导"五社会形态理论"的赵家祥教授与倡导"三社会形态理论"的段忠桥教授之间就发生了激烈论战。赵家祥教授的立论依据主要是《德意志意识形态》和《〈政治经济学批判〉序言》，而段忠桥教授的立论依据主要是《大纲》。显然，在二人那里，《大纲》与《〈政治经济学批判〉序言》之间也似乎隐含着矛盾。

那么，在唯物史观问题上《大纲》与《〈政治经济学批判〉序言》之间真的存在着矛盾吗？我对此持否定态度。科亨与赵家祥都强调《德意志意识形态》、《〈政治经济学批判〉序言》、《资本论》之间的一致性，而布伦纳则明确强调《德意志意识形态》与《大纲》之间的断裂。在布伦纳看来，在《德意志意识形态》中马克思仍然追随斯密的生产力（分工）决定论，而在《大纲》和《资本论》中马克思则创立了真正自己的社会发展理论。但一个明显的事实是：《大纲》的写作介于《德意志意识形态》和《〈政治经济学批判〉序言》以及《资本论》之间，因此如果我们接受科亨、赵家祥以及布伦纳的思路，那么就不能说《大纲》与《〈政治经济学批判〉序言》之间存在矛盾。如果说有矛盾的话，那么矛盾就是由解释者引起的，它在马克思那里并不存在。

在我看来，矛盾之所以出现，是因为解释者误读了马克思的唯物史观，特别是《〈政治经济学批判〉序言》关于唯物史观的所谓"经典表

---

① "每个个人以物的形式占有社会权力。如果从物那里夺去这种社会权力，那你们就必然赋予人以支配人的这种权力。人的依赖关系（起初完全是自然发生的），是最初的社会形式，在这种形式下，人的生产能力只是在狭小的范围内和孤立的地点上发展着。以物的依赖性为基础的人的独立性，是第二大形式，在这种形式下，才形成普遍的社会物质变换、全面的关系、多方面的需求以及全面的能力的体系。建立在个人全面发展和他们共同的、社会的生产能力成为从属于他们的社会财富这一基础上的自由个性，是第三个阶段。第二个阶段为第三个阶段创造条件。"（见《马克思恩格斯全集》中文第 2 版第 30 卷，第 107—108 页）。马克思在 1851 年夏的《伦敦笔记》的笔记本 XIII 中摘录了地质学家约翰斯顿的《关于农业化学和地质学的演讲》。受约翰斯顿的启发，马克思在 1851 年《雾月十八日》中首次使用了"Gesellschaftrormen"一词。而在《大纲》的此处，马克思用的是"最初的社会形式"（die ersten Gesellschaftrormen）而非"最初的社会形态"；"第二大形式"（die zweite grosse Form），而非"第二大形态"；"第三个阶段"（die 3te Stufe），而非"第三个形态"。

述"。一个有趣的现象是，尽管布伦纳不同意科亨对马克思唯物史观的解释，但他并没有挑战科亨对马克思"经典表述"的文本解读。布伦纳回避了《〈政治经济学批判〉序言》中那段话是否可以被看作是马克思唯物史观"经典表述"的问题，而是转而把《大纲》看作是马克思原创性历史理论的真正诞生地。而我则试图通过对《〈政治经济学批判〉序言》中那段著名论述进行重新解读，来消除了这一表面上的矛盾。

人们通常根据马克思《〈政治经济学批判〉序言》中的那段著名论述而把马克思看作是因果决定论者（不管是经济决定论者、生产力决定论者或技术决定论者）。科亨还对他所理解的马克思生产力决定论进行了著名的"功能解释"，并强调所谓的"发展命题"。甚至科亨在其对"发展命题"作进化论的解释时，仍然没有跳出因果决定论。而马克思的一些表述，诸如"物质生活的生产方式制约着整个社会生活、政治生活和精神生活的过程。不是人们的意识决定人们的存在，相反，是人们的社会存在决定人们的意识"，也确实会给读者以"因果决定论"的印象。但实际上，马克思的这段论述是建立在"溯因逻辑"① 基础之上的。

众所周知，皮尔士最先提出了"溯因推理"，但我们可以说"溯因推理"在黑格尔和马克思那里就已经有了雏形。阿瑟在《新辩证法与〈资本论〉》一书中将其称为"体系辩证法"，而马克思本人则有"从后思索法"以及"人体解剖是猴体解剖的钥匙"的说法。马克思的逻辑方法源自黑格尔的"有机体方法"，但消除了其目的论色彩。实际上，马克思早在《1844年经济学哲学手稿》中就运用了溯因推理。以马克思从"劳动产品的异化"推出"劳动过程本身的异化"为例。马克思说："如果工人不是在生产行为本身中使自身异化，那么工人活动的产品怎么会作为相异的东西同工人对立呢……如果劳动的产品是外化，那么生产本身必然是能动的外化，活动的外化，外化的活动。"② 显然，马克思在这里运用的是溯因推理。就这样，马克思一步一步从异化劳动这一"当前的经济事实"出发，回溯其原因，最终找到了私有财产这一根本原因，也就是说，"工人对劳

---

① 溯因推理是推导已知事实的最可能解释的过程。但最可能的解释不是必然正确的。
② 《马克思恩格斯全集》中文第二版第3卷，第270页。

动的关系，生产出资本家……对这个劳动的关系。"① 因此，与一般的理解相反，马克思真正所要表达的并非"异化劳动是私有财产的原因"，而是"私有财产是异化劳动的原因"。这也就消除了一些学者的误读，即马克思在《1844年经济学哲学手稿》第一手稿中先是从异化劳动推出私有财产，把私有财产看作是异化劳动的后果，然后又把私有财产看作是异化劳动的原因，认为异化劳动与私有财产两者之间是"相互作用的关系"，从而认定马克思在异化劳动与私有财产的关系问题上存在循环论证。

"溯因推理"本质上与进化论是一致的，因为进化论也是从后向前回溯式地解释生物从低级到高级的演化。我们知道，在生物进化的链条中，大多数生物失去了向更高级物种进化的可能性，它们更多地表现为在同一物种水平上的多样性。比如相对于始祖鸟来说，现有的鸟的种类极其丰富，但更高级的哺乳动物并非从始祖鸟进化而来，而是从似哺乳爬行动物（下孔类）进化而来的。在整个生物进化的链条中，只有极少数的物种有幸成为向更高级物种进化的关键环节。相应的，在人类历史上，并非每个民族（比如印第安人）都会从社会的低级阶段发展到高发展阶段，而有些民族（如亚细亚社会）则长期处于停滞阶段。黑格尔的历史哲学强调，在人类历史发展的不同历史时期，先是东方社会，然后是古希腊罗马，最后是日耳曼民族，先后肩负着推动人类发展的历史使命，相继成为绝对精神（它展开为世界历史）的代理人。马克思恩格斯的唯物主义历史观与黑格尔的唯心主义历史观有着本质区别，但在不同民族成为历史发展的代理人这一点上，马克思继承了黑格尔。马克思在《序言》中说："大体说来，亚细亚的、古代的、封建的和现代资产阶级的生产方式可以看作是经济的社会形态演进的几个时代。"② 根据已有的考证结论③，马克思是1851年《雾月十八日》中第一次使用"社会形态"（Gesellschaftsformation）这个概念的。而在此之前不久，马克思在《伦敦笔记》第XIII册摘录了英国农业

---

① 《马克思恩格斯全集》中文第二版第3卷，第277页。
② 《马克思恩格斯选集》中文第二版第2卷，第33页。
③ 参见鲁克俭：《国外马克思学概况及对中国马克思学研究的启示》，载《马克思主义与现实》2007年第1期。

化学家约翰斯顿的《农业化学和地质学讲义》。马克思在构造"社会形态"一词时使用的"Formation"显然来自约翰斯顿。在约翰斯顿那里,英文词"formation"是一个地质学的地层概念。按照望月清司在《马克思历史理论的研究》中的进一步解释,"位于下面的地层固然是内部矛盾的产物,但它们并没有创造出位于上面的地层,新地层是由地壳内部的熔岩突破迄今为止积累起来的所有地层,喷出表面而形成的"①。这就意味着,当马克思说"经济的社会形态演进的几个时代"时,他并非像我们通常所理解的那样,指的是后来的经济社会形态(如封建的)直接从前面的经济社会形态(如古典古代的)生长出来。实际上,马克思早在《德意志意识形态》中论述"封建的或等级的所有制"时,就没有把封建所有制看作是古代所有制的直接产物(即古典古代社会因其内部生产力与生产关系的矛盾运动而导致新的封建所有制关系的出现)。马克思指出:"这些情况以及受其制约的进行征服的组织方式,在日耳曼人的军事制度的影响下,发展了封建所有制。"显然,在马克思看来,如果没有蛮族的入侵和征服,在古罗马帝国基础上不可能自发出现新的封建所有制关系。在《大纲》中,马克思又进一步把中世纪(日耳曼时代)的封建所有制形式,与蛮族征服罗马帝国之前的日耳曼人共同体(公社)而非古典古代共同体(如罗马共同体)联系起来。② 在马克思看来,封建的经济形态就像新地层一样,是覆盖在旧地层(古典古代的经济形态)之上的,但这一新地层并非是由旧地层直接生长出来的,毋宁说新地层是地壳内部的熔岩(马克思所谓的"本源共同体")突破新地层并覆盖在旧地层之上而形成的。科亨试图为唯物史观的正统解读进行辩护,认为每个民族都会因为"发展命题"而从低级向高级发展,这是对马克思文本的误读。布伦纳认为英国从封建社会到资本主义的过渡是特例而非通例,应该说更符合马克思的愿意。韦尔在其《发展生产力》一文③也得出结论说,"生产力趋向发展"是资本主义社会

---

① [日]望月清司:《马克思历史理论的研究》,韩立新译,北京师范大学出版社2009年版,第460页。
② 马克思明确指出:"中世纪(日耳曼时代)是从乡村这个历史的舞台出发的"[《马克思恩格斯全集》中文第二版第46卷(上),第480页]。
③ 《教学与研究》2010年第2期。

所独有的，并非所有时代的普遍规律。

"溯因推理"是由果溯因，因此我们无法根据"溯因逻辑"来预测未来。人们无法预测人类的未来，这正如人们无法根据进化论来预测生物在未来将如何进化一样。因此，马克思的唯物史观决非像科拉克夫斯基所声称的那样是什么"历史目的论"。马克思关于未来社会中每个人将自由而全面地发展的信念，并非仅仅基于唯物史观及其对资本主义社会的实证考察。正如摩尔在其《马克思在社会主义与共产主义之间的选择》（1980年）一书中所说的那样，基于唯物史观以及对资本主义社会的实证考察，马克思只能得出资本主义私有制将被社会所有制取代的结论，但并不能得出在共产主义社会中每个人将自由而全面的发展这样的结论。在这一点上我赞同摩尔的说法。我也认为"每个人自由而全面的发展"对马克思而言只是一种有价值的理想（即"应该"）。正因为如此，马克思才与黑格尔关于自由不是理想而是现实的历史目的论有了根本的区别。换句话说，在这一点上马克思更接近康德而非黑格尔。康德根据休谟关于"是"与"应该"的划分（从"是"推不出"应该"），将诸如"自由"此类的价值看作是"应该"，从而将其划入实践领域。类似的，马克思在一些场合确实以实证的方式简要地谈到了共产主义社会，但通常情况下马克思是把共产主义社会看作是阶级斗争和无产阶级革命的结果。事实上，即使马克思把"每个人自由而全面的发展"看作是"将是"，他也决不会仅仅从过去和现在来推出"将是"，因为马克思很清楚，从过去和现在推出"将是"是缺乏逻辑通道的（太阳以前每天都从东方升起，但这并不能保证太阳明天仍然会从东方升起）。对马克思来说，共产主义的必然性既需要资本主义具有相应的发展趋势①，还需要"历史主体"对共产主义社会的到来具有虔诚的信念。当马克思在《大纲》中借用黑格尔的"否定之否定"图式来谈论人的发展的三阶段（即所谓的"三社会形态理论"）时，他只是旨在强化读者作为"历史主体"对共产主义必然性的信念，而并非在证明共

---

① 但基于对资本主义社会的实证考察所只能得出实行社会所有制的共产主义具有可能性，只有根据信奉普遍历史规律的所谓"历史哲学"才能得出"每个人自由而全面发展"的共产主义社会具有历史必然性的结论。

产主义的必然性。当马克思在《〈政治经济学批判〉序言》中说"资产阶级的生产关系是社会生产过程的最后一个对抗形式……因此,人类社会的史前时期就以这种社会形态而告终"时,他也是在希望达到同样的效果。正如卡弗在其《马克思的社会理论》(1982年)一书中所论证的那样,对马克思而言,唯物史观只是供他自己研究(特别是对资本主义社会的实证研究)的"指导线索",而非要为我们提供历史发展的普遍规律。

马克思的唯物史观及其对资本主义社会的实证研究为共产主义社会提供了实证的、经验的基础,但共产主义的必然性并不能仅靠这种实证的、经验的基础来保证。因此,马克思需要一种"自我实现的伦理学"。对马克思而言,共产主义不仅是未来的一种可能性,而且也是人类的美好理想,是可能性与理想性的统一。马克思思想的科学维度使共产主义成为"很可能"的"将是",而其伦理学的维度则使共产主义成为人类的美好理想(即"好社会"或对资本主义的替代)。在《大纲》和《〈政治经济学批判〉序言》中,马克思不只是要试图从科学上证明这种可能性,而且还要使读者相信共产主义的必然性。马克思从来没有像第二国际理论家所说的那样,相信资本主义可以自动进入共产主义。历史主体的主动性是社会形态转变的前提。伯恩施坦关于马克思思想中缺乏伦理学,而他要以康德伦理学来加以补充的说法是错误的。实际上,马克思确实有自己的伦理学,即人的自我实现的伦理学。作为马克思方法论的唯物史观、马克思对资本主义社会的实证研究(主要体现在《资本论》及其手稿中)以及马克思自我实现的伦理学,共同构成了马克思思想的有机整体,而其最终指向则是共产主义。这正如卡弗在其《后现代马克思》(1999年)[①]一书中所说的那样,"马克思的写作是政治写作"。

[①] 中文版见[美]卡弗:《政治性写作:后现代视野中的马克思形象》,张秀琴译,北京师范大学出版社2009年版。

第十八章　再论马克思《序言》中的溯因解释[1]

一

对于马克思1859年《〈政治经济学批判〉序言》中关于唯物史观的经典表述，第二国际理论家对其做了机械因果决定论的解释，而苏联哲学教科书继承了这种解释。出现这种情况并不奇怪。尽管进入20世纪以后机械因果决定论不断受到批判，特别是在今天已经臭名昭著，但它却是近代以来特别是18、19世纪在科学界占主导的思维方式。1814年，法国科学家拉普拉斯提出了著名的"拉普拉斯妖"；19世纪30—40年代，法国哲学家孔德创立了实证主义，甚至英国著名哲学家约翰·密尔也成为实证主义的信徒。与机械因果决定论画等号的"科学精神"不但成为自然领域的时代精神，而且进一步向社会领域挺进。总之，这是一个科学主义的时代。标榜以"科学"共产主义为理论指导的工人阶级政党，是无法超越自己的时代的。即使恩格斯晚年反复强调上层建筑的反作用，但如果坚持从机械因果决定论的视角来对马克思《序言》的经典表述进行解读，那么所谓的"经典表述"必然会深深打上机械因果决定论的烙印。因此，尽管苏联哲学教科书非常强调所谓"唯物辩证法"，强调认识论和历史观上的辩

---

[1] 首次发表于《河北学刊》2013年第6期。

证法，即所谓"能动的反映论"，以及"社会存在与社会意识"、"经济基础与上层建筑"之间的辩证关系，但最终都没有跳出机械论的窠臼。

虽然身处科学主义时代，但正如黑格尔一样，马克思所理解的"科学"并非机械因果决定论范式的科学。当然，正如前文已表明的那样，对于马克思心目中的"科学"，决非简单地用作为黑格尔唯心辩证法颠倒形态的"唯物辩证法"这样的套话就可以将其与机械因果决定论范式的科学划清界限的。如果说马克思在写作《德意志意识形态》时期曾经受到孔德实证主义的影响①，但应该说马克思当时的实证思想已与孔德的实证主义有所不同。表面上看，孔德的实证主义有别于英国传统的经验主义，但却与休谟的经验主义②分享共同的理论共识，即对现象背后的形而上"本质"的拒斥。孔德实证主义与休谟经验主义的区别，不会大于康德的"人为自然立法"与休谟因果律的区别。不管是休谟、康德，都不否认科学是对规律的探求，但都否认规律是客观实在。休谟将因果律归结为"心理联想"，康德将其归结为"理性建构"③。休谟的"心理联想"遵循归纳逻辑，康德的"理性建构"遵循演绎逻辑。但对于孔德来说，不管是归纳也好，演绎也好，固守现象界、拒斥形而上学，这才是实证科学之所以成为实证科学的根本，也是此后大行其道的实证主义思潮的理论内核。但是，在马克思看来，经验实证材料只是实证科学的出发点，而并非问题的全部。马克思明确反对"僵死的事实的汇集"④，主张在经验实证材料基础上进行"抽象"，而他的历史理论（即唯物史观）就是这样的"抽象出来的最一般的结果的概括"⑤。显然，马克思的"抽象"并非黑格尔反复批判过的"知性抽象"，而是"理性抽象"；作为马克思抽象结果的"概念"决非"知性概念"，而是"理性概念"。列宁曾经把马克思早年的唯物史观看作是"科学假说"，但马克思的"科学假说"决非彭加勒、波普意义上的科学假说，因为后者仅仅把科学研究限定在现象界，而马克思则遵循

---

① 马克思1845年初读过孔德的《实证哲学教程》。
② 它不过是英国经验主义的彻底化形态。
③ 即作为知性的理性。
④ 《马克思恩格斯文集》第1卷，人民出版社2009年版，第524页。
⑤ 《马克思恩格斯文集》第1卷，人民出版社2009年版，第526页。

"从具体到抽象,从抽象到具体"的"实证辩证法"①。唯物史观是马克思"从具体到抽象"的产物,然后马克思又从这一"抽象结果"回到资本主义生产方式的"具体"。于是正如列宁所说的那样,在《资本论》中唯物史观成为得到验证的科学原理。这里,没有波普所谓的"证实"或"证伪",而是"从抽象到具体"所体现的理论解释力的发挥过程。

从某种意义上说,韦伯的"理想型"方法倒是与马克思"从具体到抽象,从抽象到具体"的"实证辩证法"很契合。马克思的"理性抽象"也是一种源自伽利略的科学研究中常用的"理想化"方法。当然,马克思的"理想化"方法靠的不是"实验",而是"抽象力"。如果说马克思"实证辩证法"与韦伯"理想型"方法有区别的话,主要在于马克思较为明确地遵循了溯因推理的方法。溯因逻辑是 20 世纪初由皮尔士明确提出的,但在此之前迪昂已经运用溯因推理来构建其科学假说理论。而按照巴斯卡学派批判实在论②的说法,马克思在《资本论》中所采用的"从具体到抽象,从抽象到具体"方法就是一种溯因(回溯)方法。笔者对批判实在论的这一说法深为赞同,而且在"《大纲》与《序言》在唯物史观方面有矛盾吗?"③一文中已经强调马克思《序言》中关于唯物史观的经典表述使用了溯因推理的方法。

但是,马克思的溯因方法与迪昂、皮尔士溯因方法有一个根本的区别:迪昂、皮尔士溯因方法实质上是一种固守现象界、拒斥形而上学的实证主义方法,特别是皮尔士的溯因方法与其实用主义哲学密切相关。巴斯卡的批判实在论基于分层本体论提出了回溯推理,以区别于皮尔士的溯因推理。按照巴斯卡的区分,可以说马克思的溯因方法属于回溯推理,因为马克思的"抽象"与"具体"不是处于同一个层次,属于现象背后的本质世界。诚如马克思所指出的:"如果事物的表现形式和事物的本质直接

---

① 关于马克思的实证辩证法,参见鲁克俭:《马克思实证辩证法初探》,载《学术研究》1999 年第 10 期。
② 近年来,巴斯卡学派批判实在论越来越引起国内学界的关注,2007 年广西师范大学出版社还翻译出版了《马克思主义与批判实在论》这部论文集。
③ 鲁克俭:《〈大纲〉与〈序言〉在唯物史观方面有矛盾吗?》,载《中共天津市委党校学报》2012 年第 1 期。

合二为一，一切科学都成为多余的了。"①

二

近代科学如果从开普勒提出"行星运动定律"算起，那么表面上看，开普勒是在第谷大量行星观测资料的基础上，运用归纳推理得出了三大定律。但试想一下，如果没有古希腊流传下来的欧几里得几何作为数学工具，或者开普勒不具备关于椭圆的几何知识，即使他像第谷那样积累了更多的观测资料，也不可能"归纳"出"行星运动定律"。换句话说，由于中国缺乏作为演绎系统典范的欧几里得几何，中国古代的天文学家无论如何是得不出"行星运动定律"的，即使中国古人并不缺乏天文观测，也不乏归纳推理（尽管没有西方归纳逻辑那样严谨）。

通常把伽利略看作是近代科学的开创者。伽利略自由落体定律的位移公式为 $h = 1/2 \cdot g \cdot t^2$，牛顿的万有引力公式 $F = GMm/(R^2)$。显然，它们都是无法靠归纳推理得出的科学结论，都非常好地体现了康德所谓的"人为自然立法"。特别值得一提的是牛顿引力公式。如果没有欧几里得几何，就不可能出现笛卡尔的解析几何；而如果没有解析几何，就不可能出现微积分；而没有微积分的创立，牛顿就不可能天才地得出引力公式。牛顿最初提出引力公式就是在《自然哲学的数学原理》一书中。但有意思的是，牛顿深受英国自培根以降经验主义传统的影响，竟然认为他的力学是归纳逻辑的成果。实际上，也许牛顿从传说中的"苹果落地"归纳出了"万有引力"，但如果没有创立微积分这一高深的数学工具，他无论如何无法"归纳"出引力公式。

这里不想重复波普对归纳逻辑的批判，而是想进一步强调，即使波普"猜想与反驳"的批判理性主义对作为逻辑实证主义（乃至整个20世纪实证主义思潮）基础的经验主义和归纳逻辑进行了猛烈批判，它仍然无法逃

---

① 《马克思恩格斯全集》中文第二版第25卷，第923页。

脱西方机械因果决定论思维方式的魔咒。不管是伽利略的自由落体公式还牛顿的引力公式，抑或波普大力推崇的爱因斯坦相对论公式，都可以用一元或多元函数关系来表示：$y=f(x)$ 或 $y=f(x_1,x_2,\text{——})$。作为一元或多元函数的方程既可以解释已有现象，又可以进行预测，是典型的机械因果决定论的数学表达。换句话说，正是因为作为一元或多元函数关系的方程在科学中不断取得成功，机械因果决定论的思维方式才得以大行其道，才有"拉普拉斯妖"这种极端决定论的提出。

但是，社会领域与自然领域毕竟有很大不同，而且即使在自然领域（如气象学中），许多复杂现象也无法用一元或多元函数的方程来刻画，不得不构建复杂的数学模型来动态地、近似地加以描述，其科学预测的功能大大减弱。在马克思主义内部，作为对社会历史领域机械因果决定论（其实质是历史宿命论）的反叛，自卢卡奇、葛兰西以降的西方马克思主义者高举实践哲学的大旗，高扬人的历史主体性。到萨特公然宣布马克思理论中存在人学的空场时，机械因果决定论和实践哲学（主体性）作为两个极端的荒谬就以醒目的方式暴露出来。但荒谬的不是马克思的历史理论，而是两种相互对立的解读方式。

相对于机械因果决定论，阿尔都塞所倡导的结构因果决定论无疑是一个进步，而且吻合了科学哲学以及社会科学方法论反思实证主义的时代节拍。在长期困扰人文社会科学"结构与主体能动性"的两极对立中①，阿尔都塞从萨特的"主体"摆向了"结构"（即所谓"无主体的过程"）。但阿尔都塞的结构因果决定论仍然属于因果决定论，只不过是其最新变种。正如阿尔都塞所反复强调的，经济基础"归根到底"起最终决定作用。阿尔都塞的结构因果决定论也可以用多元函数 $y=f(x_1,x_2,\text{——})$ 来刻画，但由于无法将 $y=f(x_1,x_2,)$ 具体化为数学方程，于是自变量 x_1，x_2，——与因变量 y 之间的因果决定论就从机械因果决定论变为结构因果决定论（多元决定论）。

阿尔都塞主义在英国受到新左派的极大欢迎。《新左派评论》主编安

---

① 这不仅体现为马克思主义内部的争论，而且也是自孔德以降实证主义与非实证主义方法论论争的核心主题。

德森因为向英国贩运阿尔都塞主义，与老一辈的马克思主义史学家汤普逊发生了多轮激烈论战。汤普逊是英国土生土长的马克思主义史学家代表之一，强调上层建筑（特别是文化）的自主性，这暗合了从卢卡奇到萨特强调主体性的西方马克思主义传统。20世纪70年代末，英国土生土长出了一个新的马克思主义流派，即分析马克思主义。分析马克思主义的创始人柯亨在其代表作《卡尔·马克思的历史理论：一个辩护》中，对马克思的历史理论（特别是《序言》中的经典表述）作了有别于阿尔都塞（并明确针对阿尔都塞）的功能解释。安德森也转而赞同柯亨所辩护的马克思历史理论。

20世纪以后，功能主义作为行为主义的对立面在西方社会科学中广为流行。柯亨对马克思历史理论所作的功能解释无疑受到了功能主义的影响，尽管柯亨否认自己的功能解释是一种功能主义。柯亨将自己的功能解释称作"后果解释"。如果说阿尔都塞的多元决定论是"多因一果"的解释模式，那么可以把柯亨的"后果解释"看作是"一因多果"的解释模式，即 $y_1 = f(x)$，$y_2 = f(x)$。这里就有一个类似达尔文进化论的选择机制——y_1、y_2——最终只有一个被选择并保存下来。表面来看，这种解释模式与溯因解释比较接近，因为它也是从"后果"回溯原因。但实际上，进化论是自然科学中溯因解释的范例，它只能解释已经发生的事实，但不能作预测。但柯亨的功能解释最终没有摆脱因果决定论，因为他画蛇添足地把苏联哲学教科书中的"发展命题"[①] 当作功能解释的前提[②]，于是"后果解释"中溯因逻辑的萌芽就被扼杀在摇篮中了。

马克思在《序言》中提到了"生产关系要同物质生产力的一定发展阶段相适应"（Produktionsverhältnisse, die einer bestimmten Entwicklungsstufe ihrer materiellen Produktivkräfte entsprechen），以及"现存生产关系或财产关系同发展到一定阶段的社会的物质生产力发生矛盾"（Auf einer gewissen Stufe ihrer Entwicklunggeraten die materiellen Produktivkräfte der Gesellschaft in

---

① 提法是柯亨的，但内容却是苏联哲学教科书的老生常谈。柯亨自己也承认他是在为唯物史观的正统理论作辩护。
② 他对此作了人性论的论证，但马克思的历史理论恰恰是反抽象人性论的。

Widerspruch mit den vorhandenen Produktionsverhältnissen oder, was nur ein juristischer Ausdruck dafür ist, mit den Eigentumsverhältnissen)。马克思所强调的是：如果生产关系或财产关系发生了变化，那么这可以由它与生产力之间发生了矛盾来解释；换句话说，现存生产关系或财产关系（如资本主义生产方式）之所以尚未被取代，没有发生社会革命①，恰恰是因为在现有财产关系内运动（innerhalb deren sie sich bisher bewegt hatten）的"生产力还不够成熟（发达）"②，这就是马克思著名的"两个绝不会"思想。马克思虽然提到了物质生活的生产方式"制约着（bedingen）"整个社会生活、政治生活和精神生活的过程，以及人们的社会存在"决定（bestimmen）"（英文译文是 determine）人们的意识，但这并非机械因果决定的关系。马克思真正强调的是，社会意识以及意识形态的各种形式"必须从物质生活的矛盾中，从社会生产力和生产关系之间的现存冲突中去解释（erklären）"。人们还常常根据马克思"物质生产力的一定发展阶段"（einer bestimmten Entwicklungsstufe ihrer materiellen Produktivkräfte）、"在社会的物质生产力发展的一定阶段"（Auf einer gewissen Stufe ihrer Entwicklung）等说法，推演出生产力的"发展命题"。但马克思这些说法的具体语境是"对市民社会的解剖应该到政治经济学中去寻求。我在巴黎开始研究政治经济学，——我所得到的、并且一经得到就用于指导我的研究工作的总的结果，可以简要地表述如下"。显然，马克思所讲的"物质生产力的一定发展阶段"主要是指资本主义起源及其发展（包括从工场手工业到机器大工业）时期，而且马克思在《德意志意识形态》中也主要考察了这一阶段。已有学者③提出，马克思在《德意志意识形态》根本不是用"由于生产力发展而导致的生产力与生产关系的矛盾"来解释封建主义（封建等级所有制）的起源，而主要是从"蛮族入侵所带来的分封制度与罗马废墟上的生产力水平相适应"的角度，来解释欧洲封建主义的起源。当然，

---

① 指的是经济社会形态的变革，而非政治革命。
② 马克思的原文是"bevor alle Produktivkräfte entwickelt sind"，通常译为"全部生产力发挥出来以前"。
③ Cf. Terrell Carver, *Marx's Social Theory*, Oxford University Press, 1983.

这又涉及对"可以看作是经济的社会形态演进的几个时代"（als progressive Epochen der ökonomischen Gesellschaftsformation bezeichnet werden）的理解问题。拙文"《大纲》与《序言》在唯物史观方面有矛盾吗？"已探讨过该问题，这里就不再赘述。总之，马克思《序言》中的溯因解释并没有预设"发展命题"，而是始终贯彻了溯因解释。

三

长期以来，我们的哲学教科书纠结于"思维与存在何者为第一性"这一被恩格斯称为"传统哲学基本问题"的问题。在我看来，现代哲学更基本的问题已经转变为"是否应该拒斥形而上学"的问题。主流的观点是拒斥形而上学，甚至马克思也被一些学者（如海德格尔）看作是拒斥形而上学的先驱者之一。20世纪西方哲学拒斥形而上学的后果是后现代主义哲学思潮的滥觞，而其在马克思主义阵营的回响就是后马克思主义的出现。这应该说是对主张马克思拒斥或超越了形而上学的主张的极大反讽。

拒斥形而上学的要害是反本质主义，这是自休谟、康德以降西方学术思潮的主流，也是当代西方社会科学主流的方法论。比如当代西方经济学就批评马克思经济学中的"价值"概念是多余的，是"形而上学"残余，而坚持只对经济现象中的均衡价格进行经济分析和数学计算。特别是，不管是批评马克思"转型问题"的西方经济学家，或是为马克思"转型问题"进行辩护的西方经济学家，他们所运用的数学工具尽管非常高深（甚至越来越高深），但都是在现象领域做文章，都没有抓住马克思经济思想的要害。当然，话又说回来，正如康德的"二律背反"所已表明的那样，形式逻辑以及数学工具等先验知性范畴只能在现象界"为自然立法"，而要把握形而上的"实在"，就只能靠超验的理性。而理性"超验"到什么程度，在不同的学者那里是有很大差别的。如果把经验现象界比作坚实的大地，那么在纯哲学家（如黑格尔、胡塞尔、海德格尔）那里，理性是在高空飞行；而在马克思、韦伯、哈贝马斯、福柯那里，理性就是贴近地面在做低空飞行。

马克思不仅采用了溯因解释,而且这种溯因解释是以分层本质实在论为基础的。以马克思常用的"决定(bestimmen)"一词为例。人们常常在经验层次的"横向(或称水平)决定"来理解①,这样就很难跳出机械因果决定论的窠臼。但如果换一个思路,从分层实在论的"纵向(或称垂直)决定"来理解,那么就可以很容易引入溯因解释。以建立在分层基础上的本质实在论来重新审视马克思一生的主要理论贡献,就可以发现,马克思早期在对历史学的研究②和对政治经济学(资本主义现实的副本)做深入实证研究的基础上,先是"抽象"出唯物史观。"抽象"的过程也是"溯因"的过程。溯因得出的"总的结果"(das allgemeine Resultat)只是一种关于历史"机制"的理论假说,并不能被看作是历史发展的普遍规律。然后,马克思以唯物史观作为"指导线索"(Leitfaden)来对资本主义生产方式进行深入解剖和科学分析,创立了自己的经济学体系。在马克思的经济学体系中,他从经济现象的"价格"抽象出(即回溯到)作为其底层的"价值",在对"价值"进行科学把握之后,再回到(即以价值理论来解释)现实的"生产价格"。在马克思那里,"价值"的抽象并非仅仅思想中的"虚构"(即唯名论),而是一种"本质实在"(有别于理念或精神实在论的本质实在论)。而韦伯的"理想型",是一种唯名论的理论构建(康德主义),而且是与其方法论个体主义相一致的。

建立在分层实在论基础上的溯因解释,也是解决方法论个体主义和方法论整体主义、实证主义和非实证主义二元对立的全新视角。

在社会历史领域,马克思通常被看作是方法论整体主义者,或受到辩护(如正统马克思主义者),或受到指责、批判(如埃尔斯特)。但马克思的历史唯物主义恰恰是从"现实的个体的人"出发的。没有这一前提,唯物史观就无从谈起。没有这一前提,所谓的"阶级"、"社会"、历史趋势就失去了根基。就历史发展的某个环节来说,可以说"阶级"、"社会"是先在的,个体是被"阶级"、"社会"所塑造的(或者说是被决定的)。

---

① 如休谟关于因果性的经典例子"太阳晒石头,石头变热"。
② 《克罗茨纳赫笔记》。

但"归根结底"个体的人先在于"阶级"、"社会",马克思甚至把共产主义看作是"自由人联合体"。但马克思没有像契约论理论家那样诉诸抽象的、鲁滨逊式的、原子式的个人,而是追溯到历史的源头。① 因此,马克思的"自由人联合体"表面上看也是一种"社会契约",但其方法论基础却与契约论迥异。

在自然领域也是如此。马克思既承认物质实体是实在,也承认本质和规律是实在(有别于休谟的经验论),但马克思把物质实体看作是先在于本质和规律的。马克思尽管和黑格尔一样被归为本质主义者,但其哲学更接近亚里士多德,被看作是唯物主义,因为他们坚持个体实体的先在性。黑格尔尽管在其《哲学史讲演录》中试图把自己说成是亚里士多德主义者,但最终黑格尔是更接近于柏拉图而非亚里士多德。

显然,不管是在社会领域或是在自然领域,马克思都不是方法论整体主义者,但也不能被看作是方法论个体主义者。这里的要害是"分层"。既定的结构(规则、规律)可能要溯因到作为其底层的主体(个体),而既定的主体(个体)也可能要溯因到作为其底层的结构(规则、机制、规律),于是首尾相接,"分层性"体现为"历史性"。就人类来说,类人猿作为群居动物,一开始就具有"社会性"。原始人甚至一开始不是家庭的成员,而首先是氏族的成员。② 但现实的个人(即使是氏族的成员)的活动却进一步创造出新的家庭、国家等共同体等取代旧的氏族共同体,就这样个体与整体之间循环往复、首尾相接,从而不同的民族逐渐形成不同的文化、制度,显现出文化和发展道路的多样性。

类似的,马克思不是实证主义者,但不能算作是非实证主义者。需要指出的是,实证主义并非一定与方法论个体主义相结合。孔德是实证主义的创始人,但却是一个方法论整体主义者。杜尔凯姆继承了孔德的传统。韦伯是非实证主义者,却是一个方法论个体主义者。20世纪的人文社会科

---

① 马克思直到晚年仍然关注摩尔根的《古代社会》所提供的实证材料,恩格斯在此基础上写成了《家庭、私有制和国家的起源》。
② 马克思恩格斯在《德意志意识形态》中曾经认为部落是由家庭联合而成的,晚年随着对人类学实证成果的研究,马克思恩格斯得出了氏族先于家庭、家庭的出现伴随着母权制的衰落和私有制起源的结论。

学家通常是实证主义与方法论个体主义相组合，特别是博弈论（理性选择理论）成为方法论基础之后。20 世纪以来，一直有西方学者在探索对实证主义和非实证主义对立、方法论个体主义和方法论整体主义对立的超越之途，巴斯卡的批判实在论就是近 20 多年来在这方面较为成功的尝试。马克思早期从黑格尔的思辨方法转向经验方法和实证方法之后，对经验主义和实证主义并不满意。马克思以"从具体到抽象，从抽象到具体"的实证辩证法①，很好地体现了他试图超越实证主义和非实证主义、方法论个体主义和方法论整体主义对立的尝试。实际上，包括巴斯卡在内的批判实在论者大都承认马克思是批判实在论的思想先驱。

马克思之所以能够在实证主义和非实证主义、方法论个体主义和方法论整体主义对立变得尖锐之前就开始探索新的方法论，很大程度上归功于马克思属于亚里士多德传统，即坚持个体实体优先的本质主义传统。这种传统介于极端唯名论的经验主义传统和极端唯实论的唯理论传统之间，唯实论与经验主义的结合，从而显现为分层基础上的本质实在论（分层本质实在论）。如果拒斥所谓的"形而上学"，那么就最后投入到现象主义的怀抱，就会不知不觉中成为当代西方社会科学主流方法论的俘虏。马克思对庸俗经济学的批判，不是没有道理的。庸俗经济学得到了定量研究的精确性和知性科学（可证伪性）的科学性，但却失去了理论的深刻性、穿透性和洞察力。但是，马克思并不因为批判庸俗经济学而沦为批判理论家，马克思是黑格尔、胡塞尔意义上的理论科学家。

小　结

溯因解释实际上是一种消除了历史目的论、强调偶然性的进化论②解释。马克思 1867 年在《资本论》第一版序言中把历史看作是"自然历史过程"，而此前达尔文于 1858 年出版了《物种起源》。恩格斯在马克思墓

---

① 参见鲁克俭：《马克思实证辩证法初探》，载《学术研究》1999 年第 10 期。
② evolution，既可以译为"进化"，也可以译为"演化"。

前的讲话中明确把唯物史观与达尔文的生物进化论相对比，是很有道理的。就生物进化来说，是先进化出一般物种（如最初的单细胞生物），然后才有该物种的生物多样性；在生物多样性基础上又"涌现"出新的生物机制，而通过自然选择机制的作用，其中具有进化前景的物种成为生物进化链条中的关键环节。生物进化只是宇宙演化的一个链条。宇宙大爆炸理论假定宇宙最初产生于"奇点"的大爆炸，"奇点"的状态是"一"，是"本质"①。"奇点"大爆炸意味着"多"的产生和"个体（基本粒子②）"的生成。如果说到此为止似乎一切都是"天定"，都是可以用数学方程刻画的，那么大爆炸后初始宇宙因温度的急剧降低而产生的相变，则充满了偶然性。没有一个数学方程可以刻画、预测宇宙的每一步演化，特别是预测银河系的诞生和地球的出现。地球和人的出现绝非像种子孕育大树那样已经在"奇点"中设定好了，对历史目的论只能信仰而不能诉诸科学理性。科学家只能回溯已经发生的事件（宇宙、生物、人类历史的产生及其发展），感叹人的出现这种小概论的事件竟然发生了，并试图构建数学方程、模型或各种非数学的理论来解释事件发生的内在机制。

以往被人们长期忽视了的一点是，马克思对自然历史过程的溯因解释，突出了"偶然性"（非"随机性"）的作用。这种偶然性并非"主体选择论"或"主客体辩证法"，而是进化论意义上的偶然性。进化论意义上的偶然性是带有必然性特点的偶然性：从"事前"③的视角来看，一个事件的发生（如Google未来能否成为"时代弄潮儿"）没有必然性，所谓"时势造英雄"，英雄可以是甲或乙或丙——没有人（除了"上帝"）知道谁才是"天降大任于斯人"的斯人；从"事后"的视角来看，"英雄"（如刘邦的成功）当然有其必然性，所谓"幸运只给有准备的人"。当然，这并非"英雄造时势"抑或"时势造英雄"的诡辩，要害是"进化论"的选择机制。进化论的前提是多样性：如果没有许许多多的"刘邦"，就不会有这一个刘邦的脱颖而出；如果没有无数的"Google"这样的创新个

---

① 可以用数学模型来刻画，尽管目前的科学还没有做到这一点。
② 2012年的重大科学发现是玻色子粒子（上帝粒子）的存在被实验所证实。
③ 日本学者柄谷行人的说法。

体，就不会有这个Google的鹤立鸡群；如果没有上亿的精子，就不会有恰恰这一个"负有天命"的精子与卵子相结合。20世纪90年代有英国学者在布伦纳资本主义起源理论的基础上引入进化论解释：中世纪的欧洲四分五裂（恰如中国春秋战国"百家争鸣"时期），不同的民族国家不断试验各种发展道路和制度①，就像射箭一样，一箭射中太偶然，但如果射了100次箭，有一箭射中靶心，不就有其必然性吗？而英国恰恰是那个射中靶心的国家。因此，马克思的唯物史观不但没有强调每个民族都会从前资本主义社会进化到资本主义社会，而且强调了中世纪女奴制解体后西欧从封建主义过渡到资本主义的独特性和偶然性。马克思甚至提到古罗马帝国末期似乎具备了建立资本主义生产方式的历史条件，但历史的事实却是1000年后它才破土而出，而此时的亚细亚生产方式还处于长期的停滞状态。总之，决定论的、宿命论、目的论的历史观是与马克思的历史理论背道而驰的。

---

① institutions。

第十九章 "古典古代"等于"奴隶社会"吗?
——重新解读马克思的"古代生产方式"①

在英语世界,20世纪80年代以后出现了关于马克思唯物史观的研究热潮。②20世纪80、90年代国内学术界也曾经出现过"三种社会形态理论"与"五种社会形态理论"的激烈争论。与"五种社会形态理论"相关,国内学术界长期以来有关于中国历史上是否存在"奴隶社会"的争论,这种争论后来进一步发展到一些学者根据芬利(Finley)等西方古代史专家关于当时奴隶数量的最新研究成果③得出西欧历史上也不存在奴隶社会的结论。如果这种说法能够成立,那么人们自然就会进一步得出结论说:马克思把奴隶社会看作西欧历史发展中的一个"经济社会形态"的说法已经过时了,或被证伪了。最近,段忠桥教授与赵家祥教授就"五社会形态理论"发生了激烈争论,可以说是当年争论的重演。赵家祥教授在反驳段忠桥教授时很自然地就把"古典古代"与"奴隶社会"划了等号,而段忠桥教授在对赵家祥教授的反批评④中并没有对这一点提出质疑,这其实反映了学者们长期以来的惯性思维。但是,当我们基于马克思的文本,尤其是结合 MEGA² 所发表的新材料来重新解读马克思的唯物史观时,就会

---

① 首次发表于《哲学动态》2007年第4期。赵家祥教授针对本文发表了《也谈"古代生产方式"与"奴隶社会"——与鲁克俭同志商榷》,载《哲学动态》2007年第7期。
② 参见鲁克俭:《国外马克思学研究的热点问题》,中央编译出版社2006年版,第7章。
③ 根据新的研究成果,在公元300之前的罗马世界,劳动力的大多数是自由农民和独立的工匠。
④ 参见段忠桥:《马克思从未提出过"五种社会形态理论"》,载《中国人民大学学报》2006年第5期。

得出另外的结论：把马克思所说的"古典古代"与"奴隶社会"画等号，这是对马克思思想的误读；如果说马克思确有"五种生产方式"的说法，那么在马克思那里"古代生产方式"决不等于"奴隶（制）生产方式"。

首先，没有人会否认，马克思在1859年《序言》中所谓的"古典古代"对应于1846年《德意志意识形态》小束手稿{3}中关于"第二种所有制"的论述。在那里，马克思指出："第二种所有制是古典古代的公社所有制和国家所有制。这种所有制是由于几个部落通过契约或征服联合为一个城市而产生的。在这种所有制下仍然保存着奴隶制。除公社所有制以外，动产私有制以及后来的不动产私有制已经发展起来，但它们是作为一种反常的、从属于公社所有制的形式发展起来的。公民仅仅共同享有支配自己那些做工的奴隶的权力，因此受公社所有制形式的约束。这是积极公民的一种共同私有制，他们面对着奴隶不得不保存这种自然形成的联合方式。因此，建筑在这个基础上的整个社会结构，以及与此相联系的人民权力，随着私有制，特别是不动产私有制的发展而逐渐趋向衰落。分工已经比较发达。城乡之间的对立已经产生，后来，一些代表城市利益的国家同另一些代表乡村利益的国家之间的对立出现了。在城市内部存在着工业和海外贸易之间的对立。公民和奴隶之间的阶级关系已经充分发展。随着私有制的发展，这里第一次出现了这样的关系，这些关系我们在考察现代私有制时还会遇见，不过规模更为巨大而已。一方面是私有财产的集中，这种集中在罗马很早就开始了（李奇尼乌斯土地法就是证明），从内战爆发以来，尤其是在王政时期，发展得非常迅速；另一方面是由此而来的平民向无产阶级的转化，然而，后者由于处于有产者公民和奴隶之间的中间地位，并未获得独立的发展。"① 显然，这里马克思对第二种所有制的论述是把城邦（城市）"国家所有制"即"公社所有制"看作是"古典古代的"基础，而把动产（奴隶当然也被当作动产）私有制以及不动产（主要是土地）私有制看作是"从属"的、受国家所有制"约束"的所有制

---

① 《马克思恩格斯选集》中文第二版第1卷，第69页。

形式。因此,在马克思看来,奴隶制这一"动产私有制"在古典古代社会属于"反常的、从属于公社所有制的形式"。把"奴隶制"看作是古典古代占主导地位的所有制形式,并进而把古典古代与奴隶社会画等号,是人们长期以来对马克思"古典古代"说法的误读。

其次,我们再来看一下马克思使用"古典古代"的语境(context)。不难看出,马克思在《德意志意识形态》中对"第二种所有制形式"的论述是以古罗马共和国(而非罗马帝国)时期为参照的。在19世纪,古典古代通常指古代希腊罗马,马克思当然也是在这个意义上来使用"古典古代"这个词的。但马克思在论述古典古代的所有制形式时,是以古罗马(共和国)时期为参照。根据美国著名马克思学家莱文的考证①,马克思对"第二种所有制"的论述以尼布尔的研究成果为基础。

尼布尔在《古代史演讲录》和《罗马史演讲录》中详尽地澄清了历史上存在的各种"所有制形式":东方的、部落的、古代的、封建的。尼布尔认为部落的公共所有制形式横跨人类从原始部落到罗马共和国的历史阶段(这其中包含畜牧和农业阶段)。尼布尔在描述古罗马的所有制方式时指出,公民权(作为罗马城邦国家的一员)是所有制的前提,经济具有政治的功能,土地仅被看作是政治参与的特权。尼布尔还指出,公共财产存在于罗马共和国的大部分时期,因为国有土地(ager publicus)是每个罗马公民都有权使用的公共土地。与占有不同的土地私产,是在贵族非法盗取国有土地的产物。

马克思通过萨维尼了解到尼布尔的新发现。马克思1837年11月写给他父亲的信中提到自己读了萨维尼的著作《占有权》。萨维尼在对罗马财产权利的法律研究中深受尼布尔的影响。尼布尔的《罗马史》三卷本首版于1828—1832年,萨维尼关于"财产"和"占有"有法律区分的思想得到了尼布尔实证历史材料的支持。萨维尼在《占有权》后来的版本中提到过尼布尔,因此马克思至少间接地知道尼布尔。马克思在《巴黎笔记》中摘录了尼布尔的《罗马史》,并做了关于古罗马的编年史摘录②。

---

① 参见鲁克俭:《国外马克思学研究的热点问题》,中央编译出版社2006年版,第1章第2节。
② 参见 MEGA²/IV/3,第69—83页。

在 19 世纪初，把奴隶制度和农奴制度分别与古典古代和封建社会联系起来，可以说是当时的普遍看法，包括黑格尔以及空想社会主义者在内的许多思想家都有大量相关论述。尼布尔的主要历史成就是发现了古罗马历史上存在国有土地，这使他得以在此基础上解释古罗马私有财产的起源。马克思吸收了尼布尔关于古罗马史研究的最新成果①，对古典古代的所有制产生了新的科学认识，这就是马克思在《德意志意识形态》论述古典古代的公社和国家所有制的思想来源及话语语境②。

马克思自克罗茨纳赫时期以来就极其重视土地所有制问题。在马克思看来，土地是前资本主义社会最重要的"劳动的客观条件"，因此起决定作用的所有制形式是与土地相关的所有制。在社会的生产关系中，财产关系是决定性的，而人与人之间的关系是第二位的。奴隶制虽然也体现为财产关系（就奴隶是动产而言），但主要体现的是奴隶主与奴隶之间的剥削关系。因此当我们说古典古代存在奴隶制时，我们对古典古代的认识仍然是模糊不清的。尼布尔关于古罗马共和国"国有土地"这一财产形式的发现，就为人们认识当时的政治斗争以及随后土地私有制度的演变打开了一扇窗户。马克思吸收了这一最新历史学研究成果，并将其融入到自己的唯物史观理论创新之中。③ 令人遗憾的是，在 150 多年之后，我们却以抽象

---

① 德国法的历史学派的代表人物胡果和萨维尼都受到尼布尔的影响，而马克思首先是通过法的历史学派而了解到尼布尔的研究成果的。马克思对尼布尔一直有很高的评价，在后来的著述中曾多次引用尼布尔的著作，而对所谓"客观历史学之父"兰克则评价不高，尽管在克罗茨纳赫笔记中马克思也曾摘录了兰克的著作。

② 马克思在《德意志意识形态》中对其他两种所有制形式即"部落所有制"和"封建的（或）等级的所有制"的论述都与他此前尤其是克罗茨纳赫时期的历史学研究有关。在克罗茨纳赫笔记中，马克思摘录了大量与北欧及德国的部落土地所有制以及日耳曼和封建土地所有制相关的材料。而按照莱文的考证，马克思关于第三种所有制形式的论述来源于胡果和蒲菲斯特（马克思在克罗茨纳赫笔记中摘录了蒲菲斯特的《德国史》，并做了关于德国的编年史摘录，参见 MEGA²/Ⅳ/2 第 223—255）。

③ 根据莱文的说法，"四种所有制形式"理论是马克思唯物史观的标志性观点（参见《国外马克思学研究的热点问题》第 1 章第 2 节）。巴加图里亚也认为，生产力与生产关系矛盾运动规律是马克思在《德意志意识形态》中所取得的最重要理论进展，而巴加图里亚所说的"生产关系"既指"交往形式"，但主要还是指"所有制形式"。从文献学的角度来看，马克思关于"生产力和交往形式之间的矛盾"以及"交往形式的序列"的论述是在大束手稿中，而马克思对前三种所有制形式的论述主要在小束手稿中，但小束手稿写于大束手稿之后，是马克思试图重写第一章时思想进一步深化的结果。

的奴隶制和奴隶社会来解读马克思《德意志意识形态》中关于第二种所有制形式的论述，这不能说不是一种退步。

第三，马克思在《德意志意识形态》中关于古典古代的论述与他在《前资本主义的社会形式》以及《资本论》中的论述是一致的。在《前资本主义的社会形式》中，马克思指出："所有制的第二种形式……把城市即已经建立起来的农村居民（土地所有者）的居住地（中心地点）作为自己的基础……公社财产——作为国有财产，公有地——在这里是和私有财产分开的。在这里，单个人的财产……本身直接就是公社财产……公社（作为国家），一方面是这些自由的和平等的私有者间的相互关系，是他们对抗外界的联合同时也是他们的保障。在这里，公社制度的基础，既在于它的成员是由劳动的土地所有者即拥有小块土地的农民所组成的，也在于拥有小块土地的农民的独立性是由他们作为公社成员的相互关系来维持的，是由确保公有地以满足共同的需要和共同的荣誉等等来维持的。公社成员的身分在这里依旧是占有土地的前提，但作为公社成员，每一个单个的人又是私有者。他把自己的私有财产看作就是土地，同时又看作就是他自己作为公社成员的身分；而保持他自己作为公社成员，也正等于保持公社的存在，反过来也一样，等等。虽然公社（在这里它已经是历史的产物，因而不仅在事实上，而且在人们的意识里都是一个产生出来的东西）在这里表现为土地财产的前提，也就是说，表现为劳动主体把劳动的自然前提看作属于他所有这种关系的前提，但是，这种'属于'是由他作为国家成员的存在作媒介的，是由国家的存在，因而也是由那被看作神授之类的前提作媒介的……个人被置于这样一种谋生的条件下，其目的不是发财致富，而是自给自足，把自己作为公社成员再生产出来，作为小块土地的所有者再生产出来，并以此资格作为公社的成员再生产出来。公社的继续存在，便是那作为自给自足的农民的全体公社成员的再生产，他们的剩余时间正是属于公社，属于战争事业等等。对自己劳动的所有，是由对劳动条件的所有即对一块耕地的所有来作媒介的，而对劳动条件的所有则是由公社的存在而得到保障的，公社又是由公社成员的服兵役等等的形式的剩余劳动而得到保障的。公社成员不是通过创造财富的劳动协作来再生产自己，而是通过为了在对内对外方面保持联合体这种共同利益（想象的和真实的共同利益）所进行的劳动协作来再生产自己。财产是魁里特的财产，是罗马人的财产；土地私有者只是作为罗马人才是土地私有者，但是，作为罗马人，他一定是土地私有者。"① 在这段引文中，马克思明确以尼布尔的《罗马史》作为自己立论的依据。这证明马克思在《大纲》②时期仍然坚持了《德意志意识形态》时期关于古典古代的看法，而且特别强调公民权（公社成员的身分）在古典古代的重要性。

在《资本论》第3卷中，马克思指出："自耕农的这种自由小块土地所有制形式，作为占统治地位的正常形式，一方面，在古典古代的全盛时期，形成社会的经济基础；另一方面，在现代各国，我们又发现它是封建土地所有制解体所产生的各种形式之一。"③ 这里，马克思很明显是把自耕农的这种自由小块土地所有制形式而非奴隶制经济，看作是古典古代全盛时期占统治地位的正常形式，看作是古典古代社会的经济基础。这说明马克思的思想是一贯的。

第四，马克思只使用过"奴隶社会"一次。查遍《马克思恩格斯全集》中文第一版50卷，只发现马克思仅在《资本论》第1卷中使用过"奴隶社会"的说法："使各种经济的社会形态例如奴隶社会和雇佣劳动的社会区别开来的，只是从直接生产者身上，劳动者身上，榨取这种剩余劳动的形式。"④ 这段话对应的德文原文是："Nur die Form, worin diese Mehrarbeit dem unmittelbaren Produzenten, dem Arbeiter, abgepreßt wird, unterscheidet die ökonomischen Gesellschaftsformationen, z. B. die Gesellschaft der Sklaverei von der der Lohnarbeit."⑤

那么该如何理解这句话呢？它是否说明马克思改变了自己的看法呢？

---

① 《马克思恩格斯全集》中文第二版第46卷（上），第474—477页。
② 即《经济学手稿》（1857—1858年）。
③ 《马克思恩格斯全集》中文第二版第25卷，第909页。
④ 《马克思恩格斯全集》中文第二版第44卷，第251页。
⑤ Marx Engels Werke Band 23, Dietz Verlag Berlin 1974, p. 231.

笔者认为并非如此。上面所引《资本论》第 3 卷中的那段话，马克思在《资本论》第 1 卷中把它稍作修改①放到一个注中："小农经济和独立的手工业生产，一部分构成封建生产方式的基础，一部分在封建生产方式瓦解以后又和资本主义生产方式并存。同时，它们在原始的东方公有制解体以后，奴隶制真正支配生产以前，还构成古典社会全盛时期的经济基础。"②这说明马克思的看法并没有发生变化，而只是马克思在《资本论》第 1 卷中从不同的侧面在论述问题。关于"奴隶社会"这段话出自《资本论》第 1 卷第三篇"绝对剩余价值的生产"的"剩余价值率"章的第 1 节"劳动力的剥削程度"，马克思这里考察的是非劳动者榨取直接生产者"剩余劳动"的方式，并把奴隶制度、农奴制度与资本主义雇佣劳动制度作对比。这是从非劳动者与直接生产者的关系即我们常说的生产关系中人与人之间的关系的角度来论述的。而《资本论》第 3 卷中那段话是出自"资本主义地租的产生"这一章的第 5 节"分成制和农民的小块土地所有制"，是从土地所有制即土地财产这一前资本主义生产关系中的本质方面来论述的。我们再来看一下与上面所引马克思的注。马克思本来是在考察"协作"，即具体生产过程中人与人之间的关系。马克思谈到："在人类文化初期，在狩猎民族中，或者例如在印度公社的农业中，我们所看到的那种在劳动过程中占统治地位的协作，一方面以生产条件的公有制为基础，另一方面，正象单个蜜蜂离不开蜂房一样，以个人尚未脱离氏族或公社的脐带这一事实为基础。这两点使得这种协作不同于资本主义协作。在古代世界、中世纪和现代的殖民地偶尔采用的大规模协作，以直接的统治关系和从属关系为基础，大多数以奴隶制为基础。相反，资本主义的协作形式一开始就以出卖自己的劳动力给资本的自由雇佣工人为前提。不过，历史地说，资本主义的协作形式是同农民经济和独立的手工业生产（不管是否具有行会形式）相对立而发展起来的。"正是讲到这里，马克思插了这个注，谈了土地所有制问题。但马克思一直是把土地所有制看作是古典古代的基础。同样是在《资本论》第 1 卷，马克思明确指出："只要对罗马共

---

① 马克思的《资本论》第 3 卷写于 1867 年《资本论》第 1 卷出版之前。
② 《马克思恩格斯全集》中文第二版第 23 卷，第 371 页。

和国的历史稍微有点了解,就会知道,地产的历史构成罗马共和国的秘史。"①

为了更能说明问题,我们再联系马克思的经济学"六册计划"来看一下。在1858年马克思的六册计划中,前三册分别是:资本、土地所有制和雇佣劳动。后来的《资本论》只相当于第1册"资本"中的"资本一般"这一篇。"土地所有制"和"雇佣劳动"一直是马克思经济学研究的两个视角,两者既相互联系,又各有侧重。土地所有制主要从对土地财产关系的历史演变及资本主义土地所有制关系的考察入手,而雇佣劳动主要考察剩余劳动的榨取方式即生产关系中人与人之间的关系。从马克思《资本论》的有关论述来看,在前资本主义社会土地所有制是生产关系中的决定性因素。但在不同的经济社会形态,土地所有制的具体内容也有很大区别:同样是小农经济,既可以体现为古典古代以公社和国家所有制为基础的小农经济,也可以表现为以中世纪封建等级制度为基础的小农经济。实际上,直到晚年马克思仍然在搜集大量的实证材料考察土地所有制的历史演变②,说明这决不是几句抽象概括的话就可以说清楚的理论问题。

笔者的理解也可以得到《资本论》英译本的印证。"使各种经济的社会形态例如奴隶社会和雇佣劳动的社会区别开来的,只是从直接生产者身上,劳动者身上,榨取这种剩余劳动的形式。"这段话在《马克思恩格斯全集》英文版中被翻译为:"The essential difference between the various economic forms of society, between, for instance, a society based on slave-labour, and one based on wage-labour, lies only in the mode in which this surplus-labour is in each case extracted from the actual producer, the labourer."③ 这里英译者没有把"Gesellschaft der Sklaverei"译成"slave society"(奴隶社会),而是译成"a society based on slave-labour"(以奴隶劳动为基础的社会),以

---

① 《马克思恩格斯全集》中文第二版第23卷,第99页。
② 参见鲁克俭:《马克思晚年为什么要写作〈历史学笔记〉》,载《理论前沿》2006年第2期。
③ Karl Marx Frederick Engels Collected Works Vol. 35, New York: International Publishers, 1996, pp. 226 – 227.

与"a society based on wage-labour"（以雇佣劳动为基础的社会）正好相对应①。这说明英译者并不认为马克思这里是在谈论人们通常所说的"slave society"（奴隶社会）。

第五，国外学者也是从两个侧面来解读马克思的"古代生产方式"概念。按照里格比在《马克思主义和历史学》一书中的说法②，马克思并没有为我们提供对古代世界阶级关系的详细描述，但马克思就该问题偶尔所作的评论则强调两个主要方面：一是强调奴隶制作为剩余劳动生产主导形式的核心地位；二是强调公民权以及城市共同体在古代希腊和罗马社会的重要性。因此西方马克思主义史学的古代世界研究也相应地分为两个传统：沃尔班克③、安德森④、德·斯蒂·克罗伊克斯⑤等学者强调古典古代社会关系中奴隶制的重要性，而威克姆⑥、海因兹和赫斯特⑦则强调公民权以及城邦国家的重要性。这里只简要介绍一下海因兹和赫斯特的观点。

海因兹和赫斯特在《前资本主义生产方式》第2章"古代生产方式"中主要依据马克思的《前资本主义的社会形式》和《资本论》展开他们对马克思"古代生产方式"概念的理解。海因兹和赫斯特指出，在《大纲》中马克思是把"国家财产"看作是构成古代生产方式与日耳曼方式区别的根本因素，因为在马克思看来，日耳曼人的共同体并非作为国家而存在，"日耳曼的公社事实上只存在于公社为着公共目的而举行的实际集会上，而就公社具有一种特殊的经济存在（表现为共同使用猎场、牧场等等）而言，它是被每一个个人所有者以个人所有者的身分来使用，而不是

---

① 笔者认为，从马克思把"die Gesellschaft der Sklaverei"与"die Gesellschaft der Lohnarbeit"相对应来看，英文版的翻译更接近德文原义。
② S. H. Rigby, *Marxism and History*: *A Critical Introduction*, Manchester University Press, 1987.
③ F. W. Walbank, *The Decline of the Roman Empire in the West* (1946); *The Awful Revolution* (Liverpool, 1969).
④ P. Anderson, *Passages from Antiquity to Feudalism* (1977); "Class struggle in the ancient world", *History Workshop* (autumn 1983).
⑤ De Ste Croix, *The Class Struggle in the Ancient Greek World* (London, 1981).
⑥ C. Wickham, "The other transition: from the ancient world to feudalism", *Past and Present* (1984).
⑦ Barry Hindess & Paul Q. Hirst, *Pre-capitalist Modes of Production*, London and Boston: Routledge & Kegan Paul, 1975, p. 224.

以国家代表的身分（象在罗马那样）来使用的。这实际上是个人所有者的公共财产，而不是在城市中另有其特殊存在方式而与单个人相区别的那种个人所有者联合体的公共财产"①。因此古代生产方式并不依赖于直接劳动者与其生产资料的分离，或基于奴隶制的协作劳动形式的发展，关键在于通过公民权占有剩余劳动和国家财产（特别是土地）。古代国家是组织起来的公民体，但在海因兹和赫斯特看来这并不排除公民被剥削的可能性，因为公民权内在地包含着公民被剥削的可能性。比如在古希腊和罗马共和国的历史上，小农就常常陷于债务中。因此在古典古代，公民（贵族和平民）之间围绕土地分配以及豁免债务而进行的阶级斗争就成为政治舞台上的主导形式，而自由民和奴隶之间的阶级斗争在当时的政治生活中只具有次要的意义。海因兹和赫斯特依据马克思相关论述进一步指出，以奴隶制为基础的生产方式（即奴隶生产方式）的存在需要三个前提：一是土地私有制，二是奴隶市场的存在，三是奴隶很少是作为商品再生产出来（即通过奴隶的繁殖），而主要通过战争捕获或自由人被判为奴隶的方式获得。但这三个前提条件只存在于古典古代城邦制度解体之后尤其是罗马帝国后期。因此奴隶劳动通常都是古代世界的最发达生产形式的基础，奴隶劳动主要不是用于农业生产，而是用于制造业特别是矿业中。显然，这已经不是马克思所说的古典古代的生产方式了。

小　结

如果马克思从来没有把古典古代看作是奴隶社会，那么我们非要在中国历史上找出一个"奴隶社会"来，就成为多余之举（即使是把马克思看作是历史发展的单线论者）。另一方面，如果笔者的说法能够成立，那么这就再次表明，马克思的许多宝贵思想由于马克思本人没有作系统的论述从而蕴涵着多种解读可能性，而一些长期以来被认为是马克思本人的思想

---

① 《马克思恩格斯全集》中文第二版第46卷（上），第482页。

或理论，或许只不过是后人的解读，这些解读一旦成为固定说法，就变成了我们耳熟能详的常识，但它们实际上只是被附加到马克思身上的说法。因此结合马克思的原始文本对马克思思想进行重新解读，仍然是破除对马克思思想进行教条主义理解的必要前提。

第二十章 重新审视"发展命题"[①]

一

1978年,英国学者柯亨出版了《卡尔·马克思的历史理论:一个辩护》。该书出版后,在英语世界激起了长期而激烈的争论,至尽余波未平。争论的热点问题除"功能解释"外,另一个就是"首要性命题"和"发展命题"。柯亨明确提出他要在该书中为正统的历史唯物主义解释作辩护,而他对"首要性命题"(生产力相对于生产关系具有首要性)和"发展命题"(生产力具有发展的内在趋势)的解释尽管因为使用了分析哲学的工具而稍显复杂,其实质内容与我们现行历史唯物主义教科书中的相关论述并无本质区别,而这些论述则可以在《联共(布)简明党史》找到出处:"生产力是生产中最活动、最革命的因素。先是社会生产力变化和发展,然后,人们的生产关系、人们的经济关系依赖这些变化、与这些变化相适应地发生变化。"[②]。

1982年英国著名马克思学专家卡弗出版《马克思的社会理论》一书,针对的就是柯亨的历史唯物主义解释特别是"首要性命题"和"发展命题"。卡弗从马克思1859年《〈政治经济学批判〉序言》的文本出发,得出了"生产关系首要性"的解读结论,并对柯亨所谓的"发展命题"提

[①] 首次发表于《哲学动态》2008年第9期。
[②] 《联共(布)简明党史》,人民出版社1975年版,第136页。

出质疑，认为从马克思的1859年《序言》根本不能得出"发展命题"的结论。尽管卡弗的这本小书没有产生预期的影响和争论，但却是英语世界朝着柯亨的"首要性命题"和"发展命题"开的第一炮。

紧接着质疑"首要性命题"和"发展命题"的是美国著名马克思主义经济史学家布伦纳。① 其实早在70年代中期，布伦纳就以著名的"布伦纳辩论"而闻名于国际史学界。柯亨的《马克思的历史理论》出版后，在英语世界形成了以"9月小组"为核心成员的"分析马克思主义"学派，布伦纳是"9月小组"的第一批成员。在1986年出版的由罗默编辑的著名论文集《分析马克思主义》中，布伦纳的论文"经济发展的社会基础"与柯亨的论文"生产力与生产关系"在"首要性命题"和"发展命题"问题上针锋相对。在后来发表的论文中，布伦纳进一步把马克思的思想划分为包括《德意志意识形态》和《共产党宣言》在内的"早期"和以《大纲》②、《资本论》为代表的"成熟时期"，认为马克思"早期"的历史唯物主义尚未形成自己的理论，仍然受新斯密主义的影响，相信生产力发展的自发性，是一种生产力决定论的历史唯物主义；而"成熟时期"的马克思创立了自己的历史理论，强调"财产关系"的重要性，强调东方社会生产力发展的"停滞"趋势。在布伦纳看来，马克思相信前资本主义的不发展是通例，而从前资本主义到资本主义的过渡反倒是特例。布伦纳在他所谓的马克思"成熟时期"的历史唯物主义理论基础上，进一步考察了资本主义在西欧的起源，认为一系列偶然的历史事件导致了英国农业资本主义的起源，从而推动了农业生产力的发展，并使英国率先跳出"马尔萨斯陷阱"，最终确立了资本主义制度。

1987年英国马克思学专家里格比在《马克思主义与历史学：一个批评性导论》一书中从马克思的文本出发，深入探讨了"首要性命题"和"发展命题"，并得出结论：马克思的文本既支持对唯物史观作"首要性命题"和"发展命题"的解释，也支持相反的解释。但"发展命题"是

---

① 参见鲁克俭、郑吉伟：《布伦纳的政治马克思主义评析》，载《当代世界与社会主义》2006年第2期。
② 即马克思《1857—1858年经济学手稿》。

"首要性命题"的出发点，放弃"发展命题"，就必然拒绝"首要性命题"；反之，坚持"发展命题"，也必然会得出"首要性命题"的结论。因此"发展命题"是"生产力决定论"的理论基础。里格比指出，从文本来看，虽然马克思确实假定生产力是发展的，但他从来没有解释为什么会是这样。在《哲学的贫困》和《资本论》第3卷中，马克思确实肯定了生产力的增长，但在其他地方，马克思并没有明确地断言生产力的增长，只是把生产力的增长作为一个前提性假定。在《哲学的贫困》中当马克思说"人们生产力的一切变化必然引起他们的生产关系的变化"时，他只是把生产力的增长看作是理所当然的。至多马克思只是描述了生产力的这种演化。在1859年《序言》中马克思指出，人们在生产中发生"同他们的物质生产力的一定发展阶段相适合的生产关系"，但马克思并没有解释为什么生产力会发展，而只是把它作为论证的前提。马克思告诉我们说，社会生产关系必须适应演化着的生产力，以便社会不致失掉文明的果实，不致丧失已经取得的生产力，因为"人们永远不会放弃他们已经获得的东西"，但这仍然没有解释生产力为什么会首先发展。生产力确实发展了，这一点只是被马克思看作是体现为社会分工日益发展趋势的经验事实，马克思从来没有表明过为什么生产力"非得"演化。马克思并没有把"发展命题"看作是贯穿所有时代的一般规律。马克思在作具体历史分析时强调，生产力会在长达几个世纪里出现停滞甚至倒退；在生产力确实进步的时候，那是由于具体的原因而非"生产力具有内在发展的趋势"这一超历史规律。生产力可以停滞几个世纪以及前资本主义生产方式并没有使社会生产率得到系统发展的趋势，这是马克思所反复强调的观点。马克思把东方社会看作是静止的。比如印度的社会条件自其最遥远的古代到19世纪头十年一直没有发生变化，因此根本谈不上生产力发展的内在趋势。生产力的无条件发展是资本主义的特征，而前资本主义社会恰恰缺乏这一点。资本主义之所以受生产力发展内在规律的驱动，马克思在《哲学的贫困》中把它解释为市场扩大的结果，而在《共产党宣言》和《雇佣劳动与资本》中则强调资本家之间的竞争导致技术创新和新机器的采用。因此"发展命题"对前资本主义生产方式来说是多余的，因为在那里生产力没有内在发展的趋势；对资本主义生产方式的分析来说也是不必要的，因为生产力的增长可以由市场和资本主义生产方式特定的阶级结构来解释。①

为什么生产力具有发展的内在趋势？柯亨承认马克思并没有给出答案，而他给出的解释是"人性"使然。这一解释当然缺乏足够的说服力。赖特等人在1992年出版的论文集《重建马克思主义》②中批评了科亨的历史唯物主义解释（包括"发展命题"），并为他们所谓的"弱限制的历史唯物主义辩护"。赖特等人指出，尽管达尔文主义和马克思主义都是进化理论，但却是完全不同的历史理论，因为马克思主义是拉马克主义意义上的发展理论；从长期的历史来看，存在着生产力发展的"弱冲动"（竞争的结果）而非科亨所谓的"强冲动"（超历史"人性"的产物）。加拿大分析马克思主义的代表人物罗伯特·韦尔在去年③访问中国的学术演讲"解放生产力"中，也明确否认"发展命题"是贯穿所有时代的一般规律。总体来看，英语世界的马克思研究者现在已不再把"发展命题"当作神圣的教条看待。

二

"发展命题"是对马克思唯物史观作"决定论"解释的理论基础。对"宿命论"（"宿命论"是"生产力决定论"的必然结论）不满的学者（特别是历史学家），只要不对"发展命题"提出质疑，自然会对唯物史观本身产生怀疑和否定。在《卡尔·马克思的历史理论》1978年第一版中，柯亨对马克思唯物史观的逻辑重建和对马克思唯物史观有效性的辩护是合二而一的。而在受到各种批评之后，柯亨在该书2000年第二版④中最

---

① 参见鲁克俭：《国外马克思学研究的热点问题》，中央编译出版社2006年版，第7章第4节。
② Erik Olin Wright, Andrew Levine, Elliott Sober: *Reconstructing Marxism: Essays on Explanation and the Theory of History*, Verso 1992.
③ 指2007年。——作者补注
④ 参见［英］柯亨：《卡尔·马克思的历史理论：一个辩护》（第二版），段忠桥译，高等教育出版社2008年版。

终放弃了对马克思唯物史观有效性的辩护,而坚持自己对马克思唯物史观的逻辑重建。柯亨的做法是任何坚持逻辑彻底性和一贯性而不满足于折中主义的严肃学者都必然面临的两难选择:是坚持"发展命题",还是放弃对马克思唯物史观有效性的辩护?

"发展命题"来源于第二国际对历史唯物主义的正统解释。在对历史唯物主义的解释上,普列汉诺夫和考茨基通常被看作是第二国际时期的代表人物,其理论实质是经济决定论或宿命论。1938年斯大林在《联共(布)简明党史》的"论辩证唯物主义和历史唯物主义"一节继承了普列汉诺夫和列宁关于历史唯物主义的解释,对历史唯物主义做了教科书式的简明阐述。《联共(布)简明党史》被译成多种文字,在国际范围内得到广泛传播,包括英国共产党在内的许多国家的共产党都受到其影响,从而它所阐述的历史唯物主义就变成了对马克思唯物史观的"正统"解读。很长时期以来,人们忘记了《联共(布)简明党史》所阐述的历史唯物主义也只是后人对马克思唯物史观的"一种"解读可能性,而越来越将它看作是唯一正确的"解读"结论。苏联历史唯物主义教科书体系脱胎于它,中国历史唯物主义教科书也基本上与苏联历史唯物主义教科书同出一辙。

实际上,20世纪以来在西方世界的马克思主义者中一直有一股反叛第二国际历史唯物主义"正统"的潮流。1917年,以列宁为代表的布尔什维克充分发挥革命能动性,在落后国家取得了社会主义革命的胜利。而形成鲜明对照的是,"一战"后资本主义比较发达的中西欧国家的社会主义革命则相继失败。以卢卡奇和葛兰西为代表的第一代西方马克思主义者既受到俄国十月革命的启发,又基于对各自国家社会主义革命失败教训的反思,深刻领悟到第二国际对唯物史观所作"宿命论"解释的根本错误,从而开始强调"阶级意识"和"文化领导权"的重要性,其要害是强调长期以来被第二国际理论家所忽视的马克思理论中实践性即主体性的方面。应该说,在强调主体能动性方面,卢卡奇、葛兰西与列宁是相通的。但列宁在理论上并没有像后来的卢卡奇、葛兰西那样走向极端,明确否定第二国际的马克思主义"正统",从而打开了通向唯心主义唯意志论的潘多拉盒子。有国外学者已经注意到一个耐人寻味的现象：列宁尽管在政治路线①上与以普列汉诺夫为代表的孟什维克②针锋相对，但在哲学理论上却完全继承了普列汉诺夫的衣钵。十月革命胜利后，列宁还号召布尔什维克学习普列汉诺夫的哲学著作。③ 当然，列宁也并非完全因袭普列汉诺夫对历史唯物主义的解释，而是特别强调唯物辩证法是马克思主义"活的灵魂"，从而一定程度上对普列汉诺夫的决定论思想（或曰"一元论历史观"）作了纠偏。因此，在具体革命实践中，列宁通常被西方学者看作是"唯意志论者"，但在对历史唯物主义的解释，列宁却被看作是"正统"的马克思主义者。实际上，在列宁身上恰好体现了"理论"与"实践"、"主体"与"客体"的辩证统一。

如果说以卢卡奇和葛兰西为代表的第一代西方马克思主义主要是对第二国际"正统"的反叛，那么"二战"以后的西方马克思主义所针对的则是苏联教科书体系的新"正统"。但物极必反。在法国，以萨特为代表的存在主义的马克思主义对主体性的过度强调终于导致以阿尔都塞为代表的结构主义马克思主义的逆反。此后"历史主体④"与"结构"的二元对立就一直成为国际上关于历史唯物主义论争的标准话题，尽管其理论实质仍然是"决定论"（或"宿命论"）与"唯意志论"二元对立的重演。在英国，也存在类似的运动。英国本来并不存在原创的"西方马克思主义"，英国的"西方马克思主义"是1968年"五月风暴"之后欧洲大陆"西方马克思主义"的舶来品。但英国自20世纪初以来一直存在与英国共产党有联系的马克思主义史学研究传统，希尔顿、希尔、霍布斯鲍姆和汤普森等人是英国马克思主义史学派老一辈的代表人物，都是享誉世界的职业历史学家。他们在史学理论上总的倾向是反对"基础/上层建筑"的二分法，强调历史主体特别是阶级文化在历史发展中的作用⑤。以安德森为代表的

---

① 特别是关于革命家组织的建党理论。
② 其建党原则与当时的德国社会民主党没有本质区别。
③ 参见鲁克俭：《近年来国外学者对马克思主义史学理论的思想史梳理》，载《教学与研究》2008年第7期。
④ agency，或译能动。
⑤ 现在所谓英国文化马克思主义即源于此。

年轻一代英国马克思主义史学家欢迎阿尔都塞结构主义,并以《新左派评论》为阵地"贩运"西方马克思主义思潮。汤普森与安德森之间曾经多次发生学术争论,最后一次是汤普森1978年出版《理论的贫困》,严厉批评年轻一代英国马克思主义史学家与阿尔都塞结构主义"调情",而安德森则于1980年出版《英国马克思主义内部的争论》作出回应。但安德森后来逐渐转到科亨所坚持的正统立场上去了。

回顾后人对马克思唯物史观解读的历史可以看出,列宁通过高扬唯物辩证法而使"十月革命"这一带有很强唯意志论色彩的革命实践获得了理论合法性,但列宁并没有在理论上彻底解决唯物史观解释中"决定论"(或"宿命论")与"唯意志论"的二元对立。西方马克思主义者更关心的是运用马克思的思想资源①指导现实的实践活动(革命实践或对资本主义的"批判"实践),因此并不太关心马克思唯物史观内在的逻辑自洽性。这样,"宿命论"与"唯意志论"的二元对立似乎成了历史唯物主义理论中没有"解"的难题。于是有西方学者干脆断言马克思思想存在内在矛盾②,而囿于苏联历史唯物主义教科书的学者则满足于以"辩证法"之名,行"折中主义"之实,历史唯物主义也变成了缺乏实证历史科学支持的一锅清汤。

英语世界近30年来关于历史唯物主义的讨论及取得的进展对中国历史唯物主义研究具有重大启示意义。1978年以后,随着思想解放的深入,中国哲学界越来越认识到《联共(布)简明党史》所阐发的辩证唯物主义是对马克思哲学的误读,从而对辩证唯物主义教科书体系开始了深刻的反思。时至今日,已经很少有人再将苏联哲学教科书体系与马克思哲学画等号。但对于《联共(布)简明党史》所阐发的历史唯物主义以及脱胎于它的苏联历史唯物主义教科书体系,中国哲学界至今没有意识到它的根本缺陷,曾经热闹一时的关于"历史决定论"与"历史选择论"的争论并没有从根本上触及苏联历史唯物主义教科书体系的要害。实践已经证明,苏联历史唯物主义教科书体系严重地禁锢了人们的思想,干扰了人们

---

① 如"阶级意识"、"实践"、"意识形态"、"交往"等概念。
② 参见鲁克俭:《国外马克思学研究的热点问题》,中央编译出版社2006年版,第4章第2节。

对历史（特别是中国历史）的科学研究，而人们则统统把这笔账记在了马克思唯物史观的身上，于是形形色色的"唯物史观过时论"不绝于耳。1978年开启的思想解放运动距今已经30个年头，为了挽救马克思唯物史观的声誉，现在到了该对苏联历史唯物主义教科书体系进行彻底反思的时候了。

以"实践"概念取代"物质"概念，以"实践唯物主义"取代"辩证唯物主义"，是中国哲学界突破苏联辩证唯物主义教科书体系的关键一环。① 在笔者看来，要突破苏联历史唯物主义教科书体系，关键在于以马克思文本为基础，重新审视"发展命题"。

---

① 笔者并不赞同以"实践唯物主义"来指代马克思哲学，但完全承认"实践唯物主义"在突破苏联哲学教科书方面所起的历史作用。

索　引

外国人名

C. L. R. 詹姆士　56，62
Charles H. Kerr　12
Daniel De Leon　12
E. C. Harvey　12
E. M. 伍德（Allen W. Wood；Ellen Meiksins Wood）　66
Edward Aveling　12
Ernest Untermann　12
Eugen von Boehm-Bawerk　12
Franz Mehring　21
Fred Moseley　80
Ian Fraser　84
John Spargo　12
L. C. Fry　12
Louis B. Boudin　12
Louis, Mo.　12
Margaret Manale　21
Maximilien Rubel　20，21
Paul Thomas　72
Riccardo Bellofiore　84
Roberto Fineschi　84
Tony Burn　84
阿·艾利生　97，99，100
阿·瓦格纳　86
阿德勒（M. Adler）　23，29
阿多拉茨基　21
阿尔都塞　7，25，49，68，69，70，156，233，245，273，274，298，299
阿莱尔　94
阿明　36，66，67
阿瑟·摩尔斯　95
阿特金森　94
阿维内里（Shlomo Avineri）　16，22，40
埃尔斯特（Jon Elster）　48，277
艾伯特·索布尔（Albert Soboul）　58
艾德门兹　109
艾登　94

艾金 100，122

艾利生 97，99，100

安德鲁·奇蒂（奇蒂 Andrew Chitty）
84

安凡丹 101，102，221

安乐哲 245

安年柯夫 111，112

奥布雷登 48

奥尔曼 22，47，48，81

奥尼尔 42

奥托·鲍威尔 29

奥托·赖契特 29

奥伊则尔曼 34，35，37，138，140，144

巴贝夫 108

巴加图利亚 19，91，113，114，124，126，127，214，216，251，254，255

巴莱尔 122，123

巴列斯特雷姆 43

巴门尼德 245

巴斯卡 70，271，279

柏克 58

柏拉图 10，161，162，163，168，171，221，233，234，236，278

保尔·巴尔特 4

保罗·布莱克利奇（Paul Blackledge）
55

保罗·弗罗利克 56

鲍里斯·赫森（赫森） 63

贝尔蒂埃 102，123

贝尔纳 57，63

贝洛菲 48

比岱 48

彼·费多谢耶夫 21

彼得·克里特 57

彼特洛维奇 36

边沁 101，109，125

别尔金娜 38，39

柄谷行人 280

波普 70，270，271，272，273

波斯顿（Moishe Postone） 81

伯恩施坦 8，268

伯尔基 48

伯特尔·奥尔曼（Bertell Ollman） 81

勃朗 103，174

博尔迪烈夫 5，25

博利约 104，123

布阿吉尔贝尔 91，123

布哈林 61，63

布莱克曼 48

布朗宁 93

布雷 48，95，99，107，109

布里索 123

布鲁诺·鲍威尔（鲍威尔） 12，42，138，139，142

布伦纳 7，17，46，57，59，68，261，262，263，264，266，281，294

布洛赫 7，196，250

布瓦 57，58

查理·N. 亨特 40

柴尔德 123

柴田英樹 197

城冢登 22

达尔文 62，70，254，274，279，280，

索 引

296
大卫·麦克菲尔逊（麦克菲尔逊）
　96，110
大野节夫　13，14，15
戴韦南特　93
戴维·麦克莱伦（麦克莱伦 David McClellan）　21
丹·戈德斯蒂克　43
丹东　58
丹尼尔斯　42，92，98，100，101，
　102，103，104，105，106
德·斯蒂·克罗伊克斯　290
德拉-沃尔佩　7，43
德雷珀（Hal Draper）　22，40
德里亚赫洛夫　39
德谟克利特　140，141，142，147，
　149，150，151，152，157，158，
　159，160，164，165
德萨米　108
笛卡尔　245，272
第谷　272
第欧根尼·拉尔修　104
杜尔哥　97，102
杜诺瓦耶　102
杜沙特尔　124，125
敦尼克　34，35
多布　57，64
恩格斯　3，4，5，6，7，8，11，12，
　13，14，15，16，17，21，22，23，
　24，25，26，28，29，30，31，32，
　34，36，37，38，39，43，44，45，
　46，47，48，52，60，61，64，72，
75，77，78，79，83，87，91，92，
93，94，95，96，97，98，100，101，
102，103，104，105，106，107，
108，109，110，113，114，115，
116，117，118，121，122，123，
124，125，126，127，128，129，
130，131，132，133，137，138，
140，142，143，144，145，146，
147，148，149，150，152，153，
154，155，156，157，158，160，
161，162，164，165，167，173，
174，175，177，182，187，188，
190，191，192，193，194，195，
199，201，204，206，207，209，
210，211，212，213，214，215，
216，218，219，220，221，222，
223，224，225，227，228，229，
231，232，234，235，237，241，
242，243，244，247，248，249，
250，251，252，253，254，255，
256，257，258，259，260，261，
263，264，265，266，269，270，
272，276，278，279，283，287，
288，289，291

恩斯特·科佐贝尔　3
费彻尔　40，47，48
费尔巴哈　22，43，79，85，91，96，
108，110，113，114，115，116，
117，118，119，120，121，125，
126，129，130，131，139，140，
142，143，144，145，146，147，
148，150，152，156，157，162，

167，168，170，171，172，179，
181，182，183，187，188，190，
191，193，194，196，197，198，
199，202，203，205，206，208，
209，210，211，214，215，216，
217，218，219，220，222，225，
226，227，228，229，230，231，
233，234，237，238，239，240，
241，242，243，248，249，251，
252，253，254，255，256，257

费奈迭 104

芬利（Finley） 66，282

冯·博尔特克维奇 23，30

弗·梅林（梅林 Franz Mehring） 21

弗赖尔（Peter Fryer） 57

弗兰克·坎宁安 43

弗兰尼茨斯基 34

弗朗索瓦·孚雷 58

弗洛姆 31，42

伏维尔 57，59

福柯 48，276

福斯特 48，140，153

福伊尔利希特 43

甘泽尔 36

戈登·蔡尔德（蔡尔德） 64

戈特弗里德·金克尔（Gottfried Kinkel） 92

哥伦布 110

格尔曼 36

格列茨基 39

葛德文 105，125

葛兰西 7，60，196，225，273，297，
298

古尔德 43，47

古尔德纳 43

古斯达夫·埃克施坦 29

广松涉 13，16，49，113，114，115，
119，121，132，137，247，253

哈贝马斯 47，246，276

哈利尔·伯克泰 68

哈耶克 42

海德格尔 276

海曼·利维 63

海涅 140，144

海因里希·格姆科夫 21

海因兹 68，290，291

汉娜·阿伦特 76

汉斯·梅狄克 57

豪格 48

郝大维 245

河上肇 32

贺雷西 104

赫斯 16，18，68，108，110，116，
117，118，122，125，131，144，
146，155，168，172，174，182，
190，194，202，203，205，206，
208，210，211，222，223，229，
230，233，237，238，239，258，
259，260，290，291

赫斯特 68，290，291

黑格尔 4，5，10，11，14，16，18，
22，29，40，41，42，43，46，47，
48，49，69，73，74，75，76，77，
78，79，80，81，82，83，84，85，

索 引

86，87，110，118，119，128，132，137，138，139，140，141，142，143，144，145，146，149，150，152，153，155，156，157，159，160，161，162，163，164，165，166，168，169，172，177，181，182，183，184，186，187，194，195，196，199，200，203，205，206，207，208，209，210，211，212，213，214，215，216，217，218，219，220，222，223，224，226，227，228，229，230，231，232，233，234，236，238，239，240，241，242，243，256，257，258，264，265，267，270，276，278，279，285

胡果　18，129，285

胡克　5，12，16，31，41

胡塞尔　200，202，276，279

华生　200

霍布斯鲍姆　58，59，298

霍尔巴赫　106

霍尔丹　63

霍克海默　3

霍普　95，99

基佐　104，118，124

吉尔巴特　93

季塔连科　39

杰夫里·克罗伊克斯　57，65

杰姆逊　7

金克尔　92，97

井尻正二　14

居里希　91，97，99，110

居伊·布瓦　57

卡贝　100，108

卡尔·格律恩贝尔格（格律恩贝尔格 Karl Grünberg）　3，25，31

卡尔·伦纳　29

卡利尼克斯（Alex Callinicos）　61，66，70

开普勒　272

凯·尼尔森（Kai Nielsen）　72，80

凯特　106

康德　10，32，139，140，149，151，158，159，161，162，164，167，196，199，200，207，210，212，219，220，226，241，257，267，268，270，272，276，277

康捷尔　37

考茨基　28，29，32，60，61，62，71，297

柯尔施　25，31，196

科贝特　94

科本　140

科尔纽（Auguste Cornu）　22，34，138，139，142，144，146

科亨（G. A. Cohen）　19，22，60，69，70，85，261，262，263，264，266，296，299

科莱蒂　7，61

科西克　42

克拉夫廉　123

克拉科夫斯基　260，261

克拉克（Simon Clarke）　22，47

克里斯·威克姆（威克姆） 57，66
克里斯托夫·希尔 56
克伦威尔 56
克伟索 123
孔德 124，130，269，270，273，278
孔西得朗 108，221
库伯 93
库尔曼 103，116，122
魁奈 92，97，111，112
拉比卡（Georges Labica） 22，197
拉宾 22，37，38
拉布里奥拉 61，62，196
拉法格 155，250
拉斐尔·塞缪尔 61
拉克劳 7，9
拉雷恩（Jorge Larrain） 22，48
莱布尼茨 149，158，159，162
莱姆克 48
莱斯利·莫顿（莫顿） 64
莱文（诺曼·莱文 Norman Levine）
　　18，22，43，45，47，49，87，129，
　　137，138，142，143，144，284，285
赖特 48，70，296
赖希 7
兰格 123
兰斯洛特·霍格本 63
勒鲁 104，108，221
勒瓦瑟尔 122
雷博 105
雷尼埃 105，123
李卜克内西 32
李嘉图 42，78，97，109

李斯特 18，46，106，107，190，191，
　　212，223，224，257，258，259
李希特海姆 42
李约瑟 58，63
里格比 18，49，55，60，61，62，
　　261，290，294，295
里克斯 23，30
理查·帕金逊 95，99
理查·希尔迪奇 95
梁赞诺夫（D. B Riazanov） 3，4，5，
　　6，23，24，25，29，30，31，32，
　　45，113
列·尼·巴日特诺夫 37
列菲伏尔 42，48
列宁 3，6，8，15，23，24，29，30，
　　32，34，35，37，39，51，56，61，
　　62，63，113，114，115，116，117，
　　140，146，155，156，165，190，
　　201，203，204，270，271，297，
　　298，299
林健太郎 42
卢格 105，116，157
卢卡奇 25，31，41，43，60，76，80，
　　153，155，156，163，165，196，
　　225，244，257，273，274，297，298
卢克斯 48
卢萨·帕瑟琳妮 57
卢梭 10，43，61
鲁道夫·雷姆佩尔 116
鲁特（Geert Reuten） 80
路德维希·布尔（布尔） 101
吕贝尔（Maximilien Rubel） 3，4，5，

索引

6，15，16，19，20，21，25，27，31，40，43，45，46，47，49，138，260

罗伯斯庇尔　58

罗伯特·阿尔布里坦（Robert Albritton）　80

罗伯特·韦尔（Robert Ware）　72，80，296

罗德戴尔　92

罗德尼·希尔顿　57

罗兰　102

罗纳德·弗雷泽　57

罗森　12，16，42，80，139，234

罗莎·卢森堡　56

洛克　47，48，87，176，200，219，220，223

洛克莫尔　47，48，87，219

马布利　108，123

马蒂克　42

马尔库塞　25，31

马基雅维利　103

马克·考林　73

马克思　1，3，4，5，6，7，8，9，10，11，12，13，14，15，16，17，18，19，20，21，22，23，24，25，26，27，28，29，30，31，32，33，34，35，36，37，38，39，40，41，42，43，44，45，46，47，48，49，50，51，52，53，54，55，56，57，58，59，60，61，62，63，64，65，66，67，68，69，70，71，72，73，74，75，76，77，78，79，80，81，82，83，84，85，86，87，89，91，92，93，94，95，96，97，98，99，100，101，102，103，104，105，106，107，108，109，110，111，112，113，114，115，116，117，118，119，121，122，123，124，125，126，127，128，129，130，131，132，133，135，137，138，139，140，141，142，143，144，145，146，147，148，149，150，151，152，153，154，155，156，157，158，159，160，161，162，163，164，165，166，167，168，169，170，171，172，173，174，175，176，177，178，179，180，181，182，183，184，185，186，187，188，189，190，191，192，193，194，195，196，197，198，199，200，201，202，203，204，205，206，207，208，209，210，211，212，213，214，215，216，217，218，219，220，221，222，223，224，225，226，227，228，229，230，231，232，233，234，235，236，237，238，239，240，241，242，243，244，245，246，247，248，249，250，251，252，253，254，255，256，257，258，259，260，261，262，263，264，265，266，267，268，269，270，271，272，273，274，275，276，277，278，279，280，281，282，283，

284,285,286,287,288,289,290,291,292,293,294,295,296,297,298,299,300,301,302

马里赛 96

马太·佩里（佩里 Matt Perry） 55

迈尔西埃 123

麦金太尔 69,70

麦卡锡 48

麦克库洛赫 93,94

曼德尔 41

曼海姆 3

梅劳-庞蒂 7

梅森（Mason） 56

门罗 42

蒙格亚尔 106

蒙茹阿 105

蒙泰 104

孟德斯鸠 102

米·舍伐利埃（舍伐利埃） 124

米丁 30,52

米尔顿 56

米克 18

米拉波 101

米勒 48

米塞尔登 93

米歇尔·伏维尔 57

摩尔根 64,278

摩尔斯 95,99

摩莱里 105,108

墨菲 7,9

默里（Patrick Murray） 80

默斯特 48

穆勒 94,169,229,259

拿破仑 58

奈格里（Antonio Negri） 22,47

瑙威尔克 105

内田弘 48

尼布尔 18,129,284,285,287

尼采 10,11

牛顿 63,272,273

努加雷 102

欧几里得 272

欧文 95,99,102,103,107,108,109,110,191

帕斯卡尔 18

庞巴维克 23,29,30

培根 140,272

佩弗 48

佩里·安德森（安德森） 7

配第 93,123

彭加勒 270

皮尔士 264,271

皮特曼 101

蒲菲斯特 129

蒲鲁东 18,129,285

普列汉诺夫 29,34,61,62,70,71,156,297,298

普卢塔克 104

乔治·杜比 59

乔治·霍普 95

乔治·勒费弗尔（Georges Lefebvre） 58,59

让·巴·路韦 105

让·若雷斯（Jean Jaures） 61

索 引

萨德勒 93
萨朗 106
萨坡什尼可夫 35
萨松（Donald Sassoon） 61
萨特 7，41，42，43，69，70，245，273，274，298
萨瓦里（J. 萨瓦里） 96，99
萨维尔（Saville） 56
萨维尼 129
萨维契 18，129，178，284，285
萨伊 78，97
塞耶斯 48，72，73，74，75，76，77，79，222
沙尔·孔德 124
沙夫 41
山之内靖 48
舍尔比里埃 122
舍伐利埃 102，124
圣布鲁诺 114，116，117，128，131，132
施密特 42
施泰因 16，103，108
史蒂夫·里格比（Steve Rigby） 55
舒耳茨 15
斯大林 3，30，42，56，59，61，62，63，64，65，69，71，113，114，115，116，117，155，297
斯金纳 189
斯凯恩（Tom Sekine, Thomas T Sekine） 80，82
斯密 17，18，19，77，78，95，96，97，176，228，261，263，294

斯培尔 36
斯威齐 57
苏威尔 42
索拜尔 24
塔蒂亚娜·格里戈罗维奇 29
塔克 16，40，104
泰勒 77
汤姆·洛克曼（Tom Rockmor） 87，220，223
汤普森 56，57，59，60，69，70，245，298，299
汤普逊 94，108，109，274
陶伯特（英·陶伯特） 19，46，113，114，115，116，117，131，216
特拉西 124
特雷尔·卡弗（卡弗 Terrell Carver） 10，72，137，166
托·图克 93
托尔 64
托洛茨基 9，56，59，60，61，62，63，64
托莫尔 42
托尼·克利夫 56
托尼·史密斯（Tony Smith） 80，81
望月清司 48，126
威·桑巴特 23
威德 94，123
威克姆 57，66，67，68，290
威廉·莱斯本·格莱格（格莱格） 95
威廉姆·肖 42，51，200，271，276，277，278
威廉姆斯（Michael Williams） 57，80

韦伯　42，51

韦利昌斯卡娅　5，6

维尔加尔德尔　105

维塞尔　48

魏德迈　115，121，122，131

魏特林　106

沃尔班克　290

沃尔夫·鲍尔曼　39

沃勒斯坦　57

西尔伯纳尔　16

西尼尔　94，125

希尔　56，57，64，95，99，298

希尔迪奇　57，298

希尔顿　57

希法亭（R. Hilferding）　23，29，30，31

希拉·罗博瑟姆（Sheila Rowbotham）　57

希特勒　56

悉尼·胡克　5

席勒　103

谢林　137，138，142，143，144，145，146，147，148，149，152，153，154，156，241，247

熊彼特　42

休谟　158，219，267，270，276，277，278

雅克（汉斯·彼得·雅克 汉·雅克）　14

雅克·勒高夫　59

亚里士多德　10，109，158，159，160，161，162，163，165，166，200，232，233，234，235，236，241，278，279

伊壁鸠鲁　91，140，141，142，147，149，151，153，156，157，158，159，160，161，162，164，165，181

伊登　100，109，122，124

伊恩·克肖　56

伊萨克·多伊彻　56

尤班克斯（Ceil L. Eubanks）　12

尤金·吉诺维斯　57

尤利乌斯·迈尔　116

宇野弘藏　82

约·弗·布雷　95

约翰·贝拉米·福斯特　140，153

约翰·霍尔顿　68

约翰·罗森塔尔（John Rosenthal）　80

约翰·瓦茨（瓦茨）　101，124

约翰斯顿　13，14，263，266

约瑟夫·施塔姆哈默尔　23

兹维·罗森（Zvi Rosen）　12

佐武弘章　14

中国人名

蔡元培 26
曹幼华 43
柴方国 113，117
陈刚 235
陈先达 43，52
单志澄 214，254
邓晓芒 241
杜章智 12，37
段忠桥 8，18，48，60，263，282，296
范扬 77，194
韩立新 15，33，47，48，49，266
洪谦 243
侯才 16，110，146，181，217，240，258
胡大平 44
黄楠森 33，35
贾向云 45
李成鼎 14
李大钊 32
李季 26，32
李锁贵 6
李幼蒸 39
梁树发 46
刘丕坤 33，46，47，49
刘仁胜 140，153
刘森林 48

鲁克俭 7，12，15，16，17，18，19，21，28，33，44，45，46，47，48，49，53，61，68，72，80，87，129，156，190，196，197，199，206，217，234，243，247，248，254，255，257，260，261，265，271，279，282，284，289，294，296，298，299，302
鲁兰沁 40
鲁路 3，15
马彬 14
马长虹 9
马泽民 39，40，41
毛泽东 9，42，45，51，155
明尹 6
聂锦芳 47，49，125
聂敏里 236
潘培新 138，140，144
彭曦 115，132，137，253
裘挹红 14
荣震华 171，194
沈渊 5
沈真 38，39
施德福 35
施忠连 245
宋一秀 35
孙伯鍨 43，52

孙登峰　44

孙熙国　191

孙周兴　163

王　东　4, 13, 16, 33, 45, 47, 49,
　　155, 191, 301

王　瑾　139

王锐生　18

王树人　39, 153

魏小萍　47, 48, 49

吴家华　44

吴敏燕　45

夏　娟　44, 45

晓　晨　40

肖　峰　153

谢地坤　153

徐殿久　18

徐素华　87, 220, 223

杨　耕　47

杨金海　47, 48

杨兴林　15, 33, 47, 48

杨学功　33, 47, 87, 220, 223

叶　青　197

叶卫平　6, 12, 43, 52

叶秀山　153

余文烈　12

俞吾金　191

袁吉富　47

臧峰宇　49

曾枝盛　3, 46, 47, 49, 138

张宝瑞　40

张　亮　44, 45

张企泰　77, 194

张秀琴　33, 47, 268

张一兵　115, 132, 137, 253

张钟朴　15

赵家祥　263, 282

赵玉兰　45, 49

郑吉伟　7, 17, 46, 138, 294

郑一明　48

周嘉昕　44, 45

朱光潜　74, 75, 76, 193

朱　毅　40

佐海娴　15

专业词汇

1844—1847 年记事本　91, 96, 108,
　　122, 123, 124, 130, 190, 212,
　　213, 216, 217, 219, 225, 239, 254

MEGA^1　24, 25, 29, 30, 31, 45,
　　113, 121, 172, 214

MEGA^2　5, 13, 14, 15, 18, 19, 21,
　　25, 26, 36, 49, 53, 84, 91, 92,
　　98, 99, 100, 101, 102, 103, 104,
　　105, 106, 107, 109, 110, 112,
　　113, 114, 121, 122, 123, 124,

索引

125, 129, 130, 147, 148, 167, 175, 176, 177, 178, 179, 180, 183, 184, 185, 186, 187, 188, 189, 191, 217, 254, 282, 284, 285, 301, 302

巴黎笔记 15, 91, 92, 96, 122, 123, 124, 129, 284

巴斯卡学派 271

柏拉图主义 161

版本考证 4, 6, 17, 18, 20, 21, 26, 53, 114

本质力量 181, 183, 185, 186, 187, 228, 231

本质主义 163, 198, 200, 233, 235, 236, 276, 278, 279

必然王国 75

辩证法 11, 23, 42, 43, 48, 49, 74, 80, 81, 83, 84, 153, 155, 156, 181, 182, 183, 186, 201, 203, 210, 211, 213, 215, 217, 218, 219, 220, 221, 222, 223, 227, 228, 231, 238, 243, 245, 256, 257, 264, 269, 270, 271, 279, 280, 298, 299

辩证唯物主义 14, 29, 30, 37, 64, 81, 151, 153, 155, 297, 299, 300

辩证唯物主义认识论 151

剥削理论 44, 46

博弈论（理性选择理论） 237, 279

不断革命论 63

不可知论 162, 198, 199, 219

布鲁塞尔笔记 100, 101, 122, 123, 124

布伦纳辩论 57, 68, 294

部落所有制 129, 285

财产关系（生产关系） 17, 85, 87, 111, 251, 253, 261, 274, 275, 285, 289, 294

常识理性 241

朝贡方式 66, 67, 68

城邦 78, 283, 284, 290, 291

城市革命 64, 65

城市共同体 290

抽象的个别性 142, 164

抽象的普遍性 164

抽象的人道主义 128

从抽象到具体 83, 160, 271, 279

从后思索法 84, 264

存在主义马克思主义 7

达尔文主义 62, 70, 296

大束手稿 114, 121, 122, 126, 127, 128, 129, 130, 131, 132, 133, 285

单子论 149

道德批判 196, 208, 228, 231

德国古典哲学 23, 46, 72, 87, 110, 156, 219, 225, 226, 249, 251, 252, 253, 254

第二半国际 8

第二国际 8, 29, 60, 61, 62, 63, 71, 156, 245, 250, 257, 262, 268, 269, 297, 298

第二提琴手 133

第三国际（共产国际） 8, 60, 61, 64

第四国际 9

第一提琴手　17，247，248
东方公有制　288
东方社会　265，294，295
东欧新马克思主义　50，51
独断论　151，212
对立统一体　163，165
对象的生产　180，182
对象的扬弃　218
对象化　75，76，141，161，176，181，182，183，185，201，211，215，217，218，220，226，227，228，230，231，232，240，242，256
对象性的活动　126，219
对象性的扬弃　215，218
对象性的真理　199，219，220
多元决定论　273，274
恩格斯誊抄稿　115，116，117
恩格斯主导说　121
二分法　172，298
二阶意识　241
二元论　39，141，142，145
发展命题　19，70，261，264，266，274，275，276，293，294，295，296，297，300
法国革命　58，61，78，103，216
法国社会主义　23
法兰克福学派　7，31
法权　85，86
法权关系　85
反本质主义　233，276
反马克思主义　25，26，28，40，41，42，51

泛神论　139，141，146，151
方法论个体主义　202，277，278，279
方法论整体主义　70，202，277，278，279
非正统马克思主义　25，28，31，38
非自由劳动　65，66
分层　271，277，278，279
分工　16，110，111，131，202，203，261，263，283，295
分析马克思主义　7，60，72，73，80，261，262，274，294，296
封建生产方式　288
封建所有制（等级所有制）　129，266
封建危机辩论　57
封建主义　7，56，57，65，66，67，68，253，275，281
否定性辩证法　182
否定之否定　155，182，186，223，257，267
概念推演　174，175，181
概念异化　161
感觉能力　185
感性的活动（感性活动）　126，215，220，222
感性对象　126，242
感性客体　126，218
感性世界　126，141，158
感性直观　240
革命实践　37，204，257，298，299
个体本质　202，236
个体的自我意识　147，164
个体共时性　236

索 引

个体历时性　236
个体实体　162，163，235，278，279
个体性　85，159，162，163，164
公民权　179，284，287，290，291
公意　86
共产国际　8，9，62，63，64
共产主义　3，5，11，16，23，26，32，46，77，103，108，109，119，126，127，128，172，173，174，177，184，185，186，201，202，203，211，212，217，221，222，223，224，228，231，237，245，250，256，257，258，259，260，267，268，269，278
共同活动　203，222，223，229，258
共同体（自由人联合体）　11，47，67，77，78，79，202，227，237，246，258，266，278，290，
共相　152，168，202，235，236
古代公社所有制　129
古代生产方式　66，282，283，290，291
广义历史唯物主义　246
规律　11，18，62，63，93，119，155，165，223，251，253，255，259，260，261，267，268，270，277，278，285，295，296
国家　8，11，13，29，30，32，34，35，38，40，42，46，63，64，65，67，68，77，78，93，97，98，118，119，128，129，184，201，209，227，230，248，249，250，251，252，256，278，281，283，284，285，286，289，290，291，297，301，302
国家崇拜　230
国外马克思学　1，3，6，7，8，10，12，15，16，17，18，19，21，26，27，28，33，45，46，47，48，49，55，61，68，87，129，188，197，217，260，261，265，282，284，285，296，299，301，302
国外马克思主义　6，7，8，10，15，41，46，49，72，73
国有土地　284，285
后马克思主义　7，9，276
后现代主义　59，233，276
还原论　56，59，64，148，149，150
环境决定论　200
货币拜物教　187，228
机械论　62，63，270
机械因果决定论　269，270，273，277
积极扬弃　184，185，228
极端决定论　273
极端唯名论　235，279
极端唯名论的经验主义传统　279
极端唯实论　235，279
极端唯实论的唯理论传统　279
集体无意识　139，226
技术决定论　61，64，264
价值中立　26，51
交换异化　23，30，78，81，82，86，111，159，169，170，187，228，249，250，251，252，254

交换关系　81，82，86，249，252

交往行动理论　246

交往形式　18，110，111，112，128，210，223，248，253，255，256，258，259，285

交往异化　169，229，259

教条主义　53，292

阶级斗争　9，23，57，58，59，65，253，254，257，258，267，291

阶级关系　283，290

阶级事实　59

结构主义　7，39，57，69，70，80，298，299

解构　44，48，50，51，245

解释世界　198，203，204

进化论　61，62，264，265，267，274，279，280，281

经济关系　111，250，251，252，293

经济还原论　59，64

经验材料　130，132

经验的方法　130

经验的事实　130

经验论　130，224，278

经验主义　12，59，150，151，159，200，226，270，272，279

经院哲学　221

精神单子论　149

精神劳动　211，220，227，238，256

精神生产力　258

精神生活　264，275

精英主义　76

旧辩证法　81

居里希摘录笔记　110

具体的个别性　164

具体的总体（具体的普遍性）　163，164，165

决定论　17，56，59，61，62，64，141，148，152，156，200，245，250，261，263，264，269，270，273，274，277，281，294，295，296，297，298，299

绝对精神　139，157，211，220，227，257，265

绝对理念　157，257

绝对命令　172，196，209，210，228，257

绝对知识　220，227，234

卡夫丁峡谷　261

考茨基主义　60，62

考据研究　22

科学假说　270，271

科学精神　269

科学理性（工具理性）　241，280

可交换性　82

克罗茨纳赫笔记　91，110，129，210，277，285

客观概念　82，83

客观化　77，78，86，157，159，161，162

客观实在　142，270

客观史学　129，130

客观唯心主义　139，140，142，144，151，156，157，162，163，207，208，234

索 引

客观唯心主义一元论 142
拉马克主义 70，296
拉普拉斯妖 269，273
劳动—历史辩证法 181，182
劳动辩证法 84，238，256
劳动异化 119，187，229
劳动资料（生产资料） 232，242
老年黑格尔 139，142，157
老年马克思 37，73
类本质 139，168，169，170，171，181，194，202，208，210，222，223，226，227，228，229，230，236，237，240
类存在物 75
类活动 14，74，75，87，168，169，170，171，172，175，176，178，179，180，181，183，187，201，229
类活动异化 168，169，175，176，180，183
类生活 74，75，76，169
类特性 240
理论理性 199，241
理论直观 240
理念 7，20，73，82，83，84，157，159，162，163，168，199，233，234，257，277
理想的圆 171
理性抽象 159，270，271
理性的普遍性 164
理性的实存 145
理性概念 161，164，165，270
理性国家 77，230，230

理性建构 270
理性世界 141
理性主义 151，226，245，272
理一分殊 161
理在气先 161
历史编纂学 59，64，65，69，116，119，122，129
历史辩证法 181，182，201，210，211，213，219，222，223，228，231，243，256，257
历史地质学 14
历史观 14，23，62，110，128，153，248，249，250，252，256，265，269，281，298
历史决定论 156，299
历史考证版 3，15，24，25，45，113，188
历史逻辑 44，196
历史目的论 186，190，205，206，207，211，212，213，223，224，231，233，243，256，257，258，259，260，261，267，279，280
历史唯物主义 14，18，19，29，30，31，47，60，61，62，63，64，65，68，69，70，71，73，80，81，84，108，152，167，186，210，246，249，251，255，277，293，294，296，297，298，299，300
历史性 167，172，173，182，183，187，196，220，233，240，278
历史选择论 299
历史学家小组 59，62，63，64，69

历史主体　68，69，70，257，267，268，273，298

历史主体与结构　68，69

历史总体性　163，257

两个黑格尔　144

两个绝不会　275

六册计划　20，83，289

罗扬说　46

逻辑—历史方法　83

逻辑泛神论　151

逻辑神秘主义　146

逻辑实证主义　272

逻辑体系结构　113，114，120

逻辑先在性　245

马尔萨斯陷阱　294

马克思的生态学　48，140，153

马克思恩格斯"对立论"（马恩对立论）　17，87

马克思恩格斯"一致论"（马恩一致论）　17

马克思学　1，3，4，5，6，7，8，9，10，11，12，13，14，15，16，17，18，19，20，21，22，23，24，25，26，27，28，29，30，31，32，33，34，35，36，37，38，39，40，41，42，43，44，45，46，47，48，49，50，51，52，53，54，55，61，68，72，73，74，87，115，125，129，137，138，188，189，197，217，224，260，261，265，282，284，285，293，294，296，299，301，302

马克思主导说　121

马克思主义三个来源　29，34

马克思主义书目　23

马克思主义哲学史（马哲史）　25，34，35，37，49，146，189

马克思主义中国化　8

曼彻斯特笔记本　91，92，98，99，100，102，106，107，108，110

矛盾的客观化　162

矛盾运动　18，110，111，223，251，252，253，255，259，260，261，266，285

弥赛亚情结　260

目的论　29，40，69，127，149，186，190，205，206，207，211，212，213，223，224，231，233，236，243，256，257，258，259，260，261，264，267，279，280，281

目的因　231，257

南斯拉夫实践派　225

内在否定　168

内在逻辑　11，23，29，45，121，208，225，255，256，259

能动性　148，245，273，297

年鉴学派　56，58

农奴　57，65，66，285，288

奴隶　57，65，66，74，76，85，86，241，258，282，283，284，285，286，287，288，289，290，291

奴隶经济　65，66

奴隶社会　66，282，283，284，286，287，288，289，290，291

奴隶生产方式　65，66，291

索 引

奴隶制　57，65，66，283，284，285，286，287，288，290，291

女性问题　11

偶然性　141，158，279，280，281

批判的武器　209，228

片面的人的解放　195

平等　49，53，66，67，73，86，123，127，128，252，286

普遍的人的解放　195

普遍的自我意识　85，86，147

普遍交换　78

普遍物　77

普遍性　158，163，164，165，202，209，227，230，233，235，236，237

前提性批判　173，246

前主客二分　198

强冲动　70，296

强制劳动　65

青年恩格斯　17，46，121，137，138，142，143，152

青年黑格尔　16，41，42，48，110，138，139，140，141，142，144，146，153，157，181，182，206，207，208，209，217，226，229，230，232，238，240，258

青年黑格尔派　16，42，48，110，138，139，140，141，142，144，146，153，157，181，182，206，207，208，217，226，229，230，232，238，240，258

青年马克思　17，22，32，34，37，38，41，43，44，46，121，137，138，139，142，152，205，207

人本主义　31，146，208，211，240

人本主义唯物主义　211

人道主义　34，41，57，72，128

人的本质　75，107，108，177，181，183，184，185，186，187，201，202，203，211，222，223，226，227，228，229，230，231，232，233，235，236，237，244，257，258，259

人的本质力量　181，183，185，186，187，228

人的解放　185，195，228

人的类本质　169，170，171，181，210，222，223，226，229，230，237，240

人的全面发展　11

人的社会　190，195，201，202，203，223

人的社会性　223

人的完全丧失　209，229

人的需要　11，242

人的自我改变　108，201

人的自我实现　11，233，260，268

人的自我异化　184，185，211，231，235

人改造自然　108，201

人化自然（人化的自然）　241，243，244

人类学　10，64，139，144，220，222，278

人民史学　62

人为法 109

人为自然立法 220，226，270，272

人性复归 186，187

人学的空场 273

人与自然 74，145，169，220，229，246

认识自己 74，75

日本马克思学 13

弱冲动 70，296

三段式 223

三社会形态理论 263，267

三一体 165

三种所有制形式 18，129，130，285

涩谷版 113，114

商品拜物教 228，244

上层建筑 62，64，67，68，69，70，85，110，119，201，249，250，251，261，269，270，274，298

社会必要劳动 159

社会存在 43，119，199，201，204，229，243，249，250，251，264，270，275

社会革命 9，11，251，275

社会构成 15

社会关系 77，78，111，112，169，202，223，229，233，236，290

社会过渡 64

社会解释 58

社会矛盾 64

社会民主主义 8，9

社会契约 278

社会生产关系 58，65，84，85，295

社会生活 170，198，243，249，250，264，275

社会形式 13，78，79，263，286，290

社会形态 13，14，15，67，68，85，119，165，262，263，265，266，267，268，275，276，282，287，289

社会演化 59，62

社会异化 78

社会意识 119，199，201，204，229，243，249，250，251，270，275

社会有机体 165

社会主义 3，5，7，8，9，13，16，17，23，24，25，29，31，34，38，39，40，41，46，48，61，62，63，69，73，103，105，108，109，116，122，123，124，146，174，184，185，205，210，211，237，238，239，251，252，260，261，267，285，294，297

社会主义革命 63，297

身心二元论 145

神秘主义 146，151，159，162，206

神之法 109，110

生产方式 11，14，19，57，58，64，65，66，67，68，109，111，128，165，248，249，250，251，252，253，254，264，265，271，275，277，281，282，283，288，290，291，295，296

生产关系（产权关系） 262

生产关系与交往关系 111，112

生产力 17，18，19，61，62，63，64，

索 引

65，67，68，70，110，111，119，129，165，191，205，210，212，223，251，252，253，255，256，258，259，260，261，262，263，264，266，274，275，285，293，294，295，296

生产力决定论　17，61，62，261，264，294，295，296

生产力与交往形式　110，223，258，259

生产秩序　252，253

生存条件　78

生活资料　75

生态　9，11，48，140，153，198，241，245，246

剩余价值学说　23，245，261

剩余劳动　287，288，289，290，291

时代精神　269

实存　107，126，144，145，158，159，160，161，162，163，164，166，232

实存主义　163

实践本体论　225

实践的唯物主义　109，126，128，238

实践理性　199，241

实践逻辑　233

实践唯物主义　224，225，300

实践哲学　196，203，208，233，273

实然　168，196，220，222

实然逻辑　196

实体　77，139，141，148，151，159，160，162，163，165，183，202，206，208，214，216，233，235，238，242，244，278，279

实体化　141，142，244

实体论　160，162，165

实体性　77，183

实在论　151，152，202，236，271，277，279

实证辩证法　271，279

实证哲学　130，131，270

实证主义　51，269，270，271，272，273，277，278，279

使用价值　81，165，232，242

世界观　6，23，47，201

世界灵魂　143

世界体系　57

市民社会　11，77，78，118，119，126，128，150，180，190，192，201，203，208，209，226，227，228，230，238，239，248，249，251，252，256，275

手工业生产　288

首要性命题　19，293，294，295

思辨概念　143

思辨哲学　145，208，217，234

思想的运动　81

思想客体　126，218

思想自我运动　81

斯大林主义　30，59，64，69

斯密主义　17，261，294

四阶段理论　18

苏联马克思学　4，5，20，24，25，26，30，31，45，50

宿命论　61，62，63，70，257，273，

281，296，297，298，299

溯因解释　269，274，276，277，279，280

溯因逻辑　264，267，271，274

溯因推理　145，181，264，265，267，271

陶伯特说　46，115

体系辩证法　80，81，83，84，264

同一　53，68，75，163，178，179，189，199，216，226，236，242，243，256，265，271

同质　61，81

统治阶级　65，67，68，76，87，254，255

图式论　59，70

托洛茨基主义　9

外化　159，161，168，170，171，175，176，178，179，181，182，183，199，210，217，226，227，228，231，232，233，257，258，264

外化劳动　179，183，210

外在否定　168，231

完整人　227

唯灵论　128

唯名论　151，152，168，170，171，202，234，235，277，279

唯实论　168，171，202，234，235，279

唯物史观　11，18，19，23，29，32，49，60，62，109，110，113，118，119，129，167，196，199，201，203，224，225，231，232，233，237，240，244，245，246，247，248，249，250，251，252，253，255，256，258，259，260，261，262，263，264，266，267，268，269，270，271，274，276，277，280，281，282，285，294，296，297，299，300

唯物主义历史观　14，23，110，128，248，249，250，265

唯物主义认识论　150，151

唯物主义一元论　142

唯一者　125，127，148，206，211，230，231，238，256

唯意志论　61，63，69，201，245，257，297，298，299

文本解读　16，19，20，22，23，26，28，32，135，141，152，166，188，189，190，198，225，264，302

文化史　57，64

文献学研究　4，6，13，14，19，20，25，26，89，121，188，302

乌托邦　3，9，11，40，246

无产阶级　9，16，38，39，40，63，125，128，129，208，209，254，257，267，283

无产阶级革命历史使命　40

无人身的理性　211，212

无意识　45，50，139，226

五社会形态理论　262，263，282

武器的批判　210

物化　217，228

物质承担者　81

索 引

物质抽象　81
物质第一性　207
物质基础　77，128
物质生产力　111，119，251，258，274，275，295
物质实体　278
物质性　141，142
物质一元论　141
物质原子论　149
物自体　199，212，219
西方马克思学　4，5，6，7，8，9，11，12，13，15，16，17，18，19，20，25，26，31，34，36，37，38，39，40，41，42，43，44，45，46，47，48，49，50，51，52，53，189，224，302
西方马克思主义　6，7，9，12，25，37，38，40，45，50，51，55，64，66，68，71，73，187，196，225，245，273，274，290，297，298，299
先验直观形式　159
现代经验主义　150，151
现代生产关系　111
现代生产力　111
现代性　11，233
现实的人道主义　128
现实的圆　171
现象世界　158，159，160，162
现象学　42，74，161，182，183，200，202，211，213，214，215，216，217，218，227，234
相对的定在　141

相关性　81
消费社会　76，187
小块土地所有制　287，288
小农经济　288，289
小束手稿　114，129，130，131，133，283，285
小资产阶级的马克思学　4
协作　258，287，288，291
心理联想　270
心态史学　57
新辩证法　48，80，81，84，156，264
新辩证法学派　84
新石器革命　64，65，68
新史学　56，57
新斯密主义　17，294
新唯物主义　126，190，192，195，198，203，225，238
形式逻辑　162，276
形式因　232，234
幸福观　109
修正主义　8，36，37，38，51，58
修正主义史学　58
虚无　82，227
需要异化　187
学术话语　51，189
学术自信　52，53
学院派　25，26，45
循环论证　176，165
亚细亚生产方式　11，19，65，67，281
演化论　148，150
扬弃异化　214，215，220，222
一般活动　181

一般劳动　170，181
一阶意识　241
一因多果　274
一元论历史观　298
依存关系　76
依存性　76
依赖性　79，263
以人为本　46
异化　11，19，22，34，41，43，47，
　　72，73，76，77，78，79，119，161，
　　167，168，169，170，171，172，
　　173，174，175，176，178，179，
　　180，181，182，183，184，185，
　　186，187，196，198，201，202，
　　208，210，211，214，215，217，
　　218，220，222，223，226，227，
　　228，229，230，231，232，233，
　　234，235，236，237，238，240，
　　244，256，257，258，259，264，265
异化的扬弃　172，184，185，186，
　　208，211
异化劳动批判　167，168，172
异化理论　19，168，171，227，229，
　　230，232，236，238
异化逻辑　226，228，230，231，232，
　　233，237，238，257
异己　78，169，180，181
意识形态话语　51
意识形态理论　19，46
意识形态性　50，51，52，53
因果关系　29，69，151，152，195
因果决定论　264，269，270，273，
　　274，277
应然　167，168，171，172，186，198，
　　209，210，211，212，220，222
应然逻辑　167，172，212
应然性　171
英国古典政治经济学　23
庸俗经济学　279
庸俗马克思主义　59
有机历史观　62
有机体方法　264
有闲生活　65
宇宙精神　234
原初工业化　57
原始状态　172
原子实体　77
原子式个人　227
原子主义　77
债务奴隶　65
占有　58，65，67，129，171，176，
　　177，178，179，180，184，185，
　　211，222，227，228，231，252，
　　263，284，286，291
哲学共产主义　172，203，212，222，
　　223，224
哲学观　40，138，146，149，152
哲学体系　30，157，206，234
哲学唯物主义　23
真正的社会主义　116，122，210，211
真正占有　184，185，211
正统马克思主义　23，25，28，29，31，
　　34，38，50，277
正义　11，125，246，252

索　引

政治革命　257，275
政治解放　195
政治经济学　3，14，23，28，48，86，93，94，97，101，102，111，118，123，124，130，132，171，174，176，200，211，224，232，248，249，251，253，257，261，262，263，264，268，269，275，277，293
政治马克思主义　7，17，46，294
政治生活　264，275，291
知性抽象　164，270
知性的普遍性　164
知性概念　159，161，165，270
知性科学（自然科学）　200，219，279
知性认识　151
知性世界　141
直观的唯物主义　126，198，237，238，239，241
直观自身　75
直接生产者　68287，288，289
直接消费　74，75，76
直接欲望　75，76
质料　141，160，161，162，164，166，232，234，241
质料性　162
质料因　232，234
质料与形式的统一　161
中国马克思学　3，16，17，18，19，20，21，26，27，28，33，45，46，47，49，50，265，301，302
中国声音　52，53，54
主观概念　82，83，157，159，164，236
主观假象　158
主观唯心主义　139，142，207，208，234
主观意识　143，215
主客对立　226，243，244，245
主客二分　190，198，199，200，201，225，226，227，229，232，233，237，238，239，240，242，243，244，245，246
主客统一　240，245
主奴关系　86
主体　65，68，69，70，85，86，87，92，126，139，142，160，163，181，183，184，185，186，193，199，201，202，214，215，216，220，224，226，227，229，230，239，240，241，242，243，244，245，257，261，267，268，273，274，278，280，286，297，298
转型问题　276
资本的逻辑　249
资本的所有格精神　84
资本个别性　165
资本特殊性　165
资本一般　165，289
资本一般性　165
资本主义　7，8，9，10，11，22，25，35，42，47，56，57，60，67，68，73，76，77，81，86，111，208，210，224，249，252，253，259，266，267，268，271，275，277，

281，285，286，288，289，290，294，295，296，297，299

资本主义起源　11，275，281

资本主义生产方式　67，68，249，252，271，275，277，281，288，290，295，296

资本主义危机　11，35

资产阶级的马克思学　4

资产阶级革命　63

自然辩证法　153

自然存在　74，239，240

自然法权　85

自然观　150，152，153，154，241

自然界的实存　144，145

自然先在性　207

自然演化　62

自然哲学　141，145，147，149，153，154，157，158，160，272

自然状态　176

自为　74，75，159，162，185

自我发展　75，183

自我实现　11，74，75，163，183，233，260，268

自我所有权　176

自我同一性　236

自我扬弃　168，184，231

自我异化　169，170，184，185，211，228，229，231，235

自我意识　74，85，86，127，138，139，140，141，142，145，146，147，148，149，150，156，157，159，160，164，182，183，185，203，206，207，208，209，211，214，216，220，226，227，229，230，234，238

自由个体　69

自由活动　222，258，259

自由劳动　65，66，229

自由人　66，75，85，187，227，238，246，260，278，291

自由人联合体　187，227，246，260，278

自由主义　77，78，203

自在　76，159，161，254

宗教　11，39，40，74，128，139，140，142，143，144，157，167，168，170，171，172，179，181，183，184，185，201，203，208，226，227，228，229，230，238，240，248，249

宗教崇拜　230

总体理论　48

总体性辩证法　155

（本索引词条由杜永明编制）

后 记

2006年9月我的专著《国外马克思学研究的热点问题》由中央编译出版社出版，标志着我自2000年博士毕业以来开始的国外马克思学跟踪研究告一段落。在该书导论中，我明确提出了"构建中国学派的马克思学"的口号以及深化马克思文本研究的四个"方法论自觉"。北京大学王东教授在2006年10月出版的大部头著作《马克思学新奠基》中也有类似的提法。2007年年初，北京地区首次"马克思学论坛"召开，以及《光明日报》2007年4月10日"理论周刊"整版发表笔谈"建立中国马克思主义研究的文本学派"，标志着"中国马克思学"从口号走向务实。《光明日报》理论部与《学术月刊》编辑部联合评出的"2007年度中国十大学术热点"中，"马克思主义经典文献研究与'中国马克思学'问题"位列热点第五位。

2005年9月从英国访学回国之后，在完成《国外马克思学研究的热点问题》书稿写作的同时，我遵循自己制订的四个"方法论自觉"，研究重心逐渐转向马克思文献学和马克思文本研究。12年来，我在《中国社会科学》《哲学研究》《哲学动态》《马克思主义与现实》《现代哲学》《北京行政学院学报》等刊物发表了一批相关研究论文。2011年我申报的国家社科基金一般项目"基于$MEGA^2$的马克思文献学清理研究"获准立项，其最终成果是2016年出版的《走向文本研究的深处：基于$MEGA^2$的马克思文献学清理研究》（中国社会科学出版社）。2015年我申报的国家社科基金重大项目"基于$MEGA^2$的马克思早期文本研究"获准立项。在致力于马克思文献学和马克思文本研究的同时，我并没有放弃国外马克思学研究，在《教学与研究》《马克思主义与现实》《中共天津市委党校学报》等刊物发表多篇论文，2013年申报的国家社科基金重点项目"西方马克思学的形成和发展研究"获得立项。国外马克思学研究、马克思文献学研究、马克思思想和文本解读研究三个方面的研究论文，代表了我这十多年来构建"中国马克思学"的理论尝试和探索的足迹。

今年1月，有幸结识中央编译出版社杜永明副编审。他是我在吉林大学的校友，我们在马克思研究方面有许多共识。他建议我以"建构中国马克思学"为题做一个自选集，甚合我意，于是利用寒假做了这个自选集。自选集分三个专题，所选的都是在报刊公开发表的论文。个别论文刊发时有删节，这里以未删节的文稿为基础。已收在《走向文本研究的深处：基于MEGA^{2}的马克思文献学清理研究》中的马克思文献学研究论文，这里就不再重复收录。为便于区别版本，本书注释中《马克思恩格斯全集》、《马克思恩格斯选集》，均没有注明出版社名称和出版年月，而只是以中文第几版第几卷的方式标识。

我在中央编译局工作十年半，在北京师范大学工作已经整整七年。转眼近18年过去，成绩不足道哉。感慨颇多，不再赘言。

是为后记。

鲁克俭
2018年1月
于新风寓所